Materialien für den Sekundar- bereich II

Seydlitz Geographie

Wasser

Jürgen Bauer · Sigrun Hallermann · Frank Morgeneyer

Hartmut Rupprecht · Anja Schreiner · Winfried Waldeck

Schroedel®

Materialien für den Sekundarbereich II · **Seydlitz Geographie**

Wasser

Ernst von Seydlitz-Kurzbach (geb. in Tschöplau/Kreis Freystadt) lebte von 1784 bis 1849. Mit der Herausgabe des Lehrbuches „Leitfaden der Geographie" im Jahre 1824 begründete er das traditionsreiche Unterrichtswerk „Seydlitz".

© 2008 Bildungshaus Schulbuchverlage
Westermann Schroedel Diesterweg Schöningh Winklers GmbH,
Braunschweig
www.schroedel.de

Auf verschiedenen Seiten dieses Buches befinden sich Verweise (Links) auf Internet-Adressen.
Haftungshinweis: Trotz sorgfältiger inhaltlicher Kontrolle wird die Haftung für die Inhalte der externen Seiten ausgeschlossen. Für den Inhalt dieser externen Seiten sind ausschließlich deren Betreiber verantwortlich. Sollten Sie bei dem angegebenen Inhalt des Anbieters dieser Seite auf kostenpflichtige, illegale oder anstößige Inhalte treffen, so bedauern wir dies ausdrücklich und bitten Sie, uns umgehend per E-Mail davon in Kenntnis zu setzen, damit beim Nachdruck der Verweis gelöscht wird.

Druck A [1] / Jahr 2008

Alle Drucke der Serie A sind im Unterricht parallel verwendbar.

Redaktion: Manfred Eiblmaier
Herstellung: Rosita Ahrend
Satz: PER Medien GmbH, Braunschweig (Sven Novak)
Druck und Bindung: Westermann Druck GmbH, Zwickau

ISBN 978-3-507-**52353**-1

Ergänzungsmaterialien zu den Seydlitz-Schülerbänden finden Sie regelmäßig im Online-Werkservice von Schroedel @ktuell unter:
www.schroedel.de/schroedel-aktuell

Inhaltsverzeichnis

I Der Wasserplanet

1 **Ungleiche Geschwister** 5
2 **Ohne Wasser kein Leben** 6
3 **Das Wasser der Erde** 8
   GEO-EXKURS: Das Wasser im globalen Lebenserhaltungssystem der Erde.....................10

II Süßwasser

1 **Blaues und grünes Wasser** 12
   Die Wasserkrise 14
   Wassernutzung in Deutschland 16
2 **Fließgewässer** 18
   Wasser macht das Festland flach 18
   Fließgewässer im Wandel 20
   Umgestaltung von Flusslandschaften – Fallbeispiel: Der Rhein.................................22
   GEO-EXKURS: Hochwasserschutzmaßnahmen...30
   Wasserkonflikte – Fallbeispiel Naher Osten...32
   GEO-EXKURS: Internationales Wasserrecht..36
   Wasserkrankheiten..38
   GEO-EXKURS: Staudämme...40
3 **Stehende Gewässer**..42
   Schichtung, Zirkulation und Stagnation 44
   Leben im See 45
   GEO-EXKURS: Bedeutende Seen 46
   Gefährdung des Ökosystems See – Fallbeispiel: Bodensee..48
   Internationale Nutzungskonflikte – Fallbeispiel: Aralsee..56
   GEO-EXKURS: Salzseen..62
4 **Grundwasser**...64
   Ökosystem Grundwasser...66
   GEO-EXKURS: Wasser im Erdinneren...67
   Trinkwasserversorgung – Fallbeispiel: Berlin...68
   Grundwasserkonflikte – Fallbeispiel: Naher Osten...74
   Raubbau oder Grundwassermanagement – Fallbeispiel Ogallala Aquifer.................78
   GEO-EXKURS: Thermalwasser...82
5 **Raumanalyse: Wasserkonflikte in Kalifornien**...84

III Salzwasser

1 **Das Weltmeer**..92
   Meeresströmungen..94
   Wellen 96
   GEO-EXKURS: Die Meeresoberfläche ist nicht eben 97
   Gefahren des Meeres 98

  2 Ökosystem Meer..100
  Lebensraum Küste...102
  Lebensraum Korallenriff..103
  Lebensraum Freiwasser...104
  Lebensraum Tiefsee 105
  GEO-EXKURS: Internationales Seerecht 106
  3 Nahrungslieferant Meer 108
  Globalisierung und Fischerei 112
  Nachhaltige Fischerei 114
  4 Energielieferant Meer...118
  Windenergie 118
  Strömungs- und Gezeitenkraftwerke 119
  Wellenkraftwerke 120
  Wärme- und Osmosekraftwerke 121
  5 Rohstofflieferant Meer...122
  Mineralische Rohstoffe..123
  Energierohstoffe..124
  6 Verkehrsraum Meer...126
  Kanäle – künstliche Adern der Schifffahrt.......................................128
  Häfen – Knotenpunkte der Weltwirtschaft 130
  Gefahren der Schifffahrt 132
  7 Erholungsraum Meer...134
  Kreuzfahrttourismus im Aufwind 134
  Tourismus auf den Malediven...137
  8 Raumanalyse: Die Nordsee – ein bedrohtes marines Ökosystem................140

IV Klimawandel

  1 Einführung...146
  2 Auswirkungen auf die Ozeane 148
  Meereis – Salzgehalt – Meeresströmungen..148
  Meeresspiegelanstieg 149
  Stürme, Sturmfluten und Seegang 150
  Ozeanversauerung...150
  Riffsterben und marine Ökosysteme 151
  Vermeidungs- und Anpassungsstrategien 152
  GEO-EXKURS: Der Inselstaat Touvalu in Gefahr............................154

  Register...156

  Literaturverzeichnis / Internetadressen...158

  Bildquellenverzeichnis 160

I Der Wasserplanet

1 Ungleiche Geschwister

Weit entfernt vom Zentrum der Milchstraße begann vor 4,566 Mrd. Jahren die Entwicklung eines Sonnensystems, die einen nach heutiger Kenntnis einzigartigen Himmelskörper hervorbrachte: die Erde, einen Planeten mit Leben – und mit einer ungeheuren Menge und Vielfalt von Wasser.

Selbst ihre direkten Nachbarn, Venus und Mars, haben weder das eine noch das andere. Auf der etwa erdgroßen Venus herrscht eine Gluthitze, verursacht durch eine dichte Atmosphäre, in der ein CO_2-Gehalt von 96,5 %

Sonnenstrahlung energiereich genug ist, um die für das Leben wichtigen Reaktionen anzutreiben, aber nicht so stark, dass alles Wasser verdampft, oder so schwach, dass alles Wasser gefriert.
- Sie hat genügend Masse, um durch ihre Schwerkraft Flüssigkeiten und Gase an sich zu binden.
- Sie ist groß genug, um nicht zu schnell abzukühlen. Ihr noch flüssiger äußerer Erdkern erzeugt ein Magnetfeld, das den Sonnenwind abschirmt. Die vom Erdinneren abgegebene Energie zerreißt zudem ständig die erstarrte Außenhülle des Planeten. Die Erde besitzt daher als einziger Planet Plattentektonik, wodurch sich ihr Relief ständig verändert.

5.1 Die Erde und ihre Nachbarplaneten Venus (links) und Mars (rechts)

einen extremen Treibhauseffekt erzeugt und die Oberflächentemperatur konstant bei +470 °C hält. Auf dem Mars herrscht dagegen eine Eiseskälte mit Durchschnittstemperaturen von –69 °C. Er hat den größten Teil seiner Atmosphäre und seines Wassers vor etwa vier Milliarden Jahren verloren, weggeblasen vom Sonnenwind, der wegen eines fehlenden Magnetschirms bis zur Marsoberfläche hinabreicht. Eine zweite Atmosphäre durch vulkanische Entgasungen konnte der Mars nicht mehr aufbauen, denn er erkaltete wegen seiner geringen Größe (nur die Hälfte des Erddurchmessers) sehr rasch.

Die Erde hat dagegen das „richtige Maß" und deswegen auch eine ganz besondere Eigendynamik.
- Sie hat den richtigen Abstand zur Sonne: Dies ermöglicht die Existenz von Wasser in allen drei Aggregatzuständen und stellt sicher, dass die ankommende

- Sie konnte durch vulkanische Entgasungen des Erdmantels ihre wie beim Mars verloren gegangene erste Atmosphäre durch eine zweite, CO_2- und wasserdampfreiche ersetzen. Ein Teil des Wassers der Erde stammt vermutlich aber auch von Kometen. Intensiviert wurde die Entgasung in der Frühphase des Planeten durch den Einschlag eines etwa marsgroßen Körpers. Aus den dabei hochgeschleuderten Trümmern formte sich der Erdmond, der seitdem die Erdachse stabilisiert und auch mitverantwortlich für die Gezeiten der Meere ist.
- Sie hat durch einen früh in Gang gekommenen Wasserkreislauf so viel CO_2 aus der Atmosphäre gewaschen, dass ein gemäßigter Treibhauseffekt eine globale Mitteltemperatur von derzeit knapp 16 °C ermöglicht.
- Sie hat Leben hervorgebracht, welches ihre Atmosphäre stark veränderte und zum Mittler zwischen Wasser- und Kohlenstoffkreislauf wurde.

Ohrenqualle	98,2 %		Schleie	80 %
Algen	bis 98 %		Frosch	77 %
Gurke	bis 95 %		Schwein	55 %
Blätter höherer Pflanzen	80 – 90 %		Maus	67 %
Holz	50 %		Mensch	
Weinbergschnecke (ohne Gehäuse)	84,4 %		1. Tag	75 – 80 %
			3 Monate	ca. 70 %
Wasserfloh	73,9 %		25 Jahre	ca. 60 %
Kartoffelkäfer	62 – 66 %		85 Jahre	ca. 50 %
Quelle: R. Flindt: Biologie in Zahlen				

6.1 Wassergehalt von Organismen (Angaben in % des Gesamtgewichts) / Ohrenqualle

2 Ohne Wasser kein Leben

Niemand weiß bis heute genau, seit wann es Leben auf der Erde gibt, wo und unter welchen Umständen es entstanden ist. Als gesichert gilt jedoch, dass sich das Leben in der uns bekannten, kohlenstoffbasierten Form ohne Wasser nie hätte entwickeln können, dass das Leben im (Meer-) Wasser entstanden und immer an zelluläre Strukturen gebunden ist. Die Zellen aller Lebewesen sind im Prinzip nichts anderes als membranumhüllte wässrige Lösungen, in denen zahllose Stoffwechsel- und Reproduktionsprozesse ablaufen, die ohne Wasser als Reaktionspartner gar nicht möglich wären. Und auch die Gewebsspalten (Interzellularräume) zwischen den Zellen von Vielzellern sind mit einer wässrigen Lösung gefüllt.

Alle Lebewesen bestehen daher zu einem großen Teil aus Wasser (Abb. 6.1) und sie benötigen zur Aufrechterhaltung ihrer Lebensfunktionen ständig Wasser. Ohne Nah-

rungsaufnahme können Menschen zum Beispiel etwa zwei Monate überleben, ohne zu trinken, aber nur etwa eine Woche. Ein Wasserverlust von 20 Prozent ist bereits lebensbedrohlich. 55 000 bis 60 000 Liter Wasser nehmen wir im Lauf unseres Lebens durch Essen und Trinken zu uns – und scheiden es angereichert mit Stoffwechselendprodukten wieder aus, über die Atemluft, den Schweiß, den Kot und den Urin. Ohne ständigen Wasserdurchfluss würde sich unser Körper selbst vergiften.

Wasser ist daher – neben Kohlenstoff in seinen zahlreichen organischen und anorganischen Verbindungen – für die belebte und unbelebte Natur von zentraler Bedeutung: Es ist Lösungsmittel, Transportmittel für Stoffe und Energie, Reaktionspartner in zahllosen Reaktionen und eine bedeutende Wasserstoff- und Sauerstoffquelle. Es ist ständig in Bewegung und koppelt über seinen Kreislauf praktisch alle anderen Stoffkreisläufe auf der Erde und damit auch die verschiedenen Teilsysteme des Erdsystems aneinander (Abb. 6.2).

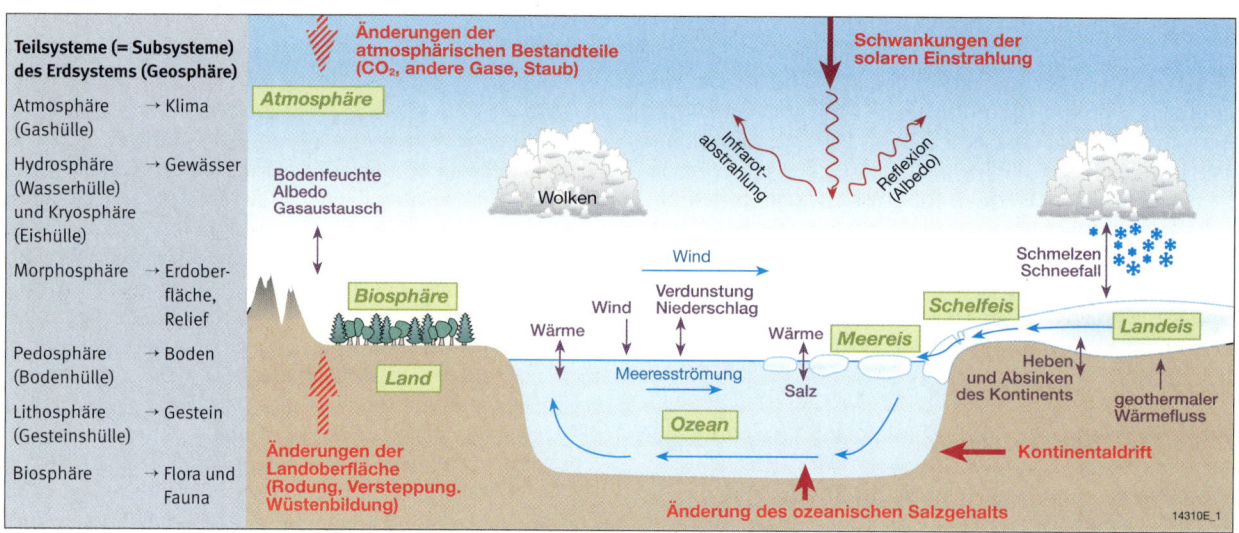

6.2 Das Erdsystem (= System Erde) und seine Teilsysteme

- H_2O ist ein sehr kleines, leichtes und daher sehr mobiles Molekül. Es besteht nur aus zwei Wasserstoffatomen, die im Winkel von 104,5 Grad an ein Sauerstoffatom gebunden sind.
- H_2O ist ein Dipol. Aufgrund seiner größeren Elektronegativität zieht der Sauerstoff die Bindungselektronen stärker an sich als der Wasserstoff. Das Molekül erhält dadurch eine ungewöhnlich starke Polarität. Wassermoleküle lagern sich daher über Wasserstoffbrücken zu größeren Einheiten (Clustern) zusammen. Im Vergleich zu ähnlichen Molekülen besitzt Wasser dadurch einen außergewöhnlich hohen Schmelz- und Siedepunkt, verbunden mit einer extrem hohen Wärmekapazität, Schmelz- und Verdunstungswärme: Das Schmelzen und Verdampfen von Wasser erfordert mehr Energie als bei allen anderen vergleichbaren Stoffen. Wasser ist daher ein hervorragender Wärmespeicher. Es stellt durch den Transport von latenter Wärme (Wasserdampf) und Meeresströmungen den Abbau des meridionalen Energieungleichgewichts auf der Erde sicher.
- H_2O spaltet und stützt. Aufgrund seines Dipolcharakters kann Wasser Stoffe mit ionischen Molekülstrukturen wie z.B. Salze in ihre anionischen und kationischen Bestandteile spalten (= hydrolysieren). Andererseits helfen die Wasserstoffbrücken der umgebenden wässrigen Lösung die dreidimensionale Struktur lebenswichtiger Makromoleküle wie z.B. von DNA, RNA und Proteinen zu stabilisieren.
- H_2O dissoziiert (spaltet sich) teilweise in H_3O^+ (vereinfacht $H^+_{(aq)}$) und OH^--Ionen. Wasser beeinflusst damit wesentlich den pH-Wert einer Lösung.
- H_2O haftet und klettert. Durch die Anlagerung (= Adhäsion) und den Zusammenhalt (= Kohäsion) der Wasserdipole sind hydrophile (= wasserfreundliche) Oberflächen wie z.B. Bodenteilchen immer von Wasser ummantelt. Sind die Adhäsionskräfte in Bodenkapillaren (Durchmesser < 1 mm) größer als die Kohäsionskräfte, ziehen sich die Wassermoleküle entgegen der Schwerkraft darin bis zu 5 m aufwärts.
- H_2O ist ein Treibhausgas. Es absorbiert ebenso wie CO_2 die von der Erde ausgehende langwellige (Wärme- = Infrarot-) Strahlung und ist damit entscheidend für den natürlichen Treibhauseffekt verantwortlich.
- H_2O besitzt eine Dichteanomalie. Nicht festes Wasser (Eis), sondern flüssiges Wasser mit +4°C hat die größte Dichte (q = 1g/cm³), denn im Eis sind die Wassermoleküle in einem Gitter festgelegt, das ca. 9% weniger Volumen beansprucht als flüssiges Wasser. Deshalb schwimmt das leichtere Eis immer auf dem schwereren Wasser, Voraussetzung dafür, dass z.B. Gewässer von der Oberfläche her zufrieren.

Wasserfall

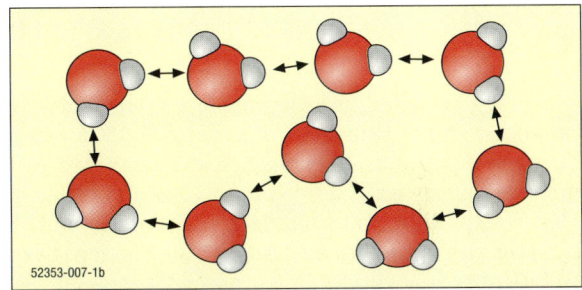

52353-007-1b

Wassermolekülcluster

Molekül	Molekülgewicht [mol]	Schmelzpunkt [°C]	Siedepunkt [°C]
H_2O	18	0	100
H_2S	34	–28	–61
H_2Se	80	–64	–42
H_2Te	129	–51	–4

Vergleich der Schmelz- und Siedepunkte von Wasser mit denen ähnlicher Moleküle in der Natur

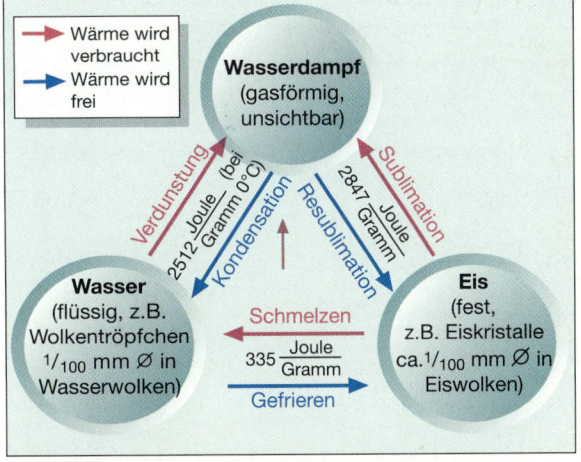

Energieumsatz bei Aggregatänderungen

7.1 Das Elixier des Lebens – ein außergewöhnlicher Stoff

	Volumen (10³ km³)	Volumenanteil (%)	Erneuerung (Jahre/Tage)	Aufteilung auf die
Ozeane	1 476 000	94,23	2 911 Jahre	Aggregatzustände:
Grundwasser	60 000	3,84	5 000 Jahre	98,08 % flüssig
Gletscher und Permafrost	30 000	1,92	7 500 Jahre	1,92 % fest
Seen und Sümpfe	290	0,0185	7,4 Jahre	0,001 % gasförmig
Flusswasser	2	0,00013	17 Tage	
Wasser im Boden/Bodenfeuchte	16	0,001	390 Tage	Quelle: Lozan, J.-L., Graßl, H.,
Wasser in Lebewesen	2	0,00013	14 Tage	Huupfer, P., Menzel, L., Schönwiese, C.-D.: (Hrsg.):
Wasser in der Atmosphäre	14	0,0009	8 Tage	Warnsignal Klima: Genug Wasser für alle? Hamburg 2005

8.1 Das Wasser der Erde

3 Das Wasser der Erde

Wenn die Erde eine perfekte Kugel mit einer glatten Oberfläche wäre, wäre diese mit einer 2,5 Kilometer mächtigen Wasserhülle überzogen. Tatsächlich sind aber „nur" rund drei Viertel des Wasserplaneten mit Wasser bedeckt, zu 70,8 Prozent vom Meer, zu 3,16 Prozent von Eis sowie zu einem geringen Anteil von Flüssen, Seen und Sümpfen.

Das Wasser der Erde ist daher auf mehrere, höchst unterschiedliche Speicher verteilt, die über den Wasserkreislauf miteinander verbunden sind (Abb. 8.1, 8.2). Sonnenenergie und Schwerkraft halten das Wasser darin in ständiger Bewegung. Der älteste und wichtigste Stoffkreislauf durchdringt dabei alle Teile des Erdsystems und kann in drei miteinander gekoppelte Teilkreisläufe untergliedert werden:

• Der Hauptkreislauf findet ausschließlich über dem Meer statt. Gut 90 % des von den riesigen Meeresflächen verdunstenden Wassers gelangt nach atmosphärischem Transport, Kondensation und Niederschlag wieder direkt dorthin zurück.
Intern wird das salzhaltige Wasser des volumenmäßig größten Speichers durch die von Mond und Sonne verursachten Gezeiten, durch Windschub und temperaturbedingte Dichteunterschiede mehr oder weniger großräumig umgewälzt.

• Der kleine Kreislauf umfasst nur den Umsatz über dem Festland. Auch er speist sich weitgehend selbst, denn

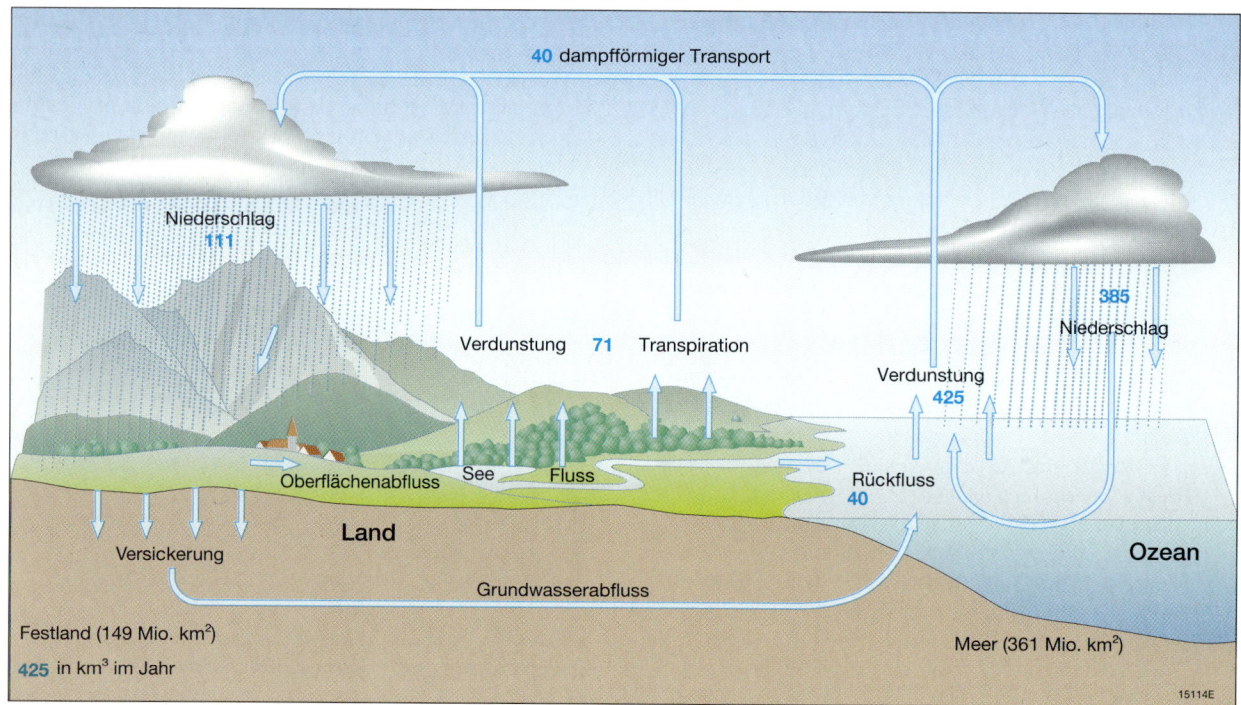

8.2 Der Wasserkreislauf

von den 111 000 km³ Wasser, die jährlich als Niederschlag auf die Kontinente fallen, stammen 71 000 km³
aus der Evapotranspiration des Festlandes selbst. Diese
setzt sich zusammen aus der Verdunstung (Evaporation) vom Boden, von Wasser- und Pflanzenoberflächen
sowie der Wasserausscheidung von Organismen, v. a.
von Pflanzen über ihren Stoffwechsel (Transpiration).
· Der große oder globale Kreislauf bezieht schließlich
noch den Feuchtetransport vom Meer auf das Festland, das Füllen und Entleeren ober- und unterirdischer
Speicher sowie den ober- und unterirdischen Abfluss
bis zum Meer zurück mit ein.

Das in den großen Wasserspeichern der Erde, den Tiefen
der Ozeane, den Eismassen und dem tief liegenden Grundwasser befindliche Wasser erneuert sich nur in langen
Zeiträumen (langsamer Wasserkreislauf), das zwischen
Meeresoberflächen, Atmosphäre und Landoberflächen
zirkulierende Wasser relativ kurzfristig (schneller Wasserkreislauf). Allerdings sind nur rund 0,1 % der gesamten
Wassermenge der Erde in diesen Kreislauf eingebunden.
Nur diese verschwindend geringe Menge steht der Natur
auf den Festländern und damit dem Menschen als Süß-
wasserressource zur Verfügung – und das auch noch in
einer regional höchst ungleichen Verteilung (Abb. 9.1).
Diese Verteilung der Süßwasserressourcen hat unmittelbare Auswirkungen auf die Vegetationsentwicklung, das
Abflussverhalten von Flüssen, die Landnutzungsmöglich-
keiten sowie die Lebens- und Wirtschaftsbedingungen der
weiterhin wachsenden Weltbevölkerung.

Die Verteilung des Wassers auf die drei Aggregatzustände
(Abb. 8.1) und das Volumen der einzelnen Speicher sowie
die Wasserflüsse zwischen diesen unterliegen ständigen
Veränderungen, zum Beispiel durch Klimaschwankungen.
Während der Eiszeiten wurden zum Beispiel große Wassermengen dem Kreislauf zum Aufbau der Eisschilde entzogen. Dadurch sank der Meeresspiegel um rund 140 Meter. Wegen der geringeren Temperaturen veränderten sich
auch die Verdunstung, der Wasserdampftransport und damit die regionalen Niederschlagsmengen und -muster.

Bei einer ungebremsten Weiterentwicklung des derzeitigen Klimawandels zeigen die Klimamodelle vergleichbare
Trends auf: Der Meeresspiegel wird durch thermische
Ausdehnung des Meerwassers und durch schmelzende
Eismassen steigen, die Niederschläge werden insgesamt
zunehmen: Dort, wo es heute schon viel regnet, wird es
noch mehr regnen; aber dort, wo es heute schon wenig
regnet, wird es noch weniger regnen. Insgesamt wird der
Menschheit ihre wichtigste Ressource nicht ausgehen,
denn der schnelle Kreislauf wird immer neues Wasser
heranschaffen. Es muss nur sinnvoll verteilt und nachhaltig genutzt werden. Der Rückgriff auf fossiles Wasser
(vgl. S. 64) bringt dagegen nur kurzen Nutzen, denn dieser
Speicher erneuert sich nicht.

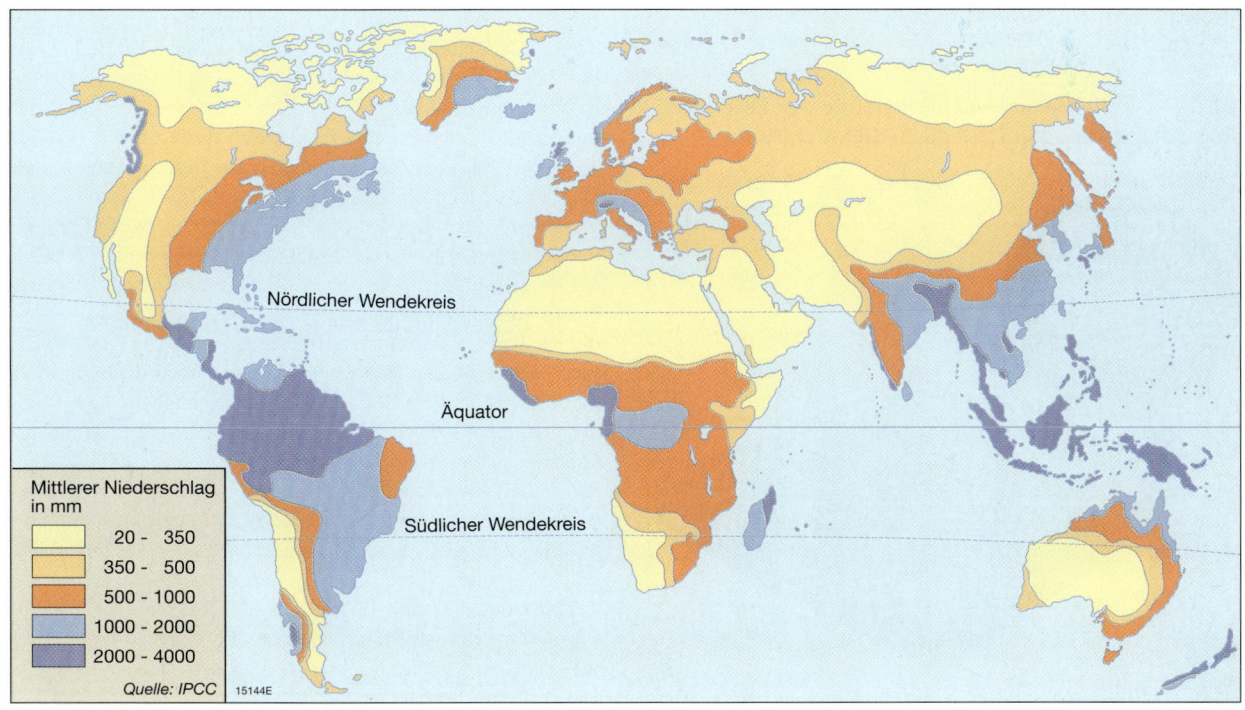

Mittlerer Niederschlag
in mm

	20 - 350
	350 - 500
	500 - 1000
	1000 - 2000
	2000 - 4000

Quelle: IPCC   15144E

9.1 Verteilung des Niederschlags der Erde

9

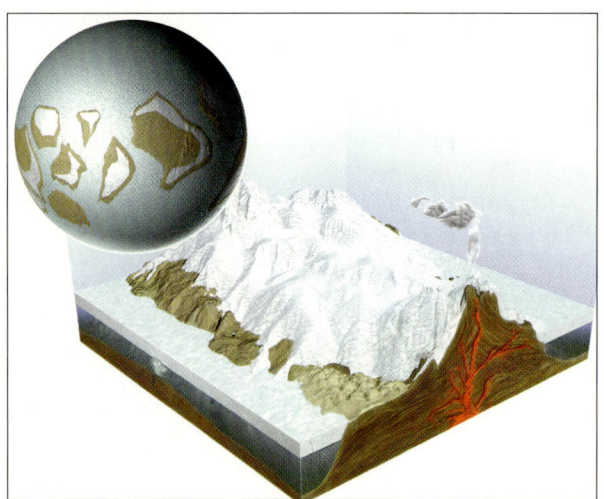

10.1 Schneeballerde

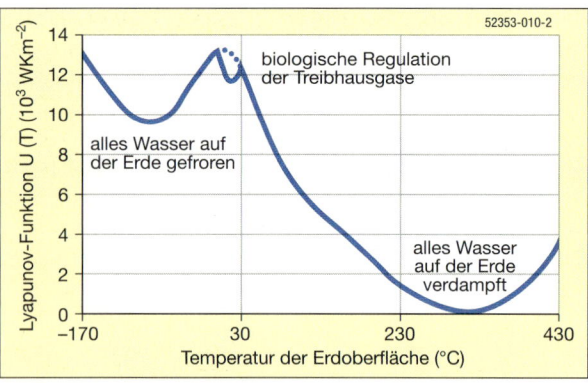

10.2 Die drei Gleichgewichtszustände der Erde und ihre entsprechenden Oberflächentemperaturen

10.3 Treibhauserde

Das Wasser im globalen Lebenserhaltungssystem der Erde

Das Vorkommen von Wasser auf der Erde in flüssiger Form und damit die Entstehung eines Wasserkreislaufs ist kein Zufall. […] Unter der Annahme, dass kein Leben auf der Erde existiert, kann man zeigen, dass für die Erde ausschließlich zwei energetisch stabile Zustände existieren […]. Die Lyapunov-Kurve [Abb. 10.2] gibt Auskunft über den durchschnittlichen Energieinhalt eines Quadratmeters der Erdoberfläche in Abhängigkeit von ihrer Oberflächentemperatur. Ein Gleichgewichtszustand, der nur durch zusätzliche externe Energiezufuhr zu verändern ist, ist durch ein Minimum in der Lyapunov-Kurve gekennzeichnet. Durch kleinere äußere Veränderungen nicht aus dem Gleichgewicht zu bringen und damit in einem physikalisch stabilen Zustand ist eine leblose Erde zum einen bei fast völliger Eisbedeckung und einer Temperatur von – 90 °C und zum anderen bei völligem Verdampfen allen Wassers und einer Temperatur von + 310 °C. […] Beide Zustände des Erdsystems zeichnen sich dadurch aus, dass weder ein Wasserkreislauf noch ein Kohlenstoffkreislauf existiert.

Beide Zustände wurden von der Erde nicht verwirklicht! Warum?

Das Leben hat einen dritten auf einem anderen, ihm geeigneten Temperaturniveau verwirklicht, der rein physikalisch ohne seinen Einfluss auf die Kreisläufe im Erdsystem nicht zu erklären ist. Da dieser Zustand ohne Leben nicht möglich ist, liegt der Schluss nahe, dass das Leben selbst sich durch seine zusätzlichen biologischen Regelmechanismen diesen dritten stabilen Zustand der Erde bei einer Temperatur zwischen 5 °C und 25 °C geschaffen hat. Er hat sich allmählich dadurch eingestellt, dass die einsetzende Fotosynthese zu Beginn des Lebens in massivem Umfang CO_2 aus der Atmosphäre entfernt hat, um daraus Biomasse und Kalksteine zu erzeugen. Dies hat den Treibhauseffekt reduziert und die Temperaturen sinken lassen. […] Das dynamische Gleichgewicht, das sich durch diesen massiven Umbau der Atmosphäre ergeben hat, ist dadurch gekennzeichnet, dass durch die allmähliche Abkühlung der Erde auf Temperaturen unterhalb von 100 °C nun Wasser hauptsächlich in flüssiger Form vorkommt, […]. Für den Treibhauseffekt, der die Erde immer noch aufheizt, indem er die Abstrahlung von Wärme in den Weltraum reduziert, ist nun hauptsächlich das restliche, in der Atmosphäre verbliebene CO_2 sowie der verbliebene Wasserdampf verantwortlich. […] Der dritte Gleichgewichtszustand ist somit auf eine sorgfältige Balance der Treibhausgase auf der Erde angewiesen. Eine zentrale Rolle in der Balance dieses dynamischen Gleichgewichts spielt die natürliche Regulierung der Treibhausgase, allen voran von CO_2 und Wasserdampf. Sie geschieht durch das enge Wechselspiel des Kohlenstoffkreislaufs und des Wasserkreislaufs über die Vegetation. Die Vegetation ist in beiden Kreisläufen an mehreren Stellen wichtig:

- Vegetation reguliert den CO_2-Gehalt der Atmosphäre durch die Aufnahme von Kohlenstoff sowie, beim Absterben von Pflanzen, den Transfer von Kohlenstoff in langfristigere Pools, wie den tiefen Ozean oder die Böden.
- Vegetation beeinflusst den Wasserdampfgehalt der Atmosphäre durch stärkere Verdunstung. Vegetationslose Oberflächen reduzieren die Verdunstung drastisch, nachdem die oberste Bodenschicht (ca. 5 cm) nach einem Niederschlag wieder ausgetrocknet ist. Landpflanzen hingegen bilden Wurzeln und schaffen damit ein effizientes Transportsystem, das die gesamte durchwurzelte Bodenzone (ca. 0,3 bis 2 m) entleert und das Wasser in Form von Wasserdampf in die Atmosphäre transferiert. Der erhöhte Wasserdampf führt wiederum zu verstärkten Niederschlägen und damit zu mehr Vegetation.
- Vegetation reguliert den O_2-Gehalt der Atmosphäre durch die Produktion von Sauerstoff, was wiederum Voraussetzung für alle Destruenten, wie Bodenbakterien und Pilze, ist. Die veratmen die Vegetationsrückstände in CO_2 und geben damit den durch die Vegetation gebundenen Kohlenstoff wieder an die Atmosphäre zurück. So wird der Kohlenstoffkreislauf geschlossen.

Hatten Kohlenstoff- und Wasserkreislauf zu Beginn der Entwicklung der Erde nur schwache Berührungspunkte, so sind sie inzwischen, wie man sieht, über die Vegetation eng miteinander verzahnt. Der dritte Gleichgewichtszustand wird somit durch das Lebenserhaltungssystem der Erde aufrechterhalten. Das Lebenserhaltungssystem der Erde hat in diesem Zusammenhang u. a. die folgenden Funktionen zu erbringen:

- Kohlendioxid zwischen der Atmosphäre und längerfristigen Pools wie den Ozeanen und den Böden auszutauschen und damit über die Regulierung des Treibhauseffekts den Wärmehaushalt der Erde zu steuern und die Erdtemperatur auf einem lebensfreundlichen Niveau zu halten,
- durch Verdunstung und damit Destillation sauberes Wasser für den Niederschlag auf dem Festland zur Verfügung zu stellen, […]
- Gesteine zu Böden aufzubereiten und damit die für die Vegetation nötigen Nährstoffe zur Verfügung zu stellen,
- Tieren und Menschen Nahrungsmittel zur Verfügung zu stellen, was durch das Wachstum der Pflanzen geschieht,
- die im Laufe des Lebenszyklus von Pflanzen und Tieren anfallenden Abfälle abzubauen bzw. in neue Nährstoffe umzubauen.

Den fünf genannten Funktionen des Lebenserhaltungssystems ist gemeinsam, dass sie auf flüssiges Wasser angewiesen sind und somit durch einen Mangel an Wasser in ihrer Leistungsfähigkeit beeinträchtigt werden.

(Quelle: Mauser, W.: Wie lange reicht die Ressource Wasser. Frankfurt 2007, S. 37–43)

A1 Begründen Sie, weshalb die Erde so ungleich viel mehr Wasser besitzt als Mars und Venus (S. 5).

A2 Beschreiben Sie die Bedeutung des Wassers im sogenannten Erdsystem (Abb. 6.2).

A3 Charakterisieren Sie in Stichworten die Besonderheiten des Stoffs Wasser (Abb. 7.1).

A4 Erläutern Sie, weshalb Wasser zum Abbau des meridionalen Wärmeungleichgewichts der Erde beiträgt (Abb. 7.1).

A5 Beschreiben Sie anhand der Abb. 8.1 die Verteilung des Wassers der Erde auf verschiedene Speicher.

A6 Erläutern Sie den Wasserkreislauf und seine Teilkreisläufe (Abb. 8.2, Text).

A7 Charakterisieren Sie die in Abb. 9.1 dargestellten Sachverhalte und stellen Sie einen Zusammenhang zu der folgenden Abb. 11.1 her.

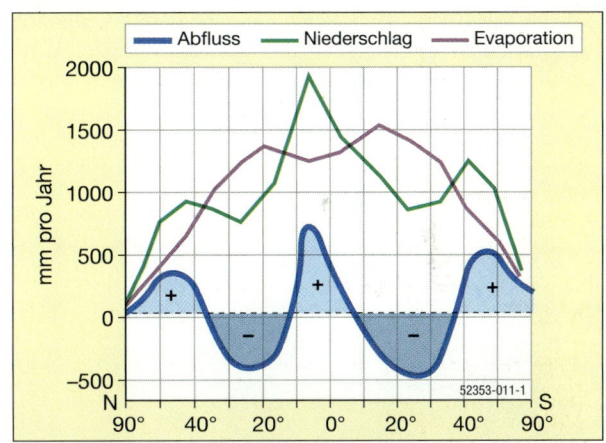

11.1 Profil vom Nord- zum Südpol

A8 Begründen Sie, weshalb in Abb. 11.1 ein negativer Abfluss ausgewiesen werden kann.

A9 Erklären Sie die Begriffe Treibhauserde und Schneeballerde (S. 10,11).

A10 Erläutern Sie den Begriff „Lebenserhaltungssystem der Erde" (S. 10, 11).

A11 Stellen Sie die Grundaussagen von MAUSER mit eigenen Worten dar (S. 10, 11).

A12 Nennen Sie weitere Beispiele dafür, dass „das Leben" den Planeten umgestaltet hat.

II Süßwasser

1 Blaues und grünes Wasser

Weniger als 6% der gesamten Wassermenge der Erde sind auf den Kontinenten bzw. in der Atmosphäre gespeichert (Abb. 8.1). Der größte Teil (95%) dieses Süßwassers ist langfristig im tiefen Grundwasser und als Eis gebunden. Der schnelle Wasserkreislauf sorgt mit seinen Niederschlägen aber dafür, dass über, auf und im Boden des Festlands mehr oder weniger dauernd und überall die kleinen restlichen Süßwassermengen fließen und von den Lebewesen genutzt werden können. Dabei lassen sich zwei grundsätzlich unterschiedliche Wasserflüsse unterscheiden:

- Blaues Wasser umfasst den sichtbaren, flüssigen Wasserstrom, der sich als Abfluss durch Flüsse, Seen und Grundwasserleiter bewegt. Es kann von den Menschen direkt als Trink- und Brauchwasser genutzt, danach geklärt oder ungeklärt in den Abfluss zurückgeleitet und von einem Unterlieger erneut, evtl. sogar mehrfach, genutzt werden (Abb. 13.2). Da der Oberlieger über Menge und Qualität des dem Unterlieger zukommenden Wassers entscheidet, sind Wasserkonflikte v. a. bei grenzüberschreitenden Flüssen vorprogrammiert.

- Grünes Wasser umfasst den unsichtbaren Wasserstrom, der durch die Evapotranspiration in die Atmosphäre gelangt. Unproduktives grünes Wasser entstammt dabei der Evaporation, der ungesteuerten Verdunstung nasser Oberflächen. Produktives grünes Wasser umfasst dagegen den durch die Transpiration der Pflanzen erzeugten Strom. Denn aus den Mineralstoffen, die mit dem Strom innerhalb der Pflanzen transportiert werden, und der bei der Fotosynthese gespeicherten Sonnenergie wird Biomasse aufgebaut. Pflanzen erschließen sich mit ihren Wurzeln auch das im Boden befindliche Wasser und geben dieses über ihr Blattwerk ab. Da dessen Gesamtfläche meist größer ist als die von der Pflanze bedeckte Bodenfläche, ist die durch die Transpiration der Vegetation abgegebene Wassermenge um gut das Dreifache höher als die einer Fläche ohne Vegetation.

Die Vegetation, die sich im Laufe der Erdgeschichte an Land entwickelte, hat daher die Wasserumsätze des Festlandes und damit den schnellen Wasserkreislauf der Erde massiv verändert: Sie hat durch die Transpiration den grünen Wasserfluss auf Kosten des blauen Abflusses in Flüssen und Grundwasser erhöht.

Von den 113 500 Kubikkilometern Wasser, die jährlich als Niederschlag auf das Festland fallen, fließt derzeit nur rund ein Drittel (42 659 km³) als blaues Wasser zurück zum Meer. Nahezu doppelt so viel (70 850 km³) gelangt im Rahmen des kleinen Wasserkreislaufs als grünes Wasser wieder zurück in die Atmosphäre.

Anders ausgedrückt: Rund zwei Drittel des Niederschlags werden zu grünem Wasser und sind daher nur einmal nutzbar. Innerhalb der verschiedenen Landschaftszonen ist die Aufteilung des Niederschlags auf blaue und grüne Wasserströme aber naturgemäß sehr unterschiedlich.

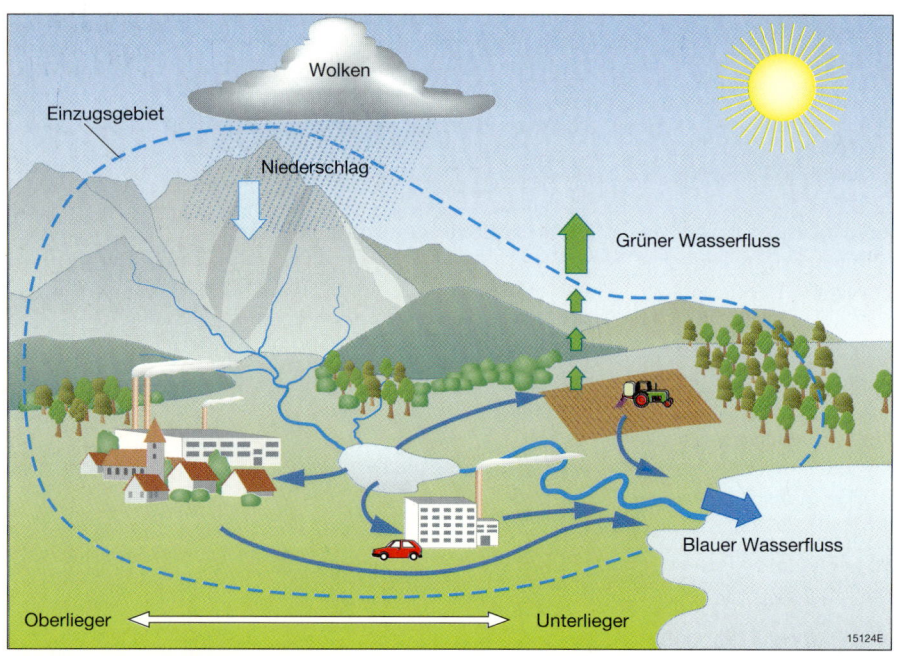

12.1 Blaues und grünes Wasser

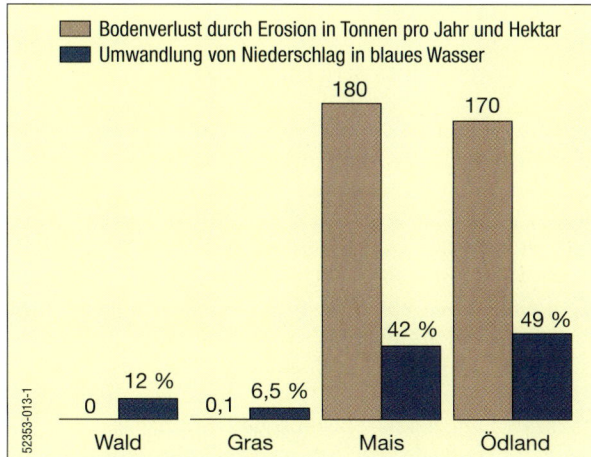

13.1 Folgen von Landnutzungsänderungen

Transpirationskoeffizient (l/kg Trockenmasse)		Transpirationskoeffizient (l/kg Trockenmasse)	
C3-Pflanzen		**Laubbäume**	
Reis	680	Eiche	340
Roggen	630	Birke	320
Weizen	540	Buche	170
Gerste	520		
Kartoffel	640	**Nadelbäume**	
Sonnenblume	600	Kiefer	300
C4-Pflanzen		Lärche	260
Mais	370	Fichte	230
Hirse	300	Douglasie	170

Der Transpirationskoeffizient gibt an, wie viele Liter grünen Wassers für die Transpiration benötigt werden, um ein Kilogramm Trockenmasse zu erzeugen.

13.3 Unterschiedlich effektive Wassernutzung

Im Lauf ihrer Entwicklung hat auch die Menschheit zunehmend in die Ströme des blauen und grünen Wassers eingegriffen. Inzwischen manipuliert sie bereits durch direkte oder indirekte Nutzung einen Großteil der globalen Süßwasserströme, überwiegend zur Nahrungsmittelproduktion (Abb. 13.2). Von entscheidender Bedeutung waren und sind dabei Änderungen der jeweiligen Landnutzung. Jede Verringerung der Vegetationsbedeckung des Bodens – zum Beispiel bei der Umwandlung von Wald in Acker- oder Weideland, bei der Überweidung, bei der Versiegelung für Siedlungen und Verkehrsinfrastruktur – führt zu einer Erhöhung des Abflusses, verstärkt also den blauen Strom.

Damit verbunden sind eine fortschreitende Bodenerosion und eine erhöhte Hochwassergefahr. Andererseits entscheidet die Art der gewählten Kulturpflanzen und ihrer Kultivierung ganz wesentlich darüber, wie stark sich v. a. der produktive grüne Wasserstrom verändert. Im Vergleich zu Bäumen, die das eingesetzte Wasser sehr effektiv zum Aufbau von Biomasse nutzen (die aber als Nahrungsmittel kaum taugt), sind die meisten Nutzpflanzen relativ „unproduktive grüne Wasserschleudern" (Abb. 13.3).
Neben der Produktion von Nahrungsmitteln tragen die grünen Wasserflüsse entscheidend zur Regulation

der Treibhausgase bei. Denn über die Vegetation sind die Kreisläufe der wichtigsten Treibhausgase Wasser und Kohlenstoffdioxid (CO_2) miteinander gekoppelt: Pflanzen entnehmen zum Aufbau von einem Kilogramm Trockenmasse etwa 750 Gramm CO_2 aus der Atmosphäre, geben über den Transpirationsstrom dafür aber sehr unterschiedliche Wassermengen ab, Bäume (Wälder) im Durchschnitt nur die Hälfte der Nutzpflanzen (Abb. 13.3). Wenn also Wälder durch Ackerland ersetzt werden, verstärkt dies gleich zweifach den Treibhauseffekt: Effektive CO_2-Absorber werden durch „grüne Wasserschleudern" ersetzt.

Wasserströme	Öko-/Nutzungs-System	Wassernutzung (km³/a)	Anteil am Niederschlag (%)
Blau für Mensch	Bewässerung	2 100	2
	Haushalte/Industrie	1 300	1
Blau für Natur	Flussökologie durch Basisabfluss	9 400	8
	Hochwasserabfluss	30 150	27
Summe Blau		**42 650**	**38**
Grün für Mensch	Trockenfeldbau	5 000	4
	Weidewirtschaft	20 400	18
	Steppen/Grasländer	12 100	11
Grün für Natur	Wald und Gebüsch	19 700	17
	Wüsten	5 700	5
	Feuchtgebiete	1 400	1
	Seeverdunstung	760	1,1
	Verdunstung Parks	100	0,1
	Rest	5 390	4,8
Summe Grün		**70 850**	**62**
Summe gesamt		**113 500**	**100**

13.2 Globale Übersicht über blaue und grüne Wasserströme in km³/Jahr (nach FALKENMARK, 2004)

13

- 1,1 Mrd. Menschen – einer von sechs Menschen – haben keinen Zugang zu sauberem Trinkwasser (Schwerpunkte: Länder Schwarzafrikas und ländliche Bevölkerung).
- 2,6 Mrd. Menschen – mehr als ein Drittel der Menschheit – fehlt es an sanitären Grundeinrichtungen (Latrinen und Abwasserentsorgung; Schwerpunkt: Südasien).
- 1,8 Mio. Kinder sterben jährlich an Krankheiten, die mit verschmutztem Wasser zusammenhängen (Durchfall, Malaria, Hepatitis A, Wurmbefall).
- Wassermangel trägt dazu bei, dass Mädchen nicht zur Schule gehen können, denn die Wasserbeschaffung ist vielerorts traditionell ihre Aufgabe.
- Rund 1,4 Mrd. Menschen leben in Flusseinzugsgebieten, in denen die Wassernutzung die Wassererneuerung übersteigt.
- Vielerorts zahlen gerade die Ärmsten (Slumbewohner, Landbevölkerung) die höchsten Wasserpreise.
- Weltweit gibt es über 200 grenzüberschreitende Flüsse und Seen; in deren Wassereinzugsgebiet leben 40 Prozent der Weltbevölkerung.
- Täglich gelangen etwa 2 Mio. Tonnen Abfall in Flüsse und Seen, 12 000 km³ Frischwasser sind verschmutzt.
- Im 20. Jahrhundert hat sich die Zahl der Menschen verdreifacht, der Verbrauch von Trinkwasser verzehnfacht.
- In 50 Jahren werden mindestens 2 Mrd. Menschen von Wasserknappheit betroffen sein, im schlimmsten Fall 7 von geschätzten 9,3 Mrd.

14.1 Die Wasserkrise in Zahlen

Die Wasserkrise

Die nutzbaren Süßwassermengen erneuern sich zwar, sie bleiben aber begrenzt: Keine Technik kann den Grundvorrat wesentlich erhöhen, auch nicht die Nutzung fossiler Grundwasservorräte oder die energetisch höchst aufwendige Gewinnung aus Salzwasser. Neben Erdöl ist Wasser daher der Rohstoff, der im 21. Jahrhundert vermutlich als erster knapp werden wird.

Theoretisch reicht die verfügbare Wassermenge aus, um die weiter wachsende Weltbevölkerung zu versorgen, denn Versorgungsengpässe sind in erster Linie regionale Probleme. Sie haben verschiedene Ursachen:

- klimatologisch bedingte Trockenheit mit anhaltendem Wassermangel bzw. episodische Dürren,
- Austrocknung des Landes, v. a. des Bodens, als Ergebnis von Abholzung und Überweidung,
- zunehmende Wassernutzung, verbunden mit einer Wasservergeudung durch ineffiziente Leitungssysteme und Bewässerungstechniken, einer Wasserverschmutzung durch Abfälle, ungeklärte Abwässer und Einschwemmungen von Giften und Düngemittel sowie einer Wasserverschwendung durch aufwendige Lebensstile.

Insgesamt wird sich die bereits existierende Wasserkrise (Abb. 14.1) verschärfen, denn der Klimawandel wird die Süßwasserressourcen um 20 % verknappen, und zwar überwiegend dort, wo heute bereits Probleme bestehen. Die zukünftige Nahrungsversorgung wird dadurch immer prekärer werden (S. 15) und die natürlichen Ökosysteme werden erhöhtem Wasserstress ausgesetzt sein.

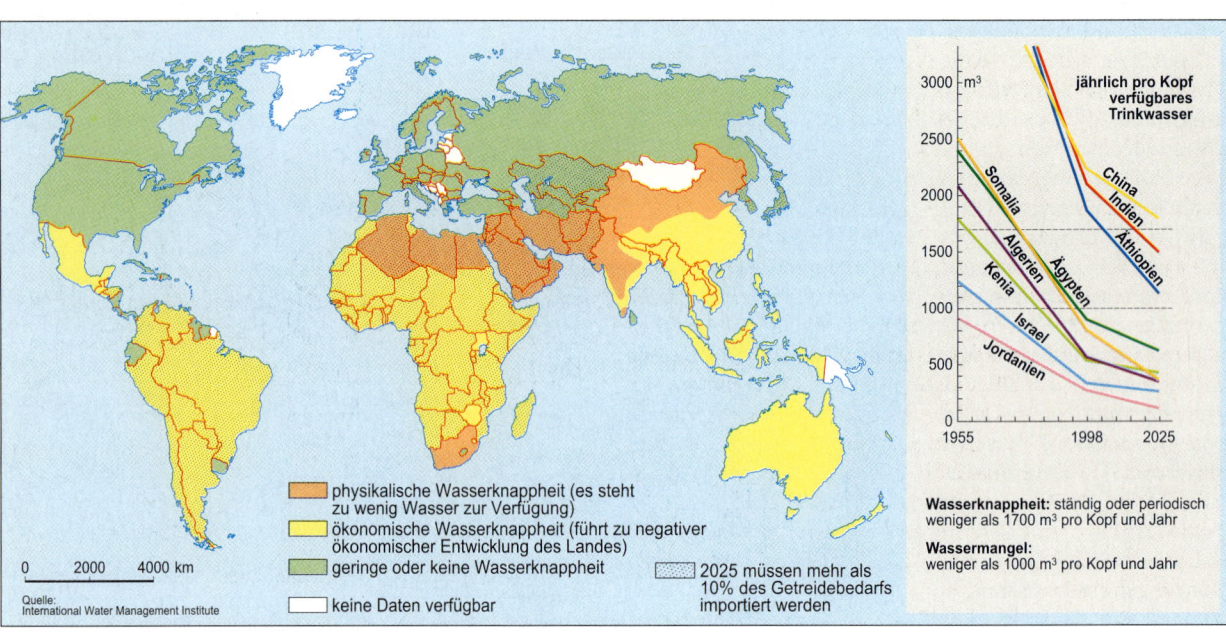

14.2 Entwicklung der verfügbaren Süßwassermengen

Zum Überleben benötigt jeder Mensch pro Tag 3 bis 5 Liter Trinkwasser; für Hygiene, das Waschen von Lebensmitteln, der Kleidung und für sanitäre Zwecke etwa weitere 20 bis 40 Liter, rund 11 m³ Wasser pro Jahr. Zusammen mit dem Wasserverbrauch von Industrie und Dienstleistungen ergibt dies eine Wassermenge zwischen 25 und 366 m³ pro Kopf und Jahr (Abb. 15.1a). Rein statistisch gesehen werden dafür von der Weltbevölkerung mit derzeit rund 6,3 Milliarden Menschen nur etwa fünf Prozent des gesamten blauen Wasserstroms genutzt.

Die Nutzung des für die Nahrungsmittelproduktion benötigten grünen Wasserstroms ist weit umfassender. Nach Angaben der Welternährungsorganisation FAO benötigt jeder Mensch für eine ausreichende und ausgewogene Ernährung 2400 Kilokalorien pflanzliche und 600 Kilokalorien tierische Nahrungsmittel pro Tag.

Zur Erzeugung pflanzlicher Nahrungsmittel mit einem Brennwert von 1000 Kilokalorien sind im Durchschnitt rund 500 Liter Wasser nötig, für die 2400 Kilokalorien des Pflanzenanteils der täglichen Nahrung also 1200 Liter.

Für die Produktion von 1000 Kilokalorien tierischer Nahrung sind dagegen 4000 Liter Wasser nötig, denn nur etwa ein Zehntel des (Pflanzen-)Futters wird zum Aufbau von Biomasse verwendet. Der größte Teil wird für den Betriebsstoffwechsel und die Wärmeproduktion benötigt. Für die Produktion von 600 Kilokalorien tierischer Nahrung sind daher 2400 Liter Wasser nötig. Zusammengenommen erfordert die Produktion der täglichen Nahrungsmenge eines Menschen also rund 3600 Liter pro Tag oder 1300 m³ pro Jahr. Der tatsächliche durchschnittliche Wassereinsatz für die Nahrungsmittelproduktion liegt heute bei 1200 m³ pro Person (Abb. 15.1b) – mit je nach Wasserverfügbarkeit und Ernährungsweise großen regionalen Unterschieden (Nordamerika: 1800 m³, Europa: 1600 m³, Teile Afrikas und Asiens: 600–900 m³).

Mittlere Schätzungen der Bevölkerungsentwicklung rechnen für 2050 mit etwa 9,5 Milliarden Menschen. Um sie alle ausreichend und ausgewogen zu ernähren, müssen neben der verbesserten Versorgung der heute bereits Hungernden Nahrungsmittel für rund weitere 3 Milliarden Menschen produziert werden. Insgesamt ergibt dies im Jahr 2050 einen Wasserbedarf nur für die Nahrungsmittelproduktion von 13 900 km³/Jahr. Zusätzlich zu den derzeit bereits pro Jahr eingesetzten 7800 km³ müssen im Jahr 2050 also – wiederum rein statistisch gesehen – weitere 6100 km³ Wasser zur Ernährung der Menschheit aufgewendet werden (Abb. 15.4). Der größte Teil davon wird zu Bewässerungszwecken dem blauen Wasserstrom entnommen werden müssen – und daher an anderer Stelle fehlen.

	USA	Europa	Afrika
Haushalte	100	57	10
Dienstleistungen	140	35	8
Industrie	126	140	7
Summe	366	232	25

15.1a Direkter Wasserverbrauch (in m³ pro Person und Jahr)

	angestrebt		tatsächlich	
	Entwickl.-länder	Ind.-länder	Durch-schnitt	Bereich
Ernährung	1300	1600	1200	600– 800
Haushalt	40	40	30	20– 40
Industrie	130	130	130	10– 140
Summe	1470	1760	1360	630–1980

15.1b Tatsächlicher und angestrebter Wasserverbrauch (in m³ pro Person und Jahr)

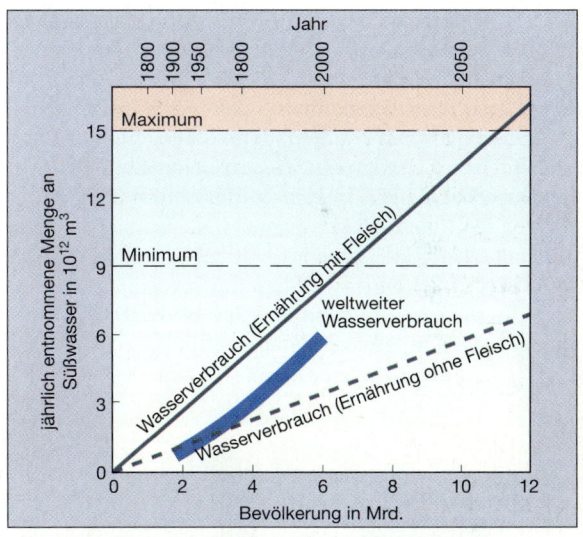

15.1c Wasserverbrauch und Ernährungsweise

Zweck	Grüner Wasserfluss 2050 (km³/Jahr)
heutige Nahrungsversorgung	7800
Auslöschung des Hungers	2200
Nahrungsversorgung für zusätzlich 3 Mrd. Menschen	3900
Insgesamt	**13 900**

15.1d Grüne Wasserflüsse für die Ernährung

(Quelle für alle Tab.: Mauer, W.: Wie lange reicht die Ressource Wasser? Frankfurt 2007)

15.1 Wie viel Wasser braucht die Weltbevölkerung? – Zahlen und ein Rechenbeispiel

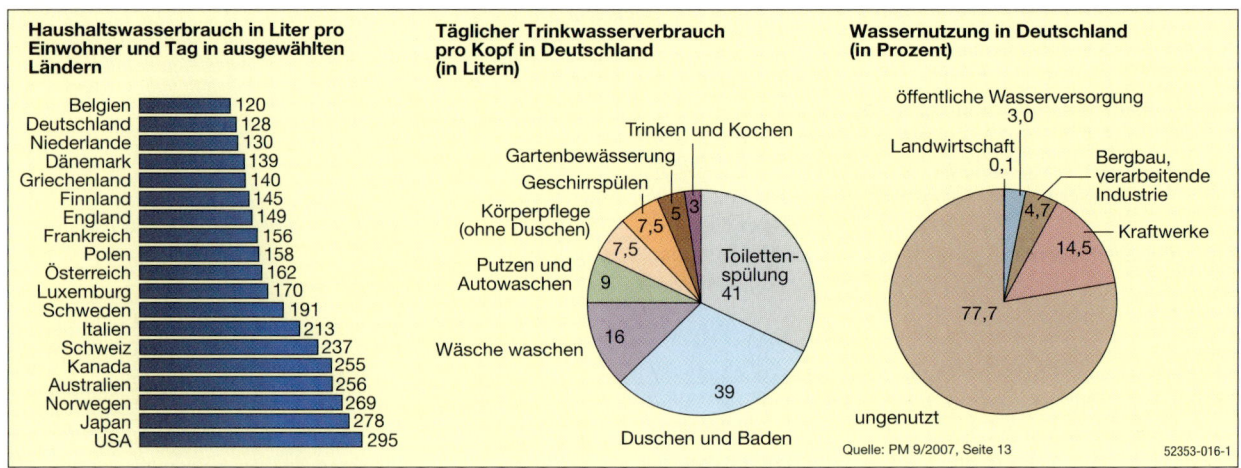

Haushaltswasserbrauch in Liter pro Einwohner und Tag in ausgewählten Ländern

Land	Liter
Belgien	120
Deutschland	128
Niederlande	130
Dänemark	139
Griechenland	140
Finnland	145
England	149
Frankreich	156
Polen	158
Österreich	162
Luxemburg	170
Schweden	191
Italien	213
Schweiz	237
Kanada	255
Australien	256
Norwegen	269
Japan	278
USA	295

Täglicher Trinkwasserverbrauch pro Kopf in Deutschland (in Litern)

Trinken und Kochen 3
Gartenbewässerung 5
Geschirrspülen 7,5
Körperpflege (ohne Duschen) 7,5
Putzen und Autowaschen 9
Wäsche waschen 16
Duschen und Baden 39
Toilettenspülung 41

Wassernutzung in Deutschland (in Prozent)

öffentliche Wasserversorgung 3,0
Landwirtschaft 0,1
Bergbau, verarbeitende Industrie 4,7
Kraftwerke 14,5
ungenutzt 77,7

Quelle: PM 9/2007, Seite 13

52353-016-1

16.1 Wassernutzung im Vergleich

Wassernutzung in Deutschland

Im Vergleich zu anderen Industrieländern ist der Trinkwasserverbrauch in Deutschland erstaunlich gering. Er ist wegen der technischen Optimierung von Haushaltsgeräten in den letzten zehn Jahren sogar um etwa 20 Prozent gesunken. Dabei muss – außer aus Kostengründen – niemand Wasser sparen, denn Deutschland ist aus verschiedenen Gründen ein wasserreiches Land:

- Die meernahe Lage in den Mittelbreiten sichert die Zufuhr maritimer Luftmassen aus N, W und S.
- „Regenfänger" (Mittelgebirge, Alpen) bringen der Mitte und dem Süden ergiebige Steigungsregen.
- Mit Oberliegern, die rund ein Viertel der Süßwassermenge anliefern, gibt es keine Konflikte.

- Tektonische Strukturen wie der sedimentgefüllte Oberrheingraben, aber auch die Mehrzahl der Flussauen sowie die eiszeitliche Moränenbedeckung Norddeutschlands und des Alpenvorlands bilden neben anderen, tiefer liegenden Gesteinsschichten großvolumige Grundwasserspeicher.
- Die in den ehemals vergletscherten Gebieten nacheiszeitlich entstandenen Seen bilden zusammen mit den künstlichen geschaffenen Stauseen ein großes Reservoir an Oberflächenwasser.
- Ein umfangreiches, überwiegend kommunal, zum Teil auch überregional verantwortetes Verteilernetz garantiert eine zuverlässige Versorgung mit der geforderten Wassermenge und -qualität aus den verschiedensten Quellen.

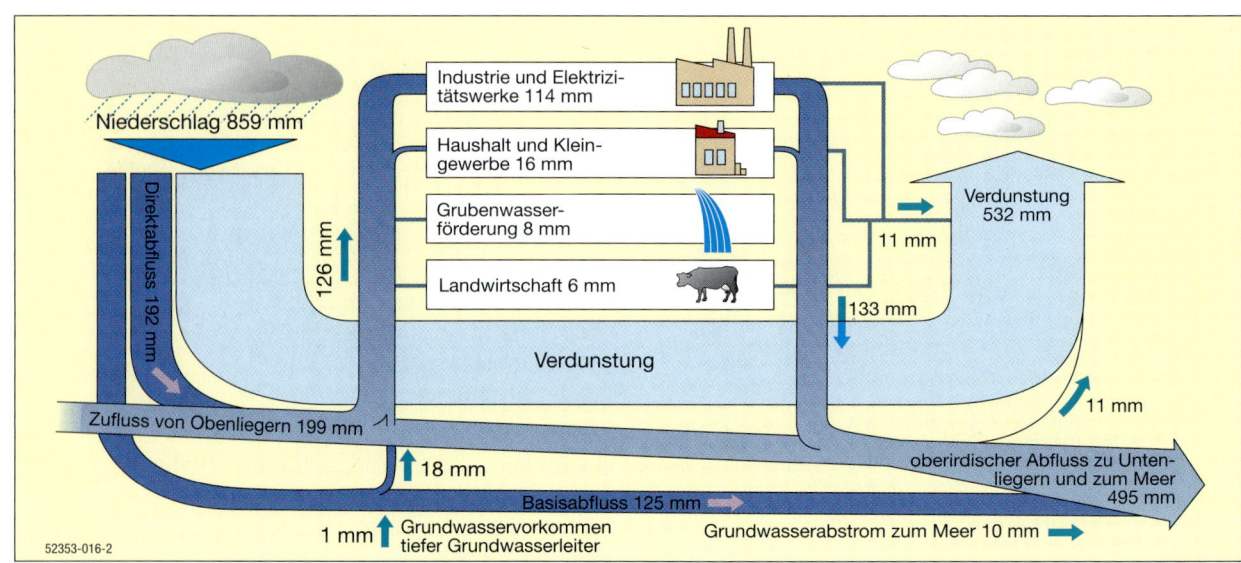

Niederschlag 859 mm
Direktabfluss 192 mm
126 mm
Industrie und Elektrizitätswerke 114 mm
Haushalt und Kleingewerbe 16 mm
Grubenwasserförderung 8 mm
Landwirtschaft 6 mm
Verdunstung
Verdunstung 532 mm
11 mm
133 mm
11 mm
Zufluss von Obenliegern 199 mm
18 mm
oberirdischer Abfluss zu Unterliegern und zum Meer 495 mm
Basisabfluss 125 mm
1 mm Grundwasservorkommen tiefer Grundwasserleiter
Grundwasserabstrom zum Meer 10 mm
52353-016-2

16.2 Langjährige Wasserbilanz Deutschlands

• Der Anschluss aller punktueller Wasserverschmutzer an Entsorgungsnetze und mehrstufige kommunale bzw. betriebliche Kläranlagen als wesentlicher Beitrag zum gesetzlich geregelten Gewässerschutz hat die Wasserqualität entscheidend verbessert.

Trinkwasser gilt als das bestkontrollierte Lebensmittel Deutschlands. 6700 Wasserwerke liefern zwar ein nach den weltweit schärfsten Regelungen der Trinkwasserqualität aufbereitetes Wasser, doch auf dem Weg zum Verbraucher fließt das Wasser durch ein Rohrleitungssystem, das teilweise Kupfer, Blei und Teer enthält.

Grund- und Oberflächengewässer sind in regional unterschiedlichem Maßstab ebenfalls belastet. Gründe dafür sind:
• Altlasten (zum Beispiel aus alten, ungeordneten Deponien aussickernde Giftstoffe),
• Ausschwemmungen unsachgemäß ausgebrachter Pestizide und Düngemittel (vor allem Nitrat) aus Agrarflächen sowie
• ein Abwassercocktail aus Weichmachern, Putz- und Arzneimittelrückständen sowie Keimen, der auch mit den besten Kläranlagen nicht zu reinigen ist.
Das „geklärte" Wasser hat daher zum Teil nicht einmal Badewasserqualität.

Die in Deutschland verfügbare Wassermenge reicht im langjährigen Mittel aus, um Haushalte, Landwirtschaft und Industrie zu versorgen. Gelegentliche Dürrephasen führen jedoch zu Ernteeinbußen und bei Hoch- beziehungsweise Niedrigwasser der Flüsse muss zeitweilig die Schifffahrt eingestellt und die Stromproduktion der Laufwasserkraftwerke gedrosselt werden.

A1 Erläutern Sie anhand der Abb. 12.1 die Begriffe „blaues" und „grünes" Wasser und begründen Sie, weshalb eine Unterteilung der Süßwasserströme in „blaues" und „grünes" Wasser sinnvoll ist.

A2 Nennen Sie Beispiele für die Umwandlung von blauem in grünes Wasser.

A3 Beschreiben und interpretieren Sie die Abb. 13.3.

A4 Fassen Sie die Inhalte der Abb. 13.2 zusammen und berechnen Sie die Anteile der für die Nahrungsmittelproduktion genutzten Wasserströme.

A5 Erläutern Sie die Abb. 14.2.

A6 Nennen Sie Ursachen der globalen Wasserkrise (Abb. 14.1, 2, Text).

A7 Fassen Sie die Kernaussagen der in Abb. 15. 1 dargelegten Rechnung zusammen und diskutieren Sie die Sinnhaftigkeit solcher Berechnungen.

A8 Beschreiben Sie die Wasserbilanz Deutschlands (Abb. 16.2) und begründen Sie, weshalb Deutschland als wasserreich gilt (Text).

A9 Erläutern Sie die unterschiedliche Herkunft des Trinkwassers in Deutschland (Abb. 17.1).

A10 Vergleichen Sie die Wasserpreise Ihres Heimatortes mit anderen Städten (Internet).

A11 Ermitteln Sie die an Trinkwasser in Deutschland gestellten Qualitätskriterien (Internet).

A12 Erläutern Sie die Abb. 17.2.

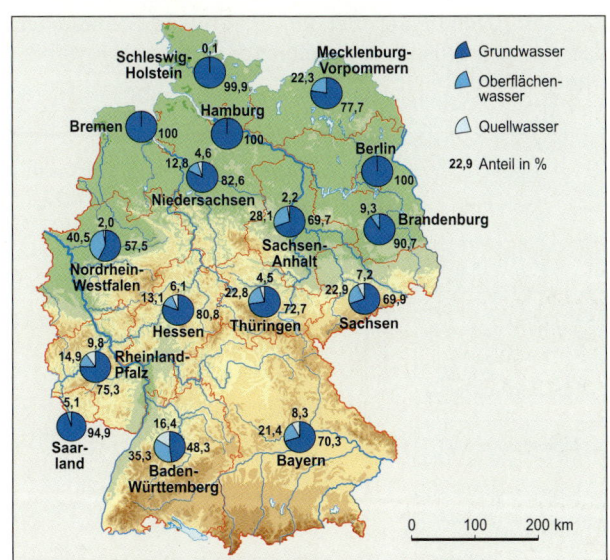

17.1 Trinkwassergewinnung in Deutschland

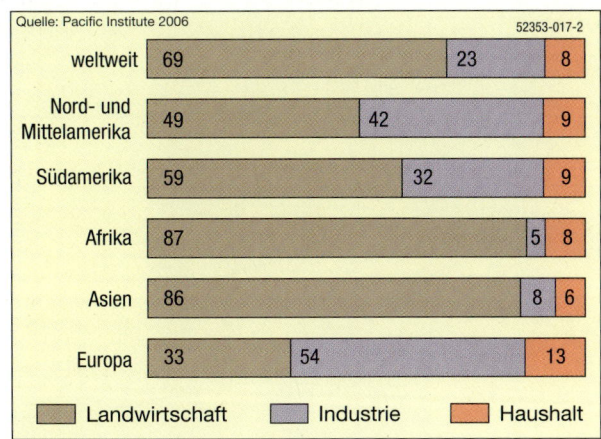

17.2 Wasserverbrauch weltweit

2 Fließgewässer

Wasser macht das Festland flach

Bewegtes Wasser ist die mit großem Abstand bedeutendste exogene Kraft, die das Festland des Planeten formt, durch Gletscher, durch Bäche, Flüsse und Ströme, durch Brandung und Meeresströmung an Küsten. Die dabei wirksamen Prozesse sind im Prinzip stets gleich:
- Erosion (Abtragung) des durch die Verwitterung gelockerten Ausgangsgesteins.
- Transport des Materials als Schweb-, Lösungs- und Geschiebefracht (Verhältnis etwa 5:4:1). Die mitgeführten Steine bearbeiten als „Erosionswaffen" den Untergrund und werden durch mechanischen Abrieb gerundet und verkleinert.
- Ablagerung (Sedimentation) mit einer von der Transportkraft abhängigen Korngrößensortierung der Feststoffe bzw. Ausfällung der gelösten Stoffe bei veränderten chemischen Bedingungen.

Entlang eines Flusslaufs ändert sich die Intensität dieser Prozesse auf charakteristische Weise (Abb. 20.1). Sie wird im Wesentlichen gesteuert durch die vorhandene Reliefenergie (relative Höhenunterschiede einer Region), die Niederschläge (Menge, Art, Raum-Zeit-Muster), die Widerständigkeit der Gesteine sowie die Vegetationsdichte im jeweiligen Einzugsgebiet. Daher unterscheiden sich die entstehenden Gewässernetze und Oberflächenformen nach Aussehen und Dynamik erheblich:
- Bei der auf mehr oder weniger breite Abflussrinnen konzentrierten linienhaften Abtragung durch Fließgewässer in humiden Gebieten wirken Tiefen- und Seitenerosion sowie der Hangabtrag zusammen und erzeugen dabei charakteristische Talformen wie zum Beispiel Kerbtäler oder Canyons.

- In semiariden Gebieten wie zum Beispiel den wechselfeuchten Tropen tragen die während der Regenzeit abfließenden Schichtfluten das Land dagegen flächenhaft ab (Denudation), sodass die sogenannten Rumpfflächen insgesamt tiefer gelegt werden.

So unterschiedlich die jeweils entstehenden Reliefformen auch sind, in allen Fällen gilt: Die Transportkraft eines Fließgewässers ändert sich mit der sechsten Potenz seiner Geschwindigkeit. Vervierfacht sich zum Beispiel also die Fließgeschwindigkeit, nimmt das Gewicht eines gerade noch transportierbaren Steines um den Faktor 4^6, also um das 4096-Fache zu. Deshalb erbringen Flüsse bei steilem Relief bzw. bei Hochwasser ihre größten Erosions- und Transportleistungen.

Insgesamt ist die Abtragungsleistung der Fließgewässer enorm: Selbst Hochgebirge wie die Alpen, die Anden oder der Himalaya werden in nur rund 200 Millionen Jahren bis auf die Haupterosionsbasis, den Meeresspiegel, eingeebnet.
Derzeit erbringen allein die Flüsse zwischen Pakistan und Korea wegen des humiden Klimas und der von den Hochgebirgsketten gelieferten Schuttmassen knapp die Hälfte des Sedimenteintrags aller Festländer ins Meer. Südostasien und Neuseeland folgen an zweiter Stelle, wegen ihrer ebenfalls jungen Gebirge, der hohen Niederschlägen und der relativ kleinen Einzugsgebieten, in denen die Flüsse auf ihrem Weg zum Meer unterwegs nur wenig sedimentieren können. Europa, Nordasien oder Nordamerika liefern dagegen trotz großer Einzugsgebiete ihrer Flüsse nur relativ geringe Sedimentmengen.
Letztendlich wächst durch den Sedimenteintrag überall das Festland ins Meer hinaus, es sei denn, dass starke Gezeitenströmungen oder küstenparallele Strömungen das von den Flüssen angelieferte Material rasch weitertransportieren.

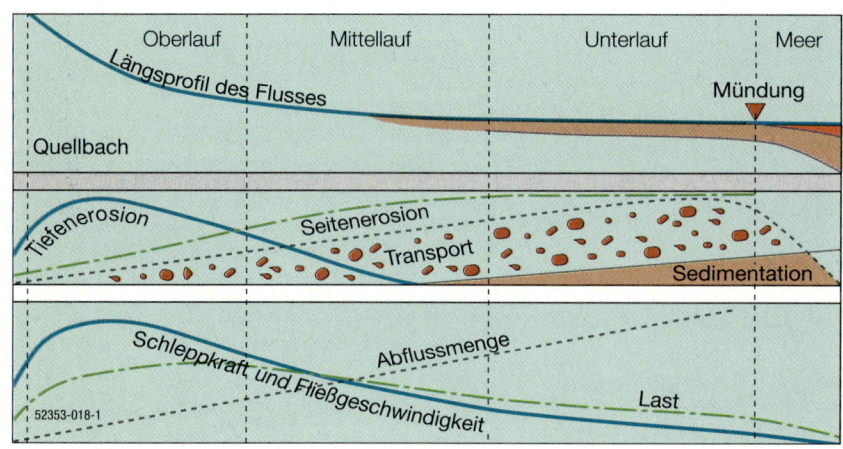

18.1 Längsprofil eines Flusses

Pro Jahr werden vom Festland etwa 10,5 km³ Material ins Meer transportiert:
- 8,5 km³ als mechanische Fracht (davon:
  10% Sand und Kies,
  90% Silt und Ton)
- 2,0 km³ als Lösungsfracht
  (60% Ca-Mg-Karbonate,
  28% Sulfate und Chloride
  von Na, K, Mg,
  10% SiO_2,
  2% Fe_2O)

18.2 Feststoffeintrag ins Meer

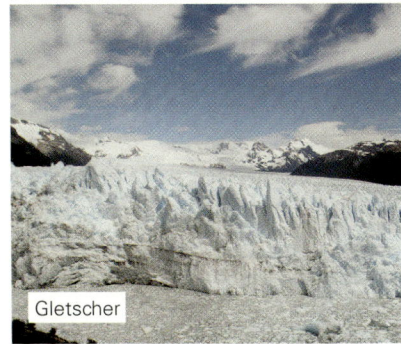

Gletscher

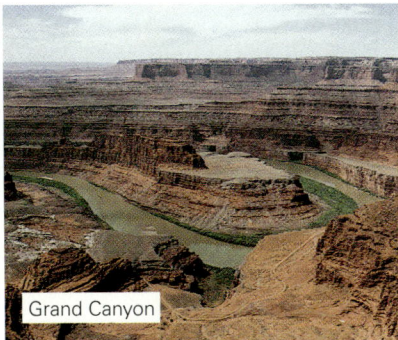

Grand Canyon

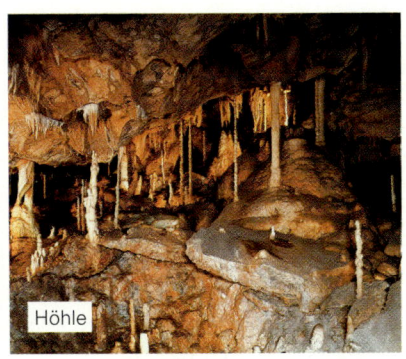

Höhle

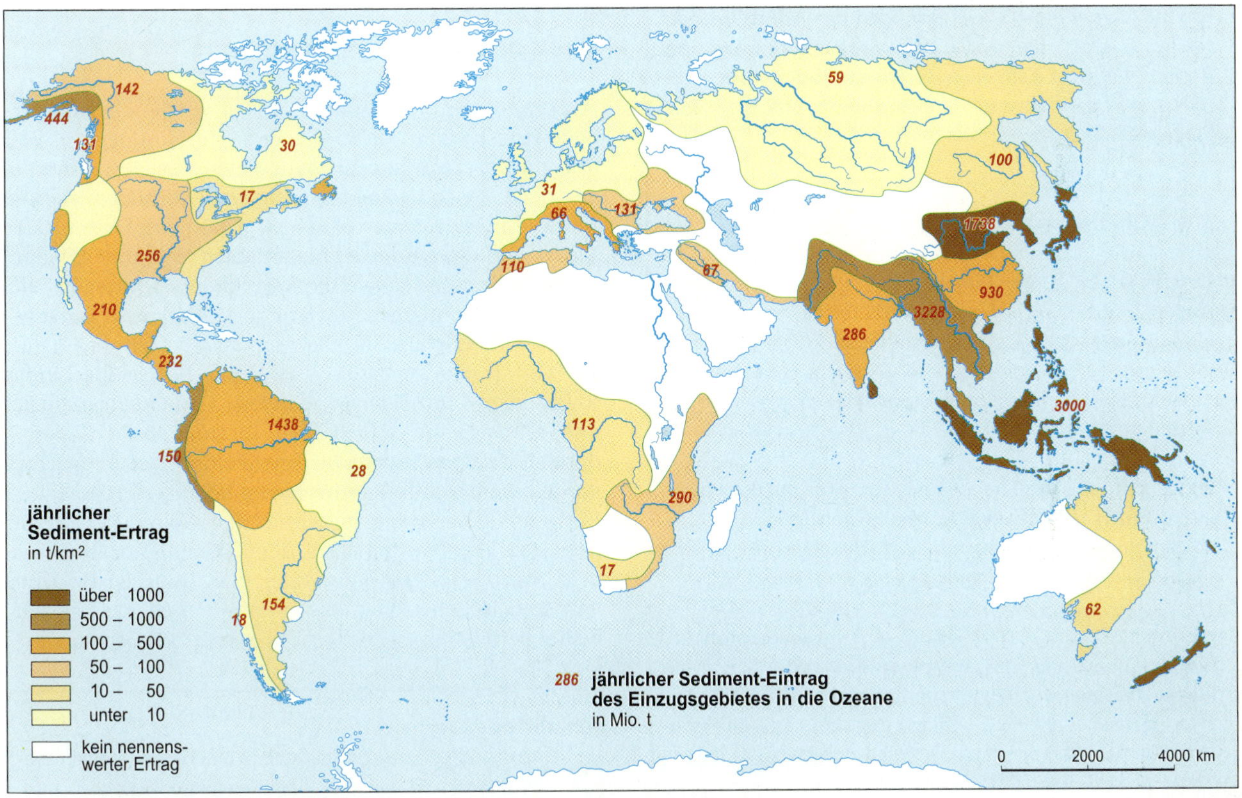
jährlicher
Sediment-Ertrag
in t/km²
über 1000
500 – 1000
100 – 500
50 – 100
10 – 50
unter 10
kein nennenswerter Ertrag
286 jährlicher Sediment-Eintrag des Einzugsgebietes in die Ozeane in Mio. t
444
142
131
30
17
256
210
232
1438
150
28
154
18
59
100
31
66
131
1738
110
67
930
3228
286
3000
113
290
17
62
0
2000
4000 km

19.1 Jährlicher Sedimentertrag und -eintrag der Festländer in die Ozeane

Delta

Strandhaken

Kliff

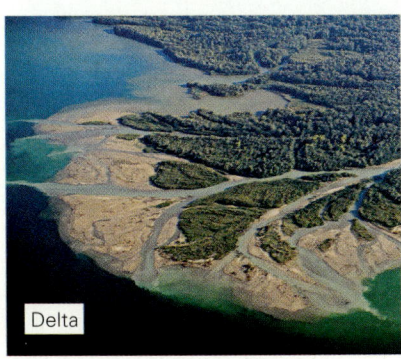

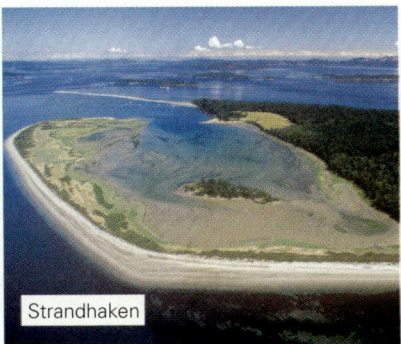

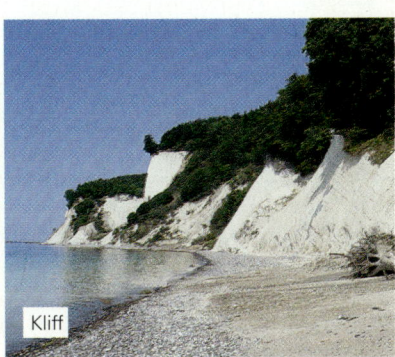

Naturbedingte Veränderungen

Tektonisch oder klimatisch bedingte Veränderungen der Erosionsbasis (und damit des Längsprofils):
- Meeresspiegelabsenkung in Kaltzeiten
  Folgen: Verlängerung der Laufstrecke, Einschneiden des Flusses in ältere Flussablagerungen, in die Küstenebenen und den Kontinentalschelf
- Meeresspiegelanstieg in Warmzeiten und Postglazial
  Folgen: Laufverkürzung, verstärkte Sedimentation im Unterlauf

Klimatisch bedingte Veränderungen der Abflussmenge
verstärkte Sedimentation bei geringer Wasserführung zum Beispiel während Kaltzeiten, verstärkte Tiefenerosion bei stärkerer Wasserführung in Warmzeiten und Postglazial
Folgen: Bildung von Terrassen

Anthropogen bedingte Veränderungen

Aufstauungen durch Dämme
Folgen: Überflutung bisheriger Uferbereiche, Anheben des Grundwassers und verstärkte Sedimentation im Oberwasser, Ersatz einer Fließgewässerökologie durch eine Stillwasserökologie, verstärkte Erosion im Unterwasser wegen verringerter Fracht

Verkürzung der Laufstrecke und Verringerung des Flussquerschnitts (Kanalisierung, Ausbaggerung)
Folgen: rascherer Abfluss, höhere Hochwasserspitzen, verstärkte Tiefenerosion, Absinken des Grundwassers

erhöhter Materialeintrag durch verstärkte Erosion im Einzugsgebiet zum Beispiel wegen Entwaldung
Folgen: geringere Tiefenerosion wegen Erhöhung der Transportlast, verstärkte Ablagerung im Unterlauf mit Verwilderung, Mäanderbildung, Wachstum des Mündungsdeltas und erhöhter Hochwassergefahr

verstärkte Wasserentnahme für Haushalte, Landwirtschaft und Industrie
Folgen: geringere Abflussspende für Unterlieger, Gefährdung der Gewässerökologie

Veränderung der Wasserqualität (Einleitung von Abwässern und Kühlwasser, Einschwemmung von Schadstoffen)
Folgen: Gefährdung der Gewässerökologie, höherer Aufwand zur Reinigung des Trink-/Brauchwassers

20.1 Natürliche und anthropogen bedingte Veränderungen der Fließgewässer (Auswahl)

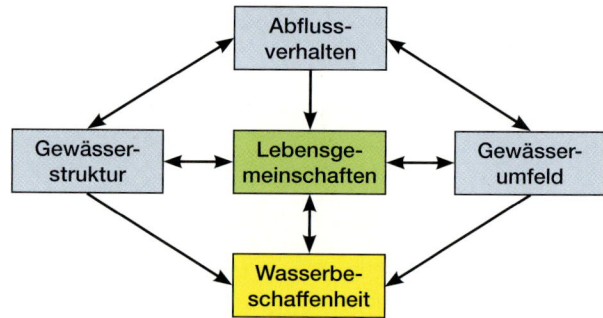

20.2 Wirkungsgefüge Fließgewässer

Fließgewässer im Wandel

Außerhalb der während der Eiszeit vergletscherten Gebiete zum Beispiel in Nordamerika, in Norddeutschland und im Alpenvorland, in denen sich ein Gewässernetz erst nach Abschmelzen der Eismassen ausbilden konnte, sind die Flusssysteme meist sehr alt. Rhein, Donau oder Mosel und viele ihrer Zuflüsse lassen sich zum Beispiel schon im Tertiär nachweisen. Ihre Abflussrichtung ist seitdem im Wesentlichen unverändert. Aber ihre Einzugsgebiete, ihr Längsprofil, ihr Abflussverhalten und damit die von ihnen gestalteten Tal- und Flusslandschaften sowie die darauf ausgerichteten Grundwasserspiegel und Ökosysteme haben sich fortlaufend verändert – durch die erdgeschichtliche Entwicklung, seit einiger Zeit vor allem aber durch anthropogen bedingte Prozesse.
Einigen Flüssen, wie zum Beispiel dem Colorado und dem Rio Grande in Nordamerika, dem Gelben Fluss in China, dem Murray in Australien oder dem Indus in Pakistan wird inzwischen so viel Wasser entnommen, dass sie zeitweilig bereits vor Erreichen des Meeres versiegen.

Natürliche Dynamik
- eigenständige Entwicklung und Wiederherstellung einer vielfältigen und weiträumigen Gewässerstruktur

Struktur-, Biotop- und Artenvielfalt
- selbstständige Bildung und Regeneration einer großen Anzahl gewässertypischer (Fließ-, Stillwasser, Flusssohle) und gewässerbegleitender Biotope (Altarme, Auwälder, Auwiesen, Feuchtgebiete, Kiesbänke)

Fähigkeit zur Selbstregulation
- Fähigkeit der Gewässerbiozönose, natürliche und anthropogene Störungen zu kompensieren und so die Biotop- und Artenvielfalt zu erhalten
- Fähigkeit des Gewässers, organische Belastungen mikrobiell abzubauen (= natürliche Selbstreinigung)

20.3 Merkmale ökologisch intakter Fließgewässer (Auswahl)

21.1 Anthropogen überformte Flusstallandschaft

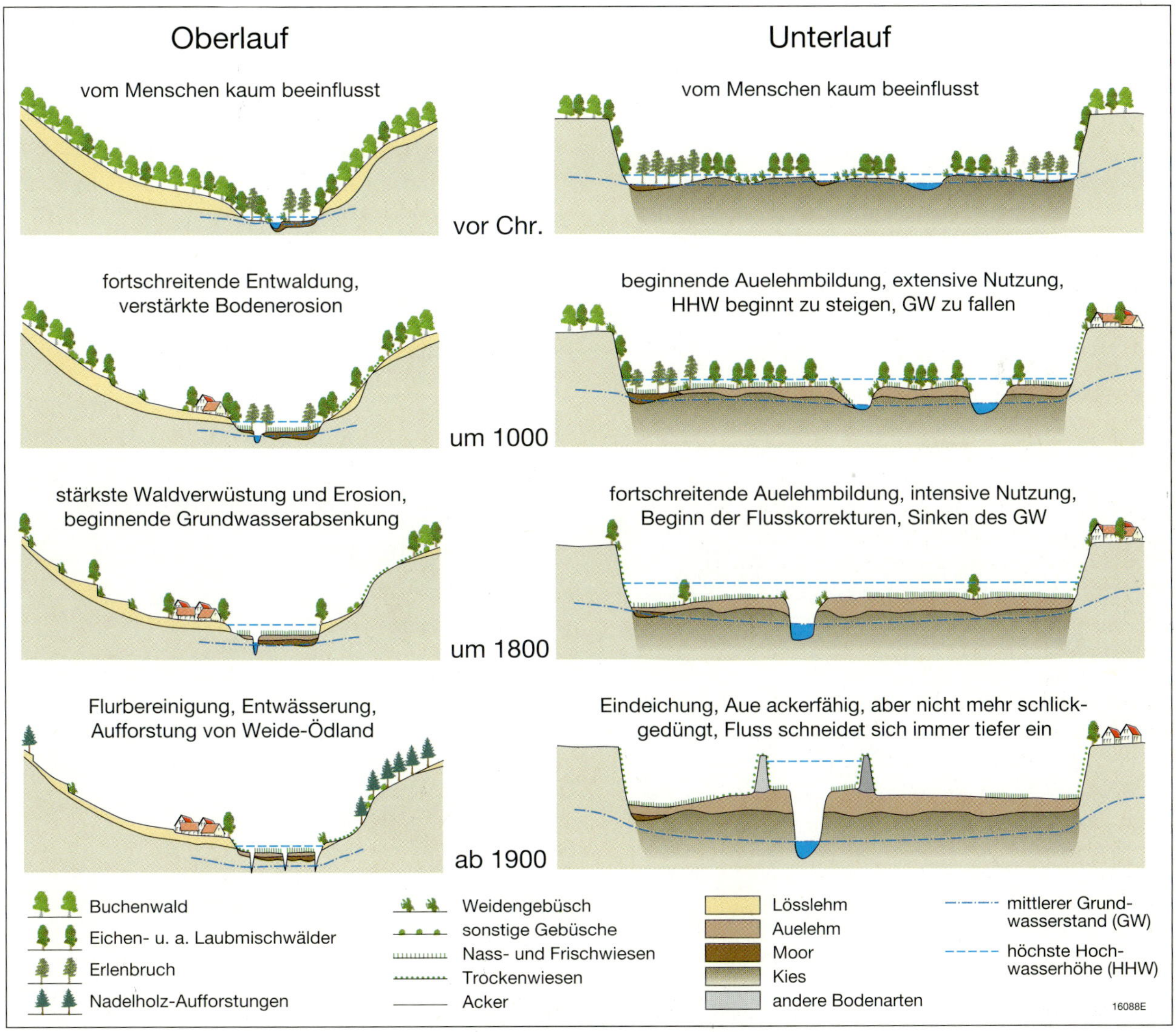

Oberlauf　　　　　　　　　Unterlauf

vom Menschen kaum beeinflusst

vom Menschen kaum beeinflusst

vor Chr.

fortschreitende Entwaldung,
verstärkte Bodenerosion

beginnende Auelehmbildung, extensive Nutzung,
HHW beginnt zu steigen, GW zu fallen

um 1000

stärkste Waldverwüstung und Erosion,
beginnende Grundwasserabsenkung

fortschreitende Auelehmbildung, intensive Nutzung,
Beginn der Flusskorrekturen, Sinken des GW

um 1800

Flurbereinigung, Entwässerung,
Aufforstung von Weide-Ödland

Eindeichung, Aue ackerfähig, aber nicht mehr schlick-
gedüngt, Fluss schneidet sich immer tiefer ein

ab 1900

Buchenwald	Weidengebüsch
Eichen- u. a. Laubmischwälder	sonstige Gebüsche
Erlenbruch	Nass- und Frischwiesen
Nadelholz-Aufforstungen	Trockenwiesen
	Acker

Lösslehm	mittlerer Grund-wasserstand (GW)
Auelehm	
Moor	höchste Hoch-wasserhöhe (HHW)
Kies	
andere Bodenarten	

16088E

21.2 Entwicklung einer mitteleuropäischen Flusstallandschaft im Ober- und Unterlauf

21

Das **Einzugsgebiet** eines Flusses ist das von ihm entwässerte Gebiet. Es wird von **Wasserscheiden** umgrenzt. Der **Abfluss** ist das Wasservolumen (in m³/s), das den Flussquerschnitt bei gegebener Fließgeschwindigkeit durchfließt. Daraus ergibt sich z. B. der mittlere Abfluss (MQ), der mittlere (HQ) oder höchste Hochwasserabfluss (HHQ). Aus dem Quotienten der langjährigen Monatsmittel und dem Jahresmittel ergibt sich der monatliche **Abflusskoeffizient**. Dessen graphische Darstellung ist der **Abflussgang** oder das sogenannte **Abflussregime**, welches die Besonderheiten des Einzugsgebietes widerspiegelt.

Sogenannte **einfache Regime** besitzen nur ein Abflussmaximum und werden gesteuert durch

- Gletscherschmelze (glaziales Regime: Niedrigwasser im Winter, Hochwasser im Sommer)
- Schneeschmelze (nivales od. Schneeregime: Schneefall und Eisbildung bedingen Minima im Winter, Eis- und Schneeschmelze Maxima vom Frühjahr bis zum Sommer)
- Regenniederschlag (pluviales od. Regenregime: in gemäßigter Zone unter ozeanischem Einfluss Maximum durch Winterniederschläge, Minimum durch Verdunstung im Sommer)

Komplexe Regime 1. Grades zeigen ein Maximum im Frühjahr (Schneeschmelze) und ein Maximum im Herbst (Regen). Auch komplexe Regime 2. Grades haben zwei Maxima. Deren Amplituden verändern sich aber flussabwärts. Solche Flüsse wechseln also den Regimetyp.

22.1 Definitionen

Umgestaltung von Flusslandschaften
Fallbeispiel: Der Rhein

Einzugsgebiet und Abflussregime

Der Rhein ist ein in mehrfacher Hinsicht besonderer Fluss:

- Er ist über etliche Laufstrecken Grenzfluss und die wichtigste Nord-Süd-verlaufende natürliche Wasserstraße Mitteleuropas, von der aus über Kanäle auch die Ostsee, das Schwarze Meer und das Mittelmeer erreicht werden können.
- Er zeigt auf seiner 1320 Kilometer langen Laufstrecke bis zur Nordsee mehrfach markante Änderungen seiner Laufrichtung.
- Er durchfließt geologisch sehr unterschiedliche Landschaften und besitzt mehrere Erosionsbasen sowie Laufstrecken mit höchst unterschiedlichem Gefälle.
- Er hat – nach der ins Schwarze Meer fließenden Donau – mit derzeit rund 185 300 Quadratkilometern das bei Weitem größte Einzugsgebiet aller Flüsse Mitteleuropas.
- Er hat seit dem Tertiär im „Kampf um die Wasserscheide" sein Einzugsgebiet auf Kosten zum Beispiel der Donau erheblich vergrößert.
- Er hat ein komplexes Abflussregime 2. Grades, denn er erhält Zuflüsse aus den verschiedensten Regionen, (Alpen, Mittelgebirgen, Tiefland), mit der Folge einer je nach Flussabschnitt sehr unterschiedlichen Wasserführung und damit auch Hochwassergefährdung.

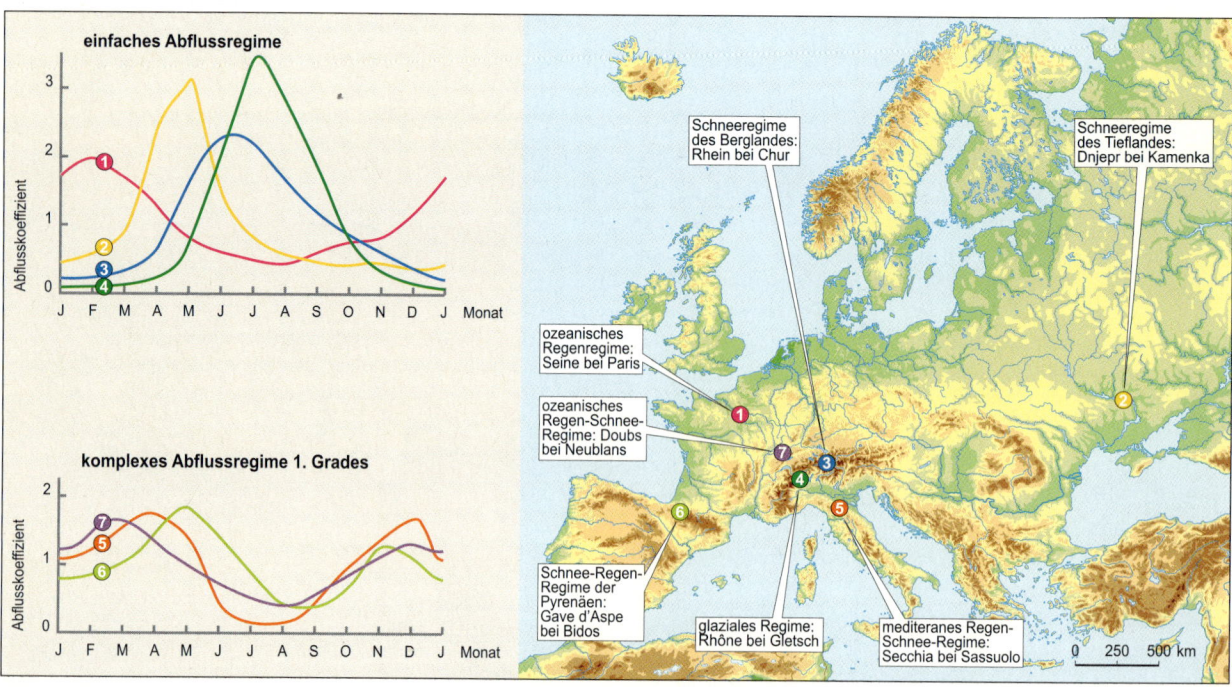

22.2 Abflussregime verschiedener europäischer Flüsse (verändert nach BAUMGARTNER & LIEBSCHER 1996)

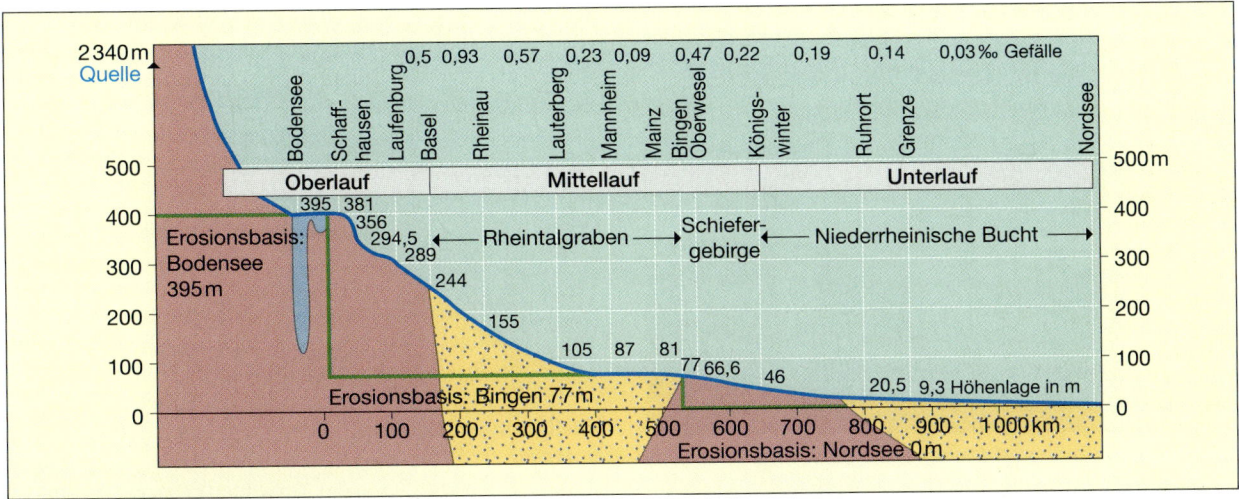

23.1 Längsprofil des Rheins

Bis zur Mündung in den Bodensee hat der Alpenrhein ein von der im Hochgebirge spät beginnenden Schneeschmelze geprägtes einfaches nivales Regime. Auch die wichtigsten Zuflüsse des Hochrheins bis Basel, vor allem die Aare, besitzen ein nivales Regime. Bis Worms münden aber bereits mehrere Flüsse, deren Abflussmaxima aus winterlichen Regenfällen stammen, in den Fluss. Dadurch baut sich am Oberrhein bis Worms allmählich ein zweites Maximum im Februar auf, das ab Mainz durch weitere Zuflüsse aus dem größer werdenden Zu-

flussgebiet der Mittelgebirge spätestens ab Köln deutlich dominiert.

Insgesamt besitzt der Rhein wie alle Flüsse bei humidem Klima einen ganzjährigen Abfluss (permanente oder perennierende Flüsse). Flüsse, die nur zeitweilig Wasser führen (periodische beziehungsweise episodische Flüsse), gibt es nur in semiariden bis ariden Klimaten. Sogenannte Fremdlingsflüsse können bei ausreichender Wasserführung aride Gebiete durchqueren. Einige enden auch in Binnenseen.

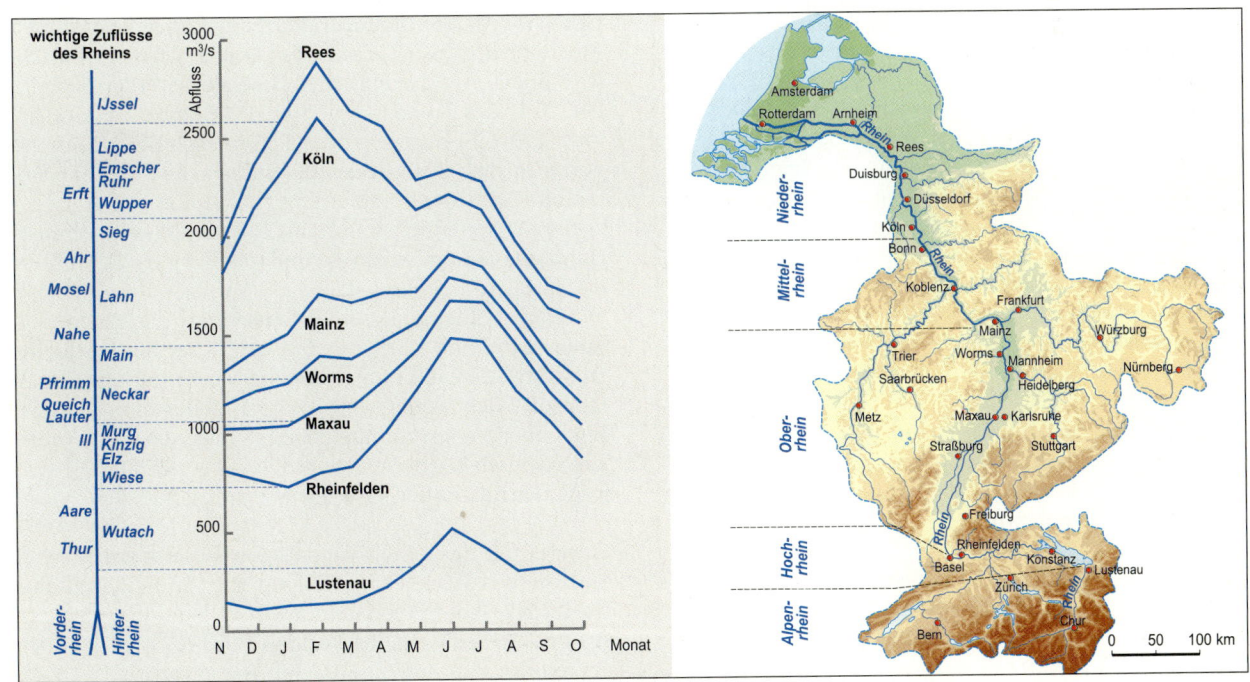

23.2 Der Rhein als Beispiel für ein komplexes Abflussregime 2. Grades

24.1 Oberrhein bei Istein um 1825 (Blick nach Süden)

"Wird der Rhein rektifiziert, so wird das Flussbett sich so vertiefen und der Wasserspiegel sich so senken, dass die Rheindämme ganz entbehrlich werden. Durch die vollkommenste Rektifikation werden auf dem rechten Rheinufer über 100 000 Morgen den Überschwemmungen entzogen. [...] Vor allem aber verdient die persönliche Sicherheit der Rheinuferbewohner, ihre Befreiung von der schweren Last der Notwehren bei stürmischer, nasser und kalter Witterung und die Sicherung ihrer Wohnungen und ihres Viehbestandes beherzigt zu werden. Ohne die Rektifikation werden die Sturmglocken nicht verstummen, das Brechen der Dämme nicht immer gehindert und die Sümpfe bedeutender werden. Mit der Vergrößerung dieses Übels muss sich der Wohlstand vermindern. Wird aber der Rhein rektifiziert, so wird alles anders werden. Der Mut und die Tätigkeit der Bewohner wird steigen. Das Klima wird durch Verminderung der Wasserfläche auf beinahe ein Drittel, durch das Verschwinden der Sümpfe und die Verminderung der Nebel wärmer und angenehmer werden. Der Abzug der in den Rhein einmündenden Flüsse und Bäche wird befördert und dadurch die Bewässerung der Wiesen möglich werden. Es werden trockene Wiesen und Weiden erhalten und es wird die Viehzucht, vorzüglich die Pferdezucht, gewinnen. Die Gärten werden sehr gewinnen und die Obstkultur wird emporkommen. Die Schifffahrt wird lebhafter werden, Dampfboote werden als Postschiffe auf dem Rhein gehen und auch zum Bugsieren der Frachtschiffe und der Flöße benutzt werden.

Gewinn des Staates:	1 Mio. Gulden
Gewinn der Uferbewohner:	5 Mio. Gulden
Summe:	6 Mio. Gulden"

(Tulla, J. G.: Über die Rektifikation des Rheines. Karlsruhe 1825, S. 12, 26, 47, 51–53. In: Umweltkonflikte in der Geschichte. In: Politik und Unterricht, 4/1995, Landeszentrale für Politische Bildung, Stuttgart)

24.2 Tullas Erwartungen

Am Oberrhein: Korrekturen ohne Ende?

Bis zum Beginn des 19. Jahrhunderts war der Oberrhein noch ein weitgehend unberührter Wildstrom. Aufgefächert in zahllose flache, sich ständig verändernde Arme durchfloss er in der Verwilderungszone zwischen Basel und Lauterburg eine zwei bis drei Kilometer breite Aue. In den zahlreichen Schlingen der sich bis Worms anschließenden Mäanderzone besaß er dagegen ein nahezu geschlossenen Flussbett (Abb. 24.1, 25.2).

Erste entscheidende Laufveränderungen des Rheins erbrachte die nach Plänen von J. G. Tulla zwischen 1817 und 1880 durchgeführte Rheinkorrektion (= Rektifikation). Tullas Idee bestand darin, einen Hauptabfluss festzulegen und die durch die Verkürzung der Lauflänge ansteigende Fließgeschwindigkeit gezielt zur verstärkten Sohlenerosion auszunutzen: Der Rhein selbst sollte sich ein stabiles Bett graben. Dazu wurden in der Verwilderungszone zahlreiche Seitenarme des Stroms in einem Hauptbett von 200 bis 240 Meter Breite zusammengefasst und in der Mäanderzone die weiten Flussschlingen durchstoßen.

Der Rhein erhielt dadurch im Wesentlichen sein heutiges, begradigtes Flussbett. Seine Fließstrecke verkürzte sich zwischen Basel und Worms von 354 auf 273 Kilometer. Da sich die Hochwasser nur noch in einer ein bis zwei Kilometer breiten und von Dämmen begrenzten Zone ausbreiten konnten, war die bis dahin ständig drohende Gefahr der Überflutung, des Austritts von Druckwasser in den Kellern und der Unterspülung und Erosion weitgehend gebannt. Zugleich konnten in der ehemals vernässten und mückenverseuchten Flussaue neue Flächen für Siedlungen, Land-/ Forstwirtschaft und Infrastruktureinrichtungen gewonnen sowie der Grenzverlauf zwischen Frankreich und Deutschland präziser in der Flussmitte festgelegt werden.

Die Arbeiten Tullas wurden ab 1906 unter M. Honsell fortgeführt. Er schnürte den Fließquerschnitt des Flusses durch in den Strom ragende Buhnen noch weiter ein. Durch diese Rheinregulierung entstand eine durchgängige, zwei Meter tiefe und 75 bis 100 Meter breite Abflussrinne, die eine ganzjährige und gefahrlosere Schifffahrt bis Basel ermöglichte.

Durch die Einengung seines Betts verlor der Rhein zwischen Basel und Karlsruhe 660 km² Überflutungsfläche. Die durch Tullas Laufverkürzung verstärkte und durch Honsell noch weiter verschärfte Tiefenerosion (7 cm/a gegenüber 0,4 cm/a) führte südlich Breisach zum Verlust von weiteren 80 km² und zugleich zur verstärkten Absenkung des flussnahen Grundwasserspiegels.

Gegen Ende des Ersten Weltkriegs wurden von deutscher Seite bereits Pläne entworfen, um die für die Schifffahrt bedrohlich werdende Isteiner Schwelle zu umgehen. In Artikel 358 des Versailler Vertrags von 1919 erhielt jedoch Frankreich das alleinige Recht, Wasser aus dem Rhein auszuleiten und zur Energiegewinnung zu nutzen.

Innerhalb weniger Jahrzehnte entstand im Zuge des sogenannten Oberrheinausbaus die mit vier Staustufen, Laufkraftwerken und Schleusenanlagen ausgestattete größte künstliche Schifffahrtsstraße der Welt, der Rheinseitenkanal (Grand Canal d'Alsace).

Dazu werden in Märkt bei Basel 98 Prozent der Wassermenge (bis zu 1400 m³/s) in den Kanal geleitet, dessen 52 Kilometer langes Betonbett keinerlei Kontakt mehr zum Grundwasser zulässt. Der Tullarhein erhält nur noch 15 m³/s sowie die nicht vom Kanal aufnehmbaren Hochwasserspitzen. Zwischen Märkt und Breisach wurde daher zwar die Tiefenerosion gestoppt, doch der Grundwasserspiegel sank um weitere 2,5 Meter auf 7 Meter unterhalb des Ausgangsniveaus.

Immer mehr flussnahe Wälder und Obstbaumbestände starben ab, Äcker und Wiesen vertrockneten. (Der für diese Veränderungen häufig verwendete Begriff der „Versteppung des Oberrheins" ist jedoch irreführend, denn Steppen sind klimatisch bedingte Graslandschaften.) Die abgestorbenen Wälder wurden durch Anpflanzungen von Kiefern oder im Zuge einer natürlichen Sukzession durch eine an die humusarmen, kiesigen und wasserdurchlässigen Böden angepasste Sekundärvegetation ersetzt. Diese Trockenaue besitzt heute aufgrund ihrer Ausdehnung, ihrer ausschließlich extensiven Nutzung und der warmen, trockenen Bedingungen eine in Deutschland einmalige und wertvolle Biotop- und Artenvielfalt.

Für den Flussabschnitt nördlich Breisach brachte das „Luxemburger Abkommen" von 1956 entscheidende Verbesserungen: Deutschland verpflichtete sich zum auch für Frankreich wichtigen Ausbau der Mosel; Im Gegenzug verzichtete Frankreich auf die Weiterführung des Rheinseitenkanals. Stattdessen wurden bis Straßburg nur noch 4 so genannte Schlingen gebaut. Sie gewährleisten weiterhin Schifffahrt und Energiegewinnung. Durch Schwellen und regelbare Kulturwehre im Tullarhein konnte der Grundwasserspiegel im Schlingenbereich zwar gehalten werden, doch die Sohlenerosion verlagerte sich flussabwärts. Zu ihrer Bekämpfung wurden daher die das gesamte Rheinbett querenden Stauwehre bei Gambsheim und Iffezheim gebaut. Der bei diesen deutsch-französischen Projekten produzierte Strom wird je zur Hälfte in die Netze der Projektpartner eingespeist.

Die Stauwehre halten zwar ebenfalls den Grundwasserspiegel, aber im Staubereich ertranken wegen des beständig hohen und überwiegend stagnierenden Wassers die Wälder und nördlich Iffezheim tritt immer noch Sohlenerosion auf.

Eine letzte Staustufe bei Neuburgweier, die dieses Problem hätte lösen können, wurde jedoch nicht mehr gebaut. Stattdessen wird unterhalb der Staustufe Iffezheim der „Erosionshunger" des Flusses, der große Teile seiner Fracht im Oberwasser ablagert, durch eine kontinuierliche Zufuhr von 170 000 m³ Kies pro Jahr gestillt.

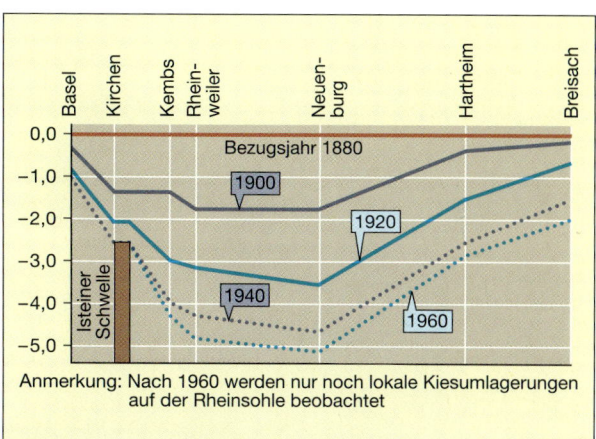

Anmerkung: Nach 1960 werden nur noch lokale Kiesumlagerungen auf der Rheinsohle beobachtet

25.1 Längsprofil der Tiefenerosion

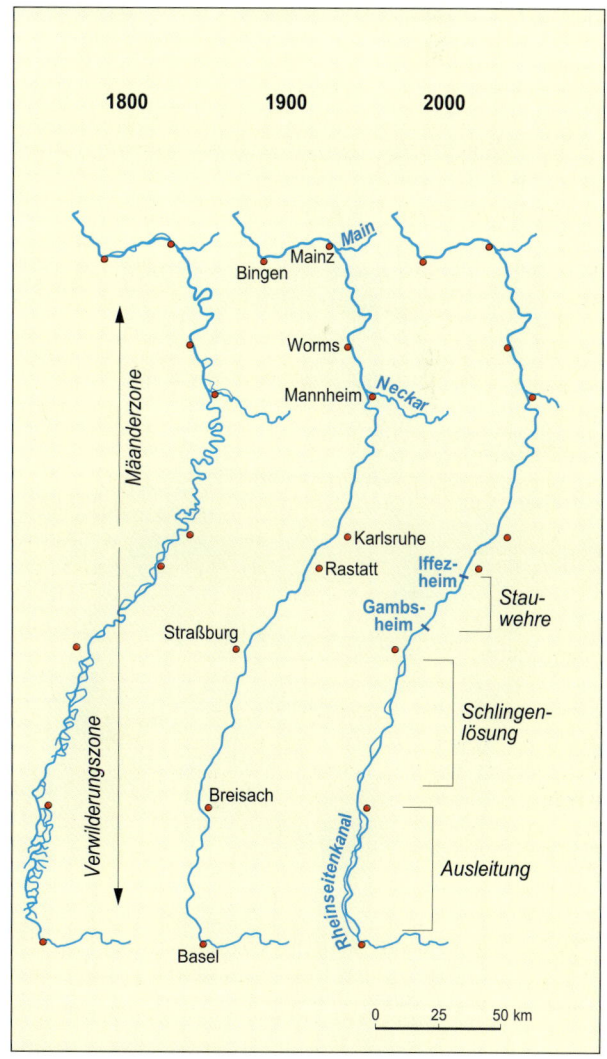

25.2 Laufveränderungen am Oberrhein

26.1 Auenlandschaft

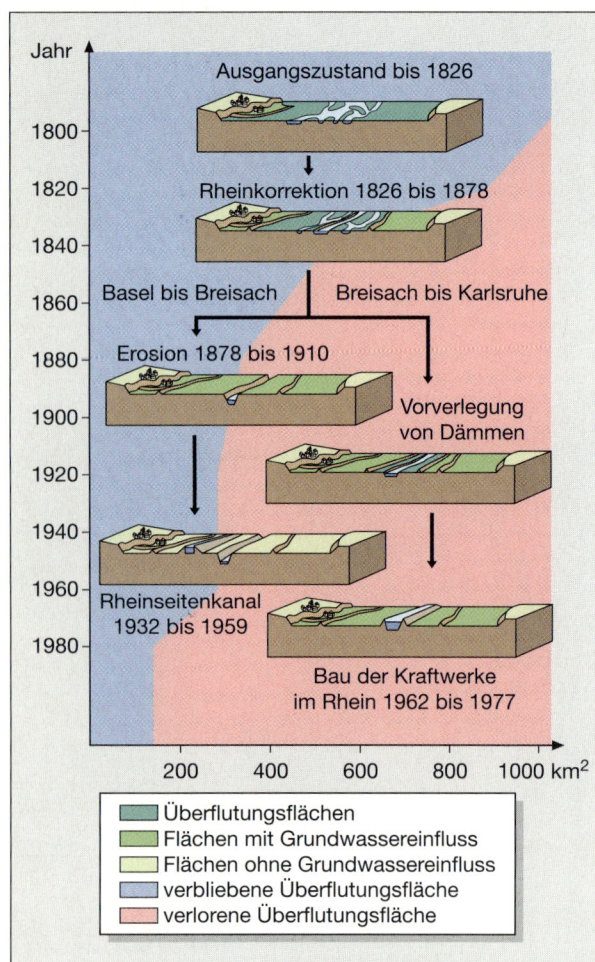

26.2 Wasserbauliche Eingriffe am Oberrhein

Durch den Oberrheinausbau gingen weitere 130 Quadratkilometer zuvor noch überfluteter Aueflächen verloren. Von dem einst durchgehenden Aueband mit seiner üppigen und vielfältigen Flora und Fauna sind daher heute nur noch kleine isolierte Reste (3 %) erhalten.

Als direkte Folge des Staustufenbaus hat sich zudem die Hochwassergefahr unterhalb der ausgebauten Strecke ab Iffezheim dramatisch verschärft. Der Verlust an überschwemmbaren Aueflächen und die Laufverkürzung führen dazu, dass die Hochwasserwellen heute deutlich schneller, steiler und mit höherem Volumen abfließen (die Fließzeit der Hochwasserwelle zwischen Basel und Maxau verringerte sich von 64 auf 23 Stunden).

Häufig kommt es dabei zum Zusammentreffen der Hochwasserwellen des Rheins mit denen der Nebenflüsse Kinzig, Murg und Neckar. Diese Situation droht immer dann, wenn die jährliche Hochwasserspitze des Rheins, die vor allem von den Schmelzwässern der Aare verursacht wird, im Frühsommer zusätzlich durch Starkniederschläge in der Nordschweiz, in den Vogesen, im Schwarzwald sowie im Neckarraum erhöht wird. Auch wenn die Böden im Einzugsgebiet des Oberrheins nach einer langen Regenperiode oder wegen Bodengefrornis kein Wasser mehr aufnehmen können, kommt es rasch zu gefährlichen Hochwasserlagen nördlich von Iffezheim.

Der südlich von Iffezheim gelegene Rheinabschnitt besitzt heute einen nahezu hundertprozentigen Hochwasserschutz. Auch am Pegel Maxau bei Karlsruhe konnte das Rheinbett bis 1955 ein extremes, nur alle 200 Jahre auftretendes Ereignis (200-jährliches Hochwasser) mit 5000 m³/s noch gefahrlos abführen. Am Pegel Worms waren es 6000 m³/s. Seit Ende des Oberrheinausbaus 1977 können jedoch bei einem 200-jährlichen Ereignis die Pegel bei Maxau rasch auf 5700 bzw. auf 6800 m³/s bei Worms ansteigen. Es drohen Dammbrüche mit Schäden an Agrarflächen, Siedlungen, Industriegebieten und Infrastruktureinrichtungen in einer Höhe bis zu 6 Mrd. Euro.

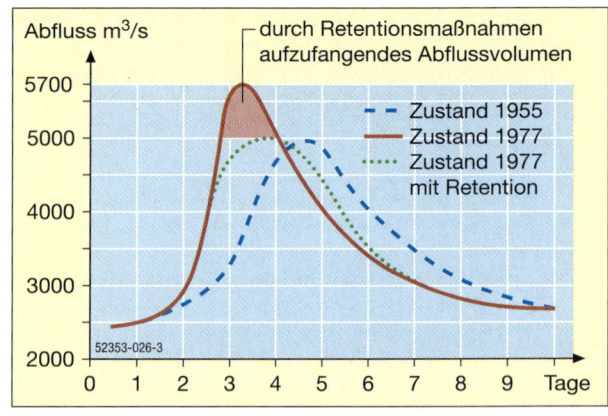

26.3 Hochwasserabfluss am Pegel Maxau

Hochwasserschutz und Renaturierung

Alle nördlich Iffezheim gelegenen Rheinanlieger haben einen Rechtsanspruch auf einen Hochwasserschutz, wie er vor dem Ausbau des Oberrheins bestand. Auf Drängen der gefährdeten Gemeinden, Städte und Bundesländer vereinbarten daher bereits 1982 Deutschland und Frankreich, diesen Schutz wieder herzustellen. Die dazu notwendige Absenkung der Hochwasserspitze um 700 bzw. 800 m³/s soll über ganz unterschiedliche Maßnahmen zur Retention (= Wasserrückhaltung) erreicht werden:

- durch einen „Sonderbetrieb" der französischen Rheinkraftwerke wird der Turbinendurchfluss gedrosselt und das Überschusswasser in den Tullarhein geleitet. Die dadurch bedingten Einnahmeverluste der Kraftwerke trägt Frankreich,
- durch die kontrollierte Veränderung der Stauhöhe an den Kulturwehren Breisach und Kehl,
- durch den Einsatz von Poldern, das heißt von Rückhalteräumen seitlich des Rheins, die kontrolliert geflutet und entleert werden können und deren Stauvolumen damit ebenfalls regelbar ist,
- durch landeinwärtige Rückverlegungen bestehender Hochwasserdämme. Dies ist jedoch nur möglich auf der freien Rheinstrecke unterhalb Iffezheim sowie südlich des Kulturwehrs Breisach, wo wegen der Tiefenerosion des Flusses allerdings eine umfangreiche Ausbaggerung („Auskiesung eines 90-m-Streifens") entlang des Tullarheins erforderlich ist. Zwischen Breisach und Iffezheim ist keine Dammrückverlegung möglich, da hier der Rhein wegen der Staustufen und -wehre bis zu acht Meter über Gelände aufgestaut wird. Außerdem ist die Überflutung bei Dammrückverlegungen nicht steuerbar, sodass das damit geschaffene Rückhaltevolumen nicht gezielt eingesetzt werden kann.

Insgesamt sollen nach derzeitigem Konzept 255,7 Millionen Kubikmeter Retentionsvolumen geschaffen werden, davon allein auf der baden-württembergischen Rheinseite 167,3 Millionen Kubikmeter an 13 Standorten. Insgesamt wurden bisher rund 130 Millionen Kubikmeter Rückhaltevolumen realisiert, der Rest befindet sich in unterschiedlichen Stadien der Planung. Gegenwärtig ist daher bis zur Mainmündung nur ein etwa 90–100-jährlicher Hochwasserschutz gewährleistet.

Die oftmals geäußerte Vorstellung, mit den Maßnahmen am Oberrhein zugleich auch die Überflutungsgefahr am Mittel- und Niederrhein beseitigen zu können, ist jedoch trügerisch. Selbst bei Einsatz aller am Oberrhein geplanter Retentionsmaßnahmen kann der Hochwasserscheitel in Koblenz oder Köln nur um wenige Zentimeter abgesenkt werden, denn die Überflutungsgefahr dort resultiert in erster Linie aus der Überlagerung von Flutwellen der Rheinzuflüsse unterhalb von Worms (Abb. 23.2).

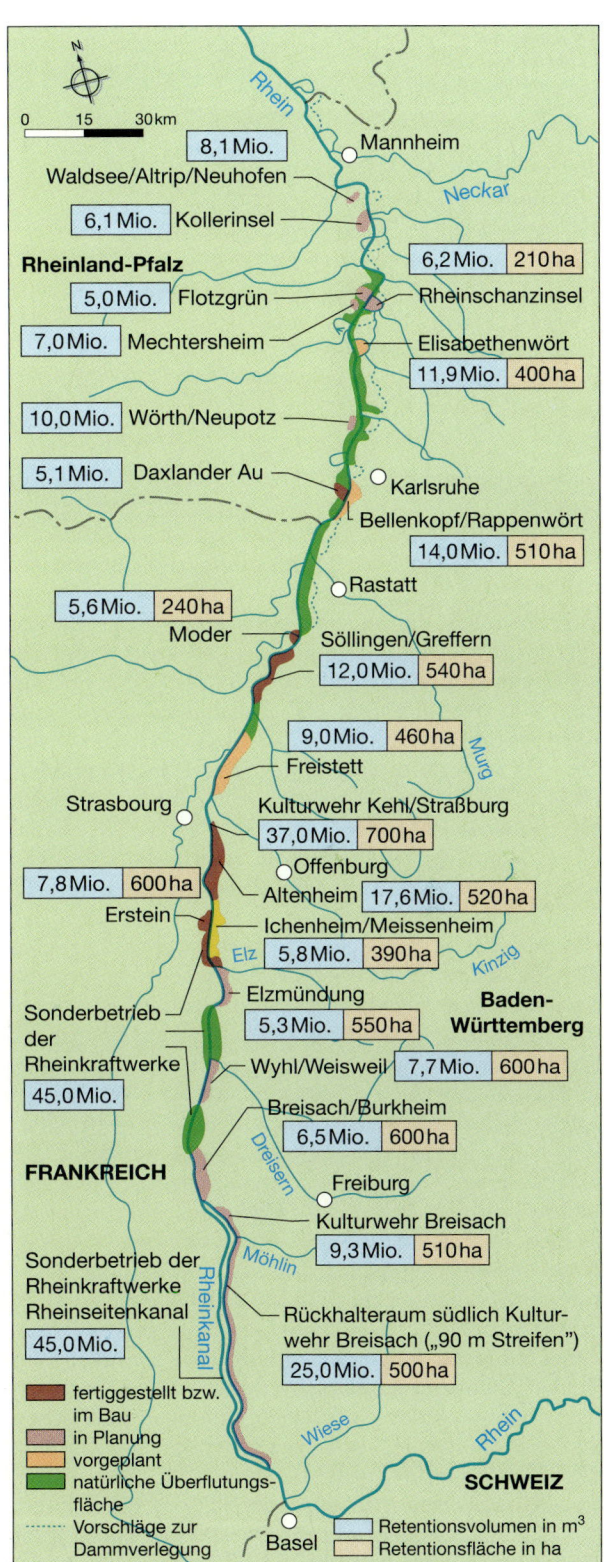

27.1 **Rückhaltemaßnahmen am Oberrhein**

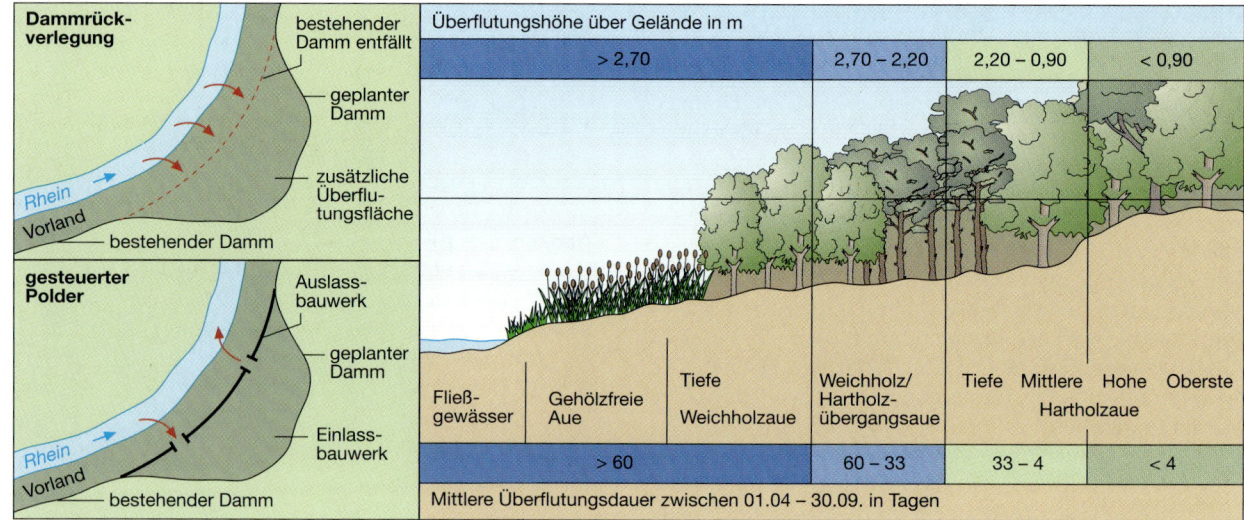

28.1 Poldertypen, Überflutungshöhe und Überflutungsdauer

Die Hauptlast des Hochwasserschutzes trägt Baden-Württemberg. Das 1996 von der Landesregierung dazu verabschiedete Rahmenkonzept sieht die Wiederüberflutung aller bis zum Bau der Stauanlagen überfluteten rechtsrheinischen Aueflächen – soweit verfügbar – vor. Das 775 Mio. Euro teure „Integrierte Rheinprogramm" (IRP) soll dabei zwei Fliegen mit einer Klappe schlagen: Hochwasserschutz und Renaturierung (Wiederherstellung) einer naturnahen Auelandschaft. Allerdings lassen sich nicht an allen Standorten beide Ziele optimal erreichen.

Auewälder bestehen aus einem ständig wechselnden Mosaik hochspezialisierter Lebensgemeinschaften, die durch Überflutungen, wechselnde Grundwasserstände und überflutungsbedingte Bodenumlagerungen ausgelesen wurden. Dammrückverlegungen bieten daher optimale Bedingungen für die Entwicklung einer naturnahen Auelandschaft. Alle Lebensgemeinschaften in bisher überschwemmungsfreien Bereichen, die als Polder in das IRP einbezogenen werden sollen, müssen dagegen langsam und schonend an die veränderten Bedingungen angepasst werden. Eine natürliche Sukzession in Richtung hochwassertoleranter Lebensgemeinschaften erfordert dort nicht nur die Überflutung bei (Extrem-)Hochwasser, sondern bedarf zusätzlicher „ökologischer Flutungen" mit maximal 2,5 Meter mittlerer Stauhöhe, wie sie bereits am Polder Altenheim erfolgreich praktiziert werden. Auch naturschutzrechtlich sind solche Flutungen inzwischen zwingend notwendig, denn die Retention auf Flächen, die schon lange nicht mehr vom Rhein überflutet werden, stellt einen erheblichen und nachhaltigen Eingriff dar, der zu vermeiden oder zu mindern ist. Eine Nutzung der Polder zum Hochwasserschutz ist daher ohne ökologische Flutungen gar nicht zulässig.

Das aufgestaute Wasser lässt jedoch den Grundwasserspiegel auch außerhalb des Rückhalteraums steigen. Vielerorts sehen sich daher private Grundbesitzer und Gemeinden bedroht. Sie misstrauen den behördlichen Versprechungen von Pumpengalerien, die die Keller trocken halten sollen, bangen um Spargelkulturen, Nutzwälder und Infrastruktureinrichtungen, befürchten neue Mückenplagen und fragen, woher Ersatzflächen für Wiesen, Äcker, Sportplätze, Reiterhöfe usw. kommen sollen. Komplizierte Planungsabläufe, Widerstände von Kommunen und Bürgerinitiativen sowie knapper werdende finanzielle Mittel bremsen das IRP. Die Auskiesung und Dammrückverlegung zwischen Weil und Breisach sollten zum Beispiel bereits 1990 fertig sein, angestrebt ist nun 2015. Kiesunternehmen befürchten sinkende Preise durch eine Kiesschwemme und Umweltschützer kämpfen um den Erhalt der durch die Eingriffe am Rhein erst entstandenen Trockenaue.

Fortschritte beim IRP gibt es daher immer nur durch Kompromisse. So wurde zum Beispiel 2006 vom Planungsträger des Polders Breisach den Kritikern eine Abschwächung der zunächst vorgesehenen Überflutungen sowie ein fünfjähriges Monitoring (wissenschaftliche Beobachtung der Veränderungen) zugesagt. Danach soll über das weitere Verfahren oder gar einen Stopp der ökologischen Flutungen entschieden werden.

Doch die Zeit drängt. Im Februar 1999 rauschte ein 100-, im Mai darauf sogar ein 200-jährliches Hochwasser den Oberrhein hinab. Die vorhandenen Retentionsmaßnahmen reichten gerade noch aus. Kein Rheindamm brach, doch das Wasser stand knapp unter der Deichkrone. Die rasche Umsetzung des IPR und vergleichbarer Maßnahmen in Rheinland-Pfalz und Hessen ist daher dringend notwendig. Frankreich hat sein Soll dagegen bereits erfüllt.

29.1 Widerstand durch Bürgerinitiative

29.2 Geplantes Rückhaltebecken südlich von Breisach

Vorteile:

- Beitrag zum Schutz der Menschen bei Iffezheim, Mannheim und Karlsruhe
- Planungshilfe für die forstwirtschaftliche Bewirtschaftung
- Minimierung der Schäden an forstlich genutzten Waldbeständen, die durch Retentionseinsätze auftreten würden
- Vorbereitung und Anpassung der Tier- und Pflanzenwelt auf die Retentionseinsätze (im Wald zum Teil durch andere Baumartenwahl)
- Entwicklung und Erhaltung aueähnlicher Biotope, die nach der Fauna-Flora-Habitat-Richtlinie geschützt sind (steigender Naturschutzwert)
- Erhöhung der Strukturvielfalt in den Wäldern
- Schutz der letzten Auewälder und ihnen verwandter Biotope am Rhein
- Verbesserung der Gewässerökologie (Zunahme von Fischlaichplätzen und Amphibienlebensräumen, Rückgang der Gewässerverschlammung und Zunahme von Kiesflächen in den Gewässern)
- langfristig: Erhöhung der Produktivität der (Wald-) Standorte durch Eintrag von nährstoffhaltigem Schlick
- Chance zur Extensivierung von intensiv genutzten Ackerflächen (Mais, Tabak) und damit langfristig Verbesserung der Grundwasserqualität
- Sicherheit, dass nur naturnahe Nutzung möglich ist
- finanzielle Entschädigung vom Staat für das Recht, die Flächen zum Hochwasserschutz zu nutzen
- höheres Naturerlebnis, teilweise erhöhte Attraktivität des Gebietes für Touristen, dadurch gegebenenfalls erhöhter Umsatz in Gastronomie und Ähnliches
- Verbesserung des Wegenetzes im Zuge der Baumaßnahmen

Nachteile:

- Einschränkungen in der Baumartenwahl
- zeitweise Zunahme der Rheinschnaken und finanzieller Aufwand zu deren Bekämpfung (den das Land als Verursacher zu tragen hat)
- zeitweise eingeschränkte Begehbarkeit der Polder
- Einschränkungen der Landwirtschaft innerhalb und teilweise außerhalb der Polder durch ggf. zeitweise Vernässungen (aber nicht in den angrenzenden Ortschaften)
- unter Umständen eingeschränkter Betrieb von Kieswerken
- teilweise Eintrag von Müll
- Entschädigungsleistungen statt Ernte in der Land- und Forstwirtschaft
- Einschränkung der kommunalen Planungshoheit

(nach: Integriertes Rheinprogramm. Fragen und Antworten. Gewässerdirektion Südlicher Oberrhein/Hochrhein, Lahr, 2001)

29.3 Bewertung der ökologischen Flutungen

30.1 Elbhochwasser bei Hitzacker 2006

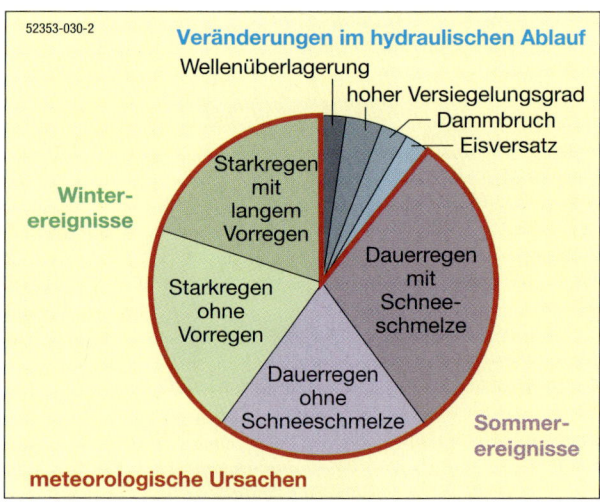

30.2 Ursachen von Hochwassern

Hochwasserschutzmaßnahmen

Hochwasser ist ein faszinierendes Naturereignis: Es „putzt das Gerinne durch", schafft an den durch Erosion und Umlagerung von Material gestalteten Ufern, Inseln und Untiefen fortwährend neue Sukzessionsflächen, trägt Wasser und Nährstoffe in die Überschwemmungsflächen; es verändert ganze Fluss- und Tallandschaften und bringt dabei Verderben und Tod – und zugleich immer auch neue Entwicklungsmöglichkeiten.

Hochwasser entsteht gelegentlich dadurch, dass durch Bergstürze oder Eisbarrieren aufgestautes Wasser plötzlich das Hindernis durchbricht oder dass in Hochgebirgen Gletscherseen ausbrechen. In der Regel ist Hochwasser jedoch eine mehr oder weniger regelmäßig wiederkehrende Erscheinung, die zur natürlichen Abflussdynamik jedes Fließgewässers gehört und deren Ausmaß vom Wetter und den Eigenheiten des Flusseinzugsgebiets bestimmt werden. Maßgebend für die Höhe und Dauer des Hochwassers sind dabei neben der zeitlichen und räumlichen Verteilung des Niederschlags die Speicherwirkungen von Bewuchs, Boden, Gelände und Gewässernetz. Jeder dieser Speicher kann bestimmte Wassermengen für eine bestimmte Zeit zurückhalten. Ist ein Speicher erschöpft, wird ein Folgespeicher stärker belastet. Erst wenn die Speicher insgesamt überlastet sind, verschärft sich die Abflusssituation sprunghaft.

An kleineren Flüssen und Bächen entsteht Hochwasser durch Gewitter oder Starkregen. Je kleiner das Einzugsgebiet ist, desto stärker erhöht sich die Hochwassergefahr durch Eingriffe in Bewuchs, Boden, Gelände und Gewässernatur. An großen Flüssen ist der Einfluss künstlich versiegelter Flächen gering. Dort entsteht Hochwasser, wenn der Boden gesättigt oder gefroren, also „natürlich versiegelt" ist, das heißt im Zusammenhang mit lang anhaltenden Niederschlägen, gekoppelt eventuell mit Schneeschmelze.

Hochwasser ist seit Jahrtausenden ein ständiger Begleiter der in Flusslandschaften siedelnden und wirtschaftenden Menschen. Je intensiver die Nutzung im Überschwemmungsgebiet, desto größer sind die möglichen Schäden. Diese haben in den Einzugsgebieten nicht nur der Flüsse Mitteleuropas in den letzten Jahrzehnten enorm zugenommen, weil in den Überschwemmungsgebieten die vorhandenen Sachwerte gestiegen sind und sich das Abflussverhalten der Flüsse zum Beispiel durch Entwaldung des Einzugsgebietes und wasserbauliche Maßnahmen zum Teil dramatisch verändert hat.

Zur Verminderung der in den letzten Jahrzehnten immer größer gewordenen Hochwasserschäden gibt es ganz unterschiedliche Strategien:

- Hochwasserschutz durch technische Maßnahmen wie flussparallele Dämme, Mauern, Rückhaltebecken oder Talsperren ist in der Anlage und im Unterhalt meist sehr kostenaufwendig und wird jeweils auf einen definierten Wasserstand, in der Regel ein 100- bzw. 200-jährliches Ereignis ausgerichtet.
- Der Wasserrückhalt kann verbessert werden durch Wiedergewinnung ehemaliger Überschwemmungsgebiete, Gewässerrenaturierung, verbesserte Versickerungsmöglichkeiten durch Entsiegelung, standortgerechte Land- und Forstwirtschaft sowie generell durch Erhaltung der Vielfalt der Landschaft.
- Zukunftsweisende Hochwasservorsorge umfasst die *Flächenvorsorge* (in Flächennutzungsplänen ausgewiesene Überschwemmungsflächen), die *Bauvorsorge* (Keller, Erdgeschoss, auftriebs- und drucksichere Öltanks, mobiles Mobilar), *Verhaltensvorsorge* (Hochwasservorhersagen, Alarm-, Einsatz- und Katastrophenpläne) sowie die *Risikovorsorge* (Versicherungsschutz).

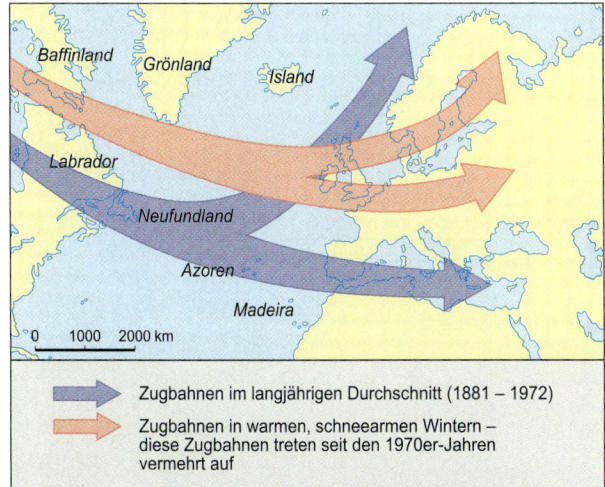

31.1 Zugbahnen winterlicher Tiefdruckgebiete

Weltweit ist die Zahl der sogenannten großen Staudämme (Mindesthöhe 15 m) in den letzten fünfzig Jahren rasch auf rund 45 000 angewachsen. Die Hälfte davon wurde allein in China errichtet. Insgesamt wird derzeit bereits ein Abfluss mit einem Gesamtvolumen von ca. 15 000 km³ pro Jahr von Dämmen kontrolliert, das heißt knapp 40 Prozent des jährlich über die Flüsse abfließenden Wassers. Insbesondere diese großen Dämme dienen einem umfassenden Watermanagement, das heißt einer Wasserrückhaltung und einem kontrollierten Abfluss, der die Wasserbereitstellung für verschiedenste Zwecke sicherstellt. Die ökologischen, ökonomischen und sozialen Auswirkungen dieser Projekte waren bislang stets umstritten. Völlig unklar ist zudem, wie lange und wie sicher sie ihre Mehrfachfunktion im Zuge des Klimawandels erfüllen können.

In Mitteleuropa gibt es zwar keine dem Assuan-Damm in Ägypten oder dem Drei-Schluchten-Damm in China vergleichbaren Anlagen. Doch auch die hiesigen Anlagen werden einen erheblichen Beitrag zur Minderung der sich verstärkenden Hochwassergefährdung leisten müssen. Allein in West- und Südwestdeutschland haben sich durch die veränderten Zugbahnen der Tiefdruckgebiete (Abb. 31.1) die winterlichen Regenniederschläge seit etwa 1970 bereits um 30 Prozent erhöht. In Baden-Württemberg haben die Überschwemmungen um rund ein Fünftel zugenommen. Da hier ein weiterer Ausbau des technischen Hochwasserschutzes auch aus gewässerschutzrechtlichen Gründen kaum noch und die Verbesserung der Wasserrückhaltung in der Landschaft nur langsam möglich ist, ist die Optimierung von Frühwarnsystemen besonders wichtig. Seit 2007 gibt es diese bundesweit erstmals nicht nur für die großen Flüsse (hier Rhein, Neckar, Donau), sondern auch für Überschwemmungsgebiete, die kleiner als 200 Quadratkilometer sind.

A1 Beschreiben Sie die Dynamik eines Fließgewässers anhand der Abb. 18.1.

A2 Charakterisieren Sie den in Abb. 19.1 dargestellten Sachverhalt und nennen Sie mögliche Gründe für den unterschiedlichen Sedimenteintrag der dargestellten Einzugsbereiche.

A3 Erläutern Sie mit Beispielen Ihrer Wahl die Merkmale ökologisch intakter Fließgewässer (Abb. 20.3).

A4 Nennen Sie mögliche Gründe für die auf S. 21 dargestellten Veränderungen einer Flusslandschaft.

A5 Erklären Sie den Begriff „Abflussregime" und vergleichen Sie die Abflussregimes der in Abb. 22.2 dargestellten Flüsse.

A6 Beschreiben Sie das Längsprofil des Rheins, sein Einzugsgebiet und sein Abflussregime (Abb. 23.1, 23.2).

A7 Erläutern Sie, mit welchen Zielsetzungen und wasserbaulichen Maßnahmen die Eingriffe am Oberrhein bisher erfolgten und welche Folgen sie hatten (S. 24–26).

A8 Erläutern Sie die wasserbautechnischen und ökologischen Zielsetzungen des „Integrierten Rheinprogramms" (S. 27 und 28).

A9 Begründen Sie, weshalb die im Rahmen des IRPs vorgesehenen ökologischen Flutungen bis heute umstritten sind (S. 28 und 29).

A10 Erläutern Sie die ökologische Bedeutung von Hochwasser, ihre Entstehung, ihr Gefahrenpotenzial und Möglichkeiten der Schadensminderung (Exkurs).

A11 Erstellen Sie eine Mindmap zu den möglichen Vor- und Nachteilen des in der folgenden Abbildung dargestellten Sachverhalts.

31.2 Entwicklung der durch die großen Dämme der Erde kontrollierten Wasserflüsse (in km³/a)

32.1 Überflutungsgebiet des Ilisu-Stausees

Wasserkonflikte – Fallbeispiel Naher Osten

Seit 1976 betreibt die Türkei das Südostanatolienprojekt „Güneydogu Anadolu Projesi" (GAP). Zunächst sollte es nur der Energiegewinnung dienen, seit 1989 ist das Ziel eine integrierte Gesamtentwicklung dieses unterentwickelten Raumes. Dafür sollten an den Oberläufen von Euphrat und Tigris insgesamt 22 Staudämme, 19 Elektrizitätswerke und 25 Bewässerungsprojekte errichtet werden, Letztere sollen dabei maximal 1,64 Millionen Hektar mit Wasser versorgen. Zentrale Baumaßnahmen des Projektes sind der Atatürk-Damm, fertiggestellt 1994, und der noch im Bau befindliche Ilisu-Damm.

Die Aufwertung des Raumes sollte erreicht werden durch:

- Schaffung neuen Bewässerungslandes, Modernisierung der Landwirtschaft und Erhöhung der Produktion auch für den Export,
- Verbesserung der Trinkwasserversorgung,
- Gewinnung von elektrischer Energie und Verringerung des Energieimportes,
- Ansiedlung von Industrien und Schaffung außerlandwirtschaftlicher Arbeitsplätze,
- Verringerung der Abwanderung und Minderung des Zuwanderungsdruckes auf die Zentren, vor allem den Großraum Istanbul,
- Steigerung des Tourismus.

Ein unausgesprochenes Ziel war die Türkisierung der dort lebenden kurdischen Bevölkerung.

Inzwischen zeigt sich, dass das Ziel bisher nicht vollständig erreicht wurde. Gründe waren:

- Es gab Verzögerungen bei der Vollendung der einzelnen Ausbaustufen durch finanzielle Engpässe oder durch politischen Druck seitens der Nachbarstaaten Syrien und Irak.
- Es siedelten sich weit weniger Industriebetriebe an als erwartet.
- Die ansässige Bevölkerung war aufgrund ihres geringen Bildungsstandes nicht in der Lage, die außerlandwirtschaftlichen Arbeitsplätze zu besetzen.
- Die Ausweitung der landwirtschaftlichen Nutzfläche erfolgte nicht im geplanten Umfang, da die Landbevölkerung nicht mit den notwendigen modernen Methoden vertraut war.
- Große Flächen wurden auch durch Überdüngung, Grundwasseranstieg und Versalzung unbrauchbar.
- Stauseen drohte durch Sedimentation und Hangrutschungen die Verschlammung.
- Der Verlust ihrer angestammten Anbaugebiete und die Umsiedlung zog vielerorts die soziale Entwurzelung der Menschen nach sich.
- Der Tourismus kam bisher nicht in Gang.

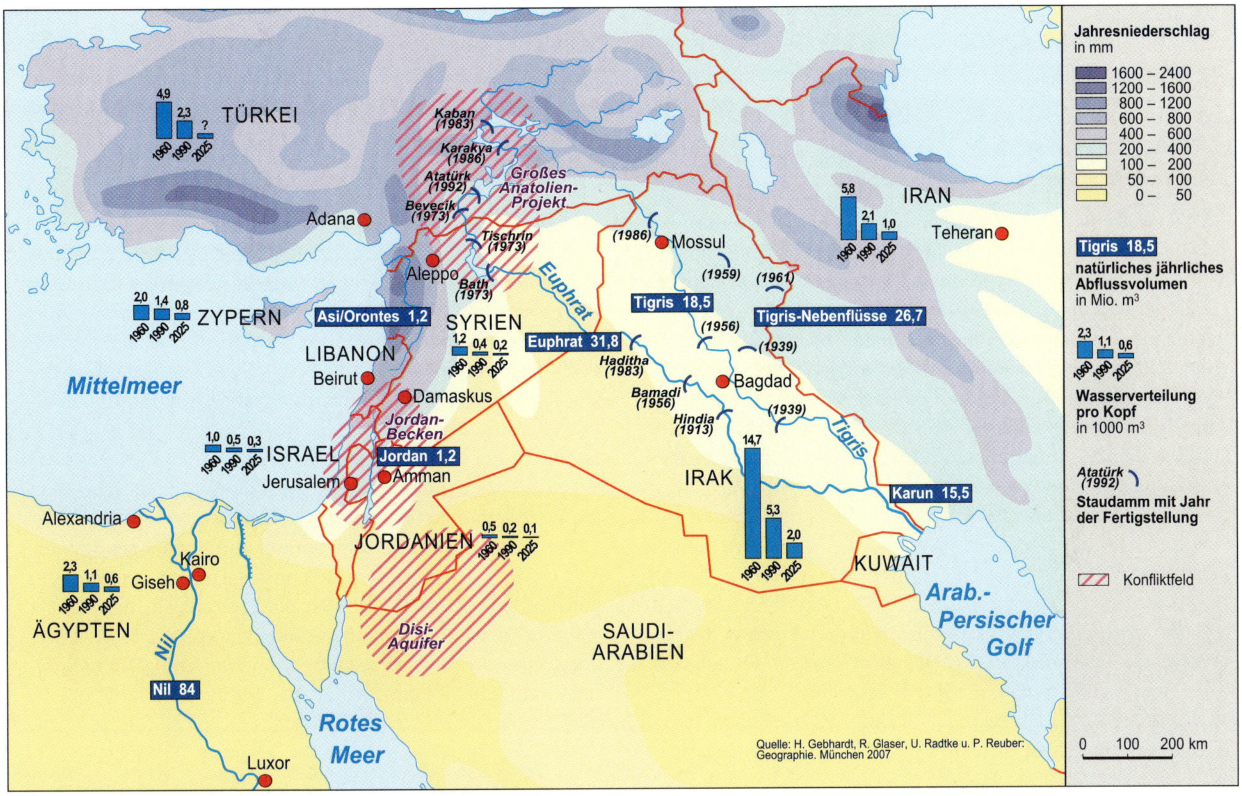

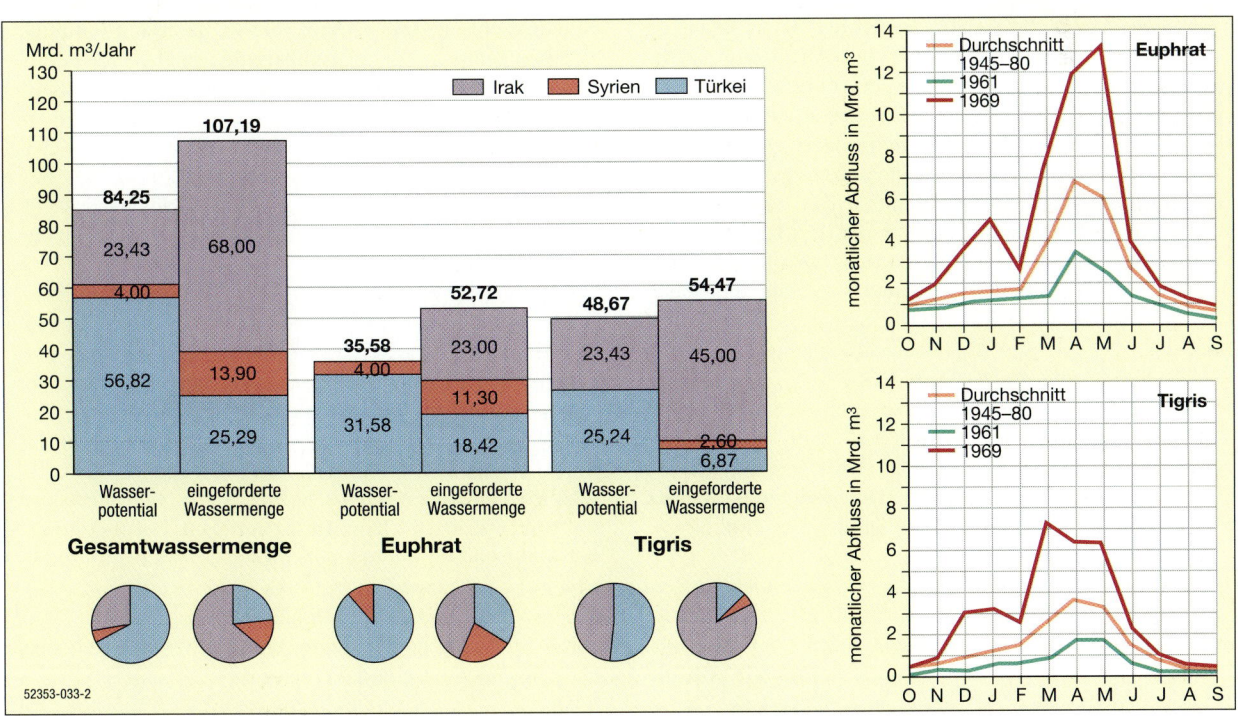

33.1 Wasserverteilung im Nahen Osten (2006)

33.2 Euphrat und Tigris: Wasserpotenzial und -ansprüche; Abflussprofile

Das GAP-Projekt ist für die Türkei ein Prestigeprojekt, mit dem sie ihr internationales Ansehen und ihre Machtstellung im Nahen Osten stärken möchte. Auch im Sinne der wirtschaftlichen Entwicklung und des angestrebten Beitritts zur Europäischen Union wurde es als bedeutsam angesehen. Weiterhin sollte das Kurdenproblem im Südosten der Türkei durch Verbesserung der Lebensbedingungen in diesem Teil des Landes entschärft werden. Von Anfang an hat das Südostanatolienprojekt bei den Nachbarstaaten Syrien und Irak als Unterliegern den Argwohn geweckt, das für sie lebensnotwendige Wasser von Euphrat und Tigris könne von der Türkei als Oberlieger zurückgehalten werden. Stellungnahmen führender türkischer Politiker nährten die Befürchtungen, aufgrund der Verfügungsgewalt über das Wasser könne sie zu einer Wassergroßmacht mit Regionalmachtansprüchen werden. So erklärte unter anderem 1992 Ministerpräsident Demirel: *„Wir haben das Recht, mit unserem Wasser zu tun, was uns beliebt. Der Schnee, der auf unsere Berge fällt, gehört nicht den Arabern. Dieses Wasser ist unser Wasser. Das Öl gehört dem, der Öl hat, und das Wasser gehört dem, der das Wasser hat.“*

Zum Misstrauen gegenüber der Türkei tragen auch die negativen Erfahrungen der Nachbarländer während der langen Herrschaft des Osmanischen Reiches mit bei. Auch die Anlehnung des Landes an den Westen schafft Vorbehalte seitens der arabischen Nachbarn.

Die Türkei betont, sie sei aus ökonomischen und ökologischen Gründen für die Wassernutzung von Euphrat und Tigris verantwortlich. Eine grenzüberschreitende regionale Arbeitsteilung sei denkbar. So sei sinnvoll, dort Bewässerungswirtschaft zu betreiben, wo die knappe Ressource Wasser am sparsamsten eingesetzt werden könne; dort müsse auch die größtmögliche Produktivität gewährleistet sein. Die erwähnten Vorbehalte verhindern aber solche grenzüberschreitenden Projekte.

Heute ist die Gefahr, dass die Türkei den Unterliegern das Wasser abdreht, nicht real. Bisher ist das Land den vereinbarten Verpflichtungen eines Wasserdurchflusses von 500 Kubikmetern pro Sekunde im Jahresmittel immer nachgekommen, auch während der Zeit des Füllens des Atatürk-Stausees. Ein vollständiges Zurückhalten ist auch deswegen unmöglich, weil die Turbinen der Kraftwerke einen konstanten Wasserdurchfluss zur Stromerzeugung brauchen und gefüllte Stauseen naturgemäß kein zusätzliches Stauvolumen haben.

34.1 GAP aus Sicht der Türkei

Syrien protestierte von Anfang an (1974) gegen die Baumaßnahmen des GAP, da seine Regierung befürchtete, die Türkei könne dem Land buchstäblich das Wasser abdrehen. Syrien ist zu etwa 80 % von Fließgewässern abhängig, die nicht auf seinem Territorium entspringen. Dabei spielt der Euphrat eine zentrale Rolle, dessen Wasser zu 99 Prozent von der Türkei kontrolliert wird. Nachteilig war auch die Tatsache, dass durch reichlichen Dünger- und Pestizidgebrauch auf den türkischen Baumwollfeldern das Wasser verunreinigt wurde. Die Versalzung, die aufgrund übermäßiger Bewässerung auftrat, minderte ebenfalls die Wasserqualität.

Ein Grund für diese Spannungen sind aber auch länger bestehende politische Konflikte in der Region, wie zum Beispiel das ungelöste Kurdenproblem. Dazu kommt, dass die Türkei gute Beziehungen zu Israel unterhält, im Gegensatz zur feindseligen Haltung von Syrien und dem Irak gegenüber diesem Land.

Die Regierung in Damaskus versuchte, das Projekt zu verhindern oder zumindest zu verzögern. Einerseits drohte sie den beteiligten internationalen Firmen mit Boykott, andererseits unterstützte sie massiv die kurdische PKK, die

Sabotageakte in der Türkei verübte. Die Türkei, die stärkste Militärmacht im Nahen Osten, drohte daraufhin mit militärischer Intervention im Nachbarland. Auch beim Bau des Atatürk-Dammes und dem Füllen des zugehörigen Stausees traten nochmals größere Spannungen auf. Seit 2000 haben sich aber die Beziehungen verbessert, dies zeigt auch der Abschluss eines Freihandelsvertrages. Im Oktober 2007 bestätigte der syrische Staatschef Assad ausdrücklich das Recht der Türkei, auf irakischem Territorium militärisch gegen die kurdische PKK vorzugehen.

1967 gab es ernste Spannungen zwischen Syrien und dem Irak durch den Bau des syrischen Tabqa-Staudammes und dem Auffüllen des zugehörigen Asssad-Stausees sowie der Errichtung des flussabwärts gelegenen Baath-Dammes. Syrien wollte neben dem Hochwasserschutz seine ganzjährige Wasserversorgung sichern, Energie erzeugen und neues Bewässerungsland für seine rasch wachsende Bevölkerung schaffen. Auch die rasch wachsende Metropole Damaskus sollte über genügend Trinkwasser verfügen. Der Irak fühlte sich durch diese Maßnahmen provoziert und drohte mit Krieg, er zog Truppen an der Grenze zusammen und wollte sogar den Damm durch Bombardierung zerstören. Nur durch diplomatische Bemühungen arabischer Staaten konnte der Konflikt entschärft werden.

34.2 GAP aus Sicht von Syrien

Im Vergleich zu Syrien ist die Wasserversorgung des Irak besser. Neben dem Euphratwasser verfügt er auch noch über wesentliche Teile des Tigriswassers, der auch auf irakischem Territorium noch Zuflüsse aus dem Zagrosgebirge hat. 40 % seines Wasserbedarfs kann das Land aus eigenen Quellen decken. Allerdings gibt es nur ein bedeutendes Stauwerk, den Haditha-Damm. Dieser stellt derzeit aber durch seine Baufälligkeit ein Sicherheitsproblem dar. Weiterhin gibt es an Euphrat und Tigris noch zwei kleinere Hochwasserableitungsdämme.

In der Vergangenheit konnte der Irak seine Position gegenüber Nachbarländern in Wasserfragen durch eine hochgerüstete Armee bekräftigen. Zeitweilig drohte der Irak massiv mit militärischem Eingreifen. Ein Regierungssprecher: „Wir lassen uns das Wasser nicht abgraben, notfalls führen wir darum Krieg." Der verlustreiche Krieg mit dem Iran und die Niederlagen in zwei Golfkriegen haben die Situation gravierend zu seinen Ungunsten verändert. Ein gefestigtes Staatswesen existiert nicht mehr, die drei Hauptgruppen der Bevölkerung, Schiiten im Süden, Sunniten in der Mitte und Kurden im Norden, stehen sich misstrauisch bzw. feindselig gegenüber.

Diese Schwäche des Landes hat verhindert, dass es zu Druck auf die Türkei wegen des Baus der neuesten Staudämme am Tigris, dem Birecik- und dem Ilisu-Damm gekommen ist.

In den beiden letzten Jahrzehnten mussten Teile des Bewässerungslandes aufgegeben werden, weil die vereinbarten Wassermengen nicht ausreichten. Auch durch militärische Maßnahmen der letzten drei Kriege wurden Bewässerungsanlagen zerstört bzw. verseucht.

Wie Syrien bestand auch der Irak gegenüber der Türkei auf einer „gerechten Lösung", d. h. einer Drittelung der Wassermengen von Euphrat und Tigris. Syrien und der Irak vereinbarten ihrerseits 1990 eine Teilung des Euphratwassers im Verhältnis 42 zu 58 Prozent. Nach syrischer Ansicht reichen die vereinbarten Mengen nicht für die geplante Bewässerungsfläche von 1,4 Millionen Hektar aus. Ganz im Sinne der erwähnten „gerechten Lösung" wird daher eine Durchflussmenge von 700 Kubikmetern pro Sekunde gefordert. Durch die wasserbaulichen Maßnahmen am Oberlauf verminderte sich im Schatt el Arab, dem gemeinsamen Mündungsteil beider Flüsse, die Abflussmenge. Dies wiederum führte zu einem Vordringen von Meerwasser ins Landesinnere mit negativen Folgen für die Bewässerungslandwirtschaft und die Trinkwasserversorgung im Südirak.

35.1 GAP aus Sicht des Irak

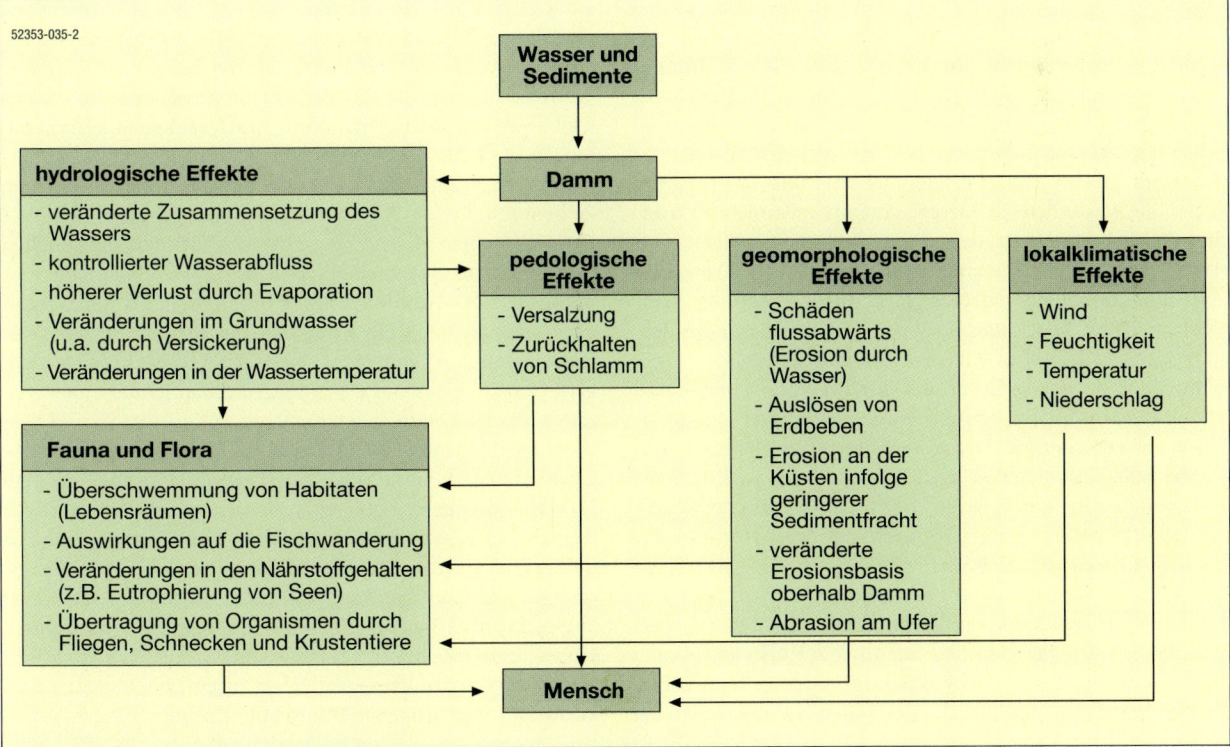

35.2 Wirkungsgefüge eines Staudamms

36.1 Karikatur

Internationales Wasserrecht

Um die Jahrtausendwende gab es mehr als 260 Wasserkonflikte an Fließgewässern. Die Ursache sind grenzüberschreitende Flüsse, von denen 19 mehr als fünf Anrainerstaaten haben. Die Konflikte an diesen Flüssen entstehen in der Regel dadurch, dass sich Unterlieger am Unterlauf eines Flusses durch wasserbauliche Maßnahmen der Oberlieger benachteiligt fühlen.

Im internationalen Recht gibt es keine verbindlichen Rechtssetzungen, die Regeln für die Nutzung grenzüberschreitender Fließgewässer beinhalten. Anstrengungen, dieses Vakuum auszufüllen, wurden mehrfach gemacht, bisher jedoch erfolglos. Allerdings gibt es einige gewohnheitsrechtlich anerkannte Regeln im Wasserbereich. Deren Akzeptanz wurde und wird aber dadurch erschwert, dass Staaten unterschiedliche und bisweilen sogar konkurrierende Prinzipien für den Umgang mit Verteilungskonflikten vertreten. Zwei dieser Positionen sind von besonderer Bedeutung, da sie die Grundströmungen des heutigen übernationalen Wasserrechts widerspiegeln:

• Im Sinne des Prinzips der absoluten territorialen Souveränität eines Staates sind die Wasserressourcen innerhalb seines Territoriums sein exklusives Eigentum. Demnach hat jeder Staat das uneingeschränkte Recht, diese nach seinem Gutdünken zu nutzen. Diese Position privilegiert die Oberlieger, das heißt diejenigen Staaten, auf deren Territorium die Quellen der Flüsse liegen.

• Der Schutz der Unterlieger dazu steht beim Prinzip der absoluten territorialen Integrität im Vordergrund. Bei dieser Sicht wird stromabwärts liegenden Ländern das Recht auf eine beständige und nicht künstlich verminderte Wasserführung auch derjenigen Flüsse zugestanden, deren Quellen in einem anderen Land liegen.

1966 verabschiedeten die UN die „Helsinki Rules on the Uses of the Water of International Rivers", die Völkergewohnheitsrecht begründeten. Die Helsinki-Regeln haben den Gedanken des „internationalen Flusseinzugsgebiets" begründet, das Grund- und Oberflächenwasser innerhalb eines Wassereinzugsgebiets berücksichtigt. Im Einzelnen wurden folgende Grundsätze aufgestellt:

• Anerkennung der Interessen und Rechte anderer Anlieger und damit Aufgabe einer Position der absoluten Souveränität,

• Verpflichtung zur Entschädigung bei Beeinträchtigung der Interessen anderer Staaten,

• Kosten-Nutzen-Analyse in der Planung und Fortschreibung eines Projekts mit dem Ziel nachhaltiger Nutzung,

• Informationspflicht für die Anlieger und offener Datenaustausch,

• Regelung von Einwänden durch Konsultationsausschüsse und Schiedskommissionen.

Eindeutig wurden die Kriterien und Prioritäten für unterschiedliche Nutzungen allerdings nicht festgelegt. Die unterschiedlichen Standpunkte haben bisher konkrete Rechtssetzungen verhindert.

In den Verhandlungen über den Entwurf des UN-Flussgebietsübereinkommens (1996/97) im Rechtsausschuss der UN-Generalversammlung wurden die unterschiedlichen Interessen der beteiligten Staaten und vor allem der Unwille einer großen Zahl von Staaten, sich auf konkrete Regelungen einzulassen, besonders deutlich. Es ließen sich zwei große Lager ausmachen: Auf der einen Seite das Lager der Oberlieger (vertreten u.a. durch die Türkei und Äthiopien, Indien und China), das versuchte, Standards zu schwächen und Verhandlungen zu verzögern, um eigene Projekte vorher zum Abschluss zu bringen. Dem gegenüber stand das Lager der Unterlieger, zu dem u.a. Syrien, Ägypten und der Irak gehören.

Die UN-Generalversammlung hat 1997 den vorgelegten Text des UN-Flussgebietsübereinkommens (Convention on the Law of the Non-Navigational Uses of International Watercourses) angenommen, allerdings hat sich die für ein Inkrafttreten notwendige Zahl von Unterzeichnerstaaten (35) noch nicht gefunden. So bleibt das UN-Flussgebietsübereinkommen weiterhin strittig.

Wegen der fehlenden Rechtssetzungen muss ein Interessenausgleich zwischen Ober- und Unterliegern daher im Einzelfall in Verhandlungen auf bi- oder multilateraler Ebene erreicht werden. Bei derartigen Verhandlungen hat sich heute die Praxis herauskristallisiert, Oberliegern das Recht auf eine angemessene und vernünftige Wassernutzung (Equitable and reasonable utilization) zuzugestehen. Diese müssen darauf achten, Unterliegern möglichst geringe Nachteile entstehen zu lassen (Obligation not to cause significant harm). Beide Seiten sind auch zum gegenseitigen Informationsaustausch verpflichtet (Information concerning planned measures).

Die 1997 von der World Conservation Union (IUCN) und der Weltbank ins Leben gerufene World Commission on Dams (WCD) hat die bisherigen Erfahrungen mit Großstaudämmen ausgewertet und Empfehlungen für Entscheidungsträger formuliert. Bemerkenswert ist, dass in die Arbeiten sowohl Befürworter als auch Kritiker von Großstaudämmen einbezogen waren.

Der im Jahr 2000 vorgelegte Kommissionsbericht verdeutlicht, dass die bisherigen Staudammprojekte neben den beabsichtigten positiven wirtschaftlichen und sozialen Folgen oftmals auch zu enormen ökologischen, aber auch zu volkswirtschaftlichen Schäden geführt haben. Die unmittelbaren sozialen Auswirkungen sind gravierend: Zwischen 40 bis 80 Millionen Menschen sind bereits vertrieben bzw. umgesiedelt worden, Alternativen zu bestehenden Dämmen (Einsparungen, Effizienzsteigerungen z.B.) wurden nur unzureichend geprüft. Häufig wurden die Budgets bei Bau- und Betriebskosten bei Weitem überschritten. Die betroffene Bevölkerung wurde zumeist nicht in den Planungsprozess einbezogen.
(Quelle: Deutscher Bundestag)

37.1 World Commission on Dams (WCD)

Die „Operational Policy 7.50" – in Verbindung mit den „Banc Procedures 7.50" – vom Juni 2001 gibt die Strategie der Weltbank bei Projekten mit internationalen Wasserläufen wieder. Deren Kernelemente sind die No-harm-Regel, die Prinzipien der vorherigen Benachrichtigung und der Good Faith Negotiation, gemäß denen Staaten verpflichtet sind, sich gegenseitig über Maßnahmen zur Nutzung grenzüberschreitender Gewässer zu informieren und diese Ankündigung mit ausreichend Daten- und Informationsmaterial zu begleiten, sodass der benachrichtigte Staat objektiv die potenziellen Auswirkungen des Projekts überprüfen kann. Diesem muss die Möglichkeit gegeben werden, zu dem Projekt Stellung zu nehmen.

Falls ein benachrichtigter Staat annimmt, durch die angekündigte Aktion erheblich beeinträchtigt zu werden, so sind die Staaten verpflichtet, gemeinsam die Fakten zu prüfen und sich um eine akzeptable Lösung zu bemühen, das heißt auch, dass der benachrichtigende Staat nicht mit seinem geplanten Projekt beginnt beziehungsweise die Arbeiten erst einmal aussetzt, solange der Konflikt ungelöst ist. Die Bank bezieht sich damit auf die meisten der gewohnheitsrechtlichen Regeln im Wasserrecht, auch wenn sich ihre Definition internationaler Wasserläufe auf Oberflächengewässer beschränkt, die durch zwei oder mehr Staaten fließen.

37.2 Weltbank-Direktive

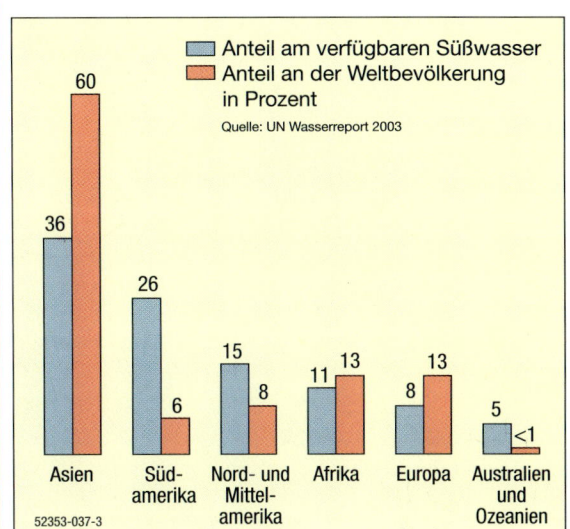

Süßwasserverfügbarkeit

„Der Weltwasserverbrauch hat sich zwischen 1930 und 2002 etwa versechsfacht. Hierfür ist einerseits die Verdreifachung der Weltbevölkerung und andererseits die Verdoppelung des durchschnittlichen Wasserverbrauchs pro Kopf verantwortlich. Die Globalisierung erhöht den Wasserverbrauch sowohl durch ökonomisches Wachstum als auch durch die Verbreitung verbrauchsintensiver Lebensstile.

In Verbindung mit räumlichen und zeitlichen Schwankungen der Wasserverfügbarkeit hat der stetig steigende Anteil des entnommenen Wassers zur Folge, dass Wasser in sehr vielen Nutzungsbereichen knapp wird. Darüber hinaus werden die Süßwasservorkommen durch Klimaänderungen und Verschmutzung weiter verringert. Täglich werden etwa zwei Millionen Tonnen Abfälle in sogenannten Vorflutern, Gewässer, in denen bewilligt Wasser eingeleitet werden kann, abgelagert. Wenngleich die zuverlässigen Daten unvollständig sind, gehen Schätzungen von einer globalen Abwasserproduktion von etwa 1500 km³ aus. Unter der Annahme, dass ein Liter Abwasser acht Liter Süßwasser verunreinigt, könnte sich die aktuelle Abwasserbelastung auf bis zu 12 000 km³ weltweit belaufen.

Mitte dieses Jahrhunderts werden im schlimmsten Fall sieben Milliarden Menschen in 60 Ländern und im besten Fall zwei Milliarden Menschen in 48 Ländern von Wasserknappheit betroffen sein. Trotz der knappen Verfügbarkeit bleiben viele Einsparmöglichkeiten – bessere Bewässerungstechnik, Anbau angepasster Erzeugnisse, achtsames Konsumverhalten und Vermeidung der Trinkwassernutzung im Agrarsektor – ungenutzt."

37.3 Aus dem UN-Waterreport

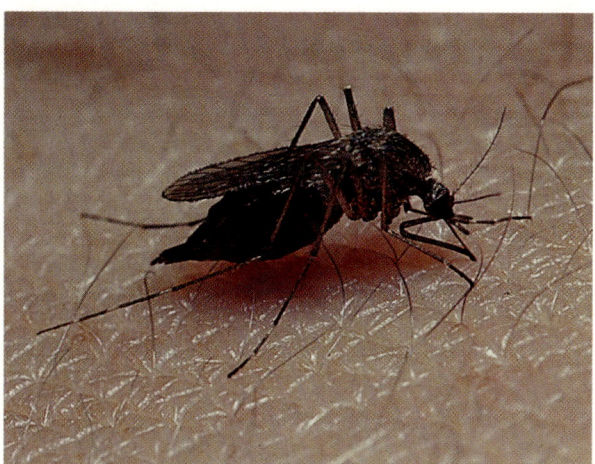

38.1 Anophelesmücke

„Da ist Methyline Kumafumbo, ein mageres Mädchen von drei Jahren, das von seiner Großmutter ins Krankenhaus gebracht wurde. 16 Kilometer weit sind sie hierher gewandert, und als sie ankamen, hatten sich die Parasiten schon in Methylines Gehirn festgesetzt. ‚Gestern aufgenommen‘, steht im Bericht der Nachtschwester. ‚Fieber und Krampfanfälle. Malaria‘. Sie haben Methylines Kopf auf der rechten Seite rasiert und einen Tropf gelegt, dann Chinin gegeben, [...] bis heute das wichtigste Mittel gegen schwere Malaria.

Fast eine Woche lang liegt Methyline im Koma. Ein schlimmer Anblick: durchgebogener Rücken, starre Arme, die Hände verdreht, die Zehen aufgebogen. Die Berichte halten sachlich fest: ‚Bewusstlos. Weiterhin Chinin intravenös.‘ – ‚Immer noch bewusstlos. Keine Krämpfe mehr.‘ – ‚Immer noch bewusstlos.‘

Dann geht es wieder los mit den Krämpfen. An manchen Stellen liest sich der nächtliche Bericht fast wie ein persönliches Tagebuch. ‚Ich mache mir Sorgen‘, schreibt die Hilfsschwester über Methyline. ‚Also habe ich die Schwester geholt. Sie hat Valium verordnet.‘

Irgendwann kommt Hoffnung in die Einträge. ‚Sie macht die Augen auf, Gehirn scheint aber noch nicht in Ordnung.‘ – ‚Sie trinkt und isst Porridge.‘ Dann: ‚Ist bei Bewusstsein und redet!‘ Drei Tage später wird Methyline aus dem Krankenhaus entlassen: ‚Sieht fröhlich aus, kann aber noch nicht gut laufen.‘

Methyline hat noch Glück gehabt. Notizen über Christabel [eine weitere Patientin]: ‚Patientin in schlechtem Zustand. Stöhnt und ist erschöpft. Schwester geholt. Um Mitternacht Kollaps, dann ist sie gestorben.‘ [...]“

(Quelle: National Geographic Deutschland 7/2007, S. 104f., Klaus Finkel)

38.2 Bericht über Malariaerkrankungen

Wasserkrankheiten

Malaria

Jährlich erkranken 400 Millionen Menschen, vor allem in den Tropen und Subtropen, an Malaria (auch Sumpf- oder Wechselfieber genannt). Sie ist eines der größten globalen Gesundheitsprobleme. Erreger der lebensgefährlichen Erkrankung sind einzellige Parasiten (Plasmodien), die durch einen Stich der Weibchen der Stechmücke Anopheles übertragen werden. Deren Larven wachsen in stehenden Gewässern, Sumpfgebieten oder Überschwemmungsbereichen von Flüssen heran. Nach der Übertragung vermehren sich die Parasiten im menschlichen Körper, unter anderem durch die Ausbildung sogenannter Merozoiten (Abb. 39.2). Bei einem erneuten Biss der Stechmücke werden sie von dieser wieder aufgenommen und erneut in den Übertragungskreislauf eingeschleust.

Die Krankheit äußert sich durch mehr oder minder unregelmäßige Fieberschübe. Ein Medikament, das die Krankheitserreger im menschlichen Körper zuverlässig abtötet, gibt es nicht. Mit verschiedenen Medikamenten, zum Beispiel Chinin, können lediglich die Symptome gemildert werden. Erschwerend kommt hinzu, dass die Malariaerreger inzwischen gegen einige der Wirkstoffe resistent sind. In den 1950er-Jahren wurde versucht, die Malaria mithilfe des Insektizids Dichlordiphenyltrichlorethan (DDT) auszurotten. Das Projekt scheiterte jedoch, nicht zuletzt dadurch, dass der Überträger Resistenzen gegen das Mittel entwickelte. Heute wird es aber wieder bei der Desinfektion von Behausungen eingesetzt.

Die wirtschaftlichen und sozialen Folgen der Krankheit sind gravierend. Sie beeinträchtigt die Arbeitsleistung, schwere Malariaanfälle bei Kindern ziehen oft bleibende geistige und körperliche Schäden nach sich (Abb. 38.1), die deren Entwicklung stark behindern.

Die Kosten für Prävention und Behandlung sind hoch, daher ist die Malaria in besonderem Maße eine Krankheit der ärmeren Bevölkerung. Auch fehlen diese Ausgaben der Volkswirtschaft.

Bis ins 19. Jahrhundert gehörte auch Deutschland zum Verbreitungsgebiet der Malaria. Durch die Trockenlegung von Feuchtgebieten, vor allem von Flussauen, wurde sie mittlerweile ausgerottet. Im europäischen Mittelmeerraum wurden Malariafälle noch bis Mitte des 20. Jahrhunderts beobachtet. Heute kommt sie lediglich im östlichen Mittelmeerbereich im Südosten der Türkei vor, besonders in den Gebieten, in denen die Stechmücken durch ein besseres Wasserangebot günstige Lebensbedingungen vorfinden. Die zunehmende Klimaerwärmung und die Renaturierung vieler Flüsse weckt jedoch bei Wissenschaftlern die Befürchtung nach einer Rückkehr der Malaria in den europäischen Raum.

- 1,5 bis 2,7 Millionen Opfer fordert die Malaria jedes Jahr.
- 50 Prozent der Opfer sind Kinder.
- Alle 30 Sekunden stirbt ein Kind an Malaria.
- 400 Millionen Menschen erkranken jährlich an Malaria.
- 2,5 Milliarden Menschen leben in Risikogebieten.
- 3,2 Milliarden US-Dollar jährlich kostet die Prävention.
- 9,4 Milliarden US-Dollar beträgt der jährliche volkswirtschaftliche Schaden allein in Afrika.

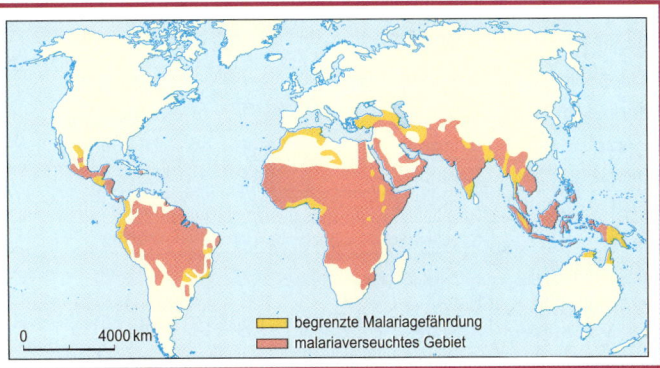

begrenzte Malariagefährdung
malariaverseuchtes Gebiet
0 4000 km

39.1 Daten zur Malaria

Bilharziose

Die Bilharziose (auch Schistosomiasis) ist eine Wurmerkrankung. Sie wird meist beim Baden oder durch verunreinigtes Trinkwasser übertragen. Krankheitserreger ist eine Saugwurmgattung, deren Larven eine Wasserschnecke als Zwischenwirt benutzen. Von dieser werden sie dann in das Wasser freigesetzt. Beim Kontakt der Haut dringt der Erreger in den menschlichen Körper ein und verbreitet sich über die Blut- und Lymphbahnen. Dabei werden innere Organe (Leber, Blase, Galle). Die Behandlung ist vergleichweise einfach und billig, unterbleibt sie aber, so kann es zu einer chronischen Infektion kommen, die oft tödlich endet. Bei fehlenden sanitären Anlagen gelangen die Eier über die menschlichen Ausscheidungen wieder in Gewässer, der Kreislauf beginnt aufs Neue.
Hauptverbreitungsgebiete sind China, Japan, Afrika, Ägypten, die Philippinen, Südamerika, die Karibik und der Nahe Osten. Es wird geschätzt, dass ca. 250–300 Mio. Menschen von den Parasiten befallen und 600 Mio. gefährdet sind. Erfahrungen aus Ägypten haben gezeigt, das umfangreiche wasserbauliche Maßnahmen wie Staudämme und Bewässerungssysteme der Verbreitung der Krankheit Vorschub leisten. Kanäle und Teiche führen nun ganzjährig Wasser, die Wasserschnecke als Zwischenwirt findet dadurch günstigere Lebensbedingungen vor. Zuvor waren in Trockenzeit die Bewässerungsanlagen oft ausgetrocknet und die Wasserschnecken mitsamt den Larven verendet.

Weitere Krankheiten

Verunreinigtes Wasser ist der Lebensraum vieler Krankheitserreger. Sehr häufig sind Durchfallerkrankungen, Ruhr und Cholera, verursacht, vor allem durch unzureichende Schmutzwasserentsorgung und mangelnde Hygiene. Die Todesrate ist bei Kindern besonders hoch. Weiterhin tritt sehr oft Trachoma auf, eine Augenkrankheit, die in der Regel eine Folge mangelnder Gesichtshygiene ist. Bei Nichtbehandlung droht Erblindung. Es wird geschätzt, dass bereits über fünf Millionen Menschen durch diese Krankheit ihr Augenlicht verloren haben.

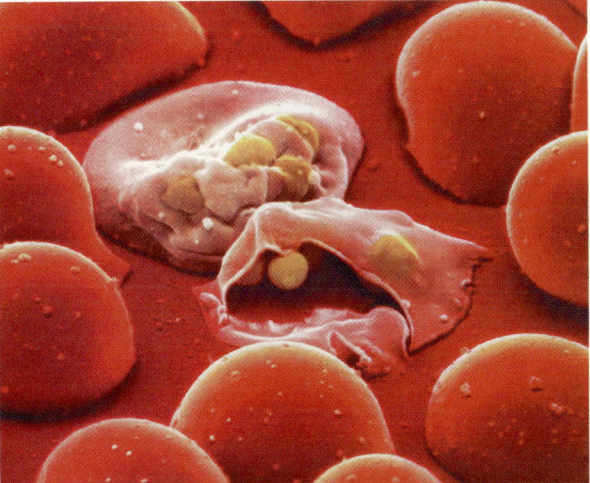

39.2 Rote Blutkörperchen und Merozoiten

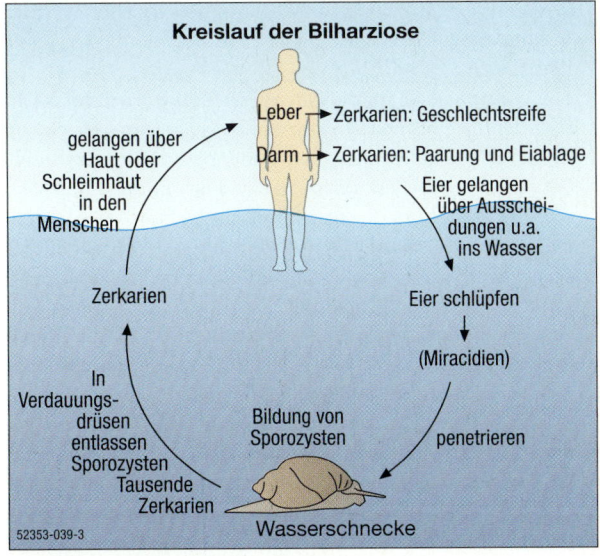

Kreislauf der Bilharziose

Leber → Zerkarien: Geschlechtsreife
Darm → Zerkarien: Paarung und Eiablage

gelangen über Haut oder Schleimhaut in den Menschen

Eier gelangen über Ausscheidungen u.a. ins Wasser

Zerkarien

Eier schlüpfen

(Miracidien)

In Verdauungsdrüsen entlassen Sporozysten Tausende Zerkarien

Bildung von Sporozysten

penetrieren

Wasserschnecke

52353-039-3

39.3 Kreislauf der Bilharziose

Staudamm	Land	Höhe[1]	Volumen[2]
Kariba	Simbabwe/Sambia	128	180 600
Bratsk	Russland	127	169 270
Assuan-Damm	Ägypten	111	165 000
Volta	Ghana	114	153 000
Daniel Johnson	Kanada	214	141 852
Guri	Venezuela	162	138 000
Krasnojarsk	Russland	124	73 300
Cabora Bassa	Mosambik	165	65 000
La Grande II	Kanada	162	61 715
Serra da Mesa	Brasilien	154	54 400
Atatürk	Türkei	169	48 500
Drei-Schluchten	VR China	185	39 300
Sanmenxia	VR China	108	35 400
Hooverdamm	USA	222	35 199
Glen Canyon	USA	178	33 300
Itaipu	Brasilien/Paraguay	196	29 000
Mossul	Irak	135	12 500
Tabqa	Syrien	60	11 900
Grand Coulee	USA	168	11 582
Ilisu	Türkei	135	10 400
Narmada	Indien	163	9 500
Bleilochtalsperre	Deutschland	65	215
Edertalsperre	Deutschland	45	200
[1] in m [2] in Mio. m³			verschiedene Quellen

40.1 Wichtige Staudämme

40.3 Der Drei-Schluchten-Staudamm in China

Staudämme

Seit Jahrtausenden errichtet der Mensch Staudämme, das Stauen und Speichern von Wasser war eine wichtige Voraussetzung für die Entwicklung der menschlichen Kultur. Neben der Wasserspeicherung dienen Staudämme der Energiegewinnung, zudem schützen vor Hochwasser. Die Landschaft um die entstandenen Stauseen ist vielerorts ein beliebtes Naherholungsgebiet.

Weltweit existieren derzeit rund 45 000 Großstaudämme, deren Bau oft gravierende soziale und ökologische Folgen nach sich zog.

Die Edertalsperre, 1908 bis 1914 erbaut, staut den Edersee, Deutschlands zweitgrößten Stausee, auf. Hauptgründe für den Bau waren die Erhöhung des Wasserstandes auf der oberen Weser. Weiterhin sollte die Wasserentnahme aus der Weser für den Mittellandkanal bei Minden gesichert werden. Verhindert werden sollten auch Hochwasser von Eder, Fulda und Weser.

Die Wasserabgabe für die Oberweser ist nach wie vor wichtig, wichtiger ist heute jedoch die Stromgewinnung. Schon in der ersten Hälfte des 20. Jahrhunderts war klar geworden, dass der Strombedarf gerade in den sogenannten Starklast- oder Spitzenzeiten, morgens und am frühen Abend, nicht mehr gedeckt werden könne, weil Kraftwerke nicht beliebig hoch- oder heruntergefahren werden können.

Bereits 1929 begann man daher am Edersee mit dem Bau eines Pumpspeicherkraftwerkes, mittlerweile sind es deren drei. Der größte Speicher, Waldeck II, liegt 300 Meter über dem See. Er fasst 4,7 Millionen Kubikmeter Wasser. 160 Kubikmeter Wasser pro Sekunde treiben zwei Turbinen an, die 460 Megawatt Strom erzeugen. Acht Stunden kann das Kraftwerk unter Volllast laufen, dann ist der künstliche See

leer. In der Nacht besteht ein Überschuss an elektrischer Energie, die dann dazu genutzt wird, die Speicher mittels Pumpen wieder zu füllen. Bei hohem Strombedarf können die Pumpspeicherwerke innerhalb von weniger als einer Minute aus dem Stillstand auf Volllast hochgefahren werden. In den letzten Jahren bietet der Edersee ein reichhaltiges Angebot von Freizeitmöglichkeiten, vor allem beim Wassersport, wodurch der Tourismus eine große Bedeutung erlangt hat.

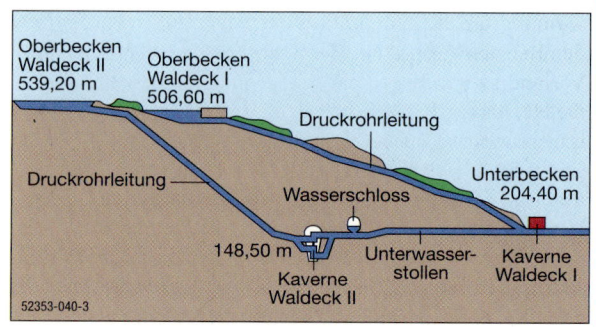

40.2 Edertalsperre

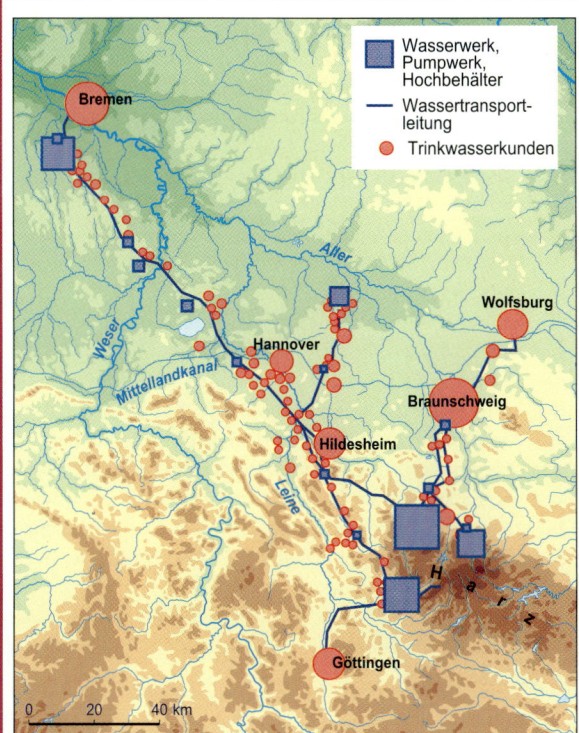

Trinkwasserverbundsystem der Harzwasserwerke

Der Harz ist das nördlichste deutsche Mittelgebirge. Durch seine exponierte Lage ist er ein sehr niederschlagsreiches Gebiet. Extreme Niederschläge und plötzlich einsetzendes Tauwetter führten in der Vergangenheit oft zu verheerenden Hochwassern. Betroffen davon waren vor allem die Großstädte Hannover, Braunschweig und Hildesheim, die an Flüssen liegen, die ihr Wasser ganz oder teilweise aus dem Harz erhalten.

Talsperren im Harz sollten die betroffenen Gebiete vor Hochwasser schützen. Dies ist gelungen, denn heute werden 95 % der Niederschläge in Talsperren gespeichert.

Neben dem Hochwasserschutz war die Trinkwassergewinnung für das Harzvorland der wichtigste Grund für den Bau von Talsperren. Die Grundwasservorkommen im Vorland sind unbedeutend und von geringerer Qualität, die Hochlagen des Harzes liefern hingegen große Mengen hochwertigen Trinkwassers. Zwölf größere Talsperren, die größte ist die Okertalsperre mit 47,4 Millionen Kubikmetern Fassungsvermögen, stellen heute eine gleich bleibende Versorgung sicher.

Die Gewinnung von Hydroenergie spielt dagegen kaum eine Rolle. Jedoch ist die attraktive Stauseenlandschaft des Harzes heute ein beliebtes Naherholungsgebiet.

41.1 Talsperren im Harz

A1 Erläutern Sie die Ziele, die die Türkei mit dem Südostanatolienprojekt (GAP) verfolgte, und ziehen Sie eine kritische Bilanz aus heutiger Sicht (S. 32–34).

A2 Beschreiben Sie die Abflussprofile von Euphrat und Tigris, und zeigen Sie die innewohnenden Probleme und Notwendigkeiten auf (Abb. 33.2).

A3 Vergleichen Sie das Wasserpotenzial von Euphrat und Tigris mit den Ansprüchen der Anrainerstaaten Syrien und Irak und erörtern Sie, inwieweit internationales Wasserrecht hier angewendet werden kann (Abb. 33.2, Text S. 36–37).

A4 Arbeiten Sie die grundlegenden Unterschiede in den Positionen der Ober- und Unterlieger an Fließgewässern heraus (S. 34–37).

A5 Erläutern Sie die Bedeutung von Euphrat für Syrien und den Irak. Zeigen Sie dabei auch die unterschiedliche Ausgangslage beider Staaten hinsichtlich der Wasserverfügbarkeit. Arbeiten Sie dabei auch die Vorbehalte beider Länder gegen das GAP heraus (S. 34–35).

A6 Nehmen Sie zu den Befürchtungen Syriens und des Irak Stellung, die Türkei könne ihnen mittels der Staudämme das Wasser abdrehen.

A7 Zeigen Sie die vielfältigen Auswirkungen großer Stauwerke auf die Umwelt. Werten Sie dabei auch das Wirkungsgefüge (Abb. 35.2) aus.

A8 Zeigen Sie die derzeitige Problematik des internationalen Wasserrechtes auf, und begründen Sie die Notwendigkeit verbindlicher Rechtssetzungen (S. 36–37).

A9 Die Malaria wird als typische Wasserkrankheit bezeichnet. Begründen Sie dies anhand der Beschreibung des Kreislaufes dieser Krankheit. Zeigen Sie anhand der Hauptverbreitungsgebiete, warum man sie auch als die Krankheit der Armen bezeichnet (Text S. 38, Abb. 39.1).

A10 Erörtern Sie die wirtschaftlichen und sozialen Folgen der Malaria und anderer Wasserkrankheiten (S. 38–39).

A11 Beschreiben Sie den Umfang der Kontrolle der Fließgewässer durch den Menschen. Zeigen Sie dabei anhand selbst gewählter Beispiele Probleme und Folgen auf (S. 40–41, Internet).

A12 Beschreiben Sie die Wirkungsweise eines Pumpspeicherkraftwerkes und erklären Sie seine Bedeutung für die Stromversorgung (Abb. 40.2).

Seen speichern mehr als 90 Prozent aller flüssigen Ober-flächen-Süßwasservorräte der Erde. Doch intensive Land-wirtschaft und Fischerei, Industrie und Umweltschadstof-fe bedrohen Gewässer in aller Welt. Wasserqualität und Wassermenge sind ebenso beeinträchtigt wie die im Wasser vorkommenden Organismen und die in vielen Seeregionen lebenden Menschen. Stauungen, Begradigungen und regel-rechtes Trockenlegen lassen Gewässer und Feuchtgebiete nicht selten von der Landkarte verschwinden. Zusätzlich werden viele der ohnehin schon geschwächten Seeökosys-teme immer stärker durch außerhalb des Einzugsgebietes entstandene Probleme wie saurer Regen und Klimawandel belastet. Der weltweite Schutz und Erhalt von Seen als in-takte, lebendige Ökosysteme ist deshalb von enormer Be-deutung.

Aber trotz deutlicher Anzeichen für die eskalierende Krise fehlen an den Seen immer noch ausgereifte und integrierte Managementpläne, um langfristig die Seen zu schützen und die Wasserversorgung der Menschen zu gewährleisten. Viele der gegenwärtigen Ansätze, Seen nachhaltig zu entwickeln und zu schützen, sind zu eng gefasst und unvollständig. Im Jahr 1998 rief daher die Internationale Stiftung für Umwelt und Natur (Global Nature Fund) das Seen-Netzwerk „Living Lakes" ins Leben, das sich weltweit für den Schutz und Er-halt von See-Ökosystemen einsetzt. Aus anfangs vier Seen auf vier Kontinenten wurde durch die Zusammenarbeit der verschiedenen Umweltorganisationen ein internationales Netzwerk mit heute 45 Seen. Das Netzwerk ermöglicht es den Nichtregierungsorganisationen, ihre Erfahrungen und ihr Wissen untereinander auszutauschen und voneinander zu lernen. Sie setzen sich gemeinsam ein für:

- den Erhalt und Schutz der Biodiversität von Seen, Feucht-gebieten und Gewässern,
- die Renaturierung von veränderten oder bedrohten Feucht-gebieten und See-Ökosystemen,
- die Verbesserung der Lebensbedingungen für die an den Seen und Feuchtgebieten ansässige Bevölkerung,
- die Verpflichtung von Landwirtschaft, Fischerei, Touris-mus, Siedlungen, Energie und Wassernutzung, die Öko-systeme nachhaltig zu nutzen und zu entwickeln, sowie
- Bildungsprogramme und Aufklärungsarbeit zur Informa-tion und Motivation der jeweiligen Nutzergruppe der See-Ökosysteme.

(nach: Global Nature Fund, diverse Materialien; www.globalnature.org)

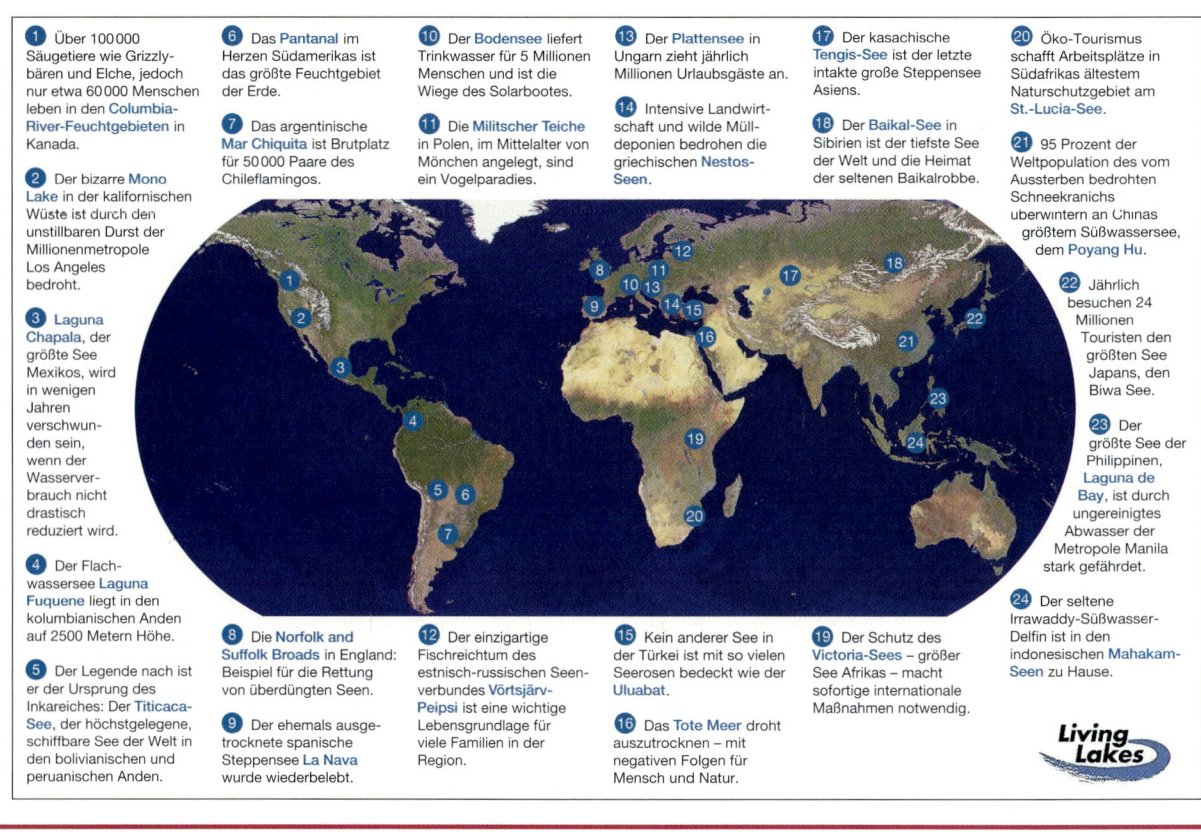

1 Über 100 000 Säugetiere wie Grizzly-bären und Elche, jedoch nur etwa 60 000 Menschen leben in den Columbia-River-Feuchtgebieten in Kanada.

2 Der bizarre Mono Lake in der kalifornischen Wüste ist durch den unstillbaren Durst der Millionenmetropole Los Angeles bedroht.

3 Laguna Chapala, der größte See Mexikos, wird in wenigen Jahren verschwun-den sein, wenn der Wasserver-brauch nicht drastisch reduziert wird.

4 Der Flach-wassersee Laguna Fuquene liegt in den kolumbianischen Anden auf 2500 Metern Höhe.

5 Der Legende nach ist er der Ursprung des Inkareiches: Der Titicaca-See, der höchstgelegene, schiffbare See der Welt in den bolivianischen und peruanischen Anden.

6 Das Pantanal im Herzen Südamerikas ist das größte Feuchtgebiet der Erde.

7 Das argentinische Mar Chiquita ist Brutplatz für 50 000 Paare des Chileflamingos.

8 Die Norfolk and Suffolk Broads in England: Beispiel für die Rettung von überdüngten Seen.

9 Der ehemals ausge-trocknete spanische Steppensee La Nava wurde wiederbelebt.

10 Der Bodensee liefert Trinkwasser für 5 Millionen Menschen und ist die Wiege des Solarbootes.

11 Die Militscher Teiche in Polen, im Mittelalter von Mönchen angelegt, sind ein Vogelparadies.

12 Der einzigartige Fischreichtum des estnisch-russischen Seen-verbundes Võrtsjärv-Peipsi ist eine wichtige Lebensgrundlage für viele Familien in der Region.

13 Der Plattensee in Ungarn zieht jährlich Millionen Urlaubsgäste an.

14 Intensive Landwirt-schaft und wilde Müll-deponien bedrohen die griechischen Nestos-Seen.

15 Kein anderer See in der Türkei ist mit so vielen Seerosen bedeckt wie der Uluabat.

16 Das Tote Meer droht auszutrocknen – mit negativen Folgen für Mensch und Natur.

17 Der kasachische Tengis-See ist der letzte intakte große Steppensee Asiens.

18 Der Baikal-See in Sibirien ist der tiefste See der Welt und die Heimat der seltenen Baikalrobbe.

19 Der Schutz des Victoria-Sees – größer See Afrikas – macht sofortige internationale Maßnahmen notwendig.

20 Öko-Tourismus schafft Arbeitsplätze in Südafrikas ältestem Naturschutzgebiet am St.-Lucia-See.

21 95 Prozent der Weltpopulation des vom Aussterben bedrohten Schneekranichs überwintern an Chinas größtem Süßwassersee, dem Poyang Hu.

22 Jährlich besuchen 24 Millionen Touristen den größten See Japans, den Biwa See.

23 Der größte See der Philippinen, Laguna de Bay, ist durch ungereinigtes Abwasser der Metropole Manila stark gefährdet.

24 Der seltene Irrawaddy-Süßwasser-Delfin ist in den indonesischen Mahakam-Seen zu Hause.

Living Lakes

42.1 Die Welt-Seen-Vision

3 Stehende Gewässer

Stehende Gewässer sind wassergefüllte Bodenvertiefungen auf dem Festland. Abhängig von Größe, Tiefe, Wasserführung sowie Licht- und Temperaturverhältnissen wird von Tümpel, Weiher, Teich oder See gesprochen. Während Kleinstgewässer wie Tümpel durch stark schwankende Wasserstände eher temporäre Erscheinungen sind, sind Weiher oder Teiche zwar dauerhaft mit Wasser gefüllt, aber sehr flache Gewässer. Seen sind dagegen größere und tiefere Gewässer, in denen sich Zonen mit unterschiedlichen Licht-, Temperatur- und Nährstoffverhältnissen ausbilden können. Ausnahmen sind weniger tiefe, aber sehr große Seen, wie z. B. der Plattensee, die für eine unterschiedliche Zonierung nicht tief genug sind.

Seen haben in der Regel keine direkte Verbindung zum Meer. Der Wasserhaushalt ist insgesamt abhängig von den klimatischen Bedingungen im Einzugsgebiet. Sie werden von oberirdischen Zuflüssen gespeist, durchflossen und entwässert. Sie haben normalerweise Verbindung zum Grundwasser, werden durch Niederschläge gefüllt und unterliegen der Verdunstung. Die meisten Seen enthalten Süßwasser, in ariden Gebieten aber auch Salzwasser. Abhängig vom Verhältnis zwischen Zu- und Abfluss bzw. Verdunstung bilden sich ständig wassergefüllte, regelmäßig (periodisch) gefüllte oder unregelmäßig zeitweilig (episodisch) gefüllte Seenbecken.

Obwohl natürlich gebildete Seen in allen Klimazonen vorkommen können, sind sie in bestimmten Räumen besonders häufig anzutreffen. So entstanden ganze Seenlandschaften wie z. B. in Finnland, wo fast 188 000 Seen eine Fläche von über 32 000 km² (= 9,6 % des Staatsgebietes) bedecken (Abb. 43.1). Hauptverbreitungsgebiete sind:

- ehemalige und heutige Inlandeis- und Gletschergebiete (glaziale Seen),
- Trockenräume (meist große, flache Endseen, teilweise Salzseen),
- jüngere tektonische Bruch- und Faltungszonen sowie Vulkangebiete (Grabenseen, Kraterseen).

Daneben finden sich Seen in Karstgebieten, Flussebenen (Altwasserseen) und an Ausgleichsküsten (Strandseen).

Die meisten Seen sind, da im Zuge der letzten Kaltzeiten entstanden, nicht älter als 20 000 Jahre und – geologisch gesehen – kurzlebige Landschaftsformen. Seebecken bilden sich durch Eintiefung und/oder durch Abdämmung. Maßgeblich dabei sind endogene Prozesse – wie Grabenbrüche, Senkungen oder Hebungen – oder exogene Abläufe – wie Erosion, Deflation oder Exaration (Ausschürfung durch Eis) bzw. Sedimentation oder Bergstürze. Unterschiedlich schnelle Sedimentation oder tektonische Ereignisse wie Bergstürze, Vulkanausbrüche oder Erdbeben führen zu unterschiedlich langer Lebensdauer.

43.1 Finnische Seenlandschaft

Die meisten natürlich gebildeten Seen Europas sind glazialen Ursprungs (vor ca. 20 000 Jahren). Im Bereich der Alpenvergletscherung füllten sich rundliche oder entsprechend der Vorstoßrichtung längliche Zungenbecken- und Endmoränenseen mit Wasser. In den durch die Gletscher ausgeräumten Gebirgstälern bildeten sich längliche Trogtalseen. Unterhalb der Schneegrenze liegende Karbecken wurden durch Abschmelzen von Toteis (verschüttete Gletschereisreste) zu Karseen.

Im Bereich des skandinavischen Eisschildes bildeten sich durch Gletscherrückzug und Landhebung zahlreiche Zungen- oder Rinnenbeckenseen (z. B. Schweriner See, Ratzeburger See). Bei Abschmelzung größerer Inlandeisreste in tief liegendem Gelände bildeten sich Toteisbecken wie z. B. der Eutiner See. Kleinere Toteisformationen, die in der Grundmoränenlandschaft erhalten blieben, bilden heute zahlreiche kleinere beieinanderliegende Seen. In Küstennähe des skandinavischen Hochlandes entstanden aus länglichen Trogtälern Fjordseen, die z. B. durch Hebung des Landes vom Meer abgetrennt wurden.

Außerhalb der Vereisungsgrenzen füllten Seen erloschene Vulkankrater (z. B. Maare in der Eifel). Während feuchteren Perioden blieben grundwassergespeiste Seen in Senken erhalten (z. B. Neusiedler See). Landhebungen und Senkungen, Meeresspiegelschwankung und Strandversatz sind die Ursachen für Seebecken in Küstennähe, zum Beispiel an der südlichen Ostseeküste oder an der französischen Atlantik- und Mittelmeerküste.

In Karst- und Salzsteingebieten, wie z. B. im Dinarischen Karst oder im Vorland des Thüringer Waldes (Zechsteinsalze), haben sich durch Lösung oder Auslaugung nicht nur unterirdische Seen, sondern z. B. in Einsturzformen (Dolinen, Poljen) ständig oder periodisch Wasser führende Seen ausgebildet.

43.2 Seen in Europa

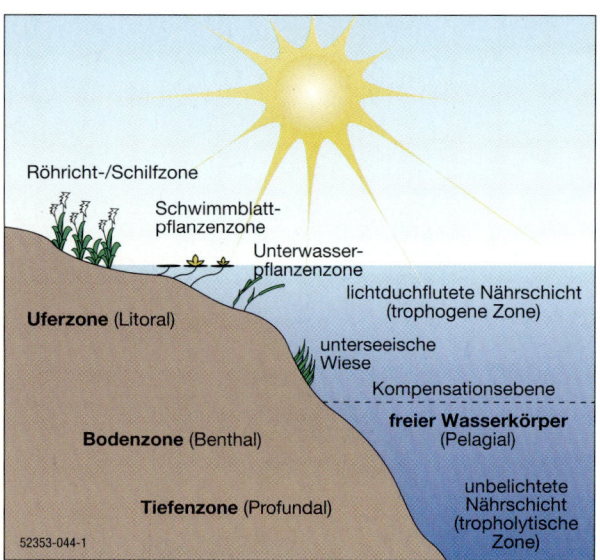

44.1 Lebensräume in einem See

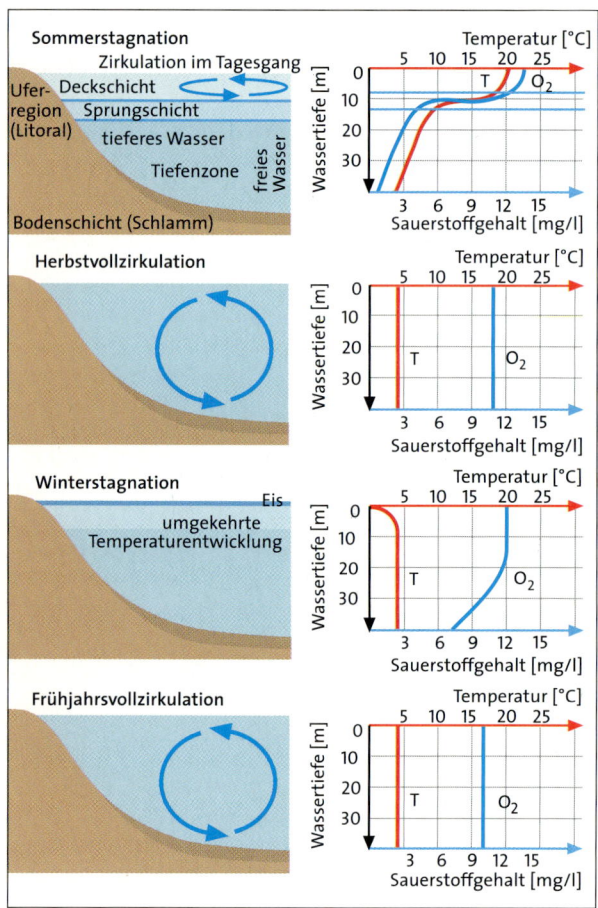

44.2 Jahresgang von Temperatur und Sauerstoffgehalt in einem tiefen Süßwassersee

Schichtung, Zirkulation und Stagnation

Stehende Gewässer zeigen in der Regel eine temperaturabhängige Schichtung. Dies hängt mit dem spezifischen Gewicht des Wassers zusammen. Die größte Dichte erreicht Süßwasser bei ca. +4 °C (Dichtemaximum). Wasser ist bei dieser Temperatur am schwersten und bildet daher die tiefste Wasserschicht (Dichteanomalie des Wassers). Das bedeutet, dass bei einer thermisch bedingten Schichtung sowohl wärmeres (direkte Schichtung) als auch kälteres Wasser (inverse Schichtung) leichter ist und damit über der Wasserschicht mit +4 °C Temperatur liegt. Stehende Gewässer können also nur von der Oberfläche her gefrieren, denn Eis ist bei 0 °C durch Volumenvergrößerung leichter als Wasser.

Die Wassertemperatur ist einem ständigen Wechsel unterworfen. Sie ergibt sich aus der Wärmezufuhr, vor allem durch die Sonnenstrahlung (Globalstrahlung), und der Wärmeabfuhr, besonders durch Ausstrahlung, Verdunstung und Wärmeableitung an die Luft. Dies kann sowohl in einem tageszeitlichen als auch in einem jahreszeitlichen Zyklus erfolgen. Eine bis in größere Tiefen wirkende Wärmedurchmischung (Zirkulation) erfolgt hauptsächlich durch den Wind, aber auch durch Konvektionsströme des sich abkühlenden Oberflächenwassers.

Für die gemäßigte Zone sind temperierte Seen typisch. Die Wassertemperaturen im oberen Wasserkörper schwanken jahreszeitlich bedingt zwischen deutlich über +4 °C im Sommer und unter +4 °C im Winter. Sie besitzen zwei Stagnations- und zwei Zirkulationsphasen (Abb. 44.2): Im Frühjahr liegt die Temperatur im gesamten Wasserkörper um +4 °C. Der Wind sorgt dabei für eine gleichmäßige Durchmischung. Bei zunehmender Erwärmung steigt die Wassertemperatur an der Seeoberfläche auf über +4 °C an, es bildet sich eine wärmere und leichtere obere Teilwasserschicht (Epilimnion) über der schwereren und kälteren unteren Wasserschicht (Hypolimnion). Die obere Wasserschicht vertieft sich bis Ende des Sommers. Durch windbedingte Durchmischung besitzt sie eine relativ gleichmäßige Temperatur. Bei tieferen Seen erfolgt unter dem Epilimnion eine sprunghafte Temperaturabnahme. Es bildet sich eine Sprung- bzw. Sperrschicht (Metalimnion), die eine Zirkulation zwischen oberem und unterem Wasserkörper verhindert. Damit wird die Sauerstoffversorgung im tiefen Seebereich beeinträchtigt. Je größer der Temperaturunterschied zwischen oberem und unterem Wasserkörper ist, desto stabiler ist diese Sperrschicht. Die Temperatur der unteren Wasserschicht bleibt im Bereich von +4 °C, sodass im Sommer eine deutliche Dreiteilung mit einer stabilen Schichtung besteht (Sommerstagnation).

Mit zurückgehender Wassertemperatur im Herbst wird die Sprungschicht abgebaut und die Zirkulation wieder in Gang gesetzt (Herbstzirkulation). Im Winter kühlt die obere Wasserschicht unter +4 °C ab, das nun kältere, aber leichtere Wasser legt sich über die schwerere, wärmere Wasserschicht (Winterstagnation). Solange keine Eisschicht das Seewasser absperrt, können Windströmungen für leichte Zirkulation sorgen.

Abhängig von klimatischen Bedingungen werden mehrere thermische Seetypen mit spezifischem Zirkulationsverhalten unterschieden. Jeweils eine Vollzirkulation haben polare (sommerliche Erwärmung) und subtropische Seen (winterliche Abkühlung). Tropische Seen sind meist stabil geschichtet, nur in den Randtropen kann in den Trockenzeiten durch größere Tag- und Nachtschwankungen der Temperatur eine fast tägliche Zirkulation stattfinden.

Leben im See

Im Wasser gelöste anorganische Stoffe bestimmen über ihre Zusammensetzung den ph-Wert, die Nährstoffkonzentration und damit das biologische Leben in Gewässern. Die Biomassenproduktion ist abhängig von der Intensität der Fotosynthese sowie von den zur Verfügung stehenden Nährstoffen. Der Nährstoffgehalt eines Gewässers hängt auch von Stagnation und Zirkulation ab: Je mehr Nährsalze (vor allem Phosphate und Nitrate) und Sauerstoff im Frühjahr durch die Vollzirkulation in die obere Wasserschicht gelangen, desto stärker ist die Algenproduktion (Algenblüte). Dadurch stirbt das Plankton ab, sinkt auf den Boden und bildet eine Faulschlammschicht. Bei flacheren Seen führt dies relativ schnell zur Verlandung.

Nach dem Stoffhaushalt lassen sich in den gemäßigten Breiten folgende biologische Seetypen unterscheiden:

- Oligotropher (nährstoffarmer) Typ (zum Beispiel Alpenvorlandseen): meist tiefer See mit schmaler Uferbank, blaue bis grüne Farbe, große Sichttiefe (>6 Meter), nährstoffarm, daher kaum Pflanzen- und Planktonproduktion, kaum Tiefenschlamm, daher gute Sauerstoffversorgung.
- Eutropher Typ: flachere Seen mit breiter Uferbank, grün bis graugrüne Färbung, geringe Sichttiefe (1,5–3 Meter), kalkreich, nährstoffreich, daher starke Pflanzen- und Planktonproduktion (Zirkulationsphase), Sauerstoffdefizit in der tieferen Wasserschicht durch absterbende Biomasse (Sommerstagnation), Faulschlammbildung.
- Dystropher Typ: tiefe oder flache Seen in mooriger Umgebung, gelbe bis braune Farbe, geringe Sichttiefe (bis maximal 20 Zentimeter), reich an Humusstoffen, niedriger pH-Wert, geringe Pflanzen- und Planktonproduktion, starke Sauerstoffzehrung während der Sommerstagnation, starke Torfschlammablagerung, Verlandung.

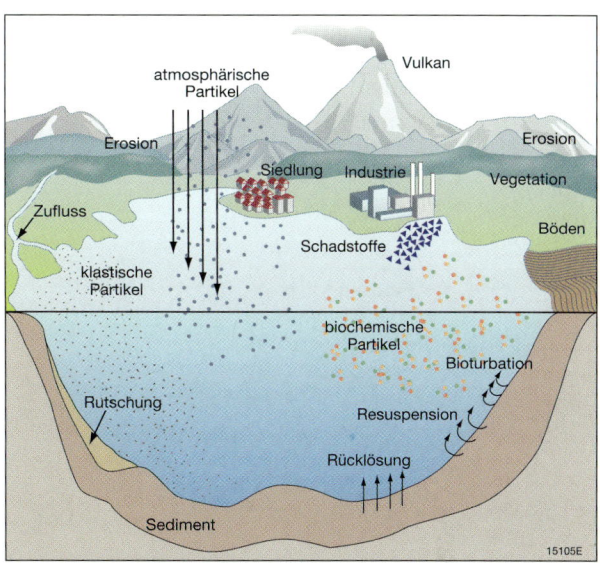

45.1 Stoffeintragungsprozesse

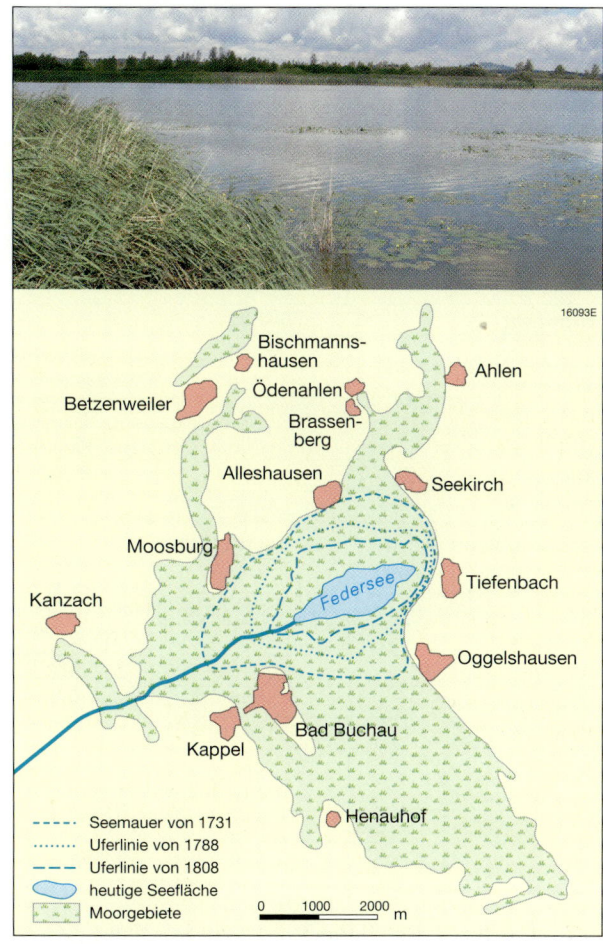

45.2 Verlandung des Federsees

45

Bedeutende Seen

46.1 Vergleich der Flächen von Seen

See	Fläche (km²)	max. Tiefe (m)
Kaspisches Meer	386 500	1025
Oberer See	82 100	405
Victoriasee	69 400	92
Huronsee	59 600	229
Michigansee	57 800	281
Tanganjikasee	32 900	1471
Baikalsee	31 500	1637
Großer Bärensee	31 800	452
Malawisee	29 600	704
Großer Sklavensee	28 400	614

46.2 Die zehn größten Seen nach Fläche

See	max. Tiefe (m)	Fläche (km²)
Baikalsee	1637	31 500
Tanganjikasee	1470	32 900
Kaspisches Meer	1025	386 500
Malawisee	704	23 310
Issyk Kul	668	6236
Großer Sklavensee	614	28 400
Crater Lake	592	53
Lago Buenos Aires	590	2200
Tobasee	505	1264

46.3 Die zehn tiefsten Seen

Steckbrief
- Lage: Russland, Südsibirien, Meereshöhe: 455 m ü. NN
- Alter: ca. 25 Mio. Jahre
- Größe: max. Länge: 636 m, max. Breite 80 km, max. Tiefe: 1637 m
- Wassermenge: ca. 23 600 Mrd. m³
- Einzugsgebiet: 571 000 km²; Zuflüsse: ca. 330 Bäche und Flüsse, größte Zuflüsse: Selenga, Bargusin, Obere Angara; Abfluss: Angara; 25 größere Inseln
- Klima: Niederschläge pro Jahr: zwischen 200–350 mm (Norden) und 900 mm (Süden); mittlere Jahresdurchschnittstemperatur: −0,6 °C (Januar: −19 bis −50 °C; August: 11 °C); durchschnittliche Wassertemperatur +3 °C; im Sommer an der Oberfläche bis 12 °C; zugefrorener Zeitraum: November bis Januar
- Einwohner: Seeumland: 1 Mio.; 3,8 Mio.
- UNESCO Weltnaturerbestatus: 1996

Der Baikalsee ist Teil einer kontinentalen Riftzone (Grabenbruch, Baikal-Rift), die sich durch das Auseinanderdriften der eurasischen und der amurischen Platte bildet. Es entstand dadurch ein 1600 km langer Riss. Durch die stetige Verfüllung der Riftzone reicht der See „nur" bis in 1637 m Tiefe. Es ist

46.4 Baikalsee – die Perle Sibiriens

Steckbrief

Lage: zwischen Kanada und den USA
Gesamtfläche: ca. 244 100 km²; Einzugsbereich: ca. 751 100 km²; Entwässerung über den St.-Lorenz-Strom in den Atlantik; Schifffahrtsverbindungen über den Sankt-Lorenz-Seeweg und den Illinois-Waterway zum Mississippi; max. Höhenunterschiede zwischen den Seen: ca. 150 m; aufgrund der Größe sind die Gezeiten bemerkbar

- Oberer See: Fläche: 82 100 km²; max. Tiefe: 405 m; über 200 Zuflüsse; durch den St. Marys River mit dem Huronsee verbunden
- Huronsee: Fläche: 59 600 km²; max. Tiefe: 229 m; über die Mackinacstraße mit dem Michigansee und über den St. Clair River / St.-Clair-See mit dem Eriesee verbunden
- Michigansee: Fläche: 57 800 km²; max. Tiefe: 281 m; entlang der Küste leben ca. 12 Mio. Menschen, die Südspitze ist stark industrialisiert (Chicago)
- Eriesee: Fläche: 25 700 km²; max. Tiefe: 64 m; große Industrie- und Siedlungsräume (Detroit, Cleveland, Buffalo); über die Niagarafälle mit dem Ontariosee und über den Eriekanal mit dem Hudson River verbunden
- Ontariosee: Fläche: 18 900 km²; max. Tiefe: 244 m; Entwässerung über den St.-Lorenz-Strom

46.5 Great Lakes – das Wasserreservoir Nordamerikas

der tiefste und älteste Süßwassersee der Erde. Mit seiner Wassermenge könnte der Baikalsee allein den Trinkwasserbedarf der Weltbevölkerung für 50 Jahre decken. Er bildet zusammen mit seinen Uferzonen ein komplexes Ökosystem mit mehr als 2500 unterschiedlichen Pflanzen- und Tierarten. Davon sind große Teile nur am Baikal heimisch. Für die Wasserqualität sind besonders die Epischura-Krebse wichtig, die durch ihre hohe Filterleistung das Selbstreinigungssystem des Sees sichern.

Der Baikalsee wird bedroht durch verschmutzte Abwässer aus Fabriken und Siedlungen, durch exzessive Fischerei sowie durch Abholzung und Brände der Wälder. Problematisch sind vor allem die Abwässer der Papier- und Zellulose-Fabriken am südlichen Uferrand. Die Hauptverschmutzungsquellen sind die Zuflüsse, wie z. B. die Selenga, die die Abwässer der Großstädte Ulan Bator sowie von Ulan Ude einleitet. Umweltschäden ergeben sich auch durch zunehmende Luftverschmutzung (Emissionen durch Kohlekraftwerke), verstärkten Einsatz von Dünger und Pestiziden in der Landwirtschaft und großflächige Erosion. Die Bedrohung für das Ökosystem Baikalsee durch Ausweitung der wirtschaftlichen Nutzung dringt zunehmend in das Bewusstsein der Öffentlichkeit. Daher wurde 1999 das „Gesetz zum Schutz des Baikalsees" von der russischen Staatsduma verabschiedet. Ziel des Gesetzes ist es, die ökologischen

Baikalsee

Bedingungen des Sees zu schützen und zu verbessern. So wurden zum Beispiel Naturschutzgebiet und Nationalparks im zentralen Seebereich ausgewiesen und ökologische Pufferzonen im 200-km-Umland eingerichtet. Innerhalb dieser Zonen wird die industrielle Nutzung eingeschränkt und der Fremdenverkehr als sanfter Tourismus gefördert.

Die Seenlandschaft ist ein Ergebnis der letzten Eiszeit. In Verbindung mit großräumigen tektonischen Einmuldungen, glazialen Ausräumungen und Moränenablagerungen füllten sich die Becken mit Schmelzwasser aus der letzten Vereisung. Es entwickelte sich in den letzten 10 000 Jahren Ökosysteme mit vielfältiger Flora und Fauna.

Landnutzung, Waldrodungen und die darauf folgende Nutzholzindustrie, die bereits Ende des 19. Jahrhunderts einsetzten, führten sehr schnell zu Eingriffen in Lebensräume. Abfälle und Abwässer aus Industrie und aus den wachsenden Siedlungen brachten Stickstoff, Phosphor und andere Nährstoffe, aber auch Chloride und weitere Gifte in die Seen. Die Eröffnung des Sankt-Lorenz-Seewegs und des Welland-Kanals ermöglichte die Umschiffung der Niagarafälle und führte zu intensivem Schiffsverkehr. Durch ausländische Hochseeschiffe wurden fremde Wassertiere und Pflanzen eingeschleppt, die einheimische Arten verdrängten. Zusätzliche Bedrohungen ergeben sich durch Bohrungen nach Erdöl und Naturgas unter den Großen Seen.

Die Seen werden nicht nur durch Gewässerverschmutzungen, sondern auch durch zunehmende Versalzung und Verlandung bedroht. Seit einigen Jahren sinken die Wasserstände der Großen Seen erheblich. Neben natürlichen Schwankungen,

Satellitenbild der Great Lakes

niedrigen Niederschlagsmengen und höheren Verdunstungsraten wird dafür vor allem die steigende Trink- und Brauchwassergewinnung der US-Städte verantwortlich gemacht. Als natürlich erneuerbar gilt eine Wasserentnahme von einem Prozent der Gesamtwassermenge. Da die Wasserentnahme aber deutlich höher ist und noch zunehmen wird, droht hier ein offener Konflikt zwischen Kanada und den USA.

48.1 Luftbild Bodensee (Insel Reichenau, Untersee)

Seedaten	Bodensee	Obersee	Untersee
Mittelwasser-stand (ü. NN)		395,33 m	395,11 m
Wasserober-fläche	535 km²	472 km²	62 km²
Wasservol.	48,4 km³	47,6 km³	0,8 km³
max. Tiefe		253 m	40 m
Uferlänge	273 km	186 km	87 km

Uferanteile	Schweiz	Voralberg	Ba-Wü	Bayern
Uferlänge	72 km	28 km	155 km	18 km
Inseln	**Reichenau**	**Mainau**	**Lindau**	
Umfang	11,0 km	3,0 km	3,0 km	0,6 km
Fläche	4,28 km²	0,44 km²	0,53 km²	0,02 km²

48.2 Kenndaten

48.3 Pfahlbauten am Bodensee

Gefährdung des Ökosystems See – Fallbeispiel: Bodensee

Der Bodensee ist nach dem Genfer See und dem Plattensee der drittgrößte See Mitteleuropas. Seine heutige Gestalt verdankt er der Alpenbildung, durch die sich sein Urbecken bildete, und der glazialen und fluviatilen Arbeit des Rheingletschers in den letzten 10 000 Jahren. Vor rund 14 000 Jahren besaß der Bodensee als „Rheintalsee" noch eine etwa doppelt so große Wasserfläche wie heute. Durch massive Sedimentierung wurde das obere Alpenrheintal aber bereits vor 4000 Jahren wieder verfüllt. Die Sedimentfracht des Alpenrheins führt auch heute noch zu einer zunehmenden Verlandung des Sees (Deltabildung).

Das Einzugsgebiet des Bodensees umfasst rund 11 500 km². Dabei liefert allein der Alpenrhein rund 62 % der gesamten Wassermenge. Etwa 40 % des Einzugsgebietes liegt auf über 1800 m Höhe. Der Zufluss erreicht infolge der Schneeschmelze im Juni sein Maximum (Minimum im Februar). Die Wasserbilanz insgesamt zeigt geringe Schwankungen. Die durchschnittliche Verdunstungsmenge und die Trinkwasserentnahme (Bodensee-Wasserversorgung für den Raum Stuttgart – Mannheim) entsprechen der jährlich zugeführten Niederschlagsmenge.

Der Bodensee beeinflusst das Klima des Umlands. So speichert er die Wärme des Sommers. In der Folge sind die Winter einige Grade wärmer als in anderen Gebieten. Wenn die Temperaturen im Herbst sinken, bildet sich über dem See häufig Nebel. Bei kalten Wintern mit wenig Wind kann auch die seltene „Seegfrörne" eintreten. Dann friert der Bodensee komplett zu (zuletzt 1963). Berüchtigt ist der Bodensee für plötzliche Wetterumschwünge. Innerhalb weniger Minuten können heftige Stürme und Gewitter losbrechen. Im Herbst und im Frühjahr sind aber auch Föhntage mit klarer Luft und warmen Temperaturen häufig.

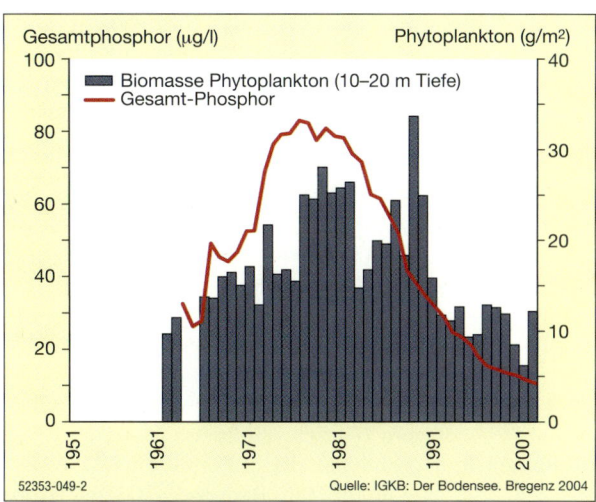

49.1 Verbaute Uferzone des Bodensees

49.2 Entwicklung des Phytoplanktons

Beim Rückzug des Rheingletschers lebten bereits die ersten Menschen als Jäger und Sammler im Bodenseegebiet. Funde aus der Jungsteinzeit belegen eine frühe Sesshaftigkeit mit Ackerbau und Viehzucht. Pfahlbauten bezeugen die Besiedlung der Uferzone seit 4000 v. Chr. Der See wurde schon früh als Verkehrsweg genutzt. Bereits zur Römerzeit herrschte reger Handel- und Fährverkehr, der sich durch die Ausweitung der Handelsbeziehungen im Mittelalter noch verstärkte. Heute prägen Tourismus (Fahrgastschiffe) und Naherholung die Bodenseeschifffahrt.

Die rege Wirtschaftstätigkeit auf und am Bodensee veränderte schon früh den Naturraum. So führten Rodungen zu verstärkter Erosion, Uferbesiedlung, Landwirtschaft und Fischerei zu lokalen Belastungen. Diese nahmen seit dem 19. Jahrhundert besonders stark durch Regulierung der Zuflüsse, Schadstoffeinleitungen durch Siedlungen, Industrie und Landwirtschaft sowie die beginnende Motorschifffahrt zu.

Der Flachwasserbereich

Im Flachwasserbereich finden intensive Austauschprozesse zwischen Land, Luft, Wasser und Seeboden statt. Der gesamte Bereich ist im natürlichen Zustand ein lichtdurchfluteter und vielfältiger Lebensraum. Die Nutzung des direkten Uferbereichs als Siedlungsraum erforderte Uferverbauungen zum Schutz vor Erosion und Hochwasser. Inzwischen bestehen rund 50 % des Ufers aus „harter Uferverbauung" (Abb. 49.1). Dadurch verändern sich die Strömung und der Wellenschlag (auch durch Schiffe), sodass es an unverbauten Stellen zu stärkerer Erosion und zur Kliffbildung kommt. Die unverbaute Uferzone wird häufig für Freizeiteinrichtungen genutzt. So nehmen Campingplätze und Strandbäder fast 10 % der Uferlinie ein. Die Folgen sind erhebliche Störungen für Flora und Fauna.

Aufgewirbelte Sedimente und Schwebstoffe aus den Zuflüssen verursachen eine verstärkte Wassertrübung. Schad- und Nährstoffeinträge verändern den Stoffhaushalt beträchtlich. Die Folge ist eine stärkere Eutrophierung mit Algenvermehrung und Reduzierung der Artenvielfalt bei Pflanzen – besonders bei den zusammenhängenden Schilfbeständen – und Tieren.

Das Freiwasser

Zum Freiwasserbereich zählt der gesamte Seebereich mit mehr als 10 m Wassertiefe. Das sind rund 85 % der Gesamtfläche des Bodensees, davon entfallen 90 % auf den Obersee. Im Freiwasserbereich lässt die Lichtdurchlässigkeit abhängig von Planktondichte, jahreszeitlich schwankenden Wassertemperaturen und den davon abhängigen Zirkulations- und Stagnationsphasen (vgl. S. 44) rasch nach. Die periodische Durchmischung des Freiwassers beeinflusst den Sauerstoffgehalt und die Konzentrationsschwankungen von Nährsalzen und Pflanzennährstoffen. Die meisten Nährstoffe werden über die Zuflüsse eingeleitet und mit Verzögerung in den Freiwasserbereich transportiert. Dies führte in der Vergangenheit zu einer Zunahme der Planktonmenge (Abb. 49.2), aber auch zur Einlagerung von Nährsalzen in die Sedimentschichten des Seebodens. Unter bestimmten Voraussetzungen können diese allerdings wieder freigesetzt werden und zu einer stärkeren Belastung der unmittelbaren Lebensräume führen. Steigende Phosphateinleitungen, z. B. durch Wasch- und Düngemittel, vergrößerten die Gefahr der Eutrophierung auch in den flacheren Zonen. Ein zu hoher Nitratgehalt gefährdet an einzelnen Uferabschnitten bereits die Schilfbestände und damit den Lebensraum zahlreicher Tiere. Durch umfangreiche Wasserschutzmaßnahmen (vgl. S. 50) konnten die Schadstoffeinleitungen reduziert werden. Das Bodenseewasser gilt heute als schadstoffarm.

Der Bodensee auf dem Weg der Besserung

Seit den 1950er-Jahren ist die Bevölkerung im Bodenseegebiet stark gewachsen und mit ihr die Abwassermenge. Die Kanalisation führte direkt oder über die Zuflüsse in den See. Es waren vor allem die Nährstoffe Phosphat und Stickstoff aus Haushalten und der Landwirtschaft, die das Ökosystem Bodensee bedrohten. Der See drohte „zu kippen": Riesige Algenteppiche wurden zur Plage, die Sauerstoffreserven schwanden bedrohlich. Erschreckend zurückgebildet hatten sich die Schilfgürtel. Die Flachwasserzonen drohten zu ersticken und waren als Biofilter überfordert. Man bangte schon um die Trinkwasserversorgung.

1959 rauften sich die Anrainer (Uferanteile: Baden-Württemberg 57%, Bayern 7%, Schweiz 26%, Österreich 10%) zusammen und gründeten die „Internationale Gewässerschutzkommission für den Bodensee IGKB" (Abb. 50.1). Ihre Hauptaufgaben sind die Bodenseeforschung und die Koordinierung des Gewässerschutzes z. B. durch Maßnahmen zur Reduktion der Nährstoffe im See. Dafür wurden länderübergreifende Planungen und Investitionen in Milliardenhöhe für den Bau leistungsstarker Kläranlagen im Bodenseeeinzugsgebiet zusammengelegt. Es sollte eine möglichst vollständige Erfassung aller privaten, gewerblichen und industriellen Abwässer durch Kanalisationsnetze und zentralen Abwasserreinigungsanlagen mit vollbiologischer Klärung und chemischer Phosphorelimination erfolgen. In einem Nachfolgeprogramm wurden vor allem die Reduktion des Phosphoranteils in Waschmitteln u. ä. Produkten, Änderungen in industriellen und gewerblichen Produktionsverfahren sowie die Reduktion von agrarischen Nährstoffeinträgen in die Wege geleitet. Während 1972 erst 25% der Haushalte an Sammelkläranlagen mit biologischer Reinigungsstufe angeschlossen waren, lag der Wert 2001 bei über 95%. Gleichzeitig erhöhte sich der Anteil der Phosphorelimination von 24% in 1972 auf 97% in 2001. Positiv wirkte sich auch das Phosphatverbot in Wasch- und Reinigungsmitteln aus.

Seit den 1980er-Jahren hat sich der Zustand des Gewässers deutlich verbessert. Die Eutrophierung des Sees ging deutlich zurück (Abb. 51.2). Durch die Verbesserung der Wasserqualität wird der See wieder zu einem nährstoffarmen Voralpensee, wie er ursprünglich einmal war. Dies hat allerdings negative Folgen für die Fischerei: Die Fische profitierten von dem vermehrten Nährstoffangebot, nun werden sie nicht mehr so groß wie früher, die Erträge werden geringer. Dafür ist aber die Population besonders der Edelfische wie Seeforelle und Blaufelchen stabiler.

Folgen für den Bodensee / Nutzungen von See und Umland, sonstige Einflüsse	Defizite im Uferbereich: Morphologie/Vernetzungen	unnatürliche Sedimentation und Sedimentbelastung	Störungen des Energiehaushalts	stoffliche B-lastung, Beeinflussung der Wasserqualität	Störungen der Transport- und Austauschvorgänge	Störungen des Wasserhaushalts	Gefahrenpotenzial (Havarien/Altlasten etc.)	Defizite der Durchgängigkeit im/zum Einzugsgebiet	Veränderungen/Störungen der Biozönosen im/am See
Entwicklung der Raumnutzung	■		□	■	□		■	□	■
Siedlungswasserwirtschaft		□		■	□	□	■		□
Nutzung/Veränderung der Ufer- und Flachwasserzone	■	■		□	■			■	■
Industrie und Gewerbe – wassergefährdende Stoffe				■			■		□
Schifffahrt	■	□	■		□		■		■
Verkehr / Transport	□		□				■		□
Land- und Forstwirtschaft	■	□		■	□	□	□	■	
Tourismus und Naherholung	■				□				■
Seewassernutzung									
fischereiliche Nutzung									□
Nutzungen und strukturelle Veränderungen der Zuflüsse	□	■	□	■	■	■	□	■	□

■ = bedeutender   □ = weniger bedeutend

Das Interesse der 1919 gegründeten Anstalt für Bodenseeforschung in Konstanz konzentrierte sich zunächst darauf, die Strömungsverhältnisse zu erkunden. In Langenargen begann zur selben Zeit das Institut für Seenforschung und Seenbewirtschaftung, den Bodensee unter anderem als Lebensraum der Fische zu erkunden. Zusehends weitete sich das Forschungsspektrum: Man wollte mehr über Wirkungszusammenhänge erfahren. Anstoß gab die grundlegende Erkenntnis, dass der See ein in sich vernetztes Ökosystem ist und auf vielfältige schädliche Einflüsse anfällig reagiert.

Das im Zuge der ersten großen Sanierungsmaßnahmen verstaatlichte Langenargener Seenforschungsinstitut, einverleibt in die Landesanstalt für Umweltschutz Baden-Württemberg, ist heute der bedeutendste mit praktischen Aufgaben betraute Wächterposten am See. Seit 1971 widmet sich das Limnologische Institut der Universität Konstanz der Forschung. Die an einem sauberen Trinkwasserspeicher ebenfalls stark interessierten Wasserwerke selber teilen sich – wie die Gewässerschutzämter der Kantone und Länder – ebenfalls in die vielfältigen Überwachungsaufgaben. Im Bau- und Investitionsprogramm legt die Gewässerschutzkommission fest, was innerstaatlich – z. B. für die Reduzierung des Nährstoffeintrages – vorgekehrt werden muss. 1,5 Mrd. Franken verschlingt das noch laufende Ausbauprogramm bei den Kläranlagen. (Quelle: www.seespiegel.de, Artikel 95/06005: Der Bodensee als Forschungsobjekt)

50.1 Wächterposten am See

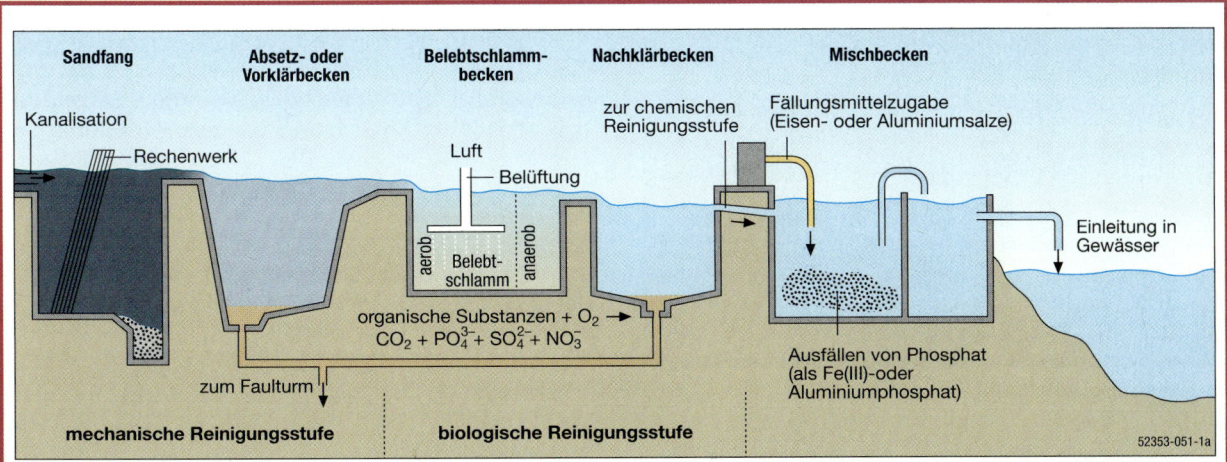

Die im Klärwerk ankommenden Abwässer werden in der ersten Stufe mechanisch gereinigt. Bei geringer Strömungsgeschwindigkeit setzen sich alle mineralischen Stoffe wie Sand und Steine im Sandfangbecken ab. Im Absatzbecken wird die Strömungsgeschwindigkeit weiter herabgesetzt, sodass sich die Schlammpartikel am Boden absetzen können. Schwimmende Teilchen wie Fettbestandteile können abgeschöpft werden. In der mechanischen Stufe werden 20–30 Prozent der Schmutzstoffe entfernt. Um dem Abwasser die eutrophierenden Stickstoffverbindungen zu entziehen, wird das vorgeklärte Wasser ins Belebtschlammbecken eingeleitet (biologische Reinigungsstufe). Dort zersetzen Bakterien und Protozoen die organischen Verschmutzungsstoffe. Dabei setzen im aeroben Bereich spezielle Bakterien Ammoniak zu Nitrationen um. Das nitrathaltige Wasser wird im anaeroben Bereich durch andere Bakterien denitriert. Dabei entsteht elementarer Stickstoff. Damit werden bis zu 90 % der biologisch abbaubaren organischen Stoffe herausgefiltert. In einer chemischen Reinigungsstufe werden durch Eisensulfatzugabe die Phosphationen ausgefällt. Der dabei entstehende eisenphosphathaltige Schlamm wird in Faultürmen weiter zersetzt.

51.1 Wirkungsweise eines Klärwerks

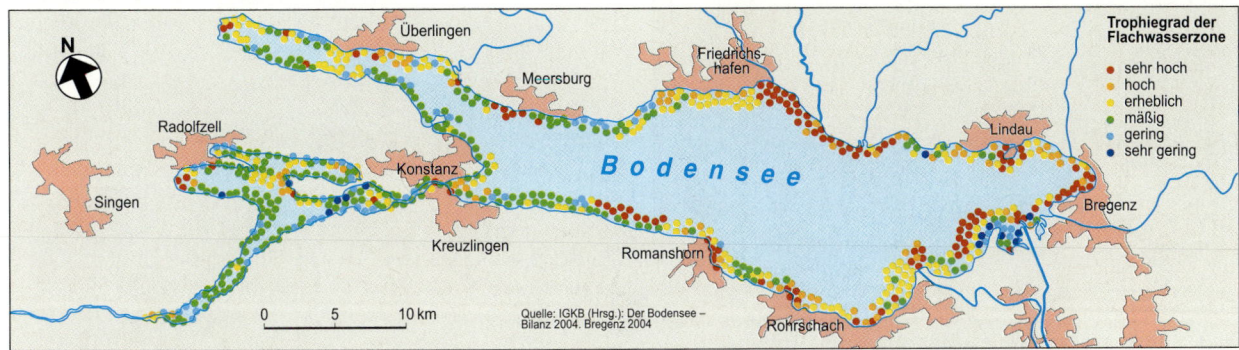

51.2 Trophiegrad der Flachwasserzone bis zu dem Zeitpunkt, als die Kläranlagen gegriffen haben

52.1 Aufbereitungsanlage Sipplinger Berg

Die Bodensee-Wasserversorgung

Der Bodensee gilt als größter Trinkwasserspeicher Europas. Über insgesamt 16 Wasserwerke werden mehr als fünf Millionen Menschen mit Trinkwasser versorgt. Rund zwei Drittel der Rohtrinkwassermenge wird durch den Zweckverband Bodensee-Wasserversorgung mit Sitz in Stuttgart entnommen. Das Versorgungsgebiet erstreckt sich vom Bodensee bis in den Norden Baden-Württembergs (Abb. 52.2).

Das Rohwasser, das über drei Entnahmeleitungen im Überlinger See aus einer Tiefe von ca. 60 m entnommen wird, entspricht den physikalisch-chemischen Parametern der deutschen Trinkwasserverordnung. Es müssen lediglich die organischen Inhaltsstoffe entfernt werden. Mit Pumpen wird das Wasser auf den 310 m höheren Sipplinger Berg gefördert. Dort durchläuft es drei Reinigungs- und Aufbereitungsstufen (Mikrosiebe für alle Teilchen größer als 15 Mikrometer, Ozonbehandlung gegen Mikroorganismen und Bakterien, Schnellfilter zur Filterung von Reststoffen). Über zwei Haupt- und zahlreiche Anschlussleitungen mit einer Gesamtlänge von circa 1700 Kilometer wird es dann zu den angeschlossenen Gemeinden geleitet. Eine Besonderheit des Rohrnetzes ist die 24 Kilometer lange unterirdische Querung der Schwäbischen Alb (Albstollen).

Neben Trinkwasser wird dem See auch Brauchwasser für Kühlanlagen und zur Klimatisierung von Gebäuden entnommen. Die Hauptentnahmestelle dafür ist in Friedrichshafen. Das Brauchwasser wird wieder in den See eingeleitet. Dies führt zur lokalen Wassererwärmung mit bisher geringfügigen Auswirkungen auf Organismen.

Insgesamt ist die Wasserentnahme von den Bodenseeanrainern vertraglich geregelt. Die Trinkwasserqualität wird auf der Basis der gemeinsamen „Richtlinien für die Reinhaltung des Bodensees" ständig von den Wasserwerken und Forschungsanstalten überwacht. Bisher ist eine Belastung des Sees durch die Trinkwasserentnahme nicht feststellbar.

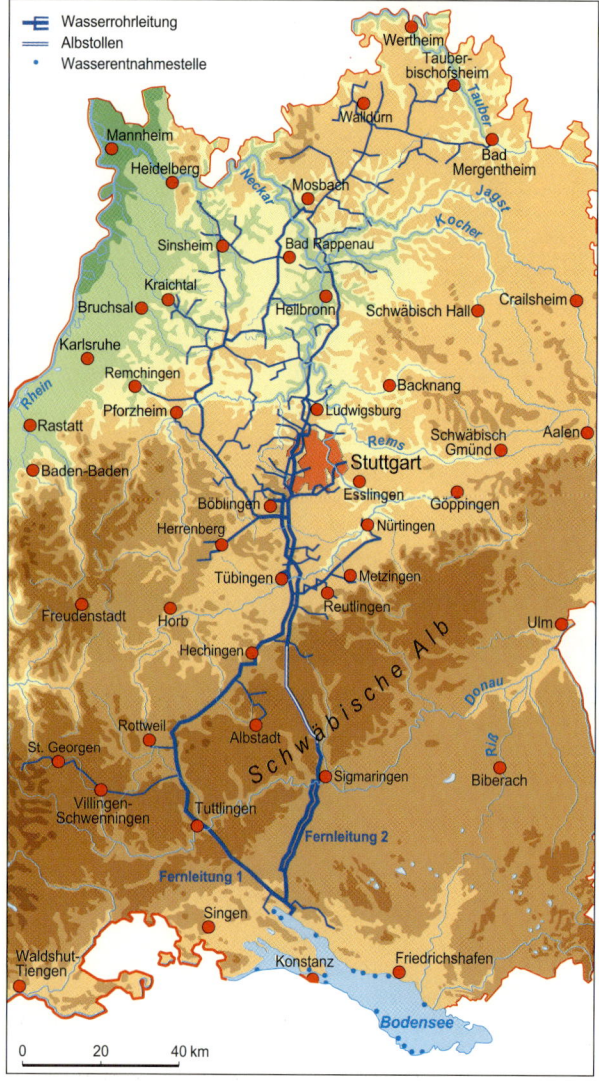

52.2 Leitungsnetz des Zweckverbandes Bodensee-Wasserversorgung

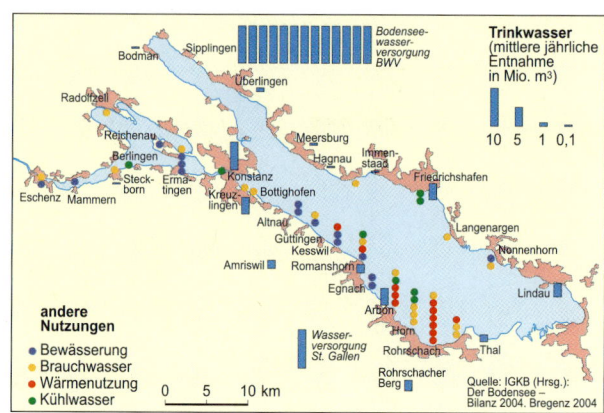

52.3 Wasserentnahme aus dem Bodensee

53.1 Luftbild von Immenstaad

Nutzungskonflikte am Bodensee

Die Bodenseeregion zählt zu den intensiv genutzten Regionen Europas. Ein Großteil der Flächen im Alpenrheintal und entlang des Seeufers wird von Siedlungen, Gewerbe- und Industrieanlagen, Verkehrswegen und Landwirtschaft bestimmt (Abb. 53.1). In den letzten Jahrzehnten steigerte sich die Attraktivität der Bodenseeregion als Wirtschafts- und Siedlungsraum. Die Region entwickelte sich zu einer internationalen Wirtschaftsregion mit hoher Verkehrsintensität. Die Zunahme der Bevölkerung um rund 50 Prozent in den letzten Jahrzehnten (Abb. 54.2) führte vor allem in Seenähe zu einem Anwachsen der Siedlungs- und Verkehrsflächen im Gesamteinzugsbereich des Sees (um circa zehn Prozent allein zwischen 1985/86 und 1996/97). Die zunehmende Zersiedlung führte zu einer deutlichen Veränderung des typischen Landschaftsbilds am Bodensee. Insgesamt ist über die Hälfte des Bodenseegebietes intensiv durch Menschen genutzt und umgestaltet.

Die dichte Besiedlung des Bodenseeufers und die vielfältigen Nutzungen führen zwangsläufig zu Interessenkonflikten. So stehen die Verkehrsbelastungen zunehmend im Widerspruch zur Erholungs- und Tourismusfunktion. Gleichzeitig wird der Tourismus selbst zu einer Belastung für den Naturraum Bodensee. Steigende Gästezahlen führen zur weiteren Beanspruchung von Verkehrsflächen. Die typischen touristischen Nutzungsformen (Badebetrieb, Sportschifffahrt etc.) bringen weitere Beeinträchtigungen für den sensiblen Ufer- und Flachwasserbereich. Notwendige Schutzgebiete im Seebereich wiederum schränken die touristische Nutzung ein.

Das Bodenseegebiet ist auch ein Durchgangsgebiet. Wichtige Verkehrsachsen, die häufig in Ufernähe verlaufen, umschließen den See. Durch die Zunahme des Kraftfahrzeugverkehrs steigen verkehrsbedingte Emissionen und Lärmbelastungen an. Das dichter werdende Verkehrsnetz zerschneidet Lebensräume, engt Naturschutzräume ein und beeinträchtigt das Landschaftsbild.

54.1 Bevölkerungsdichte am Bodensee

54.2 Industrielle Nutzung am Bodensee

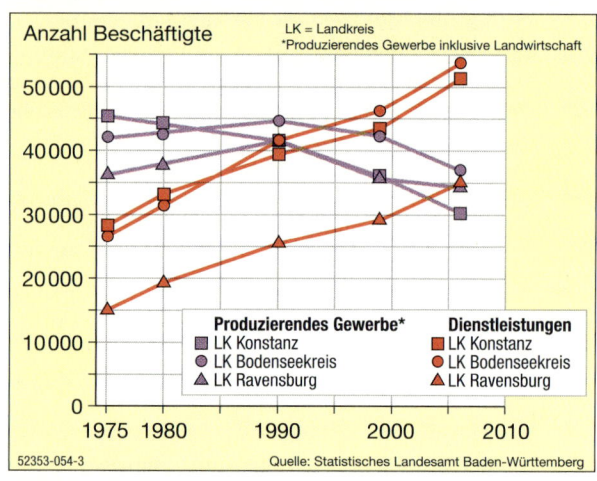

54.3 Entwicklung der Beschäftigungszahlen

a) Landwirtschaftliche Nutzung

Traditionell ist die Bodenseeregion stark durch die Landwirtschaft geprägt. Rund 50 Prozent der Gesamtfläche werden landwirtschaftlich genutzt, circa 28 Prozent sind bewaldet. Durch die Klimagunst entwickelte sich ein intensiver Acker- und Sonderkulturanbau (Obst-, Wein- und Gemüseanbau) im Umfeld des Sees, vor allem auf deutscher Seite (zum Beispiel auf der Insel Reichenau). Die Grünlandwirtschaft nimmt in den umliegenden Hügelländern bis zu 90 Prozent der Fläche ein. Zugunsten der Siedlungs- und Gewerbefläche verkleinerte sich die landwirtschaftlich genutzte Fläche besonders in Seenähe deutlich. Nutzungsbeschränkungen ergeben sich auch durch Landschafts- und Naturschutzgebiete.

Die Intensivierung in der Landwirtschaft mit steigendem Einsatz von Mineraldünger und Pflanzenschutzmitteln war lange Zeit das größte Problem für den Gewässerschutz am Bodensee. Die Nähr- und Schadstoffe gelangten durch Abschwemmung in die Zuflüsse und unmittelbar in die Flachwasserzone. Die verstärkte Umstellung auf naturnahe Bewirtschaftung vor allem in Ufernähe sowie auf bedarfsgerechte Düngung und Extensivierung führten zu einer geringeren Gewässerbelastung.

b) Industrielle und gewerbliche Nutzung

Im Vergleich zu benachbarten Regionen wie Basel oder Zürich ist die industrielle Bedeutung des Bodenseegebietes geringer. Der größte Teil der Betriebe ist eher klein- und mittelständisch strukturiert, beschäftigt aber rund 75 Prozent der industriellen Arbeitskräfte. Daneben existieren nur wenige Großbetriebe mit mehreren Tausend Arbeitskräften. Industrielle Schwerpunkte sind:
- Friedrichshafen: Luft- und Raumfahrt, Automobilzulieferung (z. B. Zeppelin-Luftschifftechnik, ZF-Friedrichshafen AG, EADS, MTU)
- Konstanz: Elektrotechnik
- St. Gallen: Textilindustrie, Maschinenbau
- Vorarlberg: Textilindustrie, Maschinenbau, Metallveredlung, Ernährung
- Lindau: Maschinenbau, Ernährung, Gummi bzw. Kunststoff.

Die Ausweisung neuer Industrie- und Gewerbeflächen bietet häufig Konfliktpotenzial mit dem Naturschutz und anderen Nutzungsansprüchen. Industrielle und gewerbliche Abwassereinleitungen über Grundwasser, Zuflüsse oder Direkteinleitungen in den See haben bis in die 1980er-Jahre zu erheblichen Belastungen geführt. Großen Anteil daran hatten die Papier- und Zellstoffindustrie, die chemische sowie die metallverarbeitende Industrie. Zusätzliche Gefahren für das Ökosystem ergaben sich durch Störfälle und Havarien. Flächendeckende, internationale Alarm- und Einsatzpläne, vor allem aber der Ausbau der Abwasserreinigungsanlagen auch an den zahlreichen Zuflüssen haben die Einleitungsmengen inzwischen deutlich reduziert. Dazu hat auch die Tertiärisierung zahlreicher Betriebe durch Ausbau der Forschungs- und Verwaltungsbereiche und Reduzierung des produzierenden Sektors beigetragen.

c) Tourismus / Verkehrsnutzung

Der Dienstleistungssektor und dabei vor allem Tourismus und Naherholung tragen hauptsächlich zur wirtschaftlichen Entwicklung der Bodenseeregion bei (Abb. 54.2) Die rund sechs Millionen Übernachtungen pro Jahr und die jährlich rund 14 Millionen Tagestouristen machen das Bodenseegebiet zu einem bedeutsamen touristischen Zentrum in Europa. Freizeitorientierte Flächen wie Campingplätze, Strandbäder und Jachthäfen sowie zahlreiche Wander- und Radwege nehmen im ufernahen Bereich immer mehr Raum ein (Abb. 55.1). Dies führt zu Beeinträchtigungen des Ökosystems, zum Beispiel zu Störungen von ufernahen Brut- und Rastgebieten, zur Zerstörung von Ufervegetation oder zu Stoffeinträgen ins Wasser durch Campingplätze oder Badegäste.

Auch der Verkehr um und auf dem Bodensee ist heute überwiegend freizeitorientiert (Abb. 55.3). Vor allem im Sommer wird er intensiv von Wassersportlern (Segel- und Motorboote) und durch Ausflugschiffe genutzt. Nachdem die Zahl der Schiffe bis 1990 stark angestiegen ist, bleibt sie nun weitgehend konstant (2007: 57 721 zugelassene Boote und Schiffe). Es gibt aber eine deutliche Verschiebung in Richtung Motorboote, die inzwischen mehr als 55 Prozent aller Wasserfahrzeuge ausmachen. Im öffentlichen Nahverkehr bestehen drei ganzjährig eingesetzte und drei saisonale Fährlinien, die durch neun saisonale Fahrgastrouten ergänzt werden. Für Fische und Wasservögel stellt die Schifffahrt eine erhebliche Störung dar. Zusätzlich können die Ufer- und Flachwasserbereiche durch den Wellenschlag geschädigt werden.

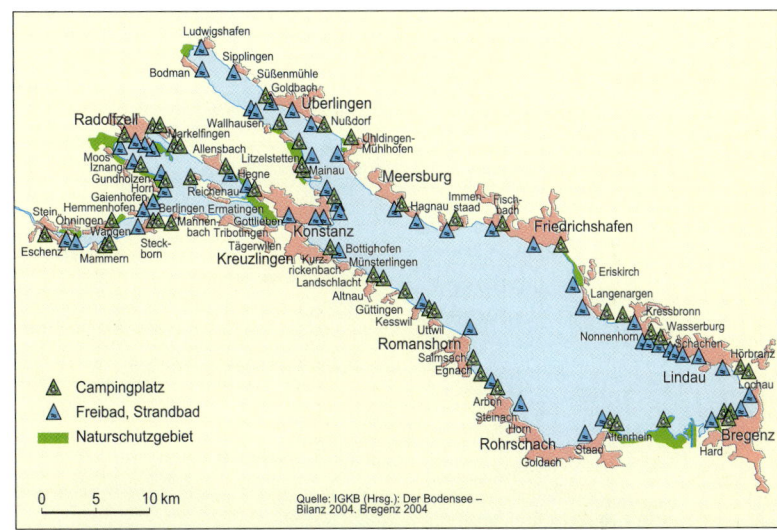

55.1 Nutzung des Seeufers durch Freizeiteinrichtungen

55.2 Jachthaven

55.4 Campingplatz

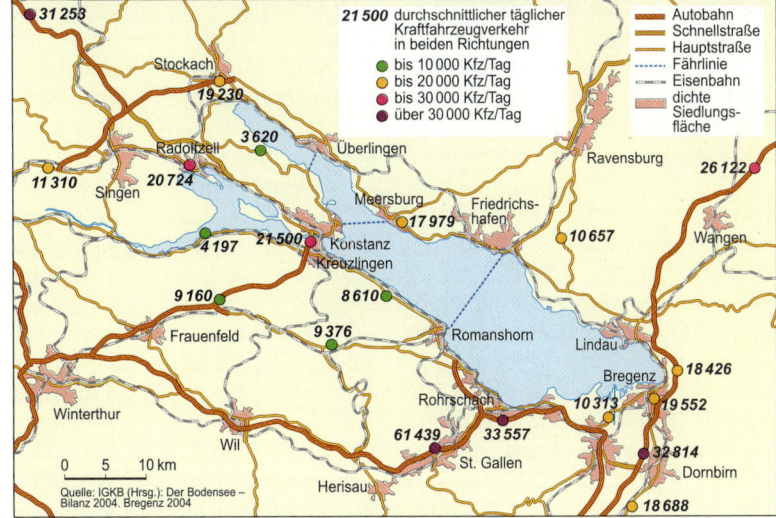

55.3 Verkehrswege im Bereich des Bodensees

56.1 Der „Aralsee"

Internationale Nutzungskonflikte – Fallbeispiel Aralsee

Der Aralsee war früher der viertgrößte Binnensee der Welt, doppelt so groß wie Baden-Württemberg. Heute ist es nur noch ein „kleiner" See von rund 27 000 km² (Bodensee: 536 km²). Bis vor wenigen Jahren gingen viele Beobachter noch davon aus, dass er bis 2020 komplett ausgetrocknet sein könnte. Jedoch sickert weiterhin ständig Grundwasser nach. Allerdings erhält der See nur noch ein Viertel der Wassermenge, die ihm in den 1960er-Jahren zufloss. Seitdem sank der Wasserspiegel um rund 13 Meter und der Salzgehalt des Wassers verdreifachte sich.

Bereits in den 1980er-Jahren hat sich der Aralsee in den Großen Aralsee im Süden und den Kleinen Aralsee im Norden geteilt.

Die fortschreitende Verödung der Region ist unmittelbar bei den Menschen angekommen. Noch 1960 wurden pro Jahr rund 45 000 Tonnen Fisch gefangen, verarbeitet und überwiegend exportiert. Durch die ansteigende Salzkonzentration im See und durch den Verlust an Laichplätzen gab es immer weniger Störe, Heringe und Karpfen. Aufgrund des Absinkens des Seespiegels sind die Ufer unbewohnbar geworden. Mehrere Dörfer und große Städte wie Aralsk und Muinak, die bis 1960 noch am See lagen, sind nun Kilometer vom Wasser entfernt. Die ertragreiche Fischindustrie musste nach und nach eingestellt werden, insgesamt gingen 30 000 Arbeitsplätze verloren.

Durch die Verkleinerung des Sees bildeten sich zudem großflächige Salzablagerungen. Starke Winde verursachen immer häufiger Salzverwehungen und Sandstürme. Pro Jahr werden ungefähr 75 Millionen Tonnen Staub und Salz in den Nachbarregionen abgelagert. Sie bedrohen somit auch weiter entfernte Weide- und Ackerflächen und führen zu Schäden im Obst- und Gemüseanbau sowie zu Ertragseinbußen bei Baumwolle und Reis.

Das Absinken des Grundwasserspiegels führte zum Verschwinden weiterer Seen, fruchtbarer Landflächen in den Deltas der Hauptzuflüsse und zum Absterben großer Tugai-Waldbestände, die eine große Bedeutung für den Wasserhaushalt, als Erosionsschutz, für die Wirtschaft (Holzindustrie) und die menschliche Gesundheit haben.

Parallel zur ökologischen und ökonomischen Katastrophe spielen sich seit Jahrzehnten auch menschliche Tragödien ab:

- Die Trinkwasserversorgung wird immer schwieriger, auch weil Industrieanlagen und Großstädte ungeklärte Abwässer in die Flüsse leiten und die Versalzung des Grundwassers stark ansteigt.
- Die hohe Belastung der Luft und des Grundwassers mit Pestiziden und Entlaubungsmitteln (Einsatz in der maschinellen Baumwollernte) führen zu Erkrankungen bei fast 70 Prozent der Bevölkerung. Die Säuglingssterblichkeit liegt bei 11 Prozent (Indien: 5,6 Prozent, Russland 1,4 Prozent, Deutschland: 0,4 Prozent). Ein Drittel aller Schwangerschaften sind Totgeburten, viele Neugeborene kommen mit Missbildungen zur Welt. 90 Prozent der Frauen im gebärfähigen Alter leiden an Anämie.

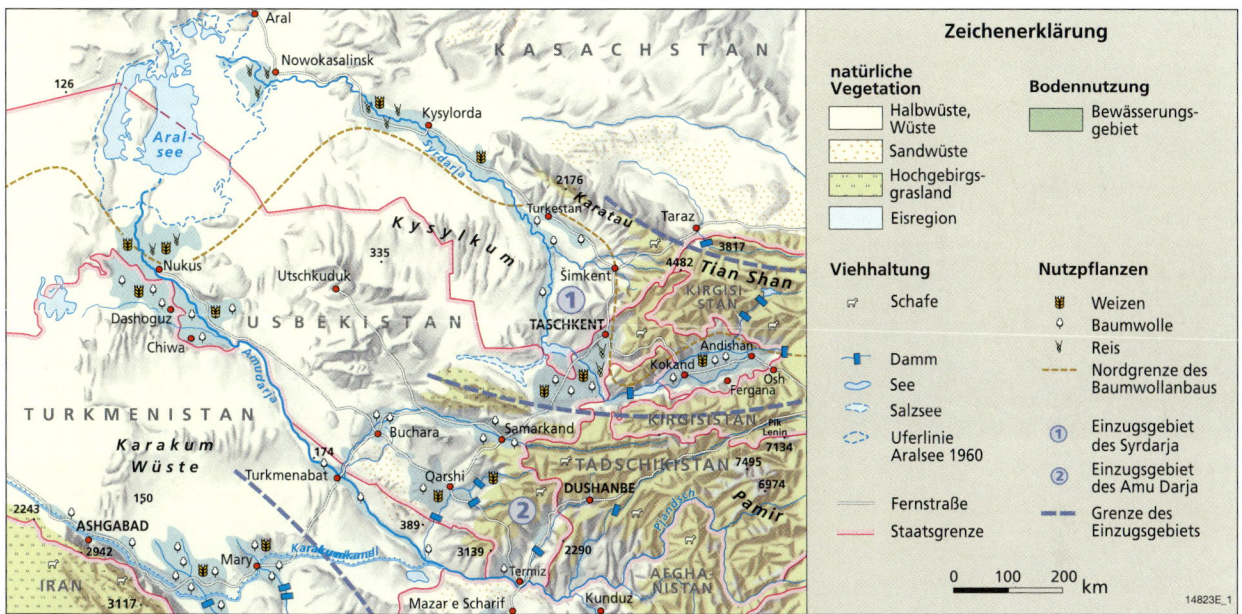

57.1 Übersichtskarte Zentralasien

- Durch salzige Sandstürme erhöhte sich die Zahl der Augenentzündungen und Lungenkrankheiten (z. B. Tuberkulose).
- Die Erkrankungsrate bei Typhus, Cholera, Nieren- und Lebererkrankungen und vielen Krebsarten liegen um ein Vielfaches höher als in anderen Regionen. Insgesamt hat sich die Sterblichkeitsrate den letzten Jahren verfünfzehnfacht. Die durchschnittliche Lebenserwartung in Usbekistan liegt bei rund 59,5 Jahren (Deutschland: 79 Jahre, Russland: 65 Jahre).

Jahr	Gesamtfläche (km²)	Volumen (km³)	Tiefe (m)	Salzgehalt (g/l)
1960	68 000	1040	53,0	10
1985	45 713	468	41,5	23
1990	38 817	282	38,5	30
1998	28 687	181	34,8	45
2010 *	21 058	124	32,4	70

57.4 Hydrologische Daten des Aralsees (*=Prognose)

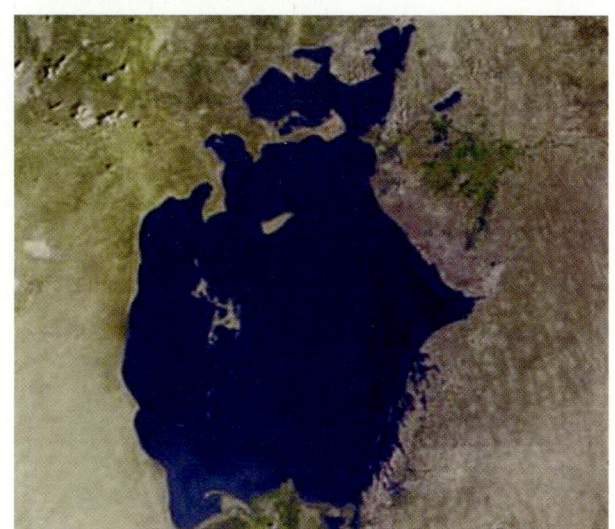

57.1 Der Aralsee 1976...

57.3 ... und 2005

58.1 Bewässerung am Amudarja

58.3 Salzwüste auf dem ehemaligen Seeboden

Ansprüche der Baumwolle:
- subtropisches bis tropisches Klima
- im Durchschnitt 19 bis 25 °C
- etwa 200 frostfreie Tage im Jahr
- viel Feuchtigkeit während des Wachstums (mindestens 500 mm Niederschlag oder sorgfältige künstliche Bewässerung)
- unbedingte Trockenheit vor und während der Ernte, sonst verkleben die Fasern
- nährstoffreicher Boden

Einjährige Pflanzen werden bis 1,5 m hoch, mehrjährige erreichen 2,5 m. Die Baumwollstaude ist sehr schädlingsanfällig; trotz starkem Einsatz von Pflanzenschutzmitteln muss weltweit jährlich mit bis zu 50 % Verlusten gerechnet werden.
Der Wert der Baumwolle hängt neben Feinheit, Reißfestigkeit, Farbe und Reinheit ihrer Fasern vor allem von der Faserlänge ab. Je länger die Faser, desto höher die Qualität. Baumwollstoffe sind widerstandsfähig, knitteranfällig und hautfreundlich.
Für eine Jeans werden etwa 2 kg Rohbaumwolle benötigt. Für deren Wachstum werden in Trockenregionen 58 000 Liter Wasser gebraucht. Ungefähr die gleiche Menge verbraucht ein Bundesbürger im Jahr.

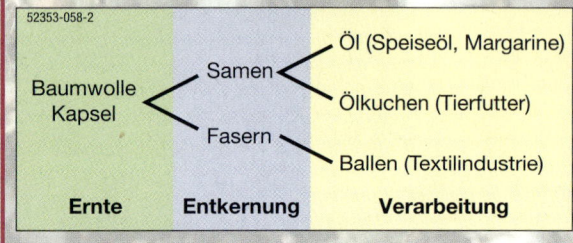

58.2 Baumwolle: Anbaubedingungen u. Eigenschaften

Vom Aralsee zur Aralkum

Der Aralsee war jahrtausendelang der Lebensraum für eine Vielzahl von Menschen in einer ansonsten fast feindlichen Umwelt. Umgeben von Wüsten liegt der See in Mittelasien, im Tiefland von Turan. Kein Monat weist mehr als 20 mm Niederschlag auf, die Julitemperaturen steigen auf 25–30 °C, im Winter sind Temperaturen bis –15 °C keine Seltenheit.

Der See liegt in einer relativ flachen, abflusslosen Senke und wird nur von den Flüssen Amudarja und Syrdarja gespeist. Beide Flüsse sind Fremdlingsflüsse. Sie entspringen in den südlich gelegenen Hochgebirgen Pamir (Amudarja) und Tian-Shan (Syrdarja). Der Hauptzufluss ist der Amudarja, der im Frühjahr aufgrund der Schneeschmelze und im Sommer aufgrund der Gletscherschmelze ursprünglich große Wassermengen in den See einspeiste (Abb. 59.2). Beide Flüsse bildeten große fruchtbare Schwemmflächen mit einer üppigen Vegetation und Deltas an den Ufern des Sees aus. Rund um den Aralsee und an den Flussläufen wurde daher schon sehr früh Ackerbau betrieben, während ansonsten Weidenomadismus vorherrschte. Diese weitgehend an die Wasserknappheit angepassten Wirtschaftsformen waren bis in die 1950er-Jahre der Garant für eine ausgewogene Wasserbilanz des Sees: Die jährliche Zuflussmenge von rund 63 km³ Wasser durch Amudarja und Syrdarja reichten aus, um die relativ hohen Verdunstungsverluste von circa 1040 mm pro Jahr auszugleichen.

Im Rahmen des agrarischen Neulandprogramms „Erschließung neuen Bodens" erschloss die ehemalige Sowjetunion in den 1950er-Jahren auch neue Baumwollanbaufläche im Bereich des Aralsees. Die Halbwüsten und Wüsten Mittelasiens boten dafür ideale Voraussetzungen: lange, sonnige und heiß-trockene Sommer und viel Wasser, das die Flüsse aus den Gebirgen im Süden und Osten in scheinbar unerschöpflichem Maße liefern

Staat	1960	1970	1980	1990	2000
Kasachstan	16,1%	13,6%	11,8%	9,7%	7,8%
Kirgisistan	3,6%	3,2%	3,4%	4,4%	3,1%
Tadschikistan	16,2%	11,8%	8,9%	8,0%	11,9%
Turkmenistan	13,3%	18,3%	19,1%	20,1%	17,2%
Usbekistan	50,8%	50,8%	53,8%	54,7%	59,9%
Wasserentnahme gesamt (in Mrd. m³)	60,6	94,6	120,7	116,3	105,0

Quelle: Geographische Rundschau 10/2004

59.1 Nutzung der Wasserressourcen im Aralseebecken

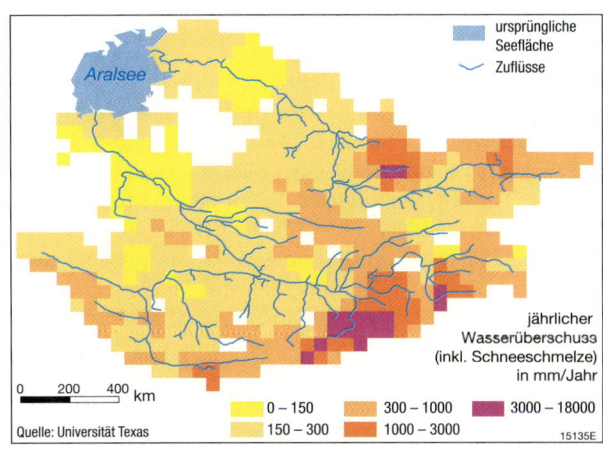

59.2 Jährl. Wasserüberschuss inkl. Schneeschmelze

konnten. Vorrangige Ziele waren die Unabhängigkeit von amerikanischen Baumwollimporten für die Textilbetriebe im Westen des Landes, Deviseneinnahmen durch Baumwollexporte sowie die Gewinnung zusätzlicher Reisanbauflächen. Die dafür notwendige Intensivierung des Bewässerungsfeldbaus im Einzugsgebiet von Amudarja und Syrdarja führte in kurzer Zeit zu einem steigenden Defizit in der Wasserbilanz: Bereits 1960 flossen nur noch 60 km³ Wasser in den See (Abb. 59.1).

Das bedeutendste Projekt war der Bau des Karakum-Kanals in den 1950er-Jahren. Rund die Hälfte der Abflussmenge des Amudarja wird durch den inzwischen 1600 km langen Kanal abgeleitet. Damit wird eine Fläche von rund 800 000 Hektar bewässert – überwiegend Baumwollfelder.
Die gesamte Bewässerungsfläche wurde um das Achtfache vergrößert. Allein von 1950 bis 1990 stieg die bewässerte Fläche im Aralseebecken von 4,7 Mio. auf 7,9 Mio. Hektar, die Baumwollfläche von mehr als einer Million auf drei Millionen Hektar. Der Reisanbau, der die dreifache Wassermenge des Baumwollanbaus verbraucht, wurde von rund 45 000 auf mehr als 300 000 Hektar ausgeweitet.
Da die zahlreichen, unterschiedlich großen Kanäle nicht ausbetoniert wurden, versickert viel Wasser im Untergrund. Auch die Verdunstung ist beträchtlich. Insgesamt wird durch veraltete Bewässerungstechniken und undichte Kanäle mit Wasserverlusten von bis zu 70% gerechnet. Infolge der hohen Wasserentnahme erreichen daher nur noch etwa 10% der ursprünglichen Wassermenge des Amudarja den Aralsee. Der Syrdarja versickert bereits vor Erreichen des Sees in der Wüste Kysylkum.

Die Gesamtsituation verschärft sich durch die zunehmende Verschlechterung der Wasserqualität. Schon im Bewässerungswasser treten hohe Salzgehalte auf, da die Kanäle aus Erde gebaut wurden, aus der sich Salz lösen

kann. Das von den überfluteten Feldern abfließende Drainagewasser bringt somit eine zusätzliche Salzkonzentration bei der Rückleitung in die Flüsse. Darüber hinaus wurde der Düngemittel- und Pestizideinsatz häufig überdosiert und die maschinelle Baumwollernte durch Einsatz des Entlaubungsmittels „Agent Orange" erleichtert. Reste dieser chemischen Stoffe gelangten in den Boden, ins Grundwasser und über die Drainage ins Flusswasser.

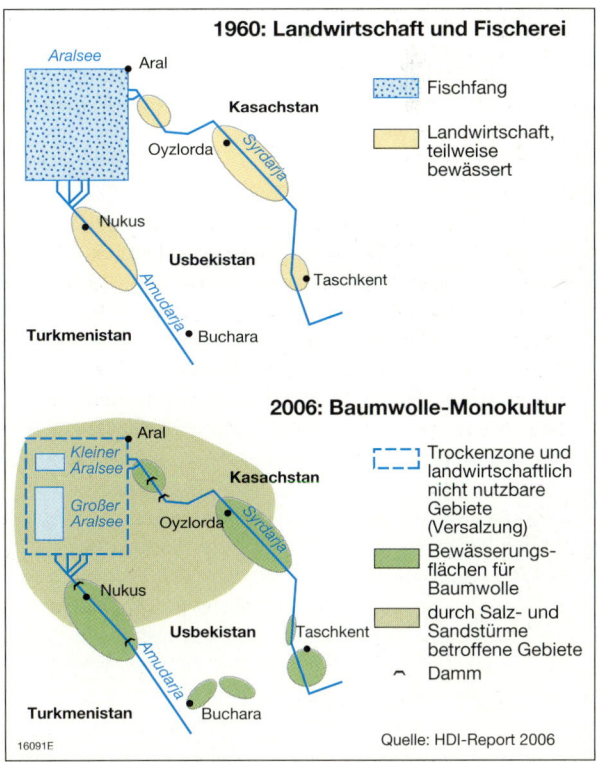

59.3 Nutzung des Wasser von Amudarja und Syrdarja

An den Aralsee – das Aral-Meer, wie er hier genannt wird – ist die Hoffnung zurückgekehrt. Zumindest an den nördlichen, den Kleinen Aralsee, der in Kasachstan liegt. Mithilfe der Weltbank hatte das Land vor zwei Jahren einen Staudamm gebaut, den Kok-Aral-Damm. Damit wird der Kleine Aralsee vom größeren Teil des Sees getrennt und vom Syrdarja gespeist. 65 Millionen Dollar kostete der Damm – ein insgesamt 13 Kilometer langes Bauwerk aus Stahl und Beton. Seit der Einweihung ist der Wasserspiegel des nördlichen Aralsees um drei Meter angestiegen. An manchen Stellen hat sich die Uferlinie um 15 Kilometer landeinwärts verlagert.

Etwa 120 Kilometer südlich von Aralsk ist von der Tristesse der ausgestorbenen Hafenstadt nichts mehr zu spüren. Hier am Kok-Aral-Damm rauscht das Wasser über ein geöffnetes Wehr und fließt in Richtung Usbekistan, in den Großen Aralsee. Unterhalb der Staumauer sind Dutzende Fischer mit ihren Booten unterwegs. Der 31-jährige Adiljan Nagashibajew ist ihr Brigadier. „Mein ganzes Leben hat sich geändert, seit das Meer zurück ist", erzählt er. Schon sein Vater und sein Großvater seien Fischer gewesen. Doch er, Adiljan, hatte zunächst auf dem Bau gearbeitet, 350 Kilometer von seinem Heimatdorf entfernt. Als er vor drei Jahren hörte, das Wasser solle zurückkommen, habe er nicht lange nachgedacht und sei auch zurückgekehrt. Mittlerweile habe er für sich und seine Familie ein neues Haus gebaut. „Das Klima ist jetzt viel besser", erzählt er, „es regnet häufiger, die Luft ist gesünder." Jetzt, nach Sonnenuntergang, beginnt die Arbeit der Fischer. Mit einem Boot rudern sie auf den Kanal unterhalb des Damms, ein Netz im Schlepp. Hier am Wehr schwappen die Fische zu Tausenden über den Damm – leichte Beute für die Fischer. Etwa eine Tonne fängt die Brigade durchschnittlich pro Nacht. Insgesamt rund 2000 Tonnen Fisch wurden im vergangenen Jahr im Kleinen Aralsee gefangen. Noch im Jahr zuvor war es nur ein Zehntel. Dreimal salziger als Ostseewasser war der Kleine Aral noch vor drei Jahren – lediglich Flundern überleben das. Jetzt gehören Karpfen, Hechte oder Zander zur Ausbeute der Fischer – ein Zeichen besserer Wasserqualität. In der neuen Fischfangfabrik „Kambala Balyk" in Aralsk werden die Fische sortiert und in großen Kühlcontainern gelagert. Von hier wird der Fisch vom Aralsee sogar wieder nach Russland, Georgien oder in die Ukraine versandt.

Aber diese erfreulichen Nachrichten vom Aral gelten nur für den kleineren Teil des Sees. Der große Aral in Usbekistan, mittlerweile in einen westlichen und östlichen See zerfallen, trocknet unaufhaltsam weiter aus. Kasachstans Nachbarn Turkmenistan und Usbekistan entnehmen dem Amudarja jährlich mehrere Tausend Kubikmeter Wasser für die Bewässerung von Baumwolle und Weizen.

(nach: E. Schlager: Hoffnung am Aralsee. Eurasisches Magazin 10/07)

60.1 Hoffnung am Aralsee

Maßnahmen zum Wassersparen

110 km³ Wasser pro Jahr stehen im Einzugsgebiet des Aralsees zur Verteilung an. Der überwiegende Teil wird zur Bewässerung landwirtschaftlicher Flächen verwendet. Wie Wissenschaftler feststellten, ließe sich der Verbrauch des dafür benötigten Wassers einfach nur durch Wassersparen relativ problemlos um 30 – 50 Prozent reduzieren. Dazu müssten

- unrentable, extensiv genutzte landwirtschaftliche Gebiete aufgegeben werden,
- mehr als eine Million Hektar Reis und Baumwollanbaufläche stillgelegt oder durch anspruchslosere Pflanzen wie Weizen und Sorghum ersetzt werden (Usbekistan hat eine Reduktion der Baumwollfelder auf 40 Prozent der Ausgangsfläche angekündigt),
- die Qualität und Trassenführung der Bewässerungskanäle optimiert werden,
- sparsame Verfahren der Bewässerung, zum Beispiel Tröpfchenbewässerung, eingeführt werden,
- keine neuen, zusätzlichen Bewässerungsflächen mehr erschlossen werden,
- Besteuerungen der Wasserentnahme als Zwang zum Wassersparen eingeführt werden.

Aktuelle Projekte verschiedener Organisationen

- Bepflanzung des ausgetrockneten Seebodens mit salzresistentem Schilf, um den verheerenden Salz- und Sandauswehungen zu begegnen. Das Gras dient als Futtermittel für Vieh und Rohstoff für Zellulose.
- Einrichtung von Schutzgebieten im Delta des Amudarja, um Uferbiotope zu erhalten
- Aufforstungsprogramme mit angepassten Baumarten, 66 800 Hektar in Usbekistan, 300 000 Hektar in Turkmenistan
- Anpflanzung von Tamarisken und Saxaulbäumen in abgezäunten Gebieten als zusätzlichen Sandschutz
- Bau von kleineren Entsalzungsanlagen am See
- Ersatz von alten und undichten Wasserleitungen in einigen Städten
- Aufbau von Messstationen zur Datengewinnung für die wissenschaftliche Auswertung

Utopische Rettungsversuche

- Auftauen des Eises im Pamirgebirge und Ableitung des Wassers in den Aralsee
- Rückführung des Drainagewässers in Flüsse
- Umleitung sibirischer Flüsse nach Süden
- Bau eines Kanals vom Kaspischen Meer zum Aralsee
- Auspumpen des Issyk-Kul-Sees in Kirgistan zur Wiederauffüllung des Aralsees
- Umleitung des Indus aus Pakistan

60.2 Zukunft der Aralseeregion

Wassermanagement-Wasserkonflikte

Auch wenn einige Projekte (Abb. 60.1 und 2) durchaus Erfolge aufzuweisen haben, bleiben nachhaltige Lösungen für den (Großen) Aralsee aus. Gründe darin liegen auch im Zusammenbruch der Sowjetunion. Seitdem sind der Amudarja wie der Syrdarja internationale Gewässer. Die Zukunft des Sees und seiner Zuflüsse hängen von der Kooperationsbereitschaft der Anrainerstaaten Usbekistan, Turkmenistan, Kirgisistan, Tadschikistan und Kasachstan ab. Nutzungskonflikte sind vorprogrammiert: die Oberlieger Kirgisistan und Tadschikistan nützen die Flüsse verstärkt zur Energiegewinnung, zur Bewässerung und als Abwasserleitung. Dabei nehmen sie wenig Rücksicht auf die qualitative und quantitative Wasserversorgung der Unterliegerstaaten (Abb. 61.1)

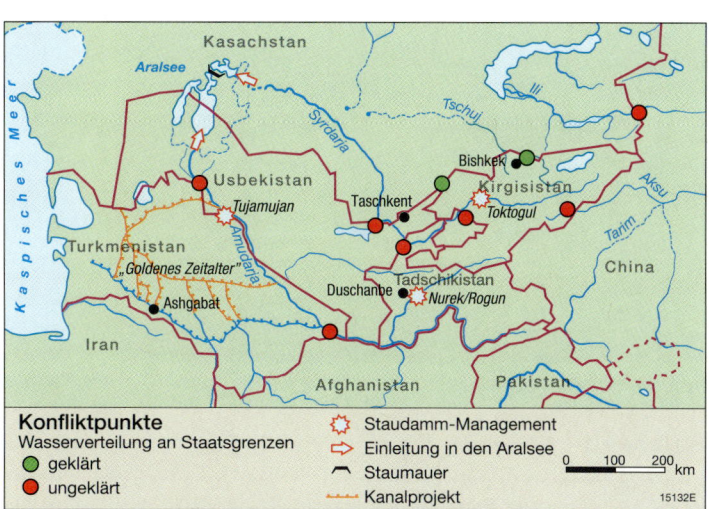

61.2 Bewässerungsmanagament am Syrdarja

Der größte Teil des Wassers kommt aus den drei Staaten Tadschikistan, Kirgisistan und Afghanistan. Auf sie entfallen rund 87 % der jährlichen Abflussbildung. Von diesen Oberlieger-Staaten werden aber nur 17 % des Wassers für wirtschaftliche Zwecke genutzt, von den Unterlieger-Staaten Kasachstan, Turkmenistan und Usbekistan dafür 83 %. Seit der politischen Unabhängigkeit der mittelasiatischen Republiken im Jahre 1991 ist es zwischen den Anrainerstaaten vermehrt zu Konflikten um das Wasser gekommen, da eine politische Macht, die – wie früher die Moskauer Zentralbehörden – die Verteilung autoritär regelt, heute fehlt.

Kirgisistan und Tadschikistan versuchen vermehrt, das Wasser der großen Flüsse für ihre eigenen Bedürfnisse ohne Rücksicht auf die Interessen Usbekistans oder Turkmenistans zu nutzen. So erfolgt der Wasserabfluss aus Kirgisistan nach Usbekistan und Kasachstan – zukünftig auch aus Tadschikistan – nicht mehr vornehmlich im Sommer nach den Bedürfnissen der Bewässerungswirtschaft, sondern im Winter nach den Erfordernissen der Energieversorgung. Mit dem Zusammenbruch der Sowjetunion hörten die subventionierten Lieferungen der Union einschließlich der Lieferung von Brennstoff und Elektroenergie nach Kirgisistan aus den benachbarten Republiken auf. Kirgisistan war plötzlich gezwungen, Kohle für seine Wärmekraftwerke zu Weltmarktpreisen zu kaufen. Fehlendes Geld veranlasste Kirgisistan, die winterliche Energieproduktion der Wasserkraftwerke zu erhöhen.

Der veränderte Abfluss aus dem Toktogul-Stausee durch Kirgisistan rief in Usbekistan und Kasachstan Proteste hervor: Dadurch, dass im Sommer drastisch weniger Wasser floss, traten in den Oasen am Mittellauf des Syrdarja Probleme bei der Wasserversorgung auf. Das viele Wasser im Winter aber führte zu Überschwemmungen am Unterlauf des Syrdarja in

Kasachstan. Zudem musste ein erheblicher Teil des winterlichen Wassers in die Arnasaj-Senke in Usbekistan abgeleitet werden, da der vorgelagerte Tschardarja-Stausee die Wassermassen nicht mehr aufnehmen konnte. Viel Wasser ging so nicht nur der Landwirtschaft, sondern auch dem versiegenden Aralsee verloren. In Kirgisistan hat sich mittlerweile die Meinung durchgesetzt, dass Wasser als einzige bedeutende natürliche Ressource des Landes wie eine Ware zu behandeln sei und dass die Unterlieger für das ihnen zufließende Wasser bezahlen sollen. Die scharfe Verhandlungsposition Kirgisistans liegt auch daran, dass es als eines der ärmsten Länder der Region alleine für den kostspieligen Unterhalt und Betrieb der wasserwirtschaftlichen Anlagen aufkommen muss, von denen größtenteils Usbekistan und Kasachstan profitieren. Zwar wurde Anfang 2004 eine Vereinbarung getroffen, die eine Verringerung des Wasserabflusses erreichen soll. Kasachstan verpflichtete sich, Kohle und Brennstoff nach Kirgisistan zu liefern, das im Gegenzug den Wasserablass aus dem Toktogul verringern sollte. Usbekistan verpflichtete sich, eine größere Wassermenge aus dem Syrdarja in die Arnasa-Senke abzuleiten. Weder Kirgisistan noch Usbekistan aber haben ihre Zusagen eingehalten. Die Staaten beschuldigten sich gegenseitig, für die Krise verantwortlich zu sein. Dabei wurde schon kurz nach der Unabhängigkeit ein erstes Abkommen zur Nutzung der grenzüberschreitenden Wasserressourcen verabschiedet. In ihm wurde festgelegt, bis zu einer neuen Einigung am alten Verteilungssystem festzuhalten. Eine neue Einigung wurde allerdings bis heute nicht erreicht. Die Verschlechterung der Wasserqualität betrifft vor allem die Unterlieger, wo das Wasser mit z. B. verbotenen Chemikalien verunreinigt ist.

(gekürzt nach: E. Giese: Am Tropf der Gebirgsrepubliken. In: „Das Parlament" 19/2007. Bundeszentrale für politische Bildung, Bonn)

61.1 „Am Tropf der Gebirgsrepubliken"

62.1 Salzsee in Bolivien

62.2 Salzhotel in der Salar de Uyuni

Salzseen

In abflusslosen Senken von Trockengebieten bildet sich durch die Verdunstung der oberirdischen Zuflüsse oder des austretenden Grundwassers eine mehr oder weniger hoch konzentrierte Salzlösung. Verdunstet das Wasser eines solchen Salzsees vollständig, bedecken die ausgefällten Salze komplett den Boden. Eine **Salzwüste** ist entstanden. Bei periodischem Wechsel von Regen- und Trockenzeiten ist daher ein stetiger Wechsel zwischen **Salzsee** und Salzwüste möglich.

Beides sind Lebensräume mit extremen Bedingungen und daher nur von Spezialisten besiedelbar. Im Laufe der Evolution haben es aber Vertreter aus verschiedenen Pflanzenfamilien geschafft, Wasser und Nährsalze auch aus einem salzreichen Milieu dadurch aufzunehmen, dass sie ein höheres osmotisches Potenzial entwickelten als das sie umgebende Medium. Die erhöhten Salzkonzentrationen im Zellsaft erfordern bei solchen Salzpflanzen (**Halophyten**; griech.: halos = Salz) jedoch noch weitere physiologische Mechanismen. Einige Mikroorganismen, vor allem Bakterien und einige Algenalgen, tolerieren nicht nur eine salzreiche Umgebung, sie benötigen diese sogar. Sie bilden die Nahrungsgrundlage für die weltweit im Brackwasser vorkommenden Salzwassergarnelen und Salinenkrebse, die ihrerseits die Futterquelle z. B. für Flamingos darstellen.

Die produktivsten Ökosysteme entwickelten Salzseen, die wegen eines hohen Sodagehaltes ($NaCO_3$) gleichzeitig hohe pH-Werte aufweisen. Diese Natron- oder Sodaseen entstehen aber nur dort, wo an Natriumsalzen reiche Gesteine anstehen oder entsprechende Salzlösungen eindampfen, die durch (post-)vulkanische Aktivitäten an die Oberfläche kommen.
Halophile und zugleich alkliaphile Organismen wie Bakterien, Archaeen und Algen können sich dort massenhaft vermehren, sodass häufig nur eine geringe Sichttiefe vorherrscht. Einige dieser Mikroorganismen betreiben Fotosynthese mithilfe intensiv gefärbter Pigmente. Dadurch zeigen zahlreiche Natronseen wie zum Beispiel der Lake Natron (Tansania) oder der Mono Lake (USA) ungewöhnlich Einfärbungen.

Das wirtschaftliche Potenzial von Salzseen liegt zum einen in der touristischen Bedeutung, häufig in Verbindung mit medizinischen Behandlungen oder Kuren wie zum Beispiel am Toten Meer, zum anderen in der Gewinnung von Mineralsalzen und Phosphaten. Seit Jahrhunderten wird an vielen Salzseen, wie zum Beispiel in der Sahara, Speisesalz abgebaut und von Karawanen als Handelsware durch die Wüste zur Küste transportiert.

Der Salar de Uyuni

Der mit einer Fläche von rund 12 000 km² größte Salzsee der Welt liegt in über 3600 Meter Höhe im bolivianischen Altiplano. Sein Salzreichtum wird auf über zehn Milliarden Tonnen geschätzt. Schon die Inkas hatten hier Salze abgebaut. Wie der drittgrößte Salzsee der Welt, der Salar de Atacama in Chile, bildet der See einen der wichtigsten Lebensräume für die südamerikanischen Flamingos. Aber auch zahlreiche weitere Vögel, wie zum Beispiel Nandus oder Gänse, sowie Lamas oder Alpakas sind hier heimisch. Während der Trockenzeit kann die bis zu 30 Meter mächtige Salzkruste mit Lastwagen und Bussen befahren werden. Der Salzsee wird dadurch zu einer wichtigen Verkehrsverbindung und Touristenroute, deren kurioseste Übernachtungsmöglichkeit das „Salzhotel" darstellt – ein Hotel komplett aus Salzkristallen errichtet.

Der Große Salzsee

Mit einer Fläche von rund 4400 km² und einer durchschnittlichen Tiefe von etwa 4,5 Metern (tiefste Stelle etwa 9 Meter) ist der Great Salt Lake in Utah einer der größten Salzseen der Erde. Der See hat vier Zuflüsse, die aus den umgebenden Gebirgszügen gespeist werden. Da der See durch einen Eisenbahndamm zweigeteilt wurde und drei der Zuflüsse in den südlichen Teil einmünden, weist der See unterschiedliche Salzkonzentrationen auf. Der nördliche Teil ist salzhaltiger (rund 25 Prozent) und durch die dort existierenden Bakterien und Algen rötlich gefärbt. Der Südteil weist dagegen einen Salzgehalt von nur neun Prozent und eine bläuliche Färbung auf.
Der Wasserstand ist häufigen Schwankungen unterworfen, die von den Jahreszeiten, aber auch von der Wasserentnah-

63.1 Natronsee (Lake Natron / Tansania)

me durch die Landwirtschaft und durch die Stadt Salt Lake City abhängig sind. Hauptbestandteil der gelösten Salze ist Kochsalz, das durch künstlich angelegte Salzteiche gewonnen wird. In großen Mengen werden auch Salzgarnelen und Salinenkrebse „abgeerntet", die als Fischfutter in Aquakulturen Verwendung finden. Die trockenliegende Salztonebene bildet an vielen Stellen eine glatte Oberfläche, auf der Fahrzeuge eine gute Bodenhaftung haben. Sie wird daher für Hochgeschwindigkeitsrennen („Salt Flats") oder als Start- und Landebahn für die Luftfahrt genutzt.

Das Tote Meer

Der am tiefsten gelegene See (Seespiegelhöhe – 400 m) besitzt einen Salzgehalt von bis zu 33 %. Nur der Assalsee in Dschibuti (34,8 %) bzw. der Kara-Bogas-Gol in Turkmenistan (bis zu 34 %) weisen höhere Salzkonzentrationen auf (zum Vergleich: Mittelmeer ca. 3 %). Trotz seines Namens ist das Tote Meer biologisch nicht tot. Es wird besiedelt überwiegend von Mikroorganismen, vor allem von anaeroben, Schwefel und Salpeter abbauenden Bakterien.

Durch Verdunstung bilden sich Salzkrusten, vor allem aus Magnesiumchlorid (ca. 50 %) und Calciumchlorid (30 %). Besonders im Südteil wird intensiv Salzabbau betrieben. Die Salze enthalten relativ viel Bromid und sind daher für die chemische und pharmazeutische Industrie, aber auch für medizinische Anwendungen bedeutsam. Typisch ist daher der Badetourismus in Verbindung mit Kuraufenthalten bei Haut- und Atemwegserkrankungen (Schuppenflechte, Neurodermitis, Asthma). Die Luft ist nicht nur trocken und pollenfrei, sondern durch die tiefe Lage unter dem Meeresspiegel auch sauerstoffhaltiger. Die hohen Temperaturen sorgen zudem für eine erhebliche Verdunstung des bromhaltigen Meerwassers und damit für eine Dunstglocke über dem See. Dies erleichtert und beruhigt die Atmung erheblich.

Durch eine exzessive Entnahme von Wasser aus dem Jordan sowie aus unterirdischen Quellen für Landwirtschaft, Industrie, Tourismus und Siedlungen wird der Wasserhaushalt des Sees inzwischen stark beeinträchtigt, sodass eine „schleichende Austrocknung" droht.

A1 Erläutern Sie anhand der Abb. 44.2 die Zusammenhänge zwischen jahreszeitlichem Temperaturverlauf, Sauerstoffgehalt und Zirkulationsentwicklung in stehenden Gewässern.

A2 Tropische Seen weisen im Gegensatz zu Seen in der gemäßigten Zone meist eine stabile Schichtung auf. Erläutern Sie (S. 44/45).

A3 Erstellen Sie anhand des Textes „Leben im See" (S. 45) ein Wirkungsgefüge.

A4 Stellen Sie die Stoffeintragungsprozesse (Abb. 45.1) und deren Auswirkungen auf die Biomassenproduktion in Seen dar.

A5 a) Vergleichen Sie die ökonomische und ökologische Situation der Großen Seen in den USA mit dem Baikalsee in Russland. b) Begründen Sie, warum sowohl die Großen Seen als auch der Baikalsee „gefährdet" sind (S. 46/47).

A6 Stellen Sie die naturräumliche und wirtschaftliche Bedeutung des Bodensees dar (S. 48 ff.).

A7 Vergleichen Sie den biologischen Gewässerzustand der Flach- und Freiwasserbereiche des Bodensees (S. 49).

A8 Übertragen Sie Abb. 50.1 in ein Wirkungsgefüge und erläutern Sie es.

A9 Stellen Sie das Gewässerschutzprogramm des Bodensees als internationales Kooperationsmodell dar.

A10 Der Bodenseeraum als Konfliktraum für Gewässernutzung und Gewässerschutz. Erläutern Sie (S. 52 – 55).

A11 Erläutern Sie mithilfe der Abb. 59.1, 59.2 und 59.3 die ökologische und ökonomische Katastrophe der Aralseeregion.

A12 Erörtern Sie die Landerschließungspolitik in Mittelasien durch die ehemalige Sowjetunion unter besonderer Beachtung des Baumwollanbaus (S. 58 – 59).

A13 Bewerten Sie die Rettungsmaßnahmen, Projekte und Utopien sowie die damit verbundenen Hoffnungen (Abb. 60.1) für den Aralsee.

A14 „Der Aralsee hängt am Tropf der Gebirgsrepubliken" (Abb. 61.1, 61.2). Erörtern Sie diese Aussage.

A15 Berichten Sie über die speziellen Lebensformen in Salzseen (S. 62). Vergleichen Sie diese mit denen von Süßwasserseen.

4 Grundwasser

Das Grundwasser ist der am wenigsten bekannte und erforschte Teil der Hydrosphäre. Dennoch ist es für die Menschheit von grundlegender Bedeutung: Es umfasst rund 30 % des Süßwassers auf der Erde und enthält rund 97 % des verfügbaren sauberen Trinkwassers.

Bei der Bildung von Grundwasser überlagern sich unterschiedlich lange hydrologische Zeiträume bzw. Zyklen:

- Die sogenannten meteorischen Wässer, die auch als Umsatzwässer bezeichnet werden, sind innerhalb weniger Jahre am hydrologischen Kreislauf beteiligt und werden durch Niederschläge erneuert. Sie zirkulieren immer oberhalb der Vorfluter (Bäche und Flüsse).

- Die Tiefenwässer sind entweder bereits mit der Sedimentation in tieferen Gesteinsschichten als Porenwässer gebunden worden oder aber als fossiles Grundwasser innerhalb sehr langer Zeiträume und zum Teil unter feuchteren Klimabedingungen gebildet worden. Fossiles Grundwasser ist aus der menschlichen Zeitperspektive nicht erneuerbar. Wird es ausgebeutet, ist es für die kommenden Generationen verloren.

Die entscheidenden Faktoren für die Grundwasserneubildung sind die Niederschlagsmenge und die Versickerungsrate des Niederschlags. Fällt Niederschlag auf die Erdoberfläche, so entscheidet sich zunächst, ob das Regenwasser in den Boden einsickert oder ob es oberflächlich abfließt. Im Boden selbst entscheidet sich dann, wie viel Wasser über das Wurzelgeflecht den Pflanzen zugeführt wird und wie viel Wasser ins Grundwasser übergeht. Die weitere Versickerung ist abhängig von der Permeabilität, also der Durchlässigkeit des Bodens bzw. des Gesteins. Die höchste Durchlässigkeit und zugleich die größte Speicherkapazität besitzen grobkörnige Sedimente wie Kiese und Sande. Die besten diesbezüglichen Eigenschaften weisen Mittelsand, Grobsand und kiesige Sande mit einem Korndurchmesser von 0,5 bis 8 Millimeter auf. Bei ihnen beträgt der Anteil des nutzbaren Porenraums mehr als 30 Prozent. Bei kleineren Kornfraktionen nimmt der Anteil des nutzbaren Porenraumes deutlich ab, da ein größerer Teil des Boden- bzw. Grundwassers als Haftwasser an den Gesteinspartikeln haftet und nicht mehr frei beweglich ist (Abb. 64.1).

Im Unterschied zu den Lockersedimenten besitzen Festgesteine wie Sedimentite bzw. Magmatite und Metamorphite kaum noch Porenräume bzw. keine mehr. Das Grundwasser zirkuliert in kristallinen Gesteinen fast nur noch in Klüften, die zum Beispiel durch tektonische Prozesse entstanden sind. Im Kalkgestein dagegen werden größere Hohlräume durch Lösungsprozesse gebildet. Dort kann das Grundwasser daher unterirdische Flüsse oder Seen bilden (Abb. 65.3).

Die Fließgeschwindigkeit des Grundwassers als Durchfluss Q in m³/sec innerhalb eines Grundwasserleiters (Aquifer) wurde zuerst vom französischen Wasserbauingenieur Henry Darcy (1803–1858) berechnet: Sie wird bestimmt vom Gefälle der Grundwasseroberfläche – also von der Gravitationskraft – und von der Durchlässigkeit des Grundwasserleiters (Permeabilität, s. o.).

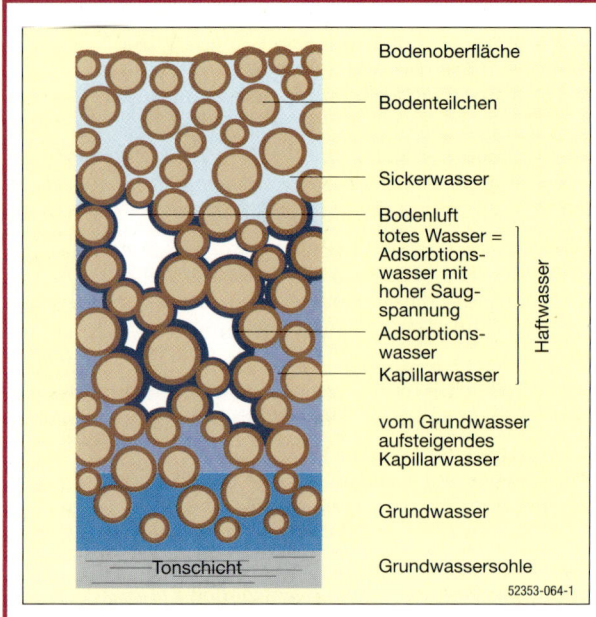

Die grundlegenden Einflüsse für den Bodenwasserhaushalt sind – abgesehen von witterungsbedingten Faktoren und Zuschusswasser – die Porengrößenverteilung sowie die Kontinuität der Poren. Mit abnehmender Porengröße steigt der Einfluss der Oberflächenkräfte auf das in den Poren befindliche Wasser, oder anschaulicher: Die Wasserfilme um die Mineralpartikel sind bei den Feinporen besonders dünn, und deshalb ist die Bindungsintensität des Bodenwassers besonders groß. Dies gilt auch bei der Entwässerung von Bodenporen, z. B. bei Abtrocknung oder Wasserentzug durch Pflanzenwurzeln. Folglich muss, um den Bodenporen Wasser zu entziehen, eine umso größere Kraft aufgewendet werden, je kleiner die wassergefüllten Poren sind und je dünner der Wasserfilm auf den Oberflächen der festen Bodensubstanz ist. Es ist üblich, die Bodenporen in Größenklassen einzuteilen und sie dann vereinfachend als weite (schnell dränende) oder enge (langsam dränende) Grobporen, Mittelporen (Haftwasser) oder Feinporen (Totwasser) einzuteilen.

(nach: Zepp, H. & J. Herget: Bodenwasser. In: GR 5/2001, S. 20)

Bildbeschriftungen:
Bodenoberfläche
Bodenteilchen
Sickerwasser
Bodenluft
totes Wasser = Adsorptionswasser mit hoher Saugspannung
Adsorptionswasser
Kapillarwasser
Haftwasser
vom Grundwasser aufsteigendes Kapillarwasser
Grundwasser
Grundwassersohle
Tonschicht
52353-064-1

64.1 Das Wasser im Boden

65.1 Northeimer Seenplatte

65.3 Unterirdischer See

Es gibt verschiedene Arten von Grundwasserstockwerken oder -horizonten. Dabei werden zunächst Grundwasser leitende Schichten (Aquifere) und Grundwasser stauende Schichten (Aquiclude) unterschieden. Bei den Aquiferen sind drei verschiedene Typen festzustellen:

1. Freies oder ungespanntes Grundwasser tritt dort auf, wo ein Aquifer nicht ganz gefüllt ist und wo sich daher eine freie Grundwasseroberfäche bildet.
2. Gespanntes oder teilweise gespanntes Grundwasser entsteht in einem einfallenden Grundwasserhorizont zwischen zwei Aquicluden. Dort steht das Grundwasser an der oberen Begrenzung unter einem so hohen Druck, dass es bei Bohrungen über die obere Begrenzung des Grundwasserleiters aufsteigt. In einem solchen Fall entstehen sogenannte artesische Brunnen.

3. Schwebendes oder aufliegendes Grundwasser ist ein Sonderfall. Es tritt auf, wenn zwischen der Erdoberfläche und einem tiefer liegenden Grundwasserhorizont eine wasserundurchlässige Schicht liegt.

Zwischen Grundwasser und Vorflutern bestehen bei Hoch-, Normal- bzw. Niedrigwasser enge Zusammenhänge (Abb. 65.2). Bei Hochwasser versickert über die Uferzone Wasser in das Grundwasserstockwerk. Es kommt zu einer zusätzlichen Grundwasserneubildung. Dabei wird das Wasser durch die Lockersedimente am Flussufer gefiltert und somit gereinigt. Bei Niedrigwasser dagegen speist das langsam fließende Grundwasser (in der Regel zwischen einem Millimeter bis maximal einem Meter pro Tag) den austrocknenden Fluss. Grundwasser und Fließgewässer stehen also in einer Wechselbeziehung.

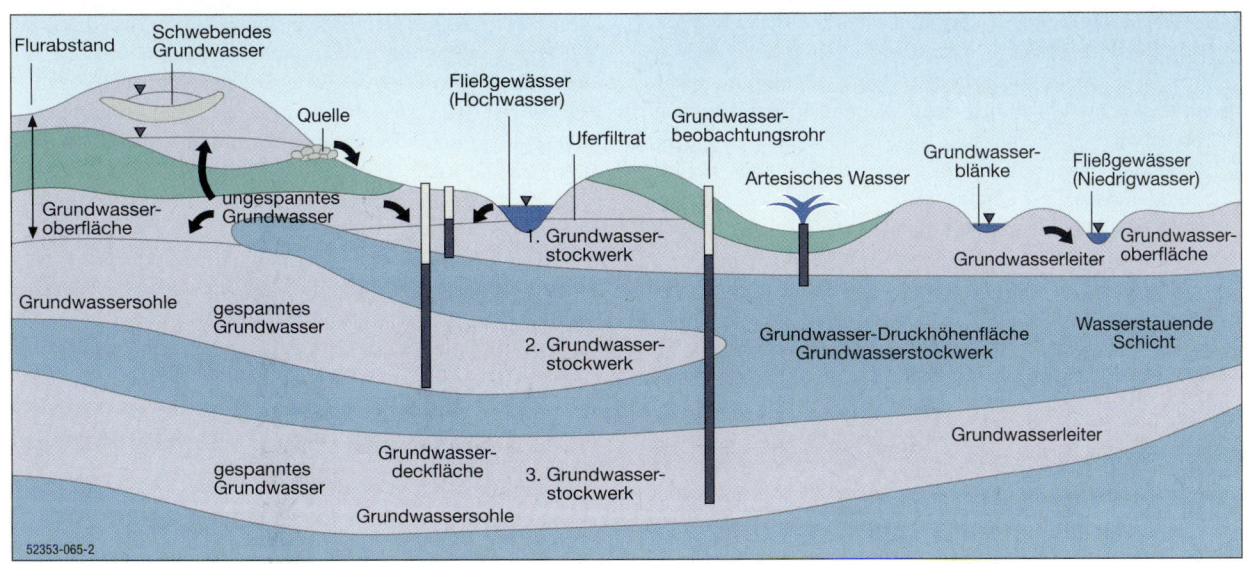

65.2 Grundwasserstockwerke

  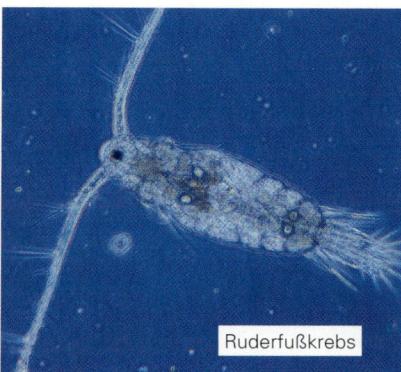

Flohkrebs

Plattwurm

Ruderfußkrebs

66.1 Grundwasserbewohner

Ökosystem Grundwasser

Das Ökosystem Grundwasser gilt als einer der größten kontinentalen Lebensräume, ist aber bislang genauso wenig erforscht wie die Tiefsee (S. 105). Biologen betonen die Bedeutung dieses einzigartigen Ökosystems für die Menschheit: Zusammensetzung und Aktivität der Tierwelt des Grundwassers beeinflussen die Qualität des Trinkwassers wesentlich (Abb. 66.2). Die Lebensbedingungen im Grundwasser unterscheiden sich in einigen entscheidenden Faktoren von denen in oberirdischen Ökosystemen:

- Räumliche Enge: Die wichtigsten Lebensräume der Grundwasserorganismen sind die Porengrundwasserleiter in den Sedimenten. Sind die mit Wasser gefüllten Poren zum Beispiel in Ton- oder Schluffsedimenten zu eng, so können dort selbst kleine mehrzellige Organismen nicht existieren.

- Konstante Temperatur: Die über dem Grundwasser liegenden Erdschichten wirken als Isolierung gegenüber den Temperaturschwankungen gerade an der Bodenoberfläche. Daher liegt die Temperatur im oberflächennahen Grundwasser Mitteleuropas bei 8 bis 11 Grad Celsius. Sie steigt mit zunehmender Tiefe an.

- Dunkelheit: Bei mehrzelligen Tieren sind Fühler wichtiger als Augen, und Pigmente in der Haut fehlen. Wegen der ständigen Dunkelheit im Ökosystem Grundwasser ist dort keine Primärproduktion durch Fotosynthese von Grünpflanzen oder Algen möglich.

- Nährstoffmangel: Im Grundwasserbereich herrscht aufgrund der Dunkelheit Nährstoffmangel. Von der Oberfläche her erreicht neben geringen Mengen von organischen Partikeln vor allem gelöstes organisches Material das Grundwasser und bildet dort die Lebensgrundlage der Organismen.

In Deutschland ist der Untergrund von mindestens 500 Spezies augenloser und durchsichtiger Tierchen besiedelt. Die meisten von ihnen sind winzige Krebse, oft noch nicht einmal in Millimetern zu bemessen. Aber auch Wassermilben, Borstenwürmer, Schnecken und Rädertierchen winden sich durch winzige Poren im Sediment. Sie laben sich an Bakterienrasen und Pflanzenresten. Sie sind Künstler der Genügsamkeit, zufrieden mit den kargen Brocken, die von oben ins Grundwasser geschwemmt werden.

Langsam wachsend, mit wenigen Nachkommen gesegnet, fristen sie ihr Dasein – und das oftmals bereits seit Millionen Jahren. Die Grundwasserfauna ist auch ein Fenster in die Vergangenheit. „Lebende Fossilien" nennen Biologen Arten, die an längst ausgestorbene Arten gemahnen. Im Grundwasser wimmelt es von ihnen. Beispiel Brunnenkrebse: Als Ende des 19. Jahrhunderts die ersten dieser Tiere aus einem Prager Brunnen gefischt wurden, blieb ihre Zugehörigkeit zunächst ein Rätsel. Schließlich wurden sie als Verwandte

von Krebstieren aus dem Erdaltertum enttarnt. Bis vor etwa 300 Millionen Jahren bevölkerten diese die Weltmeere.

Nur gesunde Grundwasser-Ökosysteme liefern auch gesundes Trinkwasser. Die Artenzusammensetzung erlaubt also Rückschlüsse auf die Wasserqualität. Kommen Tiere vor, die eigentlich am Licht leben, ist offenbar Oberflächenwasser in das Grundwasser eingebrochen. Eine Art Babyboom im Totenreich verzeichnen die Forscher dann, weil plötzlich viel mehr Nährstoffe verfügbar sind. 2500 Tiere pro Liter Wasser wurden schon gezählt – ein deutliches Warnzeichen. Finden sich dagegen nur die genügsamen Spezialisten der Grundwasserfauna, so garantiert dies besonders gutes Trinkwasser: Die Tiere halten die Poren des unterirdischen Wasserfilters offen und reduzieren das Wachstum der Bakterien; sie haben entscheidenden Einfluss auf die Reinheit des Trinkwassers.

(nach: Bethge, Philip: Dasein in Grund und Boden. In: Der Spiegel Nr. 13/2007, S. 142/143)

66.2 Leben im Grundwasser

Wasser im Erdinnern

Dass die Oberfläche der Erde aus einem guten Dutzend fester Platten besteht, die auf einem zähplastischen Erdmantel schwimmen, wird durch die Theorie der Plattentektonik elegant erklärt. Unklar ist bisher aber, wie es in der Tiefe zum Übergang von der starren Welt der festen Platten, der sogenannten Lithosphäre, zur darunterliegenden weichen, plastischen und verformbaren Asthenosphäre des oberen Erdmantels kommt. Eine Forschergruppe um Hans Keppler vom Bayerischen Geoinstitut in Bayreuth hat nun eine Antwort auf die seit Langem offene Frage gefunden: Wasser spielt dabei die entscheidende Rolle.

Wasser gibt es keineswegs nur auf der Erdoberfläche in Meeren, Seen und Flüssen. Auch in der Atmosphäre können große Mengen dieses dreiatomigen Moleküls gespeichert sein. Selbst innerhalb der Erde kommt Wasser vor, und zwar nicht nur als Grundwasser unmittelbar unter der Erdoberfläche. So waren die am Kontinentalen Tiefbohrprogramm (KTB) in der Oberpfalz beteiligten Forscher vor einigen Jahren außerordentlich überrascht, als sie in mehr als neun Kilometern Tiefe am Ende der Bohrung auf flüssiges Wasser stießen.

Sogar noch tiefere Schichten in der Erde sind in der Lage, erhebliche Mengen Wasser zu speichern. Verschiedene Minerale können nämlich Wasser in ihr Kristallgitter einbauen. So ziehen beispielsweise die Sauerstoffatome im Olivin – einem Magnesiumsilikat, das etwa 60 Prozent des Erdmantels ausmacht – die Wasserstoffatome des Wassers geradezu magisch an. Dabei bilden sich Hydroxylradikale, die sich chemisch wie Wasser verhalten. Weil die Aufnahmefähigkeit von Olivin für Wasser mit zunehmender Tiefe stetig zunimmt, sind manche Geochemiker der Meinung, dass auf diese Weise im Erdmantel mehr Wasser gebunden ist als in allen Weltmeeren zusammen.

Um der Frage nachzugehen, wie sich dieses in den Mineralen gebundene Wasser auf die physikalischen Zustände im Erdinnern auswirkt, hat die Forschergruppe um Keppler nun einige für den Erdmantel typische Minerale im Labor künstlich erzeugt. Sie benutzten dazu einen zylindrischen Behälter, in dem Druck und Temperatur durch die Bewegung eines Kolbens kontinuierlich variiert werden konnten. In diesen Behälter gaben sie anschließend eine Mischung aus Magnesium- und Aluminiumhydroxid, Quarz und etwa 20 % Wasser. Dieses Gemisch ließen sie dann mehrere Tage bei Temperaturen zwischen 800 und 1000 Grad und unter hohem Druck stehen. Dabei entstanden verschiedene Kristalle, darunter auch das eng mit dem Olivin verwandte Orthopyroxen, das im Erdmantel häufig vorkommt. Durch die Veränderung von Druck und Temperatur konnte die Entstehung dieses Minerals in verschiedenen Tiefen simuliert werden.

Wie die Forschergruppe, zu der auch Mitarbeiter der Universitäten in Tübingen, Jena und Boulder (Colorado) gehören, jetzt in der Zeitschrift „Science" (Band 315, Seite 364) schreibt, gab es dabei ein überraschendes Ergebnis: Mit steigendem Druck in der Tiefe des Erdmantels nimmt die Aufnahmekapazität des Orthopyroxens für Wasser – anders als jene des Olivins – schlagartig ab. Das in dem Mineral eingeschlossene Wasser wird dabei aus dem Kristallgitter herausgedrückt. Dieses nunmehr befreite Wasser führt aber zu einer erheblichen Senkung der Schmelztemperatur der üblicherweise trockenen Silikate im Erdmantel. Sobald das Wasser frei wird, entstehen also kleine Mengen von Magma. Das reicht wiederum dazu aus, die Festigkeit der Gesteine erheblich herabzusetzen. In etwa 100 bis 150 Kilometern Tiefe kann Orthopyroxen am wenigsten Wasser halten, dort wird also am meisten Wasser frei. Das ist aber genau der Bereich, in dem die Asthenosphäre als das weiche Bett der Kontinente beginnt.

(nach: Rademacher, Horst: Freigesetztes Wasser macht den Erdmantel plastisch. In: Frankfurter Allgemeine Zeitung, 24.01.2007, Seite N2)

67.1 Subduktionszone

67.2 Hochdruckpresse

68.1 Wannsee

Förderung	in Mio. m³	in Prozent
Tegel	51,7	23,3
Friedrichshagen	43,3	19,5
Beelitzhof	36,9	16,7
Spandau	30,9	13,9
Stolpe	21,6	9,7
Tiefwerder	16,9	7,6
Wuhlheide	9,1	4,1
Kaulsdorf	6,3	2,9
Kladow	5,0	2,3
gesamt	221,7	100,0

Quelle: Berliner Wasserbetriebe

68.2 Förderung der Berliner Wasserwerke (2005)

Trinkwasserversorgung – Fallbeispiel Berlin

Die Grundwasservorkommen im Raum Berlin sind wie fast überall in Norddeutschland an eiszeitliche Sedimente gebunden (Abb. 69.2). An der Oberfläche bilden die glazialen Sedimente Hochflächen, zwischen denen breite Schmelzwasserrinnen liegen, die Urstromtäler, wie z. B. das Warschau-Berliner Urstromtal in Ost-West-Richtung. Die Randbereiche der Hochflächen waren schon immer Ansatzpunkte für die Besiedlung (Abb. 69.1).

Das Süßwasserstockwerk in den glazialen Sedimenten ist durchschnittlich 150 Meter mächtig. Im Bereich der beiden Hochflächen befindet sich schwebendes Grundwasser auf undurchlässigen Schichten. Ältere glaziale Schmelzwasserrinnen, die später durch Sedimente aufgefüllt wurden, haben sich tief in die tertiären Sedimente des Untergrundes eingeschnitten. Stellenweise wird sogar das Salzwasserstockwerk angeschnitten, in dem salzhaltiges Grundwasser zirkuliert. Dessen Vorkommen ist mit den Salzablagerungen des ehemaligen Zechsteinmeeres unter dem Norddeutschen Tiefland zu erklären. Unter dem Druck der aufliegenden Sedimente reagierte das Salz plastisch und stieg vielerorts in Form von Salzstöcken bis dicht unter die Oberfläche. In Berlin besteht die Gefahr, dass salzhaltiges Grundwasser bei zu starker Trinkwasserförderung in das Süßwasserstockwerk aufdringt und dieses unbrauchbar macht. So gibt es im Berliner Raum rund fünfzig Salzwasserquellen, hauptsächlich im südlichen und im westlichen Bereich. Unter Lankwitz wurde aus 200 Meter Tiefe bereits Salzwasser durch Pumpen gefördert. Die Berliner Wasserwerke mussten mittlerweile schon einzelne Brunnen in Gatow und in Kladow im Westen der Hauptstadt stilllegen. In Berlin ist es somit unmöglich, tiefer liegende Grundwasservorkommen zu nutzen. Gegenwärtig wird die Trinkwasserversorgung zu rund 70 Prozent aus versickertem Oberflächenwasser gedeckt, das in den Uferbereichen von Spree und Havel gefiltert und gefördert wird.

Spree und Havel, die mit ihren Seen das Stadtbild Berlins prägen (Abb. 68.1), sind die beiden wichtigsten Flüsse für die Trinkwasserversorgung Berlins:

- Die Spree ist rund 380 Kilometer lang. Sie entsteht in einer Höhe von 430 Meter über NN im Lausitzer Bergland aus drei Quellbächen. In Berlin-Spandau mündet sie bei 29 Meter über NN in die Havel. Ihre durchschnittliche Abflussmenge wird mit 36 bis 38 Kubikmeter pro Sekunde angegeben. Ein besonderes Problem ergibt sich daraus, dass die Spree durch das rund 2500 Quadratkilometer große Braunkohle-Tagebaugebiet der Lausitz bei Cottbus fließt. Die stillgelegten und bis zu 120 Meter tiefen Braunkohlegruben sollen schrittweise mit rund 10 Millionen Kubikmeter Wasser gefüllt werden, um Feuchtbiotope und Freizeitlandschaften entstehen zu lassen. Daher wird sogar befürchtet, dass die Spree zeitweise rückwärtsfließt. Zu Zeiten der früheren DDR hingegen wurde dem Fluss teilweise das Doppelte des heutigen Abflusses zugeführt, um die Tagebaue zu entwässern.

- Die Havel ist rund 325 Kilometer lang. Sie entspringt im Nordosten des Nationalparks Müritz in der Mecklenburgischen Seenplatte in einer Höhe von 63 Meter über NN. Der größte Nebenfluss der Havel ist die Spree, die an ihrer Mündung in Berlin-Spandau eine mehr als doppelt so große Abflussmenge hat wie die Havel (38 gegenüber 15 Kubikmeter pro Sekunde). Aus historischen Gründen gilt dennoch die Havel als Hauptfluss. Da sie von ihrer Mündung bis in den Raum Berlin durch zahlreiche natürliche Seen sowie durch Feuchtgebiete fließt, bleibt ihre Abflussmenge auch in Trockenperioden konstanter als die der Spree. Der bekannteste See, durch den die Havel fließt, ist der Wannsee im Stadtgebiet Berlins (Abb. 68.2), ein wichtiges Naherholungsgebiet. Bei der Stadt Havelberg mündet der Fluss in einer Höhe von 22 Meter über NN in die Elbe – als deren drittgrößter Nebenfluss nach Moldau und Saale.

Urstromtal, Seitental
Hochfläche
stein-, bronze- und eisenzeitlicher Siedlungsfund
slawische Siedlung
mittelalterliche Stadt
mittelalterliches Dorf
1244 Jahr der ersten urkundlichen Erwähnung
(1230) Beginn der baulichen Entwicklung
mittelalterlicher Handelsweg
heutige Stadtgrenze Berlins
(Gewässer und Kanäle nach heutigem Stand)
Havel
Tegeler See
Spree
Gr. Müggelsee
Gr. Wannsee
Buch 1375 (~1250)
Lübars 1247
Blankenfelde 1344
Hermsdorf 1349
Karow 1244
Buchholz 1242
Heiligensee 1308
Rosenthal 1356 (1230)
Blankenburg 1271
Niederschönhausen 1375 (~1240)
Tegel 1322
Dalldorf (Wittenau) 1322
Malchow 1344
Wartenberg 1270
Heinersdorf 1319
Reinickendorf 1234
Pankow 1350 (1230)
Falkenberg 1349
Weißensee 1313 (~1230)
Spandau 1197
Wedding 1251
Marzahn 1300
Hohenschönhausen 1284
Staaken 1273
Hellersdorf 1375
Berlin 1244
Lichtenberg 1288
Friedrichsfelde 1265
Kaulsdorf 1285
Mahlsdorf 1345
Lietzow 1239
Cölln 1237
Biesdorf 1371
Stralau 1244/1358
Gatow 1212
Wilmersdorf 1293
Rixdorf (Neukölln) 1360
Schmargendorf 1275
Schöneberg 1264
Tempelhof 1247
Kladow 1267
Dahlem 1275
Steglitz 1242
Köpenick 1209
Britz 1375
Lankwitz 1239
Zehlendorf 1242
Mariendorf 1337
Lichterfelde 1289
Rahnsdorf 1375
Buckow 1375
Rudow 1375
Kleinglienicke 1375
Schönow 1299
Giesensdorf 1299
Marienfelde 1344
Altglienicke 1375
Stolpe 1299
Bohnsdorf 1375
Lichtenrade 1375
Schmöckwitz 1375
0 5 10 km

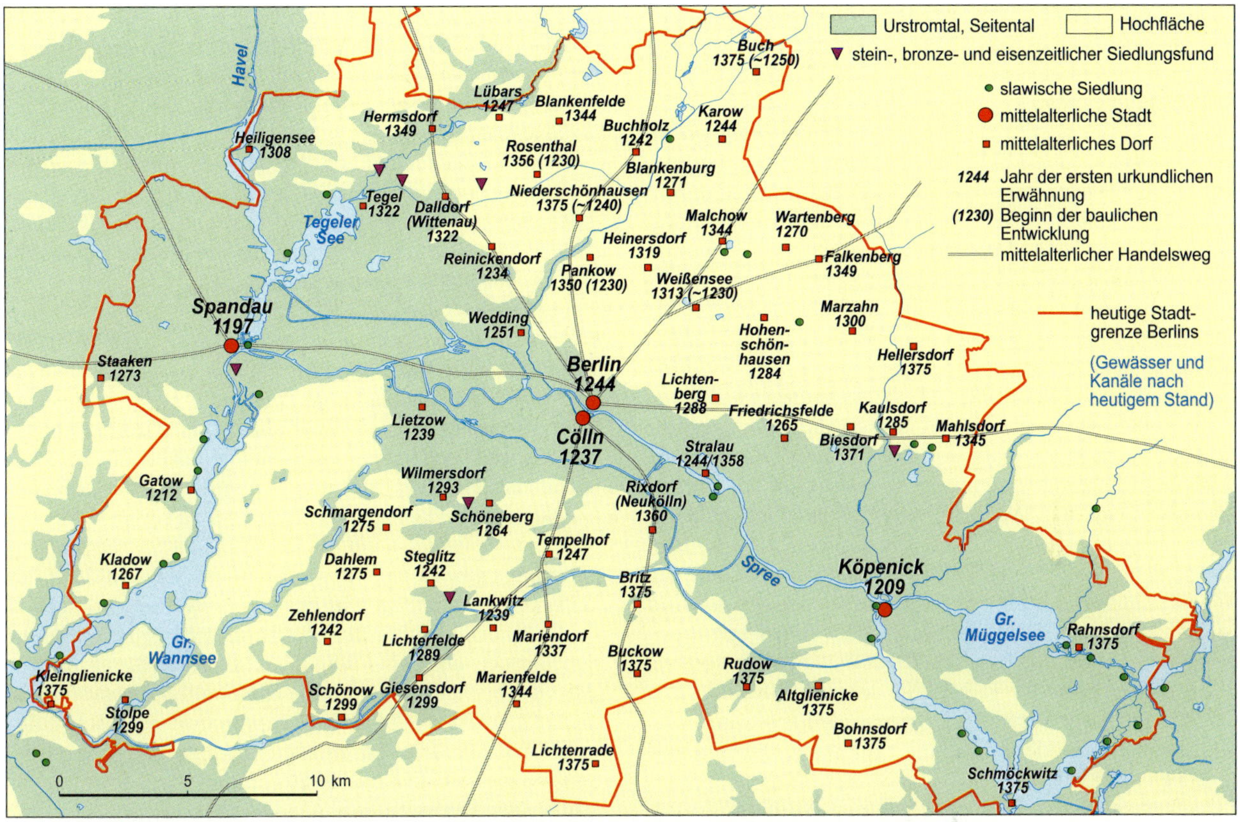

69.1 Ortsgründungen, Handelswege und heutige Wasserwerke im Naturraum Berlin

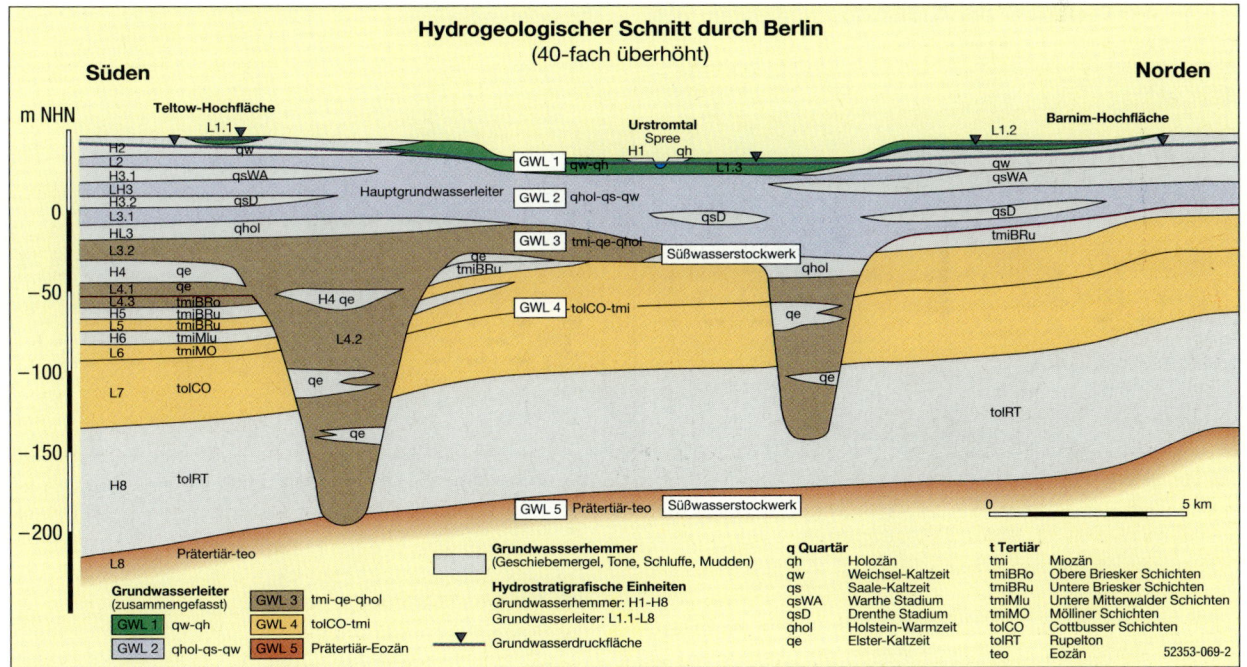

Hydrogeologischer Schnitt durch Berlin
(40-fach überhöht)
Süden
Norden
m NHN
0
-50
-100
-150
-200
Teltow-Hochfläche
Urstromtal
Spree
Barnim-Hochfläche
L1.1
L1.2
L1.3
H1
qh
H2
L2
H3.1
LH3
H3.2
L3.1
HL3
L3.2
H4
L4.1
L4.3
H5
L5
H6
L6
L7
H8
L8
L4.2
qw
qsWA
qsD
qhol
qe
tmiBRo
tmiBRu
tmiMlu
tmiMO
tolCO
tolRT
Prätertiär-teo
H4 qe
Hauptgrundwasserleiter
GWL 1 qw-qh
GWL 2 qhol-qs-qw
GWL 3 tmi-qe-qhol
Süßwasserstockwerk
GWL 4 tolCO-tmi
GWL 5 Prätertiär-teo
Süßwasserstockwerk
0 5 km
Grundwasserleiter (zusammengefasst)
GWL 1 qw-qh
GWL 2 qhol-qs-qw
GWL 3 tmi-qe-qhol
GWL 4 tolCO-tmi
GWL 5 Prätertiär-Eozän
Grundwasserhemmer (Geschiebemergel, Tone, Schluffe, Mudden)
Hydrostratigrafische Einheiten
Grundwasserhemmer: H1-H8
Grundwasserleiter: L1.1-L8
Grundwasserdruckfläche
q Quartär
qh Holozän
qw Weichsel-Kaltzeit
qs Saale-Kaltzeit
qsWA Warthe Stadium
qsD Drenthe Stadium
qhol Holstein-Warmzeit
qe Elster-Kaltzeit
t Tertiär
tmi Miozän
tmiBRo Obere Briesker Schichten
tmiBRu Untere Briesker Schichten
tmiMlu Untere Mitterwalder Schichten
tmiMO Möllner Schichten
tolCO Cottbusser Schichten
tolRT Rupelton
teo Eozän
52353-069-2

69.2 Hydrogeologie - Schnitt durch Berlin, stark vereinfacht

Das Berliner Trinkwasser ist von hoher Qualität. Es ist zwischen 60 Tagen und 30 Jahren alt, im Durchschnitt zwölf Jahre. So lange sickert es durch die Bodenschichten im Uferbereich von Flüssen und Seen den Brunnen der Berliner Wasserwerke zu, die es aus einer Tiefe von 30 bis 150 Meter mittels Tiefpumpen fördern. Vor allem der erste halbe Meter der Versickerung ist für die Qualität des Trinkwassers entscheidend. Dort werden auch solche Stoffe abgebaut, die von Kläranlagen nicht bewältigt werden können, wie zum Beispiel Arzneimittelrückstände. Diese, wie auch Düngemittel und Keime, werden bei der Versickerung durch den Boden physikalisch herausgefiltert, von Mikroorganismen aufgenommen oder zerfallen bei chemischen Reaktionen. Die Tiefbrunnen im Uferbereich bilden seit mehr als 100 Jahren das Rückgrat der Trinkwasserversorgung in Berlin. Sie erzeugen einen Sog vom Oberflächen- ins Grundwasser. Das sogenannte Uferfiltrat wird auf dem Weg durch die Bodenschichten dann natürlich gereinigt (s.o.). Das Wasser aus den Sand- und Kiesschichten wird durch rund 950 Brunnen gefördert, die nebeneinander entlang von Gewässern angeordnet sind und Brunnengalerien bilden. Das Wasser aus diesen Brunnengalerien wird direkt zu den neun Berliner Wasserwerken gepumpt (Abb. 71.1). Mithilfe der Uferfiltration kann sich die Stadt Berlin selbst mit Trinkwasser versorgen – im Unterschied zu anderen Ballungsräumen in Deutschland und weltweit (Abb. 70.1).

In den Bereichen der Brunnengalerien wurden Wasserschutzzonen festgelegt. Dort gelten Nutzungseinschränkungen, die entsprechend der durch Isochronen ausgedrückten Fließdauer der Grundwasserströme zu den Tiefbrunnen gestuft sind. Damit soll rechtzeitig verhindert werden, dass sogenannte Schadstofflinsen die Brunnen erreichen (Abb. 71.1).

• Die Zone I umfasst einen Bereich von zehn Metern beiderseits einer Brunnengalerie. Hier gelten die strengsten Sicherheitsvorschriften.
• Zone II entspricht der 50-Tage-Isochrone bzw. einem Bereich von mindestens 100 Metern um die Brunnen. Hier gelten strenge Auflagen für die Nutzung: So sind zum Beispiel Lagerung und Transport von wassergefährdenden Stoffen verboten.
• Zone III wird nochmals unterteilt: Zone IIIA reicht bis zur 500-Tage-Isochrone, Zone IIIB bis zur 2500-Tage-Isochrone. Je nach geologischer Beschaffenheit des Untergrundes wird damit ein Radius von ca. 2,5 km um die Brunnen beschrieben. Auch hier gelten strikte Verbote, wie zum Beispiel das Verbot, Autos auf unbefestigtem Boden zu parken, zu waschen und zu reparieren.

Allerdings gibt es auch kritische Fragen zur Zukunft der Trinkwasserversorgung in Berlin. So ist die Bevölkerung Berlins indirekt (über die Uferfiltrate) zu 75 Prozent von den Flüssen abhängig, vor allem von der Spree. Deren Wasserführung ist aber durch die Rekultivierungsprojekte in der Lausitz und in Trockenperioden eingeschränkt. Und Trockenperioden werden infolge des Klimawandels voraussichtlich noch zunehmen, gerade auch im Nordosten Deutschlands. Dabei gilt Berlin trotz seiner vielen Gewässer mit durchschnittlich 550 mm Jahresniederschlag schon heute als wasserärmster Ballungsraum Deutschlands.

Am Anfang ist das Dorf,

Grundwasserschicht

• Das Trinkwasser wird der obersten Grundwasserschicht entnommen.
• In den Boden eingedrungenes Regenwasser bewegt sich horizontal und füllt die Grundwasserschicht auf.
• Das Schmutzwasser wird teils aufbereitet, teils versickert es.

➡ Regenwasser ➡ Schmutzwasser
➡ Trinkwasser

...das rasch zur Stadt wird.

Grundwasserschicht

• Der Grundwasserspiegel sinkt, immer tiefere Förderbrunnen werden nötig.
• Große Abwassermengen gelangen ungeklärt in den Boden und verschmutzen das Oberflächengrundwasser.
• Weil der Grundwasserspiegel fällt, können Bodensenkungen und Hohlräume entstehen.

70.1 Vom Dorf zur Stadt

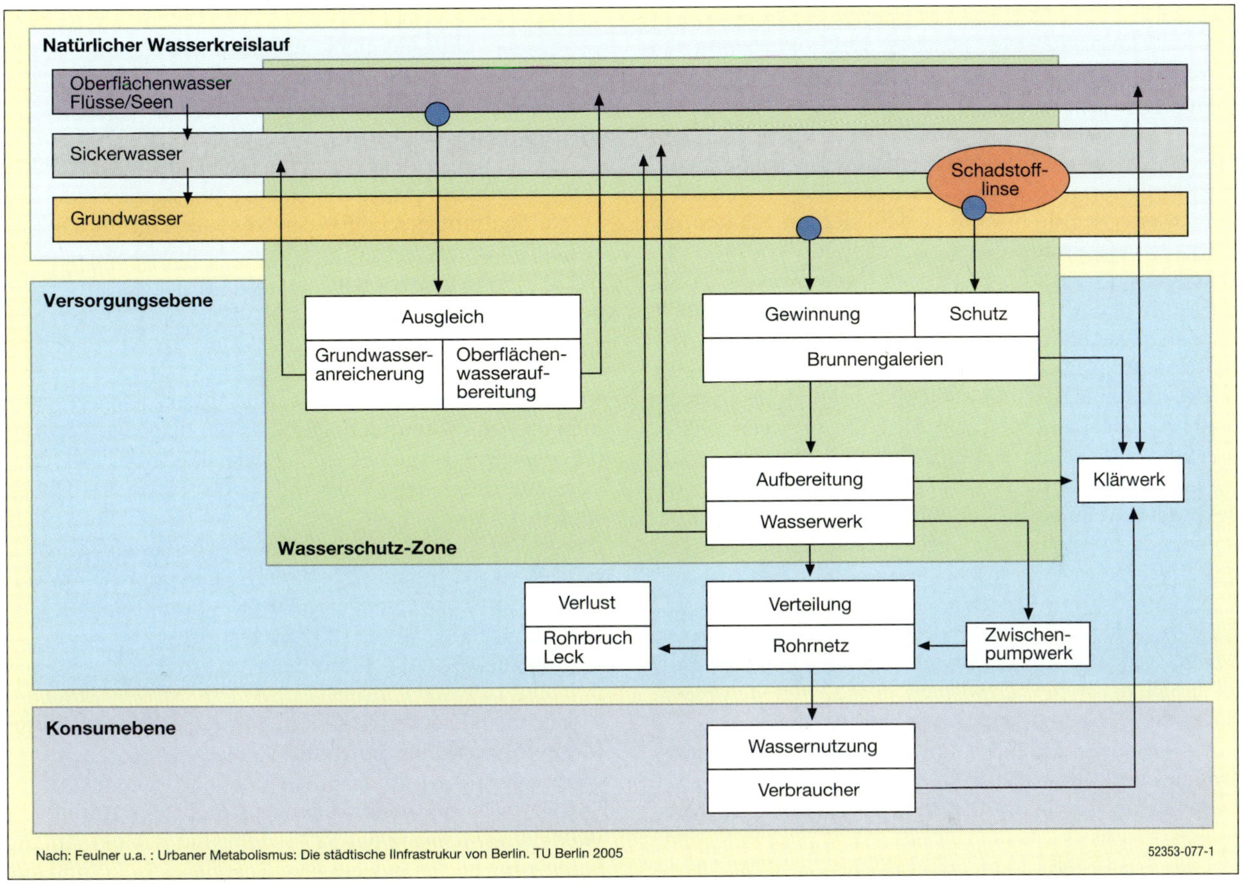

Natürlicher Wasserkreislauf

Oberflächenwasser
Flüsse/Seen

Sickerwasser

Schadstoff-
linse

Grundwasser

Versorgungsebene

Ausgleich	
Grundwasser-anreicherung	Oberflächen-wasserauf-bereitung

Gewinnung	Schutz
Brunnengalerien	

Wasserschutz-Zone

Aufbereitung
Wasserwerk

Klärwerk

Verlust	Verteilung
Rohrbruch Leck	Rohrnetz

Zwischen-pumpwerk

Konsumebene

Wassernutzung
Verbraucher

Nach: Feulner u.a. : Urbaner Metabolismus: Die städtische IInfrastrukur von Berlin. TU Berlin 2005   52353-077-1

71.1 Systemübersicht Trinkwasser

Die Stadt wächst weiter...

Grundwasserschicht

...und wird zum Ballungszentrum.

Fernwasser-versorgung

Fernwasser-versorgung

Grundwasserschicht

· Mit dem Verschwinden des unter der Stadt liegenden Grundwassers wird auch dessen Förderung eingestellt.

· Der Grundwasserspiegel steigt wieder an, doch die Verschmutzung durch private und industrielle Abwässer macht das Grundwasser unbrauchbar.

· Die Stadt wird aus Brunnen im Umland mit Wasser versorgt, wo der Wasserspiegel nun ebenfalls sinkt. Der Weg von der Förderstelle zum Verbraucher wird länger.

· Das Grundwasser im Umland reicht zur Versorgung der Stadt nicht mehr aus.

· Das Grundwasser unter der Stadt bleibt unbrauchbar, solange die Abwassersysteme nicht modernisiert sind und die natürliche Selbst-reinigung nicht stattfinden kann.

· Die Stadt muss ihr Wasser aus größeren Entfernungen heranschaffen, was mit größeren Kosten verbunden ist.

Quelle: Atlas der Globalisierung, Berlin 2007   14167E

Privatisierung des Trinkwassers

Wasser ist ein effizientes Produkt, ein Produkt, das normalerweise frei zur Verfügung steht. Unsere Aufgabe besteht darin, es zu verkaufen. Aber es ist ein Produkt, das zum Leben absolut unentbehrlich ist.
Gérard Mestrallet, Präsident von Suez Environnement

Trinkwasser wurde bislang in den meisten Staaten der Erde als sogenanntes Gemeinschaftsgut betrachtet, vergleichbar mit der Luft zum Atmen. Heute wird das Trinkwasser in vielen Staaten in Privateigentum umgewandelt. Global operierende Konzerne setzen alles daran, die Wasserversorgung unter ihre Kontrolle zu bekommen, um durch regionale Monopole möglichst hohe Gewinne zu erzielen. Dabei kommt ihnen zur Hilfe, dass viele Städte und Gemeinden unter Finanzproblemen leiden – wie z. B. auch Berlin – und durch den Verkauf von Wasserwerken erstens hohe einmalige Einnahmen erhalten und zweitens von der oftmals dringenden Erneuerung der Infrastruktur befreit werden.

Allerdings liegt den Konzernen wenig an der Erneuerung der Wasser- und Abwassersysteme, da sie in erster Linie an möglichst hohen Gewinnen und an der damit verbundenen Steigerung des Aktienwertes interessiert sind (Shareholder Value). Bei teilweise schnell steigenden Wasser- und Abwasserpreisen zahlen letztendlich die Verbraucher die Zeche für die Privatisierung der Wasserversorgung.

Bei der Privatisierung der zuvor öffentlichen Wasserversorgungsunternehmen gibt es zwei Varianten:

1. Der komplette Verkauf der Wasser- und Klärwerke an Privatunternehmen (Beispiel Großbritannien)

2. Die Partnerschaft zwischen öffentlicher Hand und privaten Unternehmen, die auch als Public Private Partnership (PPP) bezeichnet wird. Die Unternehmen erwerben in diesem Fall Anteile an den Wasserversorgungsunternehmen und schließen Verträge mit den Kommunen, um dann die Dienstleistungen selbst zu erbringen. Auch die Kosten für Betrieb und Instandhaltung des Leitungsnetzes sollen im Prinzip mit übernommen werden. Verbunden mit einem solchen Übernahmemodell sind oftmals Gewinngarantien für die privaten Unternehmen und der langjährige Verzicht auf Einnahmen durch die öffentliche Hand (vgl. Berlin, Abb. 73.1).

Von den fünf größten Konzernen im Wassergeschäft stammen drei aus Frankreich. Dort begann die Privatisierung der Wasserversorgung bereits in der Mitte des 19. Jahrhunderts unter dem Bürgerkönig Napoleon III. Daher sind in Frankreich die längsten Erfahrungen und auch das größte Kapital in diesem Sektor vorhanden:

1. Veolia Environnement – Frankreich (vgl. Abb. 72.1)
2. Suez Environnement (ONDEO) – Frankreich
3. RWE Thames Water – Deutschland
4. Bouygues-SAUR – Frankreich
5. Bechtel United Utilities – USA.

Vielfach handelt es sich bei diesen Unternehmen um große Mischkonzerne, bei denen das Wassergeschäft einen teilweise sehr hohen Anteil am gesamten Umsatz ausmacht. So liegt z. B. bei Veolia Environnement der Anteil des Wassers am Umsatz bei 51 Prozent und der der Abfallbeseitigung bei 28 Prozent. Der Energiesektor kommt auf 17 Prozent, der Transportbereich auf 4 Prozent. Deshalb sind die großen Wasserkonzerne und ihre Betriebsergebnisse nur schwer miteinander vergleichbar.

Zusammen mit Suez Environnement kontrolliert Veolia Environnement heute über 70 Prozent des globalen Wassermarktes. Gegründet wird Veolia 1853 in Paris als Aktiengesellschaft Compagnie Générale des Eaux. Ende des 20. Jahrhunderts ist die Compagnie Générale des Eaux Teil des global agierenden Mischkonzerns Vivendi Universal. Nach der Übernahme des größten US-amerikanischen Wasserversorgers USFilter im Jahr 1999 wird Vivendi Environnement ein Jahr später Weltmarktführer im Bereich Wasserversorgung. Den anderen Teil des Konzerns bildet Vivendi Communication mit dem Schwerpunkt Medien und Telekommunikation. Neben dem Geschäftsfeld Wasser umfasst Vivendi Environnement auch die Bereiche Energie, Abfallmanagement und Transport. Beim Ausbau seines Konzerns legt Vivendi Universal den Schwerpunkt auf die Telekommunikation. Anfang 2000 werden alle Schulden auf den Geschäftsbereich Umwelt übertragen, um finanziell unbelastet im Bereich Medien und Telekommunikation agieren zu können. Bis 2002 zieht sich der Mutterkonzern schrittweise aus dem Umweltbereich zurück und hält heute nur noch rund 20 Prozent von dessen Aktien. Nach medienwirksamen Problemen und Skandalen mit der Wasserversorgung, zum Beispiel in Puerto Rico/USA und in Tucumán/Argentinien, wird zudem 2003 der Name des selbstständigen Umweltkonzerns geändert in Veolia Environnement. Dieser erzielt 49 Prozent seines Umsatzes in Frankreich, 32 Prozent in Europa außerhalb von Frankreich, 9 Prozent in Nordamerika, 6 Prozent im asiatisch-pazifischen Raum und 4 Prozent im Rest der Welt. In den neuen Bundesländern ist Veolia Marktführer bei der Wasserversorgung mit Schwerpunkten unter anderem in Berlin und in Leipzig. Die hohen Wasserpreise Veolias werden begründet mit umfangreichen Investitionen, mit der dünnen Besiedlung und mit dem Bevölkerungsrückgang.

72.1 Veolia Environnement

Ende 1999 erfolgte die (Teil-)Privatisierung der Berliner Wasserbetriebe. 50,1 Prozent der Anteile des städtischen Wasserversorgungsunternehmens blieben im Besitz der Stadt Berlin. Je 24,95 Prozent der Anteile erwarben der französische Konzern Vivendi Environnement – heute Veolia Environnement – und RWE Aqua, ein Tochterunternehmen des Energieversorgers RWE (Rheinisch-Westfälische Elektrizitätswerke) mit Sitz in Essen, für zusammen 1,71 Milliarden Euro. Die Privatisierung wird aus offizieller Sicht sehr positiv dargestellt. Hervorgehoben werden folgende Aspekte:

- Die trotz des rückläufigen Verbrauchs von 128 (1996) auf 116 Liter (2006) pro Person und Tag stabilen Wasserpreise bei gleich bleibenden Fixkosten. Allerdings handelt es sich um die inflationsbereinigten Preise.
- Die Entlastung des Berliner Haushalts durch die Verkaufssumme von 1,71 Milliarden Euro. Dazu kommen gestiegene jährliche Einnahmen von 131 Millionen Euro 2007 (gegenüber umgerechnet 117 Millionen Euro 1996) durch Gebühren und Dividenden bei nur noch 50,1 Prozent Landesanteil (gegenüber 100 Prozent 1996). Bis 2010 sollen zudem die Abgaben der Wasserbetriebe an das Land Berlin dauerhaft auf voraussichtlich 217 Millionen Euro pro Jahr angehoben werden.
- Die Steuereinnahmen von den privaten Partnern sollen von derzeit vier bis 2011 auf sieben Millionen Euro pro Jahr steigen.
- Außerdem wird auf die wasserwirtschaftliche Rolle der privatisierten Wasserbetriebe hingewiesen, die mehr Grundwasser fördern, als sie eigentlich bräuchten.

(nach: www.wasserpartner-berlin.de)

Demgegenüber werden aus kritischer Perspektive folgende negative Aspekte der Privatisierung betont:

- Obwohl die öffentliche Hand nach der (Teil-)Privatisierung weiter über 50,1 % der Aktienanteile verfügt, wird das neue Unternehmen de facto vom multinationalen Konzern Veolia (Paris) und vom Energieversorger RWE (Essen) geführt, also von außerhalb Berlins. Zwischen dem Land Berlin und den beiden privaten Geschäftspartnern RWE und Veolia wurde vertraglich vereinbart, dass die operative Führung der Berliner Wasserbetriebe (BWB) und der Berlinwasser Holding AG den beiden Konzernen übertragen wird.
- De jure handelt es sich bei den Berliner Wasserbetrieben aber weiterhin um eine Anstalt des öffentlichen Rechts. Damit können die privaten Teilhaber Steuern sparen und gehen keine Haftungsrisiken ein.
- Im Teilprivatisierungsvertrag von 1999 wurde festgelegt, dass die Wasserpreise bis 2004 nicht angehoben werden dürfen. Seither stiegen sie zum 1. Januar 2004 um 15 Prozent, 2005 um 5,4 und 2006 und 2007 jeweils um 2,5 Prozent. Bis 2009 soll eine Preissteigerung von insgesamt 30 Prozent gegenüber 1999 erreicht werden.
- Diese Preisentwicklung ist vor dem Hintergrund zu bewerten, dass zwischen 2000 und 2005 die Betriebskosten offiziell um 30 Prozent gesenkt wurden, vor allem durch Entlassungen und durch Lohnkürzungen über neue, „flexible" Tarifverträge.
- In den teilweise geheimen Verträgen soll den beiden Wasserkonzernen außerdem eine hohe banktübliche jährliche Rendite zugesichert worden sein.

(nach: Passadakis 2006)

73.1 Privatisierung der Wasserversorgung – Pro und Kontra

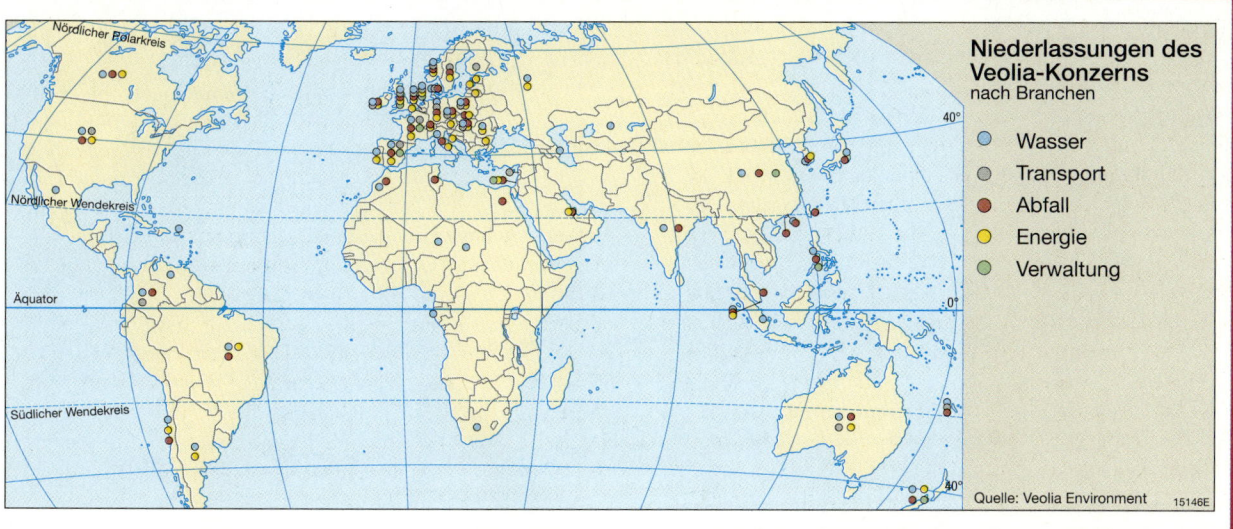

Der Staat Israel geht zurück auf die Vision des Wiener Juden Theodor Herzl, der 1896 sein Buch „Der Judenstaat" veröffentlicht. Darin fordert er für das jüdische Volk einen eigenen Staat als Heimstatt und als Zuflucht vor dem Antisemitismus. Die Bewegung, die für die Umsetzung dieser Vision kämpft, wird als Zionismus bezeichnet. 1917 wird den Juden die Aussicht auf einen eigenen Staat in Palästina eröffnet, das 1920 britisches Mandatsgebiet wird. In der Zeit der britischen Mandatsherrschaft nimmt die Zahl jüdischer Siedler in Palästina stark zu, vor allem aufgrund der Verfolgung im nationalsozialistischen Deutschland.

Die Staatsgründung erfolgt 1948 nach einem einjährigen Krieg gegen fünf arabische Staaten in Anlehnung an den Teilungsplan der UN (Abb. 74.2). 1967 kommt Israel im Sechs-Tage-Krieg einem Angriff der arabischen Nachbarstaaten zuvor und erobert neben dem ägyptischen Sinai und dem Gazastreifen auch die jordanische Westbank und die syrischen Golanhöhen (Abb. 74.3). Aus dem Sinai zieht sich Israel nach dem Jom-Kippur-Krieg von 1973 zurück. Die übrigen Gebiete bleiben jedoch besetzt. Vor allem auf der Westbank betreibt Israel seit 1967 eine gezielte Enteignungs- und Siedlungspolitik. Dort stehen sich heute rund 2,45 Millionen Palästinenser und etwa 200 000 jüdische Siedler gegenüber. Der Gazastreifen mit seinen 1,4 Millionen Einwohnern – v. a. in Gaza-Stadt – wird 2005 geräumt.

74.1 Geschichte Israels

Grundwasserkonflikte – Fallbeispiel Naher Osten

„Wir führen einen Wasserkrieg mit den Arabern. Die Zukunft des jüdischen Staates ist abhängig vom Ausgang dieser Schlacht." Ben Gurion, israel. Ministerpräsident, 1956

Neben grenzüberschreitenden Einzugsgebieten von Flüssen gibt es auch grenzüberschreitende Grundwasservorkommen (Aquifere). Letztere werden aber nur selten als politisches bzw. wirtschaftliches Problem wahrgenommen. Als größter grenzüberschreitender Aquifer weltweit gilt der Nubische Sandstein unter der Ostsahara, an dem Ägypten, Libyen, der Sudan und der Tschad Anteil haben. Er hat eine Fläche von 2,2 Mio. km² und enthält schätzungsweise 6500 km³ nutzbares Grundwasser. Spannungen und Konflikte treten dann auf, wenn einzelne Staaten oder Bevölkerungsgruppen einen Aquifer exklusiv für sich beanspruchen und ausbeuten. Dies ist der Fall in Israel, das den größten Anteil des Grundwassers unter dem Westjordanland, den sogenannten Westbank-Aquifer, für sich beansprucht. Auf der bis zu 1018 Meter hohen Westbank fallen 600 bis 800 mm Niederschlag im Jahr, überwiegend auf palästinensischem Territorium (Abb. 77.1). Von dort aus strömt das Grundwasser – der Schwerkraft folgend – zu allen Seiten ab. Die ergiebigsten Grundwasserströme fließen nach Westen in Richtung auf die israelische Küste mit dem Ballungsraum Tel Aviv – Jaffa (Abb. 75.2). Der Küstenaquifer ist bereits völlig übernutzt.

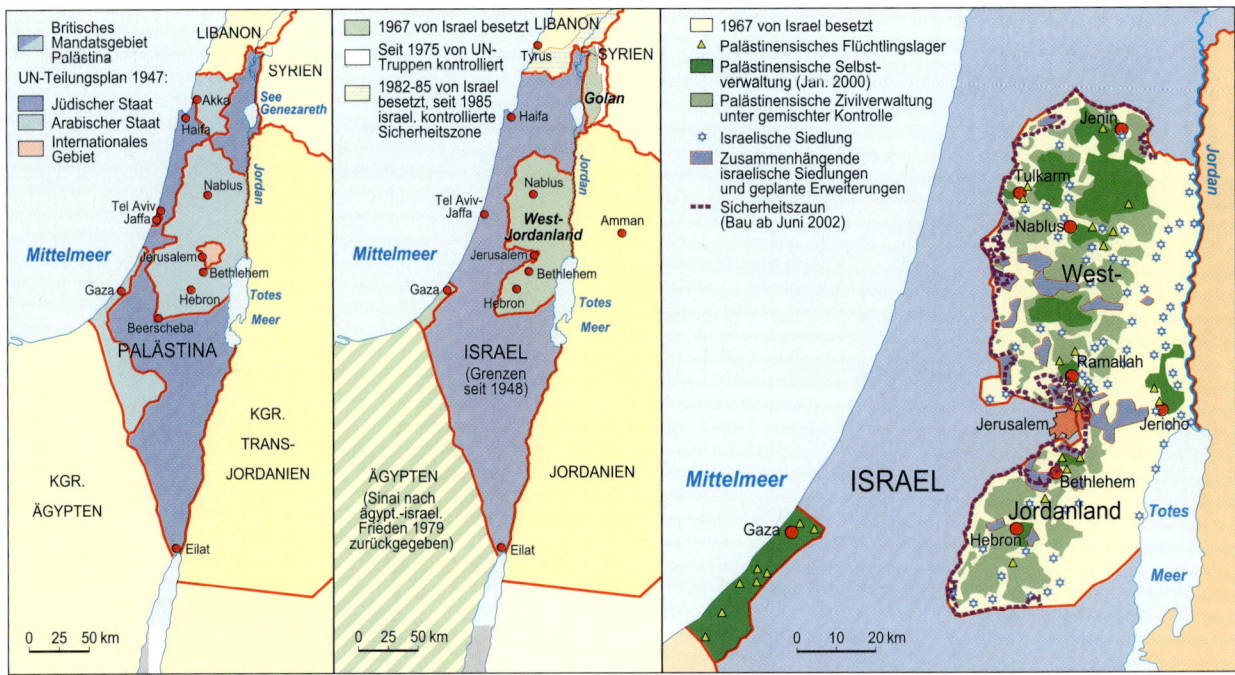

74.2 Teilungsplan der UNO   74.3 Israel 1967   74.4 Palästinensergebiete 2008

Auf der Westbank gibt es kaum Flüsse, die das ganze Jahr über Wasser führen. Die Dolomitformationen der Berge sind aber von Höhlen und Schluchten durchzogen, in denen sich das Regenwasser sammelt. Außerdem befinden sich unter der Westbank drei Aquifere. Das Nährgebiet des größten, des westlichen Aquifers, verläuft von den Abhängen im Westen in Richtung Israel und Mittelmeer. Der zweite, etwas unterhalb von Nablus, erstreckt sich nach Norden und versorgt einen Großteils Galiläas; der dritte liegt unter dem Jordantal. Gemeinsam nennt man sie die Bergaquifere, die sprichwörtlich einzige Wasserquelle der Palästinenser und zugleich Kern des palästinensisch-israelischen Konflikts um das Wasser. Und das kam so:

In den 1950er-Jahren, als die Palästinensergebiete von Jordanien verwaltet wurden, schien es auf der Westbank ausreichend Wasser zu geben. Damals fiel dort weitaus mehr Regen, sodass die Aquifere immer wieder erneuert wurden. Das überschüssige Wasser aus dem westlichen Aquifer trat im Grenzgebiet zwischen der Westbank und Israel in Quellen zutage und speiste die beiden größten Flüsse des Landes, den Yarkon und den Taninim, die nach Westen ins Mittelmeer flossen. Doch als in Israel die Bevölkerungszahl stieg, begann man, den westlichen Aquifer auszubeuten, indem man nahe der Grenze Brunnenfelder anlegte. Bald entnahmen die Israelis dem Aquifer unter der Westbank weit mehr Wasser, als die Palästinenser es bis dahin getan hatten, und das, ohne je den Fuß auf die Westbank gesetzt zu haben.

„In den frühen 1960er-Jahren haben wir dem Aquifer etwa 300 Mio. m³ entnommen und die Araber ungefähr 20 Mio. m³. Gemeinsam haben wir die volle Kapazität des Aquifers ausgeschöpft und ein wenig mehr", sagt Se'ev Golani, später ein Regierungsbeamter Israels auf der Westbank. Der Wasserspiegel des westlichen Aquifers begann zu sinken, und die beiden Flüsse trockneten aus. Das Bett des Yarkon wurde ein offener Abwasserkanal der schnell wachsenden Gemeinden im Umland von Tel Aviv. Und Golani ergänzt: „Als Israel 1967 die Kontrolle über die Westbank übernahm, legten wir fest, dass zukünftig niemand mehr zusätzliches Wasser abpumpen darf – jedenfalls nicht für die Landwirtschaft. Und seither hat sich daran nichts geändert."
Seit 1967 ist es den Palästinensern in einem Großteil des Gebietes allgemein verboten, neue Brunnen zu graben, und nur selten dürfen alte ersetzt werden. Vor 1967 besaßen die Palästinenser auf der Westbank 774 Brunnen. 35 Jahre später werden davon nur noch 321 genutzt, die restlichen sind entweder ausgetrocknet oder liegen in Sperrzonen, die das israelische Militär beschlagnahmt hat. Den Palästinensern steht daher immer weniger Wasser pro Kopf zur Verfügung.

(nach: Pearce, F.: Wenn die Flüsse versiegen. München 2007, S. 215 f.)

75.1 Grundwasserkonflikte im Westjordanland

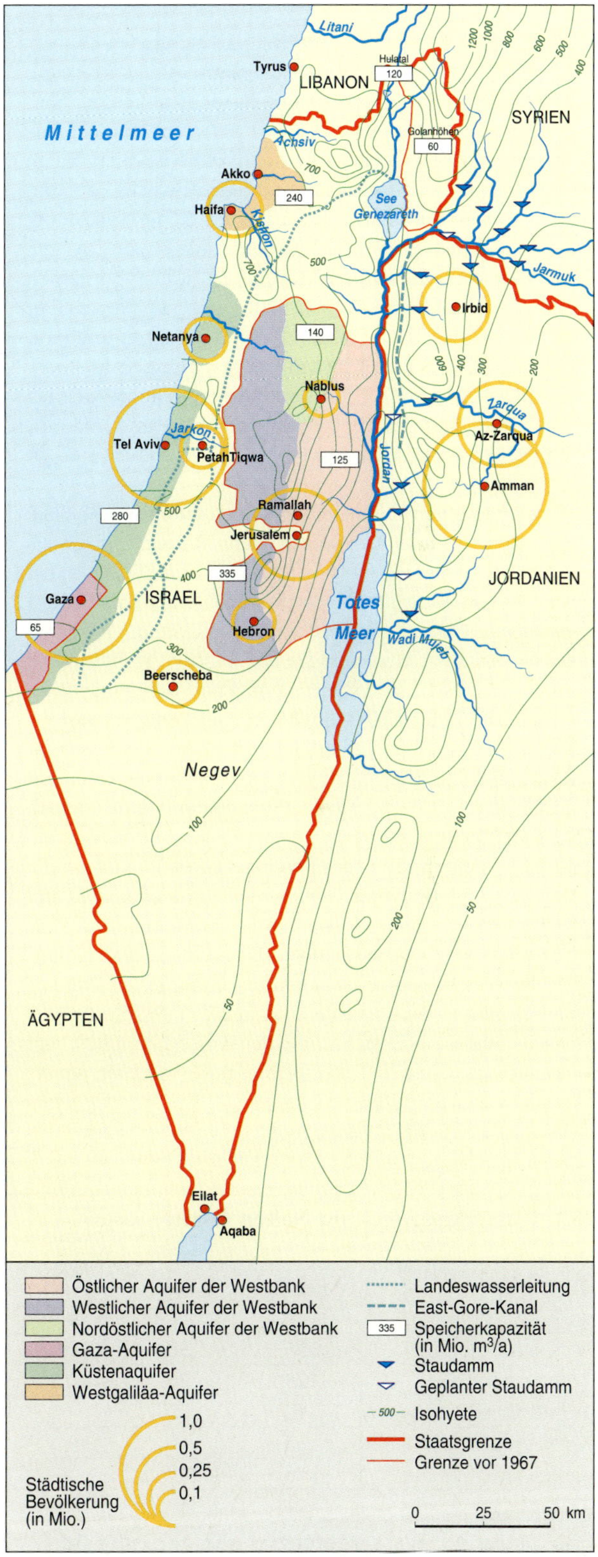

Legende (75.2):

▭ Östlicher Aquifer der Westbank	⋯⋯ Landeswasserleitung
▭ Westlicher Aquifer der Westbank	--- East-Gore-Kanal
▭ Nordöstlicher Aquifer der Westbank	335 Speicherkapazität (in Mio. m³/a)
▭ Gaza-Aquifer	▼ Staudamm
▭ Küstenaquifer	▽ Geplanter Staudamm
▭ Westgaliläa-Aquifer	— 500 — Isohyete
	▬ Staatsgrenze
	▬ Grenze vor 1967

Städtische Bevölkerung (in Mio.): 1,0 / 0,5 / 0,25 / 0,1

0   25   50 km

75.2 Naher Osten: Wasserpotenziale u. Infrastruktur

Der Nahe Osten ist höchst unterschiedlich mit Oberflächengewässern und Grundwasser ausgestattet. Aufgrund der naturräumlichen Gegebenheiten schwanken die Niederschläge regional und saisonal. Niederschlagsgebiete, landwirtschaftliche und urbane Bedarfsregionen fallen ebenso auseinander wie Hauptniederschlagsphase und Zeiten erhöhten Wasserbedarfs. Für die Inwertsetzung der Wasserressourcen ist daher ein umfassendes System der Wasserbereitstellung erforderlich. Israel, Jordanien und die palästinensischen Gebiete verfügen heute über ein Wasserdargebot von unter 500 m³ pro Kopf und Jahr. Damit ist die absolute Untergrenze für eine adäquate wirtschaftliche und soziale Entwicklung erreicht. Bereits ein Wasserdargebot von 1000 bis 2000 m³ pro Kopf und Jahr wird als kritisch angesehen.

Wasserknappheit ist eine relative und dynamische Größe. Zahlreiche Faktoren bestimmen, wann Wasser knapp wird. Im Nahen Osten gelten Bevölkerungs- und Städtewachstum als Antriebskräfte der Nachfrageentwicklung. Die abnehmende Wasserqualität ist hierbei eine oft unterschätzte Größe. Wichtige Ursachen für die Wasserverschmutzung im Nahen Osten sind die ungenügende Reinigung städtischer und industrieller Abwässer, Salz- und Schadstoffeintrag in Grund- und Oberflächengewässer durch Bewässerung sowie die Versalzung von Grundwasserbeständen durch deren Übernutzung. Entscheidend sind jedoch wirtschaftliche Strukturen. In allen Ländern der Region strömen mehr als 50 % des bereitgestellten Wassers in die Bewässerungslandwirtschaft. Vor allem ideologische und sicherheitspolitische Motive führten zum Aus- und Aufbau „durstiger" Agrarsektoren. Die Agrarsektoren hängen heute am Tropf einer hoch subventionierten Wasserbereitstellung. Wassertarife sind keine relevante Größe. Der Schlüssel zur Entschärfung der Wasserknappheit liegt in erster Linie in der Bewässerungslandwirtschaft, wo erhebliche Einsparpotenziale liegen.

(nach: Renger, Jochen: Wasserressourcen im Nahen Osten. In: Geographische Rundschau 2/2002, S. 51 – 55)

76.1 Wasserknappheit im Nahen Osten

Herkunft	Potenzial	Paläst. Nutzung	Israel. Nutzung
westlicher Aquifer	335	30	310
östlicher Aquifer	125	25	110
nordöstlicher Aquifer	140	60	65
Gaza-Aquifer	65	110	–
Oberflächenpotenzial	176	25	–
Gesamt	841	240	485

76.2 Palästina: Wasserpotenzial und Nutzung (in Mio. m³/Jahr)

Nach zuverlässigen Schätzungen ergibt sich für Israel in durchschnittlichen Jahren ein Wasserdargebot von insgesamt 2060 Mio. m³. Davon stammen 570 Mio. m³ aus dem Jordanbecken, 640 Mio. m³ aus dem Aquifer des Westjordanlandes, 330 Mio. m³ aus dem Küstenaquifer, und der Rest von 520 Mio. m³ stammt aus kleineren Grundwasserleitern, Zisternen, Entsalzungsanlagen oder Wasseraufbereitungsanlagen. Für das Jahr 2005 ergab sich auf der Grundlage dieses Wasserdargebotes eine Frischwassermenge pro Einwohner von rund 200 m³ und Jahr.

Als besonders kritisch gilt die Lage im Gaza-Streifen, der wegen seiner hohen Bevölkerungszahl von 1,44 Millionen Menschen auf 365 km² zu den am dichtesten besiedelten Gebieten der Erde gehört (= 3945 Einw./km²). Als Trinkwasserquelle dient dort ein Teil des Küstenaquifers. Aufgrund der zu hohen Wasserentnahme dringt aber bereits Salzwasser vom Mittelmeer in den Aquifer ein, sodass in vielen Brunnen das Wasser brackig und ungenießbar ist. Pro Person und Jahr liegt das Wasserdargebot rein rechnerisch hier nur noch bei 27 – 38 m³. Daher sind die hygienischen und gesundheitlichen Folgen zum Teil gravierend und die Lebensbedingungen sehr schlecht.

Auch im Westjordanland sind die Folgen der Wasserknappheit für die Palästinenser deutlich spürbar, und dies trotz des ergiebigen Aquifers. Die Palästinenser nutzen zusammen 115 Mio. m³ Grundwasser pro Jahr, die Israelis dagegen 485 Mio. m³. (Abb. 76.2). Zudem ist das Grundwasser, das die Palästinenser aus traditionellen Brunnen und aus Quellen fördern, qualitativ wesentlich schlechter als das Grundwasser aus den Tiefbrunnen, das in die israelischen Küstenstädte und an die israelischen Siedler im Westjordanland geliefert wird. Der Wasserverbrauch ist auch ein Ausdruck der unterschiedlichen Lebensstile und der unterschiedlichen Lebensqualität: Während ein durchschnittlicher palästinensischer Haushalt pro Person und Tag etwa 60 Liter Wasser verbraucht, beträgt der Wasserbedarf im israelischen Kernland und bei den Siedlern rund 350 Liter, also fast das Sechsfache. Zum American Way of Life vieler Israelis mit einem Eigenheim gehören bewässerte Rasenflächen, und auch Swimmingpools sind eine beliebte Einrichtung wohlhabender Israelis. Die Palästinenser leben dagegen in ihrer großen Mehrheit sehr eingeschränkt. Sie haben oft keinen Wasseranschluss im Haus bzw. in der Wohnung. Zisternen und Tanklastwagen werden überall dort von ihnen in Anspruch genommen, wo kein Grundwasser mehr zur Verfügung steht oder wo dieses zu stark verschmutzt ist. Im Gegensatz zu den israelischen Siedlungen, für die in großem Stil seit 1967 neue Tiefbrunnen gebaut wurden, erhalten palästinensische Ortschaften oft keine Genehmigung für den Bau von neuen Brunnen oder für die Reparatur alter Brunnen. Diese Ungleichbehandlung verschärft die politischen und sozialen Spannungen im Westjordanland und erschwert eine Lösung des Palästina-Konfliktes.

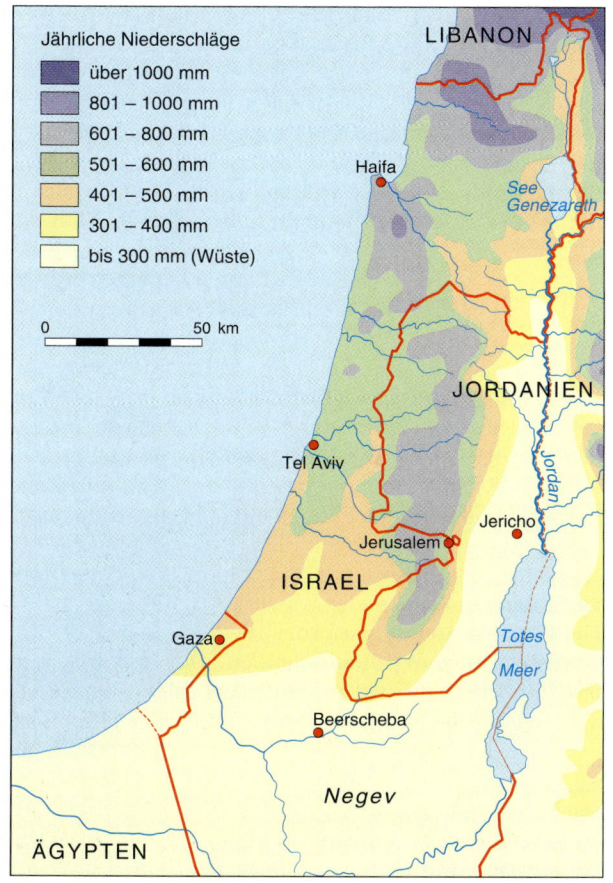

77.1 Jahresniederschläge

Jährliche Niederschläge
- über 1000 mm
- 801 – 1000 mm
- 601 – 800 mm
- 501 – 600 mm
- 401 – 500 mm
- 301 – 400 mm
- bis 300 mm (Wüste)

77.3 Landnutzung und Bewässerung

Bewässerung
- Landeswasserleitung
- Regionale Wasserleitung
- Speichersee
- Verteilerstation
- Bewässerungsgebiet
- Grundwasserbassin
- Brunnen
- unterirdischer Abfluss

Anbau
- Weizen
- Wein
- Tabak
- Zitrusfrüchte

„Dem Negev fehlen Juden und Wasser", klagte schon David Ben-Gurion. Israels Gründervater irrte – zumindest was das Wasser betrifft: Ausgerechnet hier, wo es meist nur wenige Tage im Jahr regnet, verbirgt sich mehrere Hundert Meter unter der Erde ein Reservoir, das mehr als doppelt so viel Wasser birgt wie der Bodensee. Theoretisch könnte man damit Menschen, Tiere und Kulturlandschaften im Süden des Landes etwa 600 Jahre lang versorgen.

Der unterirdische Wasserspeicher entstand vor über 30 000 Jahren, als in dieser Region noch mehr Regen fiel. Entdeckt wurde er Ende der 1930er-Jahre, als die Briten nach Öl bohren ließen. Öl wurde nie gefunden, stattdessen gurgelte Wasser in den Bohrlöchern. Bisher wird erst ein winziger Teil des fossilen Wasservorrats genutzt. Zum Trinken taugt er allerdings nicht, denn das Tiefenwasser ist salzig. Es enthält ungefähr ein Zehntel des Salzgehalts von Meerwasser.

In der Landwirtschaft ist das jedoch kein Hindernis: Oliven, Gurken, Kartoffeln, Gewürze, Mandeln, Wein und Blumen gedeihen mit dem Brackwasser prächtig, Tomaten und Me-

lonen werden sogar besonders süß – Folge einer biochemischen Abwehrreaktion gegen das Salz.

Nur an eine Fischzucht in der Wüste mochte kaum einer glauben. Der Fischereibiologe Samuel Appelbaum, 60, ließ sich jedoch nicht beirren. Appelbaum arbeitet an den Jacob-Blaustein-Instituten für Wüstenforschung (BIDR) im Negev. In Appelbaums Testbecken schwimmen Seebrassen, Felsen- und Buntbarsche, Karpfen, Welse, Aale, verschiedene Zierfische und seine Lieblingsfische – Barramundis, australische Riesenbarsche, die am Ende bis zu 60 Kilogramm auf die Waage bringen. „Fische sind gar nicht glücklich im Meer", behauptet Appelbaum. Wegen der hohen Salzkonzentration im Meerwasser werde den Fischen täglich bis zu 30 Prozent ihres Körpergewichts an Flüssigkeit entzogen. Deshalb müssten sie ständig Salzwasser trinken und das Salz ausscheiden. „Das kostet sie Energie", erläutert Appelbaum. „Deshalb wachsen viele Arten im Brackwasser besser."

(Nach: Samiha Shafy: Glückliche Wüstenfische. In: Der Spiegel, Nr. 45/2007, S. 208/209)

77.2 Fische in der Wüste

Als virtuelles Wasser wird diejenige Wassermenge bezeichnet, die bei der Erzeugung agrarischer und auch industrieller Produkte verbraucht wird und in die Wasserbilanz einer Volkswirtschaft eingeht. Einige Beispiele:

Erzeugnis	Einheit	Wasserbedarf
Aluminium	1 kg	140 000 l
Rindfleisch	1 kg	15 000 l
Baumwolle	1 kg	10 000 l
Zucker	1 kg	8 000 l
Reis	1 kg	4 500 l
Weizen	1 kg	1 500 l
Mais	1 kg	400 l
Papier	1 kg	250 l
Milch	1 l	140 l
Zement	1 kg	30 l

Die USA sind der größte Nettoexporteur virtuellen Wassers. Sie exportieren etwa ein Drittel des Wassers, das sie den natürlichen Wasserressourcen entnehmen, einen Großteil davon als Getreide, entweder in direkter Form oder auf dem Umweg über die Viehmast in Form von Fleisch. Die USA leeren ihre wichtigsten Grundwasservorkommen, wie z. B. den Ogallala Aquifer unter den High Plains, um für den Export bestimmtes Getreide anzubauen. Außerdem exportieren sie unvorstellbare 100 km³ (!) virtuellen Wassers in Form von Rindfleisch. Andere bedeutende Exporteure virtuellen Wassers sind Kanada (Getreide, Erdöl aus Ölsanden), Australien (Baumwolle, Zucker), Argentinien (Rindfleisch) und Thailand (Reis). Zu den wichtigsten Importeuren virtuellen Wassers gehören Japan und die EU.

78.1 Virtuelles Wasser

Raubbau oder Grundwassermanagement? Fallbeispiel Ogallala Aquifer

Unter den Great Plains – wegen ihrer Höhenlage von mehr als 500 m über NN auch als High Plains bezeichnet – liegt das größte Grundwasservorkommen der USA, der Ogallala Aquifer. Benannt wurde er nach einem Stamm Büffel jagender Prärieindianer, den Ogallala. Die natürliche Vegetation der Great Plains ist die Kurzgrassteppe, die zunächst von Büffelherden bevölkert wurde, später von den großen Rinderherden der Einwanderer. Entstanden ist der Ogallala Aquifer vor ca. 10 Millionen Jahren im Pliozän, also im späten Tertiär. Erodiertes Material aus den Rocky Mountains wurde im östlichen Vorland als Kiese und Sande durch Flüsse abgelagert, die aus dem Gebirge kamen. Diese Schichten sind unterschiedlich mächtig (Abb. 79.1) und besitzen in der Regel eine hohe Porosität und eine gute Permeabilität. Dies gilt aber nicht für die ebenfalls vorhandenen Ton- und Schluffanteile des Aquifers. Dessen Speicherkapazität wird auf insgesamt vier Billionen Kubikmeter Wasser geschätzt.
Der Ogallala Aquifer wird vom 100. Längengrad West in Nord-Süd-Richtung durchschnitten. Dieser markiert in etwa die Trockengrenze im Westen der Interior Plains. Da die Great Plains im Regenschatten der Rocky Mountains liegen, ist der durchschnittliche jährliche Niederschlag gering, Niederschlagsvariabilität und Verdunstung sind dagegen hoch. Das heißt, dass nur geringe Niederschlagsmengen zum Auffüllen des Aquifers zur Verfügung stehen. Wegen der geringen jährlichen Erneuerungsrate kann das Wasser des Ogallala Aquifer mit Recht als fossiles Grundwasser bezeichnet werden, das nach menschlichen Zeitmaßstäben nicht erneuerbar ist. Kulturpflanzen haben im Bereich der Great Plains einen hohen Bewässerungsbedarf.

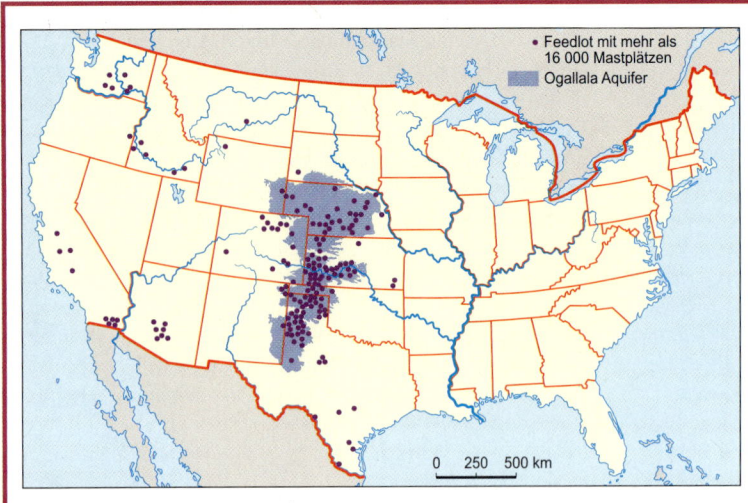

• Feedlot mit mehr als 16 000 Mastplätzen
Ogallala Aquifer

0 250 500 km

Ein Feedlot ist ein großer und hochtechnisierter Rindermastbetrieb mit maximal bis zu 100 000 Tieren, die ohne Ställe und nur mit Wetterschutz gehalten werden. Die zur Mast vorgesehenen Rinder werden westlich des Mississippi aufgekauft, drei bis vier Monate lang gemästet und anschließend in firmeneigenen Schlachtbetrieben geschlachtet und marktgerecht verarbeitet. Gefüttert werden die Rinder hauptsächlich mit Maissilage und mit Alfalfa, einem Grünfutter. Der Mais für die Feedlots der Great Plains wird vor allem in Kansas und Nebraska angebaut, in betriebseigenen Futterwerken verarbeitet und in Silos gelagert. Wegen des hohen Investitionsbedarfs werden Feedlots von großen Kapitalgesellschaften betrieben.

78.2 Feedlots

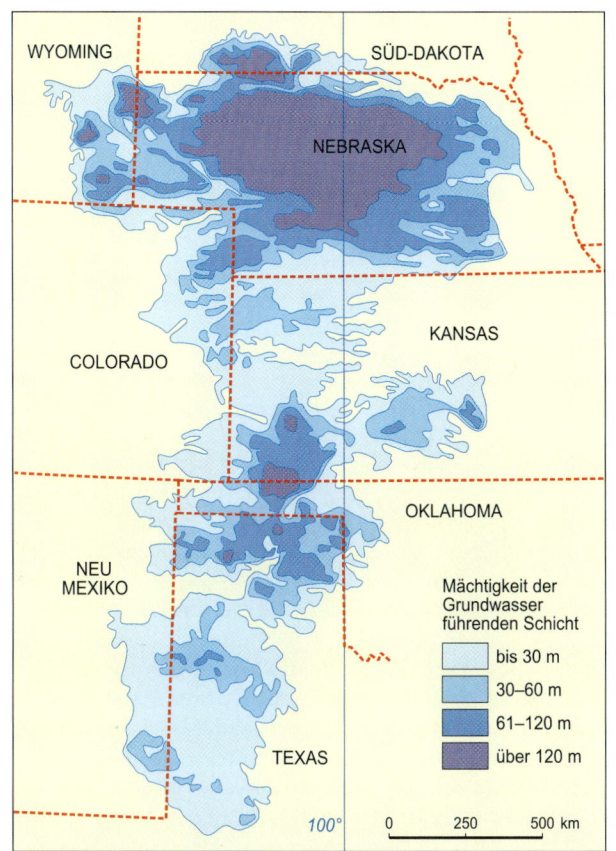

79.1 Mächtigkeit des Ogallala Aquifers

Mächtigkeit der
Grundwasser
führenden Schicht

- bis 30 m
- 30–60 m
- 61–120 m
- über 120 m

0   250   500 km

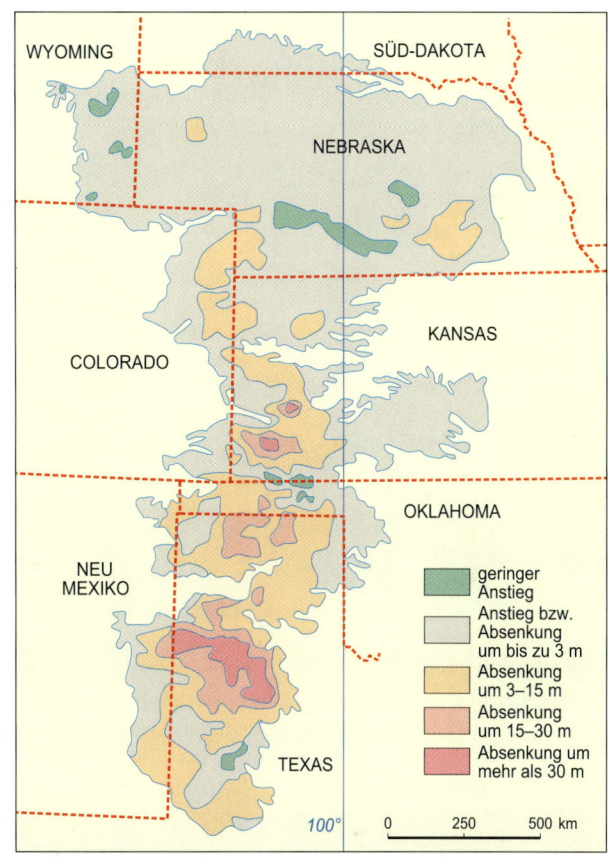

79.3 Veränderungen des Grundwasserspiegels

- geringer Anstieg
- Anstieg bzw. Absenkung um bis zu 3 m
- Absenkung um 3–15 m
- Absenkung um 15–30 m
- Absenkung um mehr als 30 m

0   250   500 km

79.2 Rindermast in Großbetrieben (Feedlots)

79

Das Satellitenbild zeigt die Veränderung des Landschaftsbildes in den Great Plains durch die Bewässerungswirtschaft. Die grünen Flächen entsprechen den bewässerten Flächen. Das zugrundeliegende Schachbrettmuster der quadratischen Landvermessung wird überlagert durch das von den Kreisberegnungsanlagen stammende Muster runder bewässerter Flächen. Letztere entsprechen zugleich der derzeit modernsten Bewässerungstechnik beim Getreideanbau. Die Karussellbewässerung (Center Pivot Irrigation) ist seit den 1950er-Jahren im Verkauf. Von einer zentralen Wasserabgabestelle wird das Bewässerungswasser in ein Rohrgestänge verteilt, das sich um das Zentrum dreht und das Wasser unter Druck über Düsen auf den Anbauflächen verteilt. 400 Meter lange Ausläufer sind am gebräuchlichsten. Damit können ca. 53 Hektar einer 64 Hektar großen Quarter Section bewässert werden. Mit einem maximal 800 Meter langen Ausläufer können über 320 Hektar bewässert werden – von einem Farmer. Die Standardsysteme sind im Satellitenbild erkennbar.

80.1 Karussellbewässerung

Der Nutzungswandel der Great Plains im 20. Jahrhundert war einschneidend. In den 1920er-Jahren war die Grenze des Weizenanbaus immer weiter nach Westen verschoben worden, da sich die Farmer von einer Phase mit hohen Niederschlägen hatten täuschen lassen. Doch zwischen 1935 und 1939 mussten 350 000 amerikanische Familienbetriebe im Weizenanbaugebiet (Wheat Belt) der Great Plains aufgeben und flohen vor katastrophalen Staubstürmen, die die Ackerkrume aufwirbelten und forttrugen. Es hatte sich gezeigt, dass in den Great Plains als semiaridem Gebiet immer wieder mit Dürreperioden gerechnet werden musste. Die Abtragung der Ackerkrume durch den Wind in übernutzten semiariden Gebieten wird heute als sogenanntes Dust-Bowl-Syndrom bezeichnet. Es ist eines der Krankheitsbilder der Erde aufgrund unangepasster Nutzung durch den Menschen. Das Gebiet der Dust Bowl ist fast identisch mit den Umrissen des Ogallala Aquifers. In etwas abgeschwächter Form trat in den 1950er-Jahren erneut eine Dürreperiode auf, dieses Mal in einem deutlich größeren Gebiet.

In den 1930er-Jahren, als die Farmer aus der Dust Bowl flohen, gab es im Bereich des Ogallala Aquifers etwa 600 oberflächennahe Brunnen, aus denen das Grundwasser mechanisch gefördert wurde. Erst nach dem Zweiten Weltkrieg ermöglichten leistungsfähige Pumpen und billige Energie eine Förderung des Grundwassers in großem Maßstab. Damit begann zugleich die Übernutzung des Ogallala Aquifers (Abb. 79.3). Bis zum Ende der 1970er-Jahre entstand über dem Ogallala Aquifer das größte Bewässerungsgebiet der USA mit einem Drittel der gesamten Bewässerungsfläche. Aus rund 200 000 Brunnen wurden in den Great Plains etwa 27 km^3 Grundwasser pro Jahr gefördert, und die USA wurden zum größten Exporteur virtuellen Wassers.

Die ersten Brunnen trockneten um 1970 im Panhandle von Texas aus, dort, wo der Aquifer weniger als 30 Meter mächtig ist (Abb. 79.1). In Texas, in Oklahoma und in Kansas hat der Ogallala Aquifer mehr als ein Viertel seiner Wassermenge verloren, und der Grundwasserspiegel ist in weiten Bereichen um mehr als 30 Meter gefallen. Nach hydrologischen Schätzungen wurden dem Ogallala Aquifer bis zum Jahr 2000 rund 270 Kubikkilometer Grundwasser entnommen. Dies entspricht der halben Wassermenge des Eriesees. Pro Jahr werden heute noch rund 12 Kubikkilometer Wasser aus dem Aquifer gefördert. Die Absenkung des Grundwasserspiegels verursacht höhere Kosten für die Farmer, da das Wasser aus größerer Tiefe gefördert werden muss. Um weniger Grundwasser zu verbrauchen, verwenden viele Farmer heute die Sprinklerbewässerung, meist in Form der Kreisberegnungsanlagen (Abb. 80.1). Die Erträge – zum Beispiel bei Mais – sind unmittelbar abhängig von der Bewässerung (Abb. 81.2). Und von der Leistungsfähigkeit der Bewässerungslandwirtschaft hängen in den Great Plains heute ganze Regionen ab.

Um die weitere Ausbeutung des Ogallala Aquifer zu verhindern oder zumindest zu verlangsamen, reagiert zum Beispiel der Bundesstaat Kansas mit restriktiven Maßnahmen. Grundwasser gehört in Kansas der Allgemeinheit und unterliegt staatlicher Kontrolle. Ein Farmer darf bis zu zwei acrefeet Wasser pro acre und Jahr nutzen (2466 m³ pro 0,4 ha). Dazu muss eine Genehmigung bei der Division of Water Resources des Landwirtschaftsministeriums eingeholt werden. Diese wird nur dann erteilt, wenn das Grundwasser sinnvoll und sparsam genutzt wird, wenn die Rechte anderer Nutzer nicht beeinträchtigt werden und wenn keine sonstigen Bedenken bestehen, zum Beispiel bei einer fortgeschrittenen Grundwasserabsenkung. Ziel ist eine nachhaltige Nutzung des Aquifers.

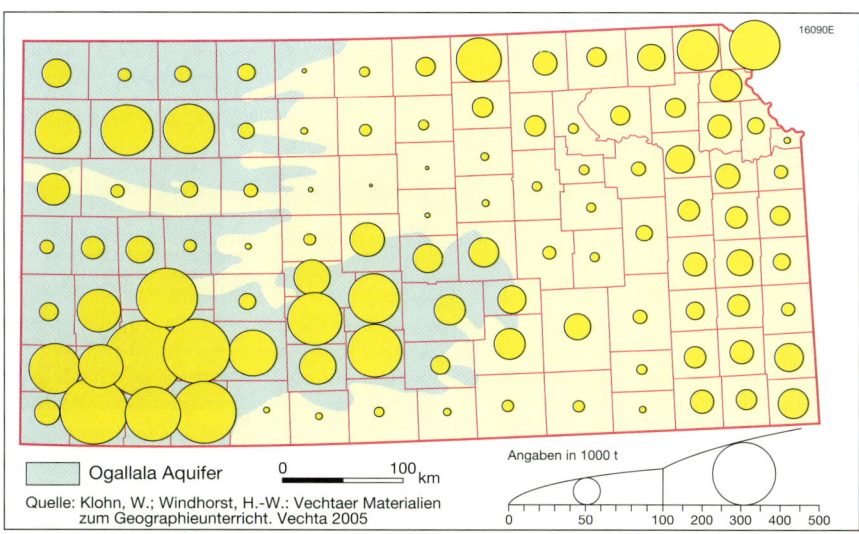

81.1 Maiserzeugung in Kansas

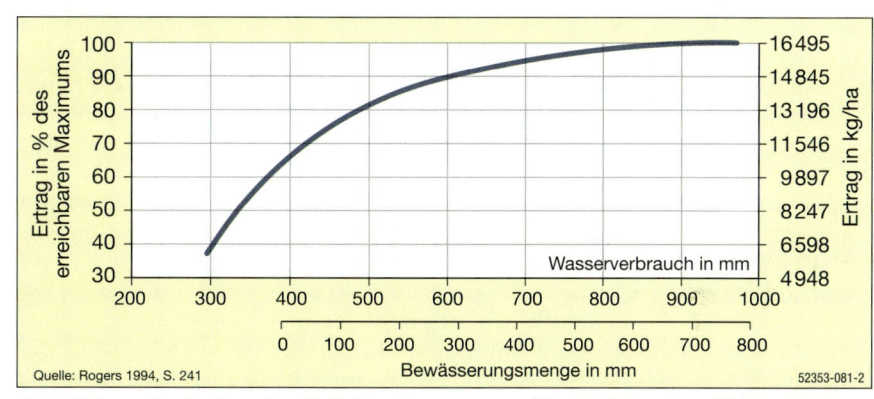

81.2 Wasserbedarf und möglicher Ernteertrag für Mais im westlichen Kansas

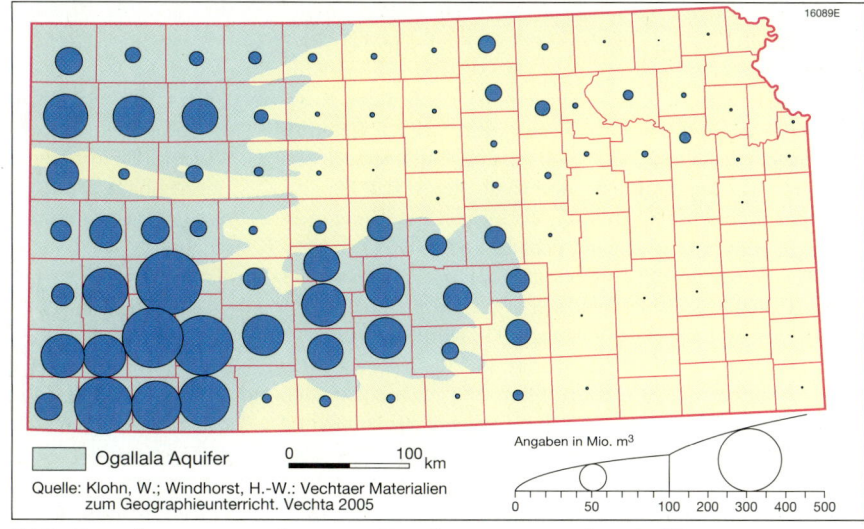

81.3 Grundwasserentnahmen zu Bewässerungszwecken in Kansas

82.1 Europatherme Bad Füssing

82.2 Geothermisches Kraftwerk Neustadt-Glewe

Thermalwasser

Geothermie oder Erdwärme ist Wärmeenergie, die vor allem durch den ständigen Zerfall radioaktiver Elemente im Erdmantel und in der Erdkruste entsteht. Da dieser Prozess voraussichtlich noch Milliarden Jahre anhalten wird, ist die Geothermie als Energiequelle nach menschlichem Ermessen unerschöpflich. Aus dem Erdinnern steigt täglich ein Mehrfaches des weltweiten Energiebedarfs auf und wird letztlich an den Weltraum abgegeben. Beim derzeitigen Stand der Technik könnten in Deutschland rund 60 Prozent des gegenwärtigen Energieverbrauchs mit Erdwärme gedeckt werden, allerdings regional unterschiedlich (Abb. 83.1) und bei teilweise sehr hohen Kosten. Die aufsteigende Erdwärme erhitzt neben Gesteinsschichten auch unterirdische Wasserreservoire (Aquifere), aus denen dann durch Bohrungen Thermalwasser erschlossen werden kann. An manchen Stellen steigt Thermalwasser auch auf natürlichem Wege an die Erdoberfläche und bildet heiße Quellen oder Geysire. In Mitteleuropa wird Grundwasser mit einer Temperatur von mehr als 20°C als Thermalwasser bezeichnet.

Im Landkreis Passau in Niederbayern, im Bereich des Nordalpinen Molassebeckens, entstand nach dem Zweiten Weltkrieg das „Bayerische Bäderdreieck" Bad Füssing, Bad Birnbach und Bad Griesbach. Das größte der drei Heilbäder ist Bad Füssing, das 1971 aus der Zusammenlegung der kleinen Ortschaften Safferstetten, Würding und Egglfing gebildet und nach einem Ortsteil von Safferstetten benannt wurde. Hier war 1938 bei einer Bohrung nach Erdöl Thermalwasser in der Tiefe entdeckt worden. 1947 begann die erste Nutzung, 1952 wurde die Heilkraft des Thermalwassers offiziell anerkannt. 1963 und 1964 wurden weitere Thermalquellen erbohrt. Nach und nach entstanden Bäder, Kurkliniken und das abgeleitete Angebot wie Hotels und Restaurants. 1969 erhielt Füssing den Titel Bad. 1973 wurden erstmals mehr als eine Million Übernachtungen gezählt, 1979 waren es bereits mehr als zwei Millionen. Die Zahl der Über-

nachtungen stieg bis 1988 auf rund 3,2 Millionen. 2004 hatte Bad Füssing 6500 Einwohner, mehr als 13 000 Gästebetten und 2,6 Millionen Übernachtungen. Damit ist Bad Füssing weiterhin das größte Heilbad in Deutschland. Zur wichtigsten Einrichtung hat sich die Europatherme entwickelt.

Grundlage des Aufstiegs von Bad Füssing ist das Thermalwasser im Malmkarst. Diese zerklüfteten Kalkablagerungen des Oberjura mit einer Mächtigkeit von 40 bis 240 Meter entstanden vor 140–150 Millionen Jahren und sind von bis zu 3000 Meter mächtigen Sedimenten bedeckt. Im Malmkarst zirkuliert das Thermalwasser, das Natrium, Kohlensäure und Chlorid enthält. Es wird angewendet bei Arthritis und Wirbelsäulenleiden sowie bei Stoffwechselkrankheiten wie Gicht und Osteoporose. Das Thermalwasser hat eine mittlere Temperatur von 50 bis 65°C. Der Zufluss in der Tiefe, das sogenannte Thermalwasserdargebot, liegt im Bäderdreieck bei 280 bis 290 Liter pro Sekunde. Mit rund 70 Liter pro Sekunde, also mit rund 25 Prozent des neu gebildeten Thermalwassers, wird die derzeitige Entnahme als sehr hoch und damit bereits als kritisch eingeschätzt.

Auch unter dem Norddeutschen Becken befinden sich große hydrothermale Energieressourcen. Diese wurden zuerst im Norden der früheren DDR erschlossen, der besonders unter Energiemangel litt. Im heutigen Mecklenburg-Vorpommern wurde durch Bohrungen aus ca. 1200–1500 Meter Tiefe Thermalwasser mit Temperaturen von 55 bis 97°C gefördert, das als Fernwärme zu Heizzwecken genutzt wurde. Die ersten geothermischen Heizwerke entstanden vor der Wiedervereinigung in Neubrandenburg (8740 MWh/a) und in Waren an der Müritz (8500 MWh/a). 1994 entstand das geothermische Heizwerk von Neustadt-Glewe (22 190 MWh/a) in der Nähe von Schwerin. Die Temperatur des Thermalwassers liegt bei 98°C. Es stammt aus einer Tiefe von 2200 m. Dieses Heizwerk gilt als sehr erfolgreich und ist mit bis zu 98 Prozent an der Wärmeversorgung der Kleinstadt beteiligt.

Quelle: Geoforschungszentrum

- ▢ Becken mit hydrothermalen Energieressourcen
- ▢ Becken mit potenziellen hydrothermalen Energieressourcen
- ▢ Becken ohne nachgewiesene hydrothermale Energieressourcen
- ▢ Grundgebirge ohne oder unter geringer Sedimentbedeckung

83.1 Hydrothermale Zonen in Deutschland

Seit 2003 wird in Neustadt-Glewe das Thermalwasser – erstmalig in Deutschland – auch zur Stromerzeugung genutzt. Eine 210 KW starke Turbine kann nach Angaben des Verbandes Geothermie den Strombedarf von mehr als 550 Haushalten in Neustadt-Glewe decken. Nach dem Erneuerbare-Energien-Gesetz erhält der Kraftwerksbetreiber, die Erdwärme-Kraft GmbH Berlin, 8,95 Eurocent als Vergütung pro eingespeister Kilowattstunde. Die Investitionskosten in Höhe von 800 000 Euro wurden zur Hälfte durch einen Bundeszuschuss gedeckt, da das geothermische Kraftwerk in Neustadt-Glewe als Pilotprojekt gefördert wird.

Wegen der vergleichsweise niedrigen Temperatur des Thermalwassers von 71 bis 98 °C werden zur Stromerzeugung sogenannte ORC-Turbinen (Organic Rankine Cycle) eingesetzt, die im Wesentlichen wie Dampfturbinen arbeiten, allerdings mit einer organischen Flüssigkeit mit einem niedrigen Siedepunkt, wie z. B. Ammoniak, im Dampfturbinenkreislauf. Der elektrische Wirkungsgrad liegt zwischen acht und zwölf Prozent. Nach der Nutzung wird das Thermalwasser wieder in die Tiefe gebracht, um die Mengenbilanz des geothermalen Tiefenwassers im Gleichgewicht zu halten.

A1 Beschreiben Sie die verschiedenen Vorkommen von Grundwasser anhand des Modells Abb. 65.2.

A2 Erklären Sie die Zusammenhänge zwischen Korngrößenfraktion, Porenraum und Versickerungsrate (Text S. 64).

A3 Charakterisieren Sie das Ökosystem Grundwasser und seine Fauna (Text und Abbildungen S. 66).

A4 Analysieren Sie den hydrogeologischen Schnitt durch den Berliner Untergrund im Zusammenhang mit der topographischen Übersicht (Abb. 69.1 und 69.2).

A5 Erläutern Sie die Rolle von Spree und Havel für die Wasserversorgung Berlins (Text S. 68, Abb. 71.1).

A6 Erklären Sie die Probleme der Trinkwassergewinnung in Ballungsräumen (Abb. 70.1) und vergleichen Sie mit der Situation in Berlin.

A7 Beurteilen Sie die Privatisierung des Trinkwassers in Berlin im Rahmen des Public Private Partnership (PPP; S. 72/73).

A8 Bewerten Sie die globalen Strategien und Aktivitäten von Veolia Environnement (Abb. 72.1, Internet).

A9 Skizzieren Sie die geschichtlichen, politischen und ökonomischen Hintergründe der Grundwasserkonflikte zwischen Israel und den palästinensischen Autonomiegebieten (S. 74 – 77).

A10 Analysieren Sie die Wasserpotenziale und ihre Nutzung in den angegebenen Teilräumen des Nahen Ostens (Abb. 75.2, 76.1 und 76.2, 77.1 und 77.3).

A11 Nehmen Sie Stellung zur Nutzung des fossilen Grundwassers in der Negev-Wüste (Abb. 77.2).

A12 Beschreiben Sie den Ogallala-Aquifer – Merkmale, Entstehung und Nutzung (Text S. 78, Abb. 79.1 und 79.3).

A13 Interpretieren Sie das Satellitenbild Abb. 80.1.

A14 Analysieren Sie die Zusammenhänge zwischen Bewässerung und Maiserträgen in Kansas vor dem Hintergrund der naturräumlichen Bedingungen (Abb. 81.1 – 3).

A15 Insbesondere in Süddakota wird die Haltung von Bisons (Büffeln) in großen Herden als Alternative zur Rinderhaltung in Feedlots entwickelt. Recherchieren Sie im Internet und erörtern Sie diese Strategie.

5 Raumanalyse: Wasserkonflikte in Kalifornien

„Nirgendwo wurden so viele Menschen an einen Platz gebracht, wo von Natur aus nichts für eine Ansiedlung sprechen würde, wie in Kalifornien." (GEO 1992)

Neben der hohen Erdbebengefahr ist es vor allem die Knappheit an Süßwasser, die den Süden Kaliforniens zu einem Risikolebensraum macht. Aber das warme Klima, die vielgestaltige Landschaft sowie die wirtschaftliche Entwicklung haben dazu geführt, dass die Einwohnerzahl Kaliforniens kontinuierlich angestiegen ist und weiter wächst.

Eine zentrale Fragestellung ist heute, inwieweit eine nachhaltige Versorgung mit der Ressource Süßwasser im bevölkerungsreichsten Bundesstaat der USA überhaupt möglich ist.
Um diese Frage beantworten zu können, ist eine genaue Analyse des Raumes erforderlich. Beantworten Sie die Fragestellung, indem Sie sich

- zunächst einen natur- und wirtschaftsräumlichen Überblick über den Bundesstaat Kalifornien verschaffen,
- Teilfragen aus den Materialien ableiten und diese genauer untersuchen,
- Wechselwirkungen zwischen den ausgewählten Faktoren erklären
- und schließlich die Einzelergebnisse zusammenführen und dabei die Leitfrage begründend beantworten und bewerten.

„It never rains in southern california". Albert Hammond trällerte das zu besten Flower-Power-Zeiten, vor über 30 Jahren. Andere vor ihm wussten auch schon Bescheid. [...] Mark Twain soll einmal gesagt haben: *„In Kalifornien ist Whisky zum Trinken da."*
„Und Wasser, um darum zu kämpfen!" Das wiederum sagt auch ein noch lebender Kalifornier: David Purkey vom Natural Heritage Institute in Sacramento. Dort befasst sich der Hydrologe mit den Wasserressourcen des Küstenstaates. Sie sind ziemlich ungleich verteilt. In Kalifornien – kann man sagen – fällt Regen zur falschen Zeit am falschen Ort. Purkey: *„Wir haben hier mediterranes Klima. Wasser bräuchten wir eigentlich im Sommer. Doch Regen fällt praktisch nur im Winter, als Niederschlag oder Schnee. Und das auch noch im Norden. Gebraucht wird das Wasser aber vor allem im Süden, im Ballungsraum von Los Angeles."*

Mit großem technischem Aufwand wird das Wasser Kaliforniens deshalb umverteilt: Durch schier endlose Pipelines fließt die kostbare Ressource von Norden nach Süden und füllt riesige Speicherseen. Ein Großteil davon ist Schmelzwasser aus der Sierra Nevada. Das Gebirge verläuft entlang der kalifornischen Ostgrenze. Es ist bis zu 4400 Meter hoch. Sierra Nevada, das heißt so viel wie „verschneiter Gebirgszug". Doch die Schneekuppe schrumpft dahin. Eine Folge steigender Außentemperaturen. Kalifornien gerät damit zum anschaulichen Beispiel dafür, wie der Klimawandel Wasserknappheit zusätzlich verschärfen kann. Die US-Ingenieurin Annette Huber-Lee, Leiterin des Wasserprogramms beim Stockholm-Umweltinstitut:
„Ich denke, die Auswirkungen für die Wasserversorgung werden dramatisch sein. Wir erleben jetzt schon, dass der Schnee rascher schmilzt. Früher hat sich das bis in den Sommer hingezogen. Heute taut der Schnee bereits im Früh-

jahr ab. Und im Sommer, wenn man den Abfluss dringend bräuchte, gibt es keinen mehr." Auch David Purkey sieht die Lage sehr kritisch: *„Die Schneegrenze in der Sierra Nevada lag immer bei etwa 2000 Metern. Inzwischen ist sie auf 2200 geklettert, und dieser Trend hält weiter an. Das wird so weit gehen, bis kein Schnee mehr da ist, der abschmilzt, und Kalifornien dieses wichtige Wasserreservoir verliert. Den Bedarf von Städten, Landwirtschaft und Umwelt zu decken wird dann noch viel schwieriger."*

Eines Tages mache ich mich nach Kalifornien auf. Um zu sehen, wie es dort ist. Doch was wird das sein? Ein Sonnenstaat, dem das Wasser ausgeht. Annette Huber-Lee und David Purkey haben nun einen Auftrag. Der kommt von Arnold Schwarzenegger. Kaliforniens Gouverneur will genau wissen, welche Folgen die Klimaerwärmung für Kalifornien haben wird. Und insbesondere: Wie es mit der Wasserversorgung weitergehen soll.
Diese Frage wollen die Wissenschaftler beantworten. Huber-Lee und Purkey arbeiten deshalb an einer Prognose für die nächsten Jahrzehnte. Am Computer modellieren sie, wie es in Zukunft um Schneeschmelze, Stauseefüllungen und die Wasserführung der Flüsse bestellt sein wird. Der nächste Schritt ist es dann, Managementpläne für das immer knapper werdende Wasser zu entwickeln. Als Grundlage für künftige politische Entscheidungen. Purkey:
„Manche Leute sagen, wir brauchen zusätzliche Wasserspeicher. Andere sagen, wir sollten aufhören, in Kalifornien ausgerechnet Reis anzubauen. Aber was wir brauchen, ist eine genaue Analyse der Entwicklung. Und daran arbeiten wir.

(Quelle: www.dradio.de/dlf/sendungen/forschak/411701, 26.08.2005, Volker Mrasek)

84.1 Wasserversorgung Kaliforniens und Klimawandel

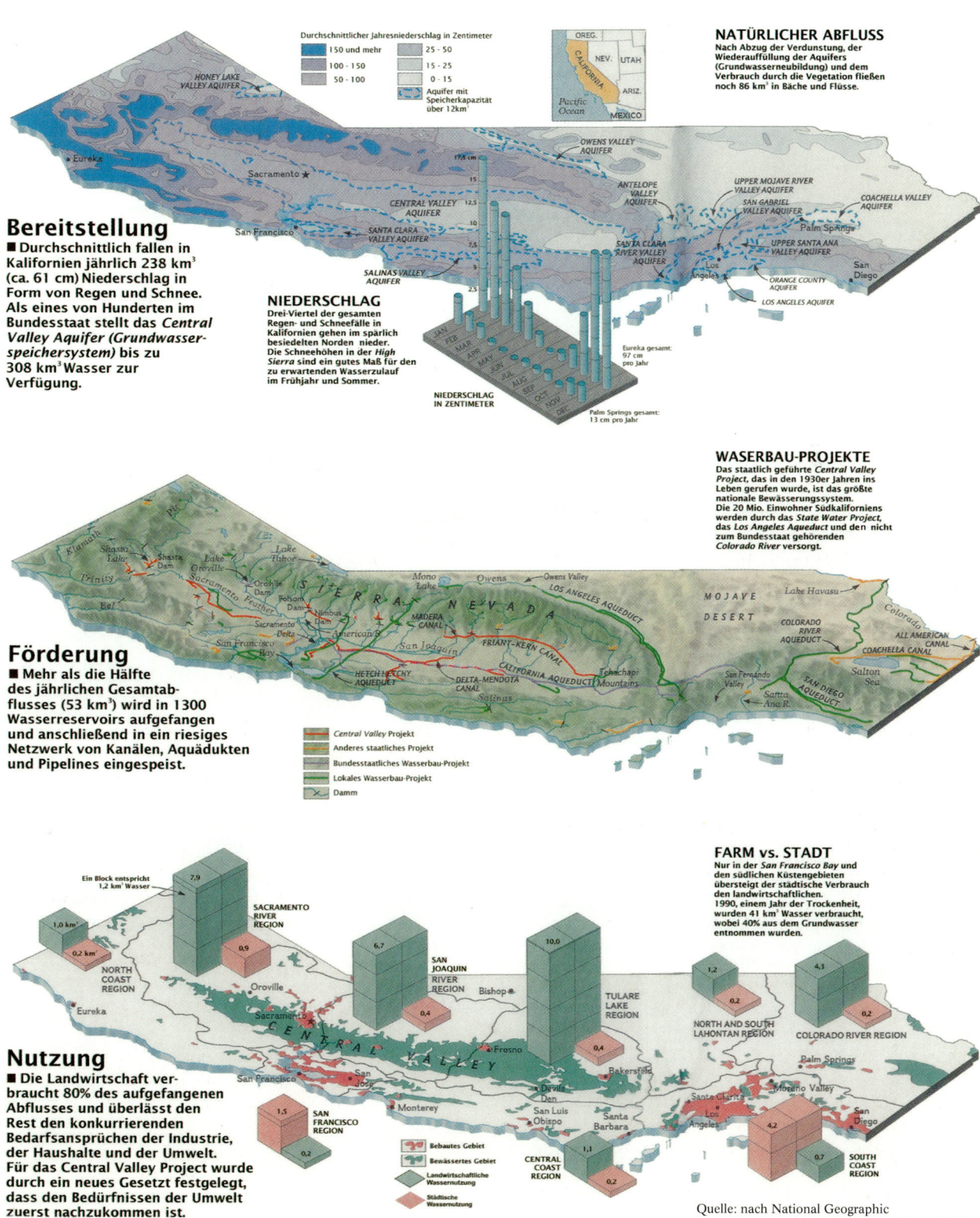

Durchschnittlicher Jahresniederschlag in Zentimeter

- 150 und mehr
- 100 - 150
- 50 - 100
- 25 - 50
- 15 - 25
- 0 - 15
- Aquifer mit Speicherkapazität über 12 km³

NATÜRLICHER ABFLUSS
Nach Abzug der Verdunstung, der Wiederauffüllung der Aquifers (Grundwasserneubildung) und dem Verbrauch durch die Vegetation fließen noch 86 km³ in Bäche und Flüsse.

Bereitstellung
■ Durchschnittlich fallen in Kalifornien jährlich 238 km³ (ca. 61 cm) Niederschlag in Form von Regen und Schnee. Als eines von Hunderten im Bundesstaat stellt das *Central Valley Aquifer* (Grundwasserspeichersystem) bis zu 308 km³ Wasser zur Verfügung.

NIEDERSCHLAG
Drei-Viertel der gesamten Regen- und Schneefälle in Kalifornien gehen im spärlich besiedelten Norden nieder. Die Schneehöhen in der *High Sierra* sind ein gutes Maß für den zu erwartenden Wasserzulauf im Frühjahr und Sommer.

NIEDERSCHLAG IN ZENTIMETER

Eureka gesamt: 97 cm pro Jahr

Palm Springs gesamt: 13 cm pro Jahr

WASERBAU-PROJEKTE
Das staatlich geführte *Central Valley Project*, das in den 1930er Jahren ins Leben gerufen wurde, ist das größte nationale Bewässerungssystem. Die 20 Mio. Einwohner Südkaliforniens werden durch das *State Water Project*, das *Los Angeles Aqueduct* und den nicht zum Bundesstaat gehörenden *Colorado River* versorgt.

Förderung
■ Mehr als die Hälfte des jährlichen Gesamtabflusses (53 km³) wird in 1300 Wasserreservoirs aufgefangen und anschließend in ein riesiges Netzwerk von Kanälen, Aquädukten und Pipelines eingespeist.

- *Central Valley Projekt*
- *Anderes staatliches Projekt*
- *Bundesstaatliches Wasserbau-Projekt*
- *Lokales Wasserbau-Projekt*
- *Damm*

Nutzung
■ Die Landwirtschaft verbraucht 80% des aufgefangenen Abflusses und überlässt den Rest den konkurrierenden Bedarfsansprüchen der Industrie, der Haushalte und der Umwelt. Für das Central Valley Project wurde durch ein neues Gesetz festgelegt, dass den Bedürfnissen der Umwelt zuerst nachzukommen ist.

Ein Block entspricht 1,2 km³ Wasser

FARM vs. STADT
Nur in der *San Francisco Bay* und den südlichen Küstengebieten übersteigt der städtische Verbrauch den landwirtschaftlichen. 1990, einem Jahr der Trockenheit, wurden 41 km³ Wasser verbraucht, wobei 40% aus dem Grundwasser entnommen wurden.

- Bebautes Gebiet
- Bewässertes Gebiet
- Landwirtschaftliche Wassernutzung
- Städtische Wassernutzung

Quelle: nach National Geographic
Bearbeitung: Joachim Schindler, FSU Jena (2004)

85.1 Kalifornisches Längstal – Wasserhaushalt und Wasserwirtschaft

86.1 Kanal in Kalifornien

86.4 Wasserpipeline

Im Zentrum von Los Angeles sind in den letzten zwölf Monaten nur etwa acht Zentimeter Regenwasser gefallen. Das ist weniger als je zuvor seit Beginn der Aufzeichnung, teilten die Behörden mit. Eine Besserung ist nicht in Sicht. Für die kommenden Monate wird ein trockener und heißer Sommer erwart, sodass das Jahr 2007 in Kalifornien das trockenste Jahr seit den 1970er-Jahren werden könnte. Die Schneedecke in der Sierra Nevada ist so dünn wie seit 20 Jahren nicht mehr. Die Bewohner Südkaliforniens sollen daher ihren Wasserverbrauch um zehn Prozent senken. Schwimmbecken, Gartensprenger und häufige Autowäschen machen in Südkalifornien den Großteil des privaten Wasserverbrauchs aus. Da die Vegetation überwiegend künstlich bewässert werden muss, werden im Sommer mehr als 70 Prozent des Wassers für Sprinkleranlagen verbraucht. Den Kaliforniern liegt die grüne Umgebung jedoch am Herzen: Während der letzten offiziellen Dürre, die von 1987 bis 1993 andauerte, sollen Medienberichten zufolge einige Hausbesitzer den vertrockneten Rasen grün angemalt haben.

(nach Zeitungsmeldungen vom 2.7.2007, u. a. Baseler Zeitung)

86.2 Wasserknappheit in Kalifornien

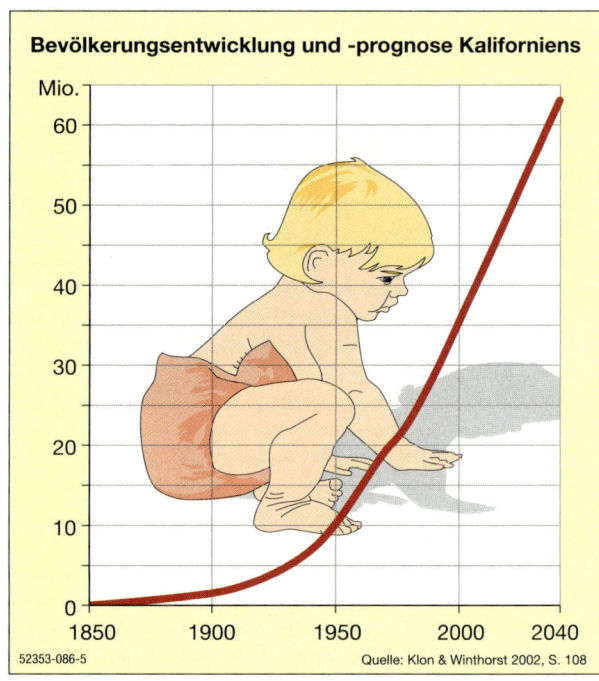

86.5 Kalifornien – Bevölkerungsentwicklung

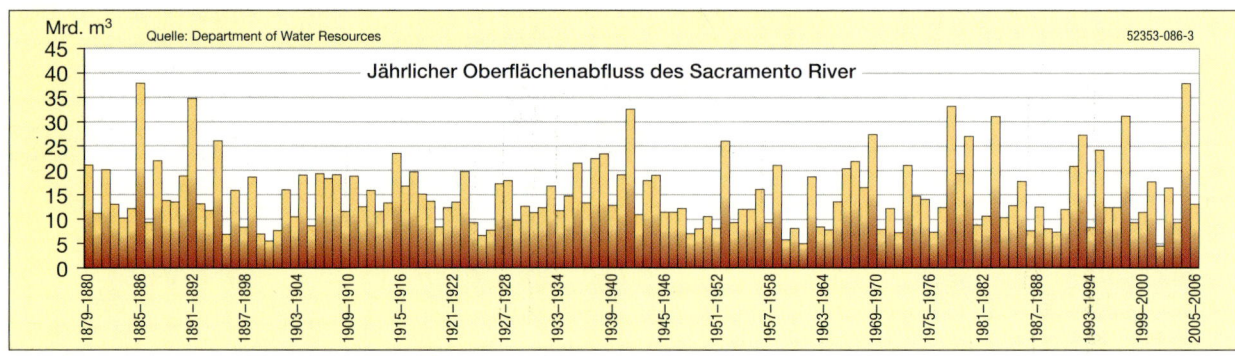

86.3 Trockene und feuchte Jahre in Kalifornien (1906 – 2006)

Sowohl das Central Valley Project der Bundesregierung, das in den 1930er-Jahren begonnen wurde, als auch das State Water Project aus den 1960er-Jahren stoßen auf dasselbe Problem: Das meiste Wasser Kaliforniens kommt aus den Bergen nördlich von Sacramento im Winter und Frühjahr. Aber die größten Mengen werden in den Städten und auf den Farmen des trockenen Südens im Sommer und Herbst benötigt. Dieses Missverhältnis hat traditionellerweise den dünn besiedelten Norden gegen den Süden aufgebracht.

Ingenieurgeist und Milliarden von Steuerdollars haben dieses Missverhältnis zurechtgerückt – und sie taten das mit einer Geschwindigkeit und einem Glauben an die Technologie, der jetzt fast fremd erscheint. Ehrgeizige Dämme verwandelten Flussschluchten in Stauseen, Millionenliterventile öffneten sich, und Wasser floss im Zickzack durch Betonkanäle – sogar Kanäle hinauf und über Berge – in den Süden. Die kombinierten Projekte stellen das größte Wasserkontroll- und Transportsystem der Welt dar. Ihr Potenzial, die natürlichen Wassersysteme, die sie ersetzten, völlig durcheinanderzubringen, stellte sich erst im Laufe der Zeit heraus.

Das Sacramentodelta bildet das Herz des Wasserversorgungssystems und auch den Schwachpunkt. Es ist ein riesiges Binnenmündungsgebiet, wo der Sacramento River aus dem Norden und der San Joaquin River aus dem Süden zusammenfließen und sich dann in die San Francisco Bay ergießen. Pumpen am Südende des Deltas saugen viel von diesem Wasser auf und schicken es weiter nach Süden. Es dauert bis zu zwei Wochen, bis das Wasser aus den nördlichen Stauseen in den Sacramento River gelangt, dann weiter durch das Delta fließt und bis zum Kunden Hunderte

von Kilometern im Süden gepumpt wird. Die Reservoirs müssen auch Wasser ablassen, um die Qualitäts- und Fließstandards zu erfüllen – mindestens soviel, dass genügend Strömung zum Meer hin erhalten bleibt, um das Salzwasser zurückzuhalten, das sonst bis zu den Pumpen im Binnenland hereinströmen könnte.

Aber es ist noch komplizierter. So verfärben beispielsweise giftige Abwässer aus einer alten Mine einen Teil des oberen Sacramento River milchig grün. Den Fluss zu verdünnen, um das Wasser wieder sicher für Fische und Benutzer am unteren Ende des Flusses zu machen, kostete 1 300 000 Liter Stauwasser im letzten Jahr.

Die Stauseen mussten auch kaltes Wasser ablassen, um den Fluss auf der günstigsten Temperatur für Lachse zu halten. Bereits am Stausee beginnt der Wettkampf ums Wasser. Dazu kommt, dass Farmer und einige Städte Wasser schneller aus dem Grund pumpen, als die Wasserströme sich wieder auffüllen können. Grundwasserentzug ist noch immer größtenteils ungemessen und unreguliert in Kalifornien. Im Allgemeinen denken die Farmer, dass jeder seinen Strohhalm in einer großen Dose hat – und wenn man nicht daran zieht, dann tut es ein anderer. Aber dadurch, dass sie ziehen, wird die Dose flacher: Mit weniger Wasser brechen die Strukturen der Wasserader zusammen, und die beschädigte Ader wird nie wieder so viel Flüssigkeit halten wie früher. Das Zentraltal hat dadurch bereits die Hälfte der natürlichen unterirdischen Wasserlager verloren, die durch Staudammbau und Steuerdollars hinzugefügt wurden.

(Quelle: www.travelworldonline.de/kalifornienwasserversorgung.html, 5.8.2008, Monika Fuchs)

87.1 Wasserversorgung in Kalifornien

	Jahr mit durchschnittlichen Niederschlägen					
	2000		2010		2020	
	Mrd. m^3	%	Mrd. m^3	%	Mrd. m^3	%
Städte	11,47	13,5	13,44	15,7	15,66	17,9
Landwirtschaft	37,24	43,9	36,25	42,2	35,51	40,7
Umweltschutz	36,13	42,6	36,13	42,1	36,13	41,4
Gesamt	**84,84**	**100,0**	**85,82**	**100,0**	**87,30**	**100,0**
	trockenes Jahr					
	2000		2010		2020	
	Mrd. m^3	%	Mrd. m^3	%	Mrd. m^3	%
Städte	11,96	16,5	14,06	19,1	16,28	21,7
Landwirtschaft	39,33	54,1	38,34	52,0	37,48	49,9
Umweltschutz	21,33	29,4	21,33	28,9	21,33	28,4
Gesamt	**72,62**	**100,0**	**73,73**	**100,0**	**75,09**	**100,0**
Quelle: Department of Water Resources						

87.2 Prognose des Wasserbedarfs in Kalifornien bis zum Jahr 2020 für ein Jahr mit durchschnittlichen Niederschlägen und ein trockenes Jahr

88.1 Landwirtschaftliche Nutzung in Kalifornien

Legende:
- ☞ Geflügelhaltung
- 🐄 Rindermast, Milchproduktion
- 🌾 Reis
- 🌾 Getreide
- ♀ Baumwolle
- ● Obst
- ○ Zitrusfrüchte
- ⊘ Gemüse
- ☘ Wein

88.4 Furchenbewässerung in Kalifornien

Jahr	Anteil in Prozent
1978	8,7
1982	9,5
1987	10,2
1992	10,5
1997	11,7
2002	12,8

Quelle: Census of Agriculture (Hinweis: Der bislang letzte veröffentlichte landwirtschaftliche Zensus stammt aus dem Jahr 2002.)

88.5 Anteil Kaliforniens an der agrarischen Wertschöpfung der USA

Kalifornien bietet für den Anbau von Kulturpflanzen günstige Voraussetzungen: ein ganzjähriges warmes Klima sowie nährstoffreiche Böden in den Längstälern bzw. den Küstenebenen. Allerdings ist der Anbau von Feldfrüchten und Obst auf dem Großteil der Flächen in den Tälern nur mit Bewässerung möglich.

Trotz des begrenzten Wasserangebotes gehört die kalifornische Landwirtschaft heute zu den führenden Produzenten in den USA. 2002 erzeugten die kalifornischen Farmen Agrarprodukte in einem Wert von knapp 26 Milliarden Dollar, fast doppelt so viel wie im zweitplatzierten Bundesstaat Texas. Dabei wirtschaften in Kalifornien nur knapp vier Prozent aller US-amerikanischen Farmen auf etwa drei Prozent des gesamten Ackerlandes der USA. Das ist nur durch eine intensive Landwirtschaft möglich.

Allerdings führte der immer weiter vorangetriebene Bewässerungsfeldbau zu ökologischen Problemen, die sich vor allem in Vernässung und Versalzung der Anbauflächen zeigte. Während der Dürreperioden kam es zudem zu Einschränkungen der Wasserbereitstellung bzw. zu Kostensteigerungen. Die Farmer reagierten darauf mit dem verstärkten Anbau von weniger wasserabhängigen Dauerkulturen sowie Wasser sparenden und effizienteren Bewässerungstechnologien.

Doch trotz der Veränderungen in den Bewässerungssystemen reicht das von den Wasserbehörden zugeteilte Wasser nicht für alle Flächen aus. Hinzu kommen deutliche Kostensteigerungen für das Süßwasser. Die Farmer weichen dann auf das vorhandene Grundwasser aus, was aber bei Übernutzung zu dauerhaften Absenkungen und in Küstennähe zum Eindringen von Salzwasser führen kann.

88.2 Probleme des Bewässerungsfeldbaus in Kalifornien

Bewässerungssystem	1985	1990	1995	2000	2002
Furchenbewässerung	63	43	36	30	24
kombinierte Furchen- und Sprinklerbewässerung	15	38	43	43	46
druckgeregelte Sprinkler	21	16	15	14	12
druckgeregelte Tröpfchenbewässerung	1	3	6	13	18

Quelle: Census of Agriculture (Hinweis: Der bislang letzte veröffentlichte landwirtschaftliche Zensus stammt aus dem Jahr 2002.)

88.3 Veränderungen der Bewässerungssysteme (Angaben in Prozent der bewässerten Fläche)

Bis Anfang der Neunzigerjahre war trotz Dürreperioden und sich ausbreitender Wüsten Wassersparen in Los Angeles kein Thema. Damals erreichte man den historischen Rekord von 534 Litern pro Kopf und Tag – keine andere Stadt in den USA verbrauchte so viel Wasser. Heute, nur zehn Jahre später, gilt Los Angeles als Vorbild für modernes Wassermanagement.

Fast zehn Millionen Menschen leben im Großraum Los Angeles, inmitten der südkalifornischen mediterranen Steppe. Eine Metropole mit einem ungeheuren Wasserverbrauch. Die eigenen Süßwasserreserven sind jedoch schon lange erschöpft. Seit ihrer Gründung lebt die Stadt von Wasserimporten aus umliegenden Gebieten, allein 2250 Kilometer Aquädukte wurden seit Mitte des 19. Jahrhunderts gebaut. Das begehrte Nass wird in die Metropole geleitet, gereinigt und gechlort, bevor es ins Wassernetz zu den Verbrauchern gelangt. Die Stadt führte dabei lange einen gnadenlosen Wasserkrieg mit seinem Umland, begleitet von Bestechung, Korruption und Mord. Nachdem Los Angeles das ehemals fruchtbare Owens Valley buchstäblich verdursten ließ, wäre auch der Mono Lake, eines der interessantesten Ökosysteme der Erde, fast zu einer Salzwüste geworden. Die Umweltorganisation Mono Lake Commitee strengte Gerichtsklagen gegen die Wasserwerke an und brachte die katastrophalen Folgen für das Ökosystem an die Öffentlichkeit.

Heute ist der Mono Lake Naturschutzgebiet. Einer, der dazu beigetragen hat, ist Ade Adeneji, Manager der Non-Profit-Organisation ADRO. Er suchte nach Möglichkeiten, den unnützen Wasserverbrauch zu stoppen, das Wassersparen populärer zu machen. 155 Liter verbrauchte jeder Einwohner allein für die Toilettenspülung, so viel, wie der tägliche Pro-Kopf-Verbrauch an Trinkwasser in Deutschland. Ade entwickelte einen Mechanismus, der den Wasserverbrauch von 20 auf 6 Liter reduzierte. Die Wasserspartoilette kostet 100 Dollar, Geld, das nur wenige von sich aus investieren würden. Deshalb verschenkt Ade die Sparwunder – mit unglaublichem Erfolg. Getragen wird das Unternehmen von Umweltgruppen, der Stadt und den Kirchen. Dank dieser Neuerung spart Los Angeles jährlich 36 Mio. Kubikmeter Trinkwasser. Adenejis Firma will in Zukunft Anlagen auf den Markt bringen, die Meerwasser entsalzen können – ein weiterer Schritt für eine gesicherte und umweltverträglichere Wasserversorgung von Los Angeles.

(leicht verändert nach: http://archives.arte-tv.com/special/geo360/dtext/200103/3a.html, 7.3.2001)

89.1 Probleme der Wasserversorgung in Los Angeles

Aufgrund der steigenden Bevölkerungszahl wird der Wasserbedarf zur Versorgung der städtischen Räume weiter ansteigen. […] Da der Central Valley Project Improvement Act den Handel von Wasser – innerhalb gewisser Grenzen – ermöglicht hat, kann es für die Städte attraktiv sein, sich auf diesem Wege zusätzlich Wassermengen zu besorgen. Gegenüber anderen Nutzungsinteressenten – vor allem gegenüber anderen Nachfragern aus der Landwirtschaft – haben die Wasserversorgungsunternehmen der Städte den Vorteil, dass sie hohe Wasserpreise zahlen und diese an die Endverbraucher weitergeben können.

Für etliche Farmer könnte es daher lukrativ sein, Wasser an die städtischen Wasserversorgungsunternehmen zu verkaufen und die eigenen Felder brachfallen zu lassen. Damit wird jedoch ein ganz neues Problem aufgeworfen, denn die beschriebene Vorgehensweise, die für einzelne Farmer gewinnbringend sein mag, kann für die betroffene Region verhängnisvoll sein. […]

Für die Bracheflächen erwirbt der Farmer kein Saatgut und keine Düngemittel mehr, seine Aufwendungen für Maschinen und Treibstoff sinken ebenfalls. Damit wird der vorgelagerte Wirtschaftsbereich in der betroffenen Region in Mitleidenschaft gezogen. Da auf den Bracheflächen auch keine landwirtschaftlichen Produkte mehr erzeugt werden, ist auch der nachgelagerte Bereich (Handel und Verarbeitung der Erzeugnisse) vom Wassertransfer negativ betroffen. Aufgrund dieser sogenannten third-party-impacts sind im Central Valley Project Improvement Act auch Restriktionen für den Wassertransfer enthalten. Es wird jedoch deutlich, dass sich zwischen Farmern, die zum Wasserverkauf bereit sind, und anderen Bewohnern der betroffenen Regionen ein beträchtliches Konfliktpotenzial aufbauen kann.

Darüber hinaus stellt sich jedoch eine grundsätzliche juristische Frage: Wem gehört das Wasser, das in den Bergen der Sierra Nevada als Schnee niedergeht, in staatlich geförderten Stauseen gespeichert, über staatlich geförderte Fernleitungssysteme in den Süden des Landes transportiert und dort von Bewässerungsdistrikten an die einzelnen Farmer verteilt wird? Hat der einzelne Farmer, der nur das letzte Glied in dieser langen Kette darstellt, das Recht, über dieses Wasser zu verfügen und es zu verkaufen? Oder hat er nur das zweckgebundene Nutzungsrecht an diesem Wasser, das an den Bewässerungsdistrikt zurückfällt, sobald er es nicht mehr ausübt? [...]

(Quelle: H.W. Windhorst: Vechtaer Studien zur Angewandten Geographie, Band 12, S. 204)

89.2 Wasserhandel in Kalifornien

Lake Mead

Hoover-Damm

Hoover-Damm

Im Delta des Colorado in Mexiko lebt der Stamm der Cucapa. Es sind Fischer, seit Menschengedenken war der Fluss ihre Lebensgrundlage. Doch jetzt fängt der alte Onesimo in der knöcheltiefen Brühe nur noch selten etwas. Das Wasser ist da oben, in Amerika, verschwunden, sagt er, wie, weiß er auch nicht. „Damals gab es so viel Fisch", meint Karim, „man konnte sie vom Ufer aus fangen oder mit Pfeil und Bogen schießen." „In den Achtzigerjahren ging es los", sagt Onesimo, der in einer verlassenen Feriensiedlung untergekrochen ist. Zwanzig Bungalows für Angeltouristen, doch mit dem Fluss verschwand hier alles, wovon sie einst lebten. Viele Jüngere haben das Dorf verlassen, für Onesimo ist es zu spät. „Unser Stamm hat immer hier gelebt, und in der Stadt kämen wir doch gar nicht zurecht. Da würden wir doch auch verhungern. Ja, es tut weh, darüber nachzudenken."

Und dann singen sie für uns ein altes Lied über den Fluss, der hier längst keiner mehr ist. Der Colorado River versickert inzwischen, bevor er das Meer erreicht. Viele Wüstenstädte im amerikanischen Westen leben nur von Coloradowasser, einige, wie Las Vegas, wachsen rasant. Plantagen, Farmen, Viehzüchter – sie alle haben Wasserrechte, über 2000 Flusskilometer verteilt. Das Problem: Seit sieben Jahren schon wird das Wasser immer knapper, zu wenig Schneefall in den Rocky Mountains. Immer nervöser werden die Wassermanager der großen Städte, ihre Stauseen laufen leer, ihre Rechtsanwälte kämpfen gegeneinander um Grundwasservorräte und Wasserrechte. „Der Klimawandel hat den Colorado zerstört, die globale Erwärmung hat enorme Auswirkungen", sagt Pat Mulroy vom Las Vegas Valley Water District. „Und wir fragen uns: Ist das vielleicht keine vorübergehende Erscheinung? Denn dann muss jeder westlich der Rocky Mountains seinen Lebensstil völlig ändern." […]

Weiter flussaufwärts. Schön grün und klar ist das Coloradowasser unterhalb des Hoover-Staudamms – doch das ist schlecht. Denn Sand und Lehm, Blätter und Gräser, alles, was ein gesunder Fluss und seine Fische brauchen, versinkt in den Stauseen. Die Wissenschaftler auf diesem Boot sorgen sich um Menschen, nicht um Fische. Viele Millionen in Las Vegas und Los Angeles trinken Wasser aus diesem Stausee, Las Vegas pumpt aber seine Abwässer auch zurück, hierhin. Und jetzt ist Lake Mead halb leer, immer weniger Coloradowasser also für immer mehr Schadstoffe. „Häufiger finden wir Koffein und Brandverzögerer von all den Hotelbettbezügen oder Medikamente gegen Bluthochdruck. Da sind schon einige Chemikalien, die wir hier finden." Sie messen auf verschiedenen Höhen, da, wo Las Vegas sein Wasser wegpumpt. Schon in drei Jahren könnte, wenn es trocken bleibt, ein solcher Abfluss über der Wasserlinie liegen.

John nennt sich selbst einen Riverkeeper, Flussbewahrer. Mit Spendengeldern finanziert er Klagen gegen Behörden und Wasserwerke. Sein Ziel: Er will Staudämme stilllegen. „Wir haben den Fluss doch zerstückelt, mit Dämmen, und da gibt es keinen Lebensraum mehr für Fische." Die grünen Uferzonen wurden früher regelmäßig überflutet, erklärt John, während er uns in einen unberührten Nebencanyon führt. Doch Hunderte von Staudämmen holen jetzt fast alle wichtigen Nährstoffe aus dem Fluss. Die Reise zum angekündigten Wasserfall wird immer abenteuerlicher: Es hat geregnet heute und immer mehr Wasser stürzt uns entgegen. So wild und unberechenbar, wie John es sich wieder für seinen Colorado wünscht. „Der Fluss ist das Herz und die Lunge des ganzen Systems, und das ist jetzt krank. Also wenn es nicht diese vielen kleinen Zuflüsse gäbe, dann wäre der Fluss völlig am Ende." […] Die dramatische Wasserknappheit der letzten Jahre hat Johns Kampf gegen die Staudämme noch populärer gemacht. Denn jeder Stausee lässt auch riesige Mengen Wasser verdunsten. Seine Prognose: Die Leute, die hier in Los Angeles oder Las Vegas leben, werden das gleiche Schicksal erleiden wie die Babylonier oder die Syrer damals. Die Ströme von Reichtum werden abreißen, ganz einfach, weil ihre Bewässerungssysteme zusammenbrechen. Eine düstere Vision, aber noch ein paar trockene Jahre und Anrainerstaaten des Colorado müssen den Wassernotstand ausrufen und riesige Anbauflächen wieder der Wüste überlassen.
(Quelle: SWR, 21. Oktober 2007, Udo Lielischkies)

90.1 Wassernot in Flussnähe

91.1 Karikatur

91.3 Karikatur

	Vorteile	Nachteile
Neuberechnung der Wasserpreise	• Sobald die Preise angepasst sind, zeigen sich die Auswirkungen unmittelbar.	• Langwieriges Verfahren, da diese Möglichkeit die Zustimmung von Regierungs- und/oder Behördengruppen erfordert. • Beschränktes Einsparungspotenzial. Sobald die Preise angepasst sind und Einsparungen realisiert wurden, sind zusätzliche Einsparungen begrenzt.
Wiederverwendung von Wasser	• schafft „neue" Wasserquellen • kann in manchen Fällen vorteilhaft für Pflanzen sein	• Teuer-Kosten für einen Aufbau in einem Haushalt fangen bei 3000 US-$ an. • Diese Möglichkeit ist vielleicht nicht in allen Gebieten verfügbar.
Entsalzung	• schafft „neue" Wasserquellen • Der Vorrat ist praktisch unbegrenzt.	• Teuer – die Einstiegskosten betragen mindestens 1 Million US-Dollar pro Werk. • Mögliches Nebenerzeugnis des Entsalzungsverfahrens könnte schädlich für die Umwelt sein.
Wassertransfer und Verbesserung der Wasserleitungssysteme	• erfüllt einen sofortigen Wasserbedarf • verbessert die Effizienz der momentanen Wasserleitungssysteme	• langwieriges Verfahren, das die Beteiligung vieler regierungs- und Behördengruppen erfordert (z. B. Imperial Valley Wassertransfer) • Durch Wassertransfer erfolgt im Wesentlichen eine Neuzuteilung des Wassers; es werden dadurch keine Ersparnisse erzielt oder neue Quellen gefunden. • Verbesserungen der Infrastruktur können teuer sein.
Auswahl alternativer Pflanzen	• Implementierung kann billig und für Haushalte möglich sein. • Nur geringe Wassermengen sind zur Erhaltung der Vitalität nötig. • Es werden weniger Pestizide benötigt.	• Es wird gewöhnlich eine völlige Neugestaltung der Landschaft notwendig. • ist eingeschränkt auf heimische Pflanzen • anfällig dafür, von „invasiven" nichtheimischen Pflanzen überwuchert zu werden
Wassereinsparungen durch effiziente Bewässerung	• Die Implementierung kann auf verschiedenen Stufen erfolgen – von sehr einfachen bis hin zu komplexen Methoden. • Die Ersparnisse im Agrargebiet können bedeutend sein. • Vorteile können sofort genutzt werden.	• Für eine effiziente Bewässerung müssen vier wichtige Komponenten kombiniert werden: Entwurf, Wasser sparende Produkte, Installation und Verbrauch/Wartung – nur wenn alle vier zum Einsatz kommen, können Einsparungen erzielt werden.

Quelle: Rain Bird Corporation: Bewässerung für eine wachsende Welt (www.rainbird.com)

91.2 Möglichkeiten, der dem Problem Wasserknappheit zu begegnen

III Salzwasser

1 Das Weltmeer

„Das Land, das dich verschluckt". So bezeichnen die Ureinwohner der polynesischen Inselwelt respektvoll die Weiten des sie umgebenden Meeres. Das Weltmeer umfasst den gesamten zusammenhängenden Salzwasserkörper der Erde und lässt sich durch die gegenwärtige Lage der Kontinente in drei große Ozeane gliedern: in den Pazifischen Ozean oder Stillen Ozean, den Atlantischen Ozean und den Indischen Ozean.

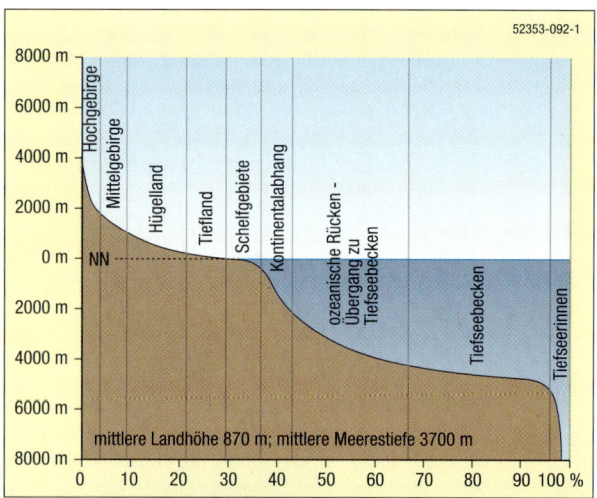

92.1 Hypsometrische Kurve

Dass die Region der Arktis ein tiefes, mit Meerwasser gefülltes Becken ist, wurde erst Ende des 19. Jahrhunderts entdeckt. Heute wird das in noch großen Teilen dauerhaft von Eis bedeckte Nordpolarmeer auch als Arktischer Ozean ausgewiesen. Sein Pendant ist der sich aus den südlichen Ausläufern der drei klassischen Ozeane zusammensetzende Antarktische Ozean. Er umschließt den antarktischen Kontinent mit zwei entgegengesetzt rotierenden Strömungsringen.

Die heutige Land-Meer-Verteilung wird sich jedoch wie bereits in der Vergangenheit auch in Zukunft durch plattentektonische Prozesse weiter verändern (Abb. 92.1 und 92.2). Während an den mittelozeanischen Rücken, einem untermeerischen Gebirge, das alle Ozeane durchzieht, neue ozeanische Kruste entsteht, kommt es im Bereich der Tiefseerinnen zur Subduktion des Meeresbodens.

Die Tiefseebecken galten lange Zeit als völlig eben. Heute sind dort mehr als 30 000 größere Unterwasserberge bekannt, sogenannte Seamounts, die ihre Umgebung um mehrere Tausend Meter überragen. Der Mauna Kea auf Hawaii (4205 m über NN) ist mit etwa 10 000 Meter Höhe, gemessen vom Fuß des Meeresbodens, sogar der höchste Berg der Erde. Der Übergang von den Tiefseeebenen zu den flachen Schelfmeeren, die die Kontinente umgeben, bilden die steilen Kontinentalabhänge.

Insgesamt ist das Weltmeer auch heute noch in großen Teilen, vor allem in seinen tieferen Schichten, immer noch ein weitgehend unbekanntes Universum.

92.2 Meeresbodenreliefkarte (Ausschnitt)

Viele Folgen der zunehmenden menschlichen Eingriffe in die marinen Ökosysteme sind bereits unübersehbar, ihre mittel- und langfristigen Auswirkungen bislang nur sehr schwer oder gar nicht abschätzbar. Zahlreiche nationale und internationale Vereinbarungen zum Schutz der Meere und Küsten sind in den letzten Jahrzehnten getroffen worden, zum Beispiel das Verbot des kommerziellen Walfangs oder das Verbot der Verklappung giftiger Chemikalien auf See. Die Ausweisung von Schutzgebieten trägt zum Schutz von Lebensräumen wie Korallenriffen, Wattenmeer oder Boddenküsten bei. Strenge Vorschriften für den Öltransport durch Tanker führten zu einem Rückgang der Ölverschmutzungen seit Mitte der 1980er-Jahre um 85 Prozent. Trotz aller Erfolge, die Gefährdung der marinen Ökosysteme der Ozeane hält weiter an:

- Die Bevölkerungsdichte an den Küsten wächst, saisonal meist erheblich verstärkt durch den Tourismus.
- Der kommerzielle Fischfang hat die Fischbestände in vielen Meeresgebieten schon bis an ihre Grenzen befischt oder sogar überfischt.
- Mit den abnehmenden Rohstoffressourcen an Land wächst der Druck auf die marinen Lagerstätten.
- Im Zuge der Globalisierung wächst der internationale Warenaustausch durch die Weltmeere weiter.
- Der Klimawandel verursacht schleichende, aber dramatische Veränderungen nicht nur der terrestrischen Ökosysteme.

Heutige Forschungs-U-Boote sind meist geräuschen scheue Meerestiere. Der von Orbiter soll dagegen geräuschlos mit den 51 Meter hohe Schiff schwimmt dabei wie ein Drittel des futuristischen Gefährts liegen unter satzungsmitglieder können auf den zahlreichen nachgehen. In den unteren Teilen des Schiffs Wasserdruck angepasst, sodass Taucher leicht Wenn die Finanzierung gesichert ist, soll der Bau Fahrt plant Jacques Rougerie im Golfstrom. Sie sondern auch viele Menschen für die Unterwasserwelt begeistern.

klein und vertreiben mit ihren Motoren- Jacques Rougerie entworfene Sea- Meeresströmungen dahintreiben. Das Seepferdchen senkrecht im Meer. Zwei der Wasseroberfläche. Bis zu 18 Be- Decks ihrer wissenschaftlichen Arbeit wird der Luftdruck dem umgebenden Außeneinsätze durchführen können. des Schiffes beginnen. Die erste soll nicht nur seinen Traum erfüllen,

93.1 Der Sea-Orbiter

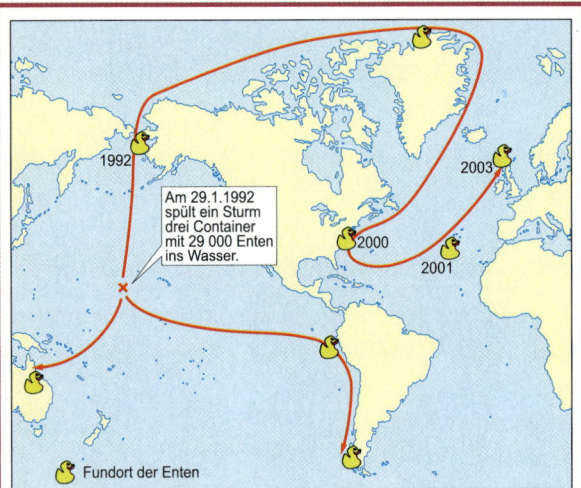

94.1 „Floatees"

(Quelle: Spiegel Online vom 30. Juni 2007)

Im Januar 1992 verlor ein Frachter aus Hongkong auf seiner Reise nach Tacoma im US-Staat Washington im Ostpazifik einige Container mit insgesamt knapp 29 000 Spielzeugtieren. Die Behälter öffneten sich, und die Plastikobjekte schwammen fortan auf den Weltmeeren dorthin, wo die Strömung sie hintrieb, und verteilten sich in verschiedene Richtungen.

Zwei Drittel der „Floatees" trieben nach Süden, einige Exemplare wurden in Australien, Indonesien und Südamerika gefunden. Etwa 10 000 der Figuren gelangten in nördlicher Richtung durch das Beringmeer in Richtung Alaska, wo einige im Eis festfroren und andere strandeten. Im Jahr 2000, acht Jahre nach dem Unglück, wurden einige Plastikenten im Nordatlantik zwischen Maine und Massachusetts gesichtet. Durch die Firmenaufschrift „Frist Years Inc." waren sie eindeutig zu identifizieren, obwohl Sonne und Meer die Oberfläche gebleicht hatten. Inzwischen hatte die Planschtier-Armada nicht nur zwei Autoren zu Kinderbüchern inspiriert, sondern auch das Interesse von Meeresforschern geweckt. Durch Entenfunde konnten Wissenschaftler Aufschlüsse über Klimawandel und Meeresströmungen gewinnen. Experten rechnen damit, dass der Kunststoff mindestens 100 Jahre im Meer überstehen wird.

Im Jahr 2003 wurde eine Plastikente auf den Hebriden im Nordwesten Schottlands gefunden, jetzt sagen Ozeanforscher voraus, dass sie diesen Sommer in England, im Süden Irlands oder im Westen Schottlands angespült werden könnten. [...] Wenn die ersten Enten und Frösche an britischen Stränden auftauchen, könnte das einen wahren Goldrausch auslösen - der Hersteller hat für jedes gefundene Tier einen Finderlohn von 50 Pfund ausgesetzt.

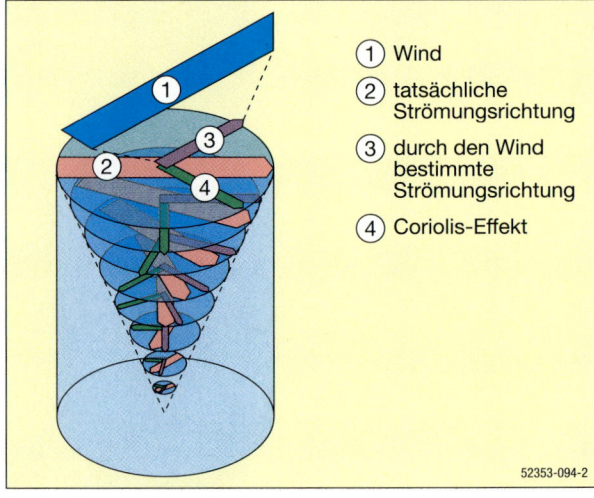

94.2 Ekman-Spirale I

Meeresströmungen

So wie die Atmosphäre des Planeten Erde ist auch das Wasser seiner Meere ständig und überall in Bewegung. Die wichtigsten Ursachen für die nicht nur die oberflächennahe Schicht, sondern den ganzen Wasserkörper erfassenden Strömungen sind die Schubkraft des Windes sowie die Dichtunterschiede des Meerwassers.

Die polaren Ostwinde, die Westwinde der Mittelbreiten und die Passate wehen meist über längere Zeit aus denselben Richtungen und erzeugen durch Windschub dabei jeweils eine sogenannte Trift, das heißt eine bis maximal 300 Meter tief reichende Oberflächenströmung. Die Richtung der über große Entfernungen wirksamen Triftströmungen wird zwar von der Land-Meer-Konstellation und dem Meeresbodenrelief beeinflusst, in erster Linie aber durch die Windrichtung und die ablenkende Kraft der Erdrotation (Coriolisablenkung) bestimmt. Letztere erzeugt im zentralen Bereich aller Ozeane große, im Wesentlichen von den Passaten angetriebene Strömungswirbel mit je nach Halbkugel verschiedenem Strömungssinn (Abb. 95.2). Die Passate verschieben an den Westseiten der Kontinente stets auch warmes und nährstoffarmes Oberflächenwasser seewärts, das durch aufsteigendes kühles, aber nährstoffreiches Tiefenwasser ausgeglichen wird. Nach den der Ekmann-Spirale zugrunde liegenden Prinzipien genügt für die Ausbildung solcher fischereiwirtschaftlich bedeutsamer „upwelling-Gebiete" sogar bereits eine küstenparallele Windströmung (Abb. 94.2, 95.1).

Triftströmungen sind jedoch nur ein Teil des globalen, auch die Tiefen der Ozeane umfassenden marinen Förderbands (Abb. 95.2), das für einen Durchlauf einige Tausend Jahre benötigt. Dichtunterschiede treiben dabei die dazu nötigen vertikalen und die Tiefenströmungen an (thermohaline Zirkulation, Abb. 95.3).

Jede Oberflächenströmung im Meer wird von der Corioliskraft beeinflusst. Diese lenkt die Meeresströmungen auf der Nordhalbkugel nach rechts bzw. auf der Südhalbkugel nach links ab. Aus dem Kräfteparallelogramm (Abb. 94.2) resultiert eine Strömungsrichtung von 45 Grad zur vorherrschenden Windrichtung. Je nach Stärke des Windes werden aber auch die tiefer liegenden Wasserschichten durch Reibung bis in eine Tiefe von 100 Meter mitbewegt. Mit zunehmender Tiefe nimmt die Geschwindigkeit jedoch ab und der Corioliseffekt dreht die Richtung des Bewegungsvektors dabei immer weiter nach rechts bzw. links, bis die tieferen Strömungen schließlich sogar in entgegengesetzter Windrichtung fließen. Dieses vertikale Geschwindigkeitsprofil wird auch als „Korkenzieherspirale" oder „Ekman-Spirale" bezeichnet. Insgesamt bewegt sich die gesamte triftende Wassermasse um 90 Grad abweichend von der auslösenden Windrichtung.

Wenn also der Wind zum Beispiel an der chilenischen Küste nach Norden weht, wird das Wasser aufs offene Meer hinausgedrückt. Das dadurch an der Küste aufquellende Tiefenwasser ist zwar bis zu acht Grad kälter als das Oberflächenwasser. Es ist jedoch reich an Nitraten, Phoshpaten und Silikaten. Mischt es sich mit dem sauerstoffreichen Wasser des Humboldtstromes, bestehen optimale Voraussetzungen für eine hohe Biomasseproduktion.

95.1 Ekman-Spirale II

Kaltes Wasser ist schwerer als warmes, weil es eine höhere Dichte hat. Und Salzwasser ist, weil das Salz zusätzliches Gewicht mitbringt, schwerer als Süßwasser. Unterschiede in Temperatur- und Salzgehalt lösen daher die sogenannte thermohaline Zirkulationen (griech.: thermos=Wärme, halos=Salz) aus.

Auf seinem Weg nach Norden verliert der Golfstrom viel Wasser durch Verdunstung, wodurch der Salzgehalt des Oberflächenwassers steigt. Im Nordatlantik treffen die Ausläufer der warmen Meeresströmung auf arktische Polarluft und kühlen dabei stark ab. Zwischen Grönland und Nordnorwegen ist das Wasser des Nordatlantikstroms schließlich so schwer geworden, dass es in die Tiefe sinkt. Diese vertikale Wasserverlagerung ist ein entscheidender Motor für das weltumspannende Strömungssystem, denn das absinkende Wasser „saugt" neues Oberflächenwasser aus Süden nach. Das kalte Tiefenwasser strömt zurück bis in den Indischen und Pazifischen Ozean, gelangt dort an die Oberfläche, wird erwärmt und wieder in den Nordatlantik bewegt.

Auch im Antarktischen Ozean gibt es eine solche thermohaline Zirkulation, denn bei der Bildung von Seeeis reichert sich im umgebenden Meerwasser Salz an. Vor allem entlang der Küste des antarktischen Kontinents sinkt dadurch das dichte Wasser zum Ozeanboden. Das antarktische Bodenwasser breitet sich unter dem nordatlantischen Tiefenwasser aus und verteilt sich fast über den gesamten Ozeanboden.

95.3 Thermohaline Zirkulation

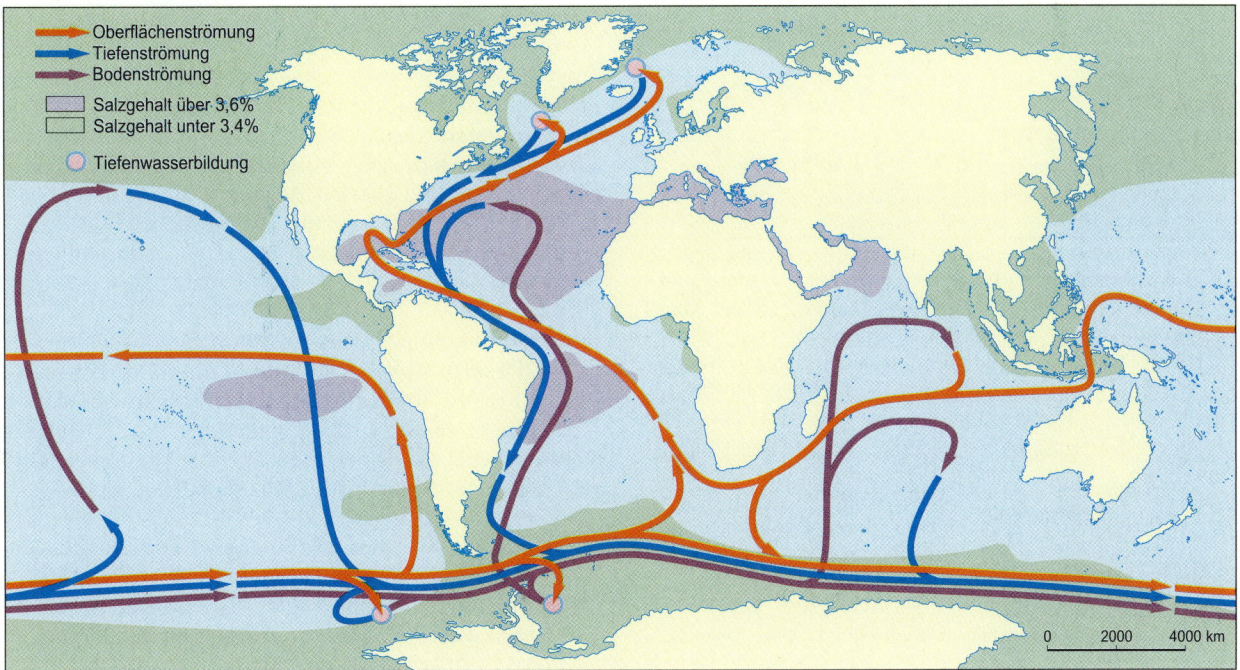

95.2 Das globale Förderband – eine Folge der thermohalinen Zirkulation

96.1 Brandung

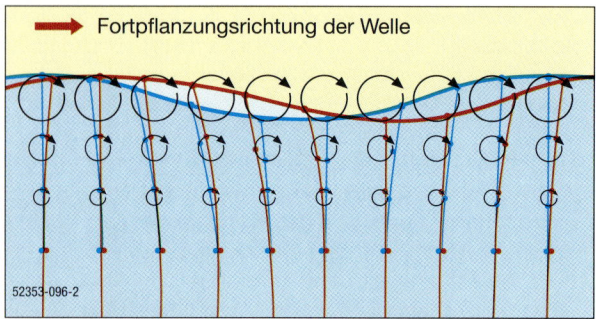

96.2 Orbitalbewegung von Wasserteilchen

Windstärke/Bezeich-nung/Geschwindigkeit	Wirkung auf dem Meer
0 Windstille 0 km/h	spiegelglatte See
1 leiser Zug 2–6 km/h	leichte Kräuselwellen
2 leichte Brise 7–12 km/h	kleine, kurze Wellen, Oberfläche glasig
3 schwache Brise 13–19 km/h	Anfänge der Schaumbildung
4 mäßige Brise 20–28 km/h	kleine, länger werdende Wellen, überall Schaumköpfe
5 frische Brise 29–39 km/h	mäßige Wellen von großer Länge, überall Schaumköpfe
6 starker Wind 40–50 km/h	größere Wellen mit brechenden Köpfen, überall weiße Schaumflecken
7 steifer Wind 51–61 km/h	Schaum von den brechenden Wellenköpfen legt sich in Schaumstreifen
8 stürmischer Wind 62–74 km/h	recht hohe Wellenberge (Köpfe werden verweht), überall Schaumstreifen
9 Sturm 75–87 km/h	hohe Wellen mit verwehter Gischt, Brecher beginnen sich zu bilden
10 schwerer Sturm 88–102 km/h	sehr hohe Wellen, weiße Flecken, lange, überbrechende Kämme
11 orkanartiger Sturm 103–117 km/h	brüllende See, Wasser wird waagerecht weggeweht, geringe Sicht
12 Orkan >118 km/h	See gänzlich weiß, Luft mit Schaum und Gischt gefüllt, keine Sicht

96.3 Beaufort-Skala

Wellen

Wellen sind der augenscheinlichste Ausdruck der Bewegung des Meeres. Drei Kräfte sind es, die Energie auf das Wasser übertragen, dadurch Wasserteilchen aus ihrer Ruhelage ablenken und Wellen erzeugen:
• die Schubkraft des Windes, die den Seegang auslöst,
• die Schwer- und die Fliehkraft, die die Gezeitenwellen verursachen (Abb. 97.1) und
• tektonische Kräfte, die zu den gefürchteten Tsunamis (vgl. S. 98) führen.

Wellen erwecken häufig den Eindruck einer vertikalen und zugleich auch einer horizontalen Wasserbewegung. Tatsächlich aber lässt sich allein schon zum Beispiel an einer schwimmenden Möwe beobachten, dass sie an den Wellenbergen und -tälern zwar auf- und niederschaukelt, aber nicht vorwärtsbewegt wird, denn die Wasserteilchen einer Welle bewegen sich im freien Wasser allein auf Kreisbahnen (Abb. 96.2).
Mit zunehmender Wassertiefe wird der Durchmesser der Kreisbahnen schnell kleiner, die Wellenhöhen geringer. Erreichen die Wellen Richtung Küste dagegen geringere Wassertiefen, gehen die Kreisbahnen der Wasserteilchen aufgrund der Berührung mit dem Meeresboden in eine strandwärts geneigte elliptische Form über und „brechen" schließlich. Die Bewegungsenergie der Wellen wird bei der Brandung am Strand umgesetzt: für das langsame Auflaufen in höhere Strandbereiche, für die Umlagerung von Sand und Geröll oder für eine Impulsweitergabe. Die Kraft, mit der Wellen an das Ufer schlagen, kann enorm sein. Eine zehn Meter hohe Welle hat entlang einer Küstenlinie von einem Kilometer eine Leistung von rund 1000 Megawatt – das entspricht der Leistung eines mittleren Kernkraftwerkes. Daher sind besiedelte Küsten vielfach durch Wellenbrecher oder Ufermauern geschützt. Die gezielte Nutzung der Bewegungsenergie der Wellen durch Umwandlung in elektrischen Strom ist dagegen weitgehend noch im Versuchsstadium (vgl. S. 120).

Je nach Stärke und Dauer des Windes entwickeln sich unterschiedlich hohe Wellen und damit ein jeweils typischer Seegang. Der irische Admiral Sir Francis Beaufort nutzte diesen für die Erstellung der nach ihm benannten Windstärkenskala (Abb. 96.3). Diese sollte den Seefahrern helfen, die Segelführung ihrer Schiffe den jeweiligen Verhältnissen anzupassen.
Die sogenannte Windsee pflanzt sich oft weit über den Bereich der direkten Windeinwirkung, das Windfeld, hinaus als Dünung fort. Dünungswellen können daher noch in Hunderten von Kilometern Entfernung mit großer Wucht an Küsten auflaufen, wie zum Beispiel die „Kalema" am Golf von Guinea.

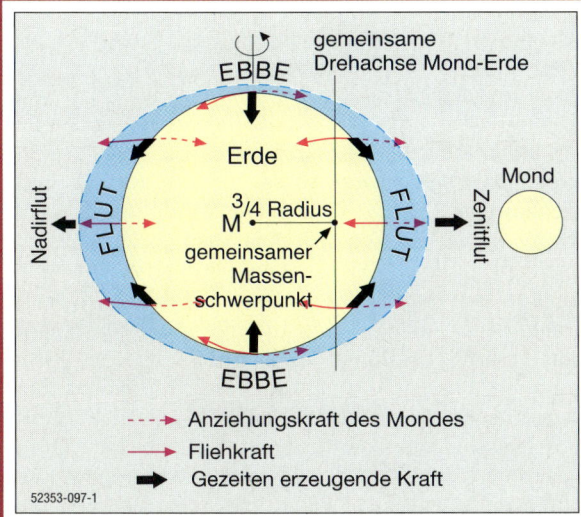

- - - → Anziehungskraft des Mondes
—→ Fliehkraft
➡ Gezeiten erzeugende Kraft

52353-097-1

Die Gezeiten, das Ansteigen des Meeresspiegels während der Flut und das Absinken bei Ebbe, sind der „Pulsschlag" der Meere. Sie verursachen in Meerengen, Buchten und Fjorden Strömungen, sind aber eigentlich Wellen.
Lange hielt sich der Glaube, dass die Götter hinter Ebbe und Flut steckten. Die alten Griechen machten sich als erste Europäer Gedanken über die Ursachen für das „Atmen" des Meeres. Der Seefahrer Pytheas vermutete bereits, dass der Mond etwas mit Ebbe und Flut zu tun habe.

Die Gezeitenwellen sind das Ergebnis einer Vielzahl von Faktoren. In erster Linie werden sie jedoch von den Anziehungskräften von Mond und Sonne sowie von den Fliehkräften verursacht, die bei der Drehung des Systems Erde – Mond um den im Inneren der Erde liegenden gemeinsamen Schwerpunkt auftreten. Auf der dem Mond zugewandten Erdhälfte überwiegt die Anziehungskraft über die Zentrifugalkraft, dagegen ist auf der dem Mond abgekehrten Seite die Fliehkraft größer als die Anziehungskraft. Unter den so entstehenden „Wasserbergen", der Nadir- und der Zenitflut, dreht sich die Erde um ihre Achse hinweg. Die beiden Flutberge verursachen dadurch an einem bestimmten Ort einen regelmäßigen Gezeitenwechsel im Abstand von 12 Stunden und 25 Minuten.
Die gleichen Wirkungen ergeben sich auch aus den Anziehungskräften der Sonne, die aber wegen der großen Entfernungen nur halb so groß wie die zwischen Erde und Mond sind. Stehen Sonne, Erde und Mond in einer Linie, dann addieren sich die Anziehungskräfte und es kommt zu besonders hohen Fluten, den sogenannten Springfluten. Befinden sich Sonne, Erde und Mond im rechten Winkel zueinander, dann heben sich die fluterzeugenden Kräfte zum Teil auf und es entsteht eine Nippflut.

97.1 Gezeiten

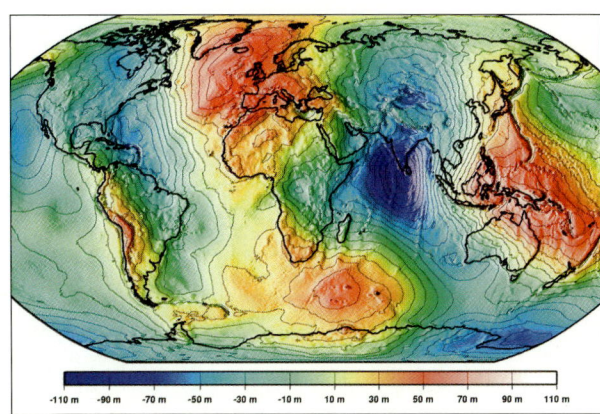

-110 m -90 m -70 m -50 m -30 m -10 m   10 m   30 m   50 m   70 m   90 m 110 m

97.2 Topographie der Meeresoberfläche

Die Meeresoberfläche ist nicht eben

An windstillen Tagen scheint die Oberfläche des Ozeans sprichwörtlich spiegelglatt zu sein. In den 1990er-Jahren zeigte sich jedoch mithilfe neuer, satellitengestützter Messverfahren, dass die Meere nicht plan sind, sondern Dellen und Aufwölbungen aufweisen: Zum Beispiel ist der Meeresspiegel südlich von Indien 170 Meter tiefer als im nördlichen Atlantik. Als eine Ursache für diese Höhenunterschiede gilt die Schwerkraft. Gibt es am Meeresgrund schwere Massen, zum Beispiel durch untermeerische Gebirge oder Dichteanomalien, ist auch die Erdanziehung größer. Das Wasser wird stärker angezogen und es bildet sich eine „Delle" auf der Wasseroberfläche aus. Im umgekehrten Fall ist die Anziehungskraft geringer und es entsteht ein „Buckel". Auch die Meeresströmungen haben Einfluss auf die Ozeanoberflächentopographie. Große Strömungswirbel weisen in ihrem Zentrum Kuhlen auf. Meeresströmungen können aber beispielsweise durch einen Kontinent aufgestaut und damit aufgewölbt werden. Auch die Atmosphäre prägt mit den unterschiedlichen Auswirkungen von Hoch- und Tiefdruckgebieten das Niveau der Wasseroberfläche mit.

Obwohl der Meeresspiegel im griechischen Hafen Patras sieben Meter tiefer liegt als im nur etwa 150 km entfernten Kanal von Korinth, strömt auch dort das Wasser nicht von den höheren zu den tieferen Orten. Es wird durch die Schwerkraft senkrecht zum Erdmittelpunkt angezogen. Die Gravitation verhindert somit die horizontale Bewegung. Auch auf Schiffen wird das Auf und Ab nicht bemerkt, da die Neigungswinkel der „Wasserberge" viel zu gering sind.

Den Unterschieden der Wasseroberfläche mit einer noch höheren Genauigkeit auf die Spur zu kommen, ist ein Ziel von „Jason 2". Der Satellit löste am 20. Juni 2008 seinen Vorgänger „Jason 1" ab, der bis dato die Niveauunterschiede der Meeresoberfläche auf „nur" 4,2 cm genau vermessen konnte.

98.1 Tropischer Wirbelsturm (Hurrikan Katrina, 2005)

98.2 Tsunami am Indischen Ozean (2004)

98.3 Sturmflut in Hamburg (1962)

Gefahren des Meeres

Tropische Wirbelstürme

Der Hurrikan „Katrina" richtete im August 2005 Schäden in einer Höhe von 125 Mrd. Dollar im Süden der USA an – mehr als jeder Hurrikan zuvor.

Liegen die Wassertemperaturen in den tropischen Bereichen über 27 Grad Celsius und verdunstet dabei viel Wasser, entwickelt sich über dem Meer ein kräftiges Tiefdruckgebiet. Die mit Wasserdampf gesättigte Luft steigt auf, kühlt ab und bildet hohe Wolken. Die dabei freigesetzte Kondensationsenergie verstärkt die Auftriebsvorgänge. Hält dieser Prozess länger an, kann ein tropischer Wirbelsturm mit Windgeschwindigkeiten von 150 km/h, in Böen bis 300 km/h entstehen. Der vom Weltraum aus als großer Wolkenwirbel sichtbare Tropensturm, der einen Durchmesser von 500 bis 1000 Kilometer besitzt, wandert vom Ozean mit nur etwa 15 bis 30 km/h langsam westwärts (Abb. 98.1). Trifft er auf Land, schwächt er sich bei einströmender trockener Luft langsam ab. Die hohen Windgeschwindigkeiten verursachen auf dem Meer meterhohe Wellen mit enormer Zerstörungskraft. Außerdem „schiebt" der Wirbelsturm einen Flutberg vor sich her, der, trifft er auf Land, bis zehn Meter über dem Meeresspiegel auflaufen kann. Mit den modernen Methoden der Computer- und Satellitentechnik ist heute die Art, Dauer und Zugbahn von tropischen Wirbelstürmen sehr genau vorhersagbar.

Tsunamis

Am 26.12.2004 bebte vor der Küste Sumatras auf einer Strecke von 1000 km der Ozeanboden und löste seismische Wellen (Tsunamis) aus. Sie forderten in den Küstenregionen des Indischen Ozeans über 230 000 Menschenleben.

Die von untermeerischen Erdbeben, Vulkanausbrüchen oder großen Hangrutschungen ausgelösten Impulse erfassen – im Unterschied zu Oberflächenwellen – die gesamte über dem Meeresgrund liegende Wassermasse. Mit Ausbreitungsgeschwindigkeiten von bis zu 800 km/h rasen die Wellen über die Ozeane. Da ihre Höhe nicht einmal einen Meter erreicht und Wellenlängen zwischen 100 und 300 km betragen, werden sie von Schiffen auf hoher See nicht bemerkt. Erreichen die Wellen jedoch Flachwasser, nimmt ihre Geschwindigkeit rasch ab, sie stellen sich auf und erreichen Höhen von 10 bis 30 Meter. Die Zerstörungskraft der auf das Land treffenden Wassermassen ist riesig. Fließen sie wieder zurück ins Meer, reißt der gewaltige Sog alles mit sich. Die Küsten des Pazifischen Ozeans sind am häufigsten von seismischen Wellen betroffen. Mit einem Netz von Seismographen zur Registrierung von Erdbebenwellen und Meeresspiegelschwankungen ist ein Warnsystem aufgebaut worden. Die Vorhersage zerstörerischer Tsunamis bleibt dennoch schwierig, weil der Zeitraum zwischen Registrierung eines Erdbebens und dem Erscheinen einer möglichen seismischen Welle sehr kurz ist.

Monsterwellen

Am 13. November 2002 fährt der mit 77000 Tonnen Diesel beladene Tanker „Prestige" durch das vom Sturmtief „Sylvia" aufgepeitschte Wasser des Atlantik. Plötzlich erhebt sich vor dem 243 Meter langen Schiff eine riesige Wand aus Wasser und reißt mit voller Wucht ein Leck in den Rumpf. Vier Tage später zerbricht das Schiff in der rauen See und Hunderte Küstenkilometer der galizischen Küste werden verseucht.

Riesenwellen, die Schiffe verschlingen, galten lange Zeit als Seemannsgarn. Doch die seit etwa 20 Jahren vor allem an Ölplattformen kontinuierlich durchgeführten Messungen zeigen, dass es tatsächlich einzelne Wellen gibt, die mit 25 bis 30 Meter doppelt so hoch sind wie die bei Orkanen gewöhnlich auftretenden Wellen. Seitdem nehmen Wissenschaftler die als Freak Waves oder auch als Kaventsmänner bezeichneten Wellen sehr ernst. Für die Entstehung von Freak Waves gibt es verschiedene und bislang noch nicht endgültige Erklärungen. Zum Beispiel können drehende Winde die See extrem aufpeitschen. Bei den sogenannten Kreuzseen trifft Seegang aus verschiedenen Richtungen aufeinander und bildet Riesenwellen. In Meeresströmungen können Wellen wie Licht in einem Brennglas gebündelt werden. Schließlich kann ein Wasserberg entstehen, wenn sich mehrere Typen von Wellen zufällig überlagern (Abb. 99.3). Forscher mehrerer europäischer Länder arbeiten im EU-Projekt „MaxWave" an einer verlässlichen Monsterwellenvorhersage, um Besatzungen von Bohrinseln und Schiffen wirksam warnen zu können.

Sturmfluten

In der Nacht vom 16. und 17. Februar 1962 peitschten Orkanböen von über 200 km/h die Nordsee auf und drückten Wasser in die Deutsche Bucht. An vielen Stellen der deutschen Nordseeküste wurden die Deiche überspült oder brachen gar. Das Meerwasser drang bis 100 Kilometer in das Land vor. Über 314 Menschen verloren ihr Leben.

Starke auflandige Winde können den Meeresspiegel an Küsten deutlich über den normalen Wasserstand ansteigen lassen, bei schweren Sturmfluten mehr als 3,5 m über den mittleren Hochwasserstand. Das in das Küstenhinterland einströmende Meerwasser bedroht die Menschen vor allem an ungeschützten Flachküsten bzw. in Flussdeltas. Neben der Sturmstärke und der Küstenform entscheidet an Gezeitenküsten zusätzlich die Art der Gezeiten über Stärke und Auswirkungen der Sturmflut. Treffen Sturm und Flut bzw. sogar Springflut zusammen, stauen sich die Wassermassen deutlich höher auf als bei normalem Hochwasser. Trotz verbesserter Vorhersage- und Schutzmöglichkeiten (zum Beispiel Deiche, Sperrwerke) zählen Sturmfluten immer noch zu den gefährlichsten Naturkatastrophen weltweit.

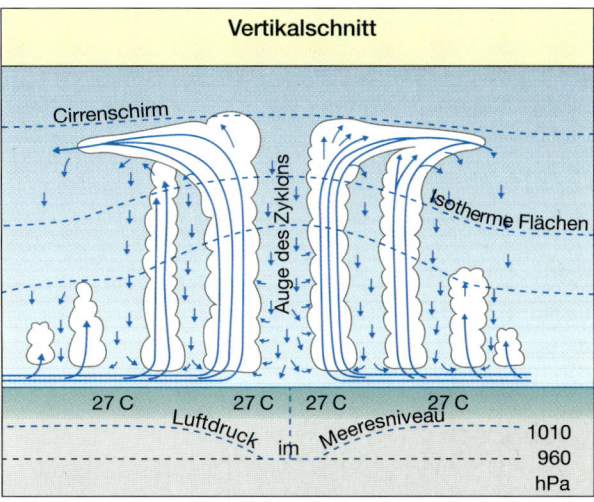

99.1 Schema eines tropischen Wirbelsturms

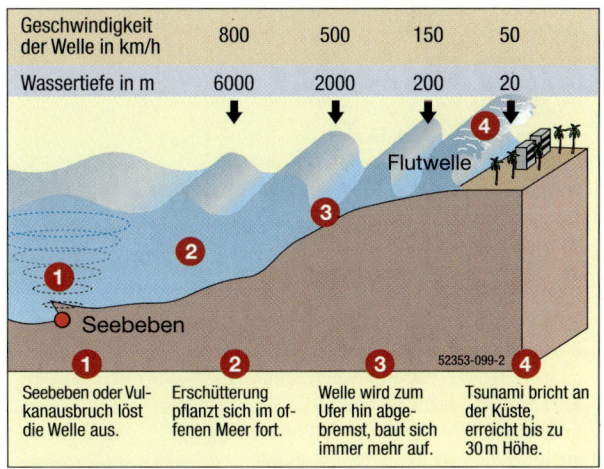

99.2 Entstehung von Tsunamis

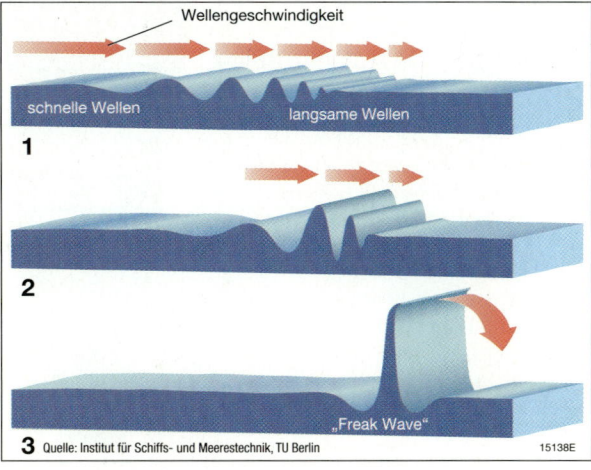

99.3 Entstehung von Monsterwellen

2 Ökosystem Meer

Das größte Ökosystem der Erde ist vor allem in seinen tieferen Regionen weniger erforscht als die Oberfläche des Mondes. Von den 300 Millionen Quadratkilometer Tiefseeboden wurden bis heute nur einige fußballfelder-große Flächen eingehend untersucht. Insgesamt sind von den vermuteten zehn Millionen marinen Arten erst etwa 230 000 beschrieben worden (Abb. 100.1). Das Ökosystem des Meeres beinhaltet verschiedene Bereiche (Endung „-al") mit charakteristischen Lebensformengruppen (Endung „-on" bzw. „-os"):

- Das Pleustal umfasst die gesamte Oberfläche des Meeres, auf der treibende Arten leben (Pleuston), wie zum Beispiel Algen und Schnecken.
- Das Pelagial bildet den gesamten freien Wasserkörper. Alle Organismen, die dort keine keine oder nur geringe Eigenbewegungen ausführen, bilden das Plankton. Quallen, Fische, Tintenfische, Meeresreptilien und -säuger können sich dagegen frei im Pelagial bewegen. Sie bilden das Nekton.
- Der dritte Lebensbereich ist der Ozeanboden, das Benthal, mit der Lebensformgruppe Benthos. Die Küsten- und Schelfbereiche des Meeresbodens werden als Litoral bezeichnet.

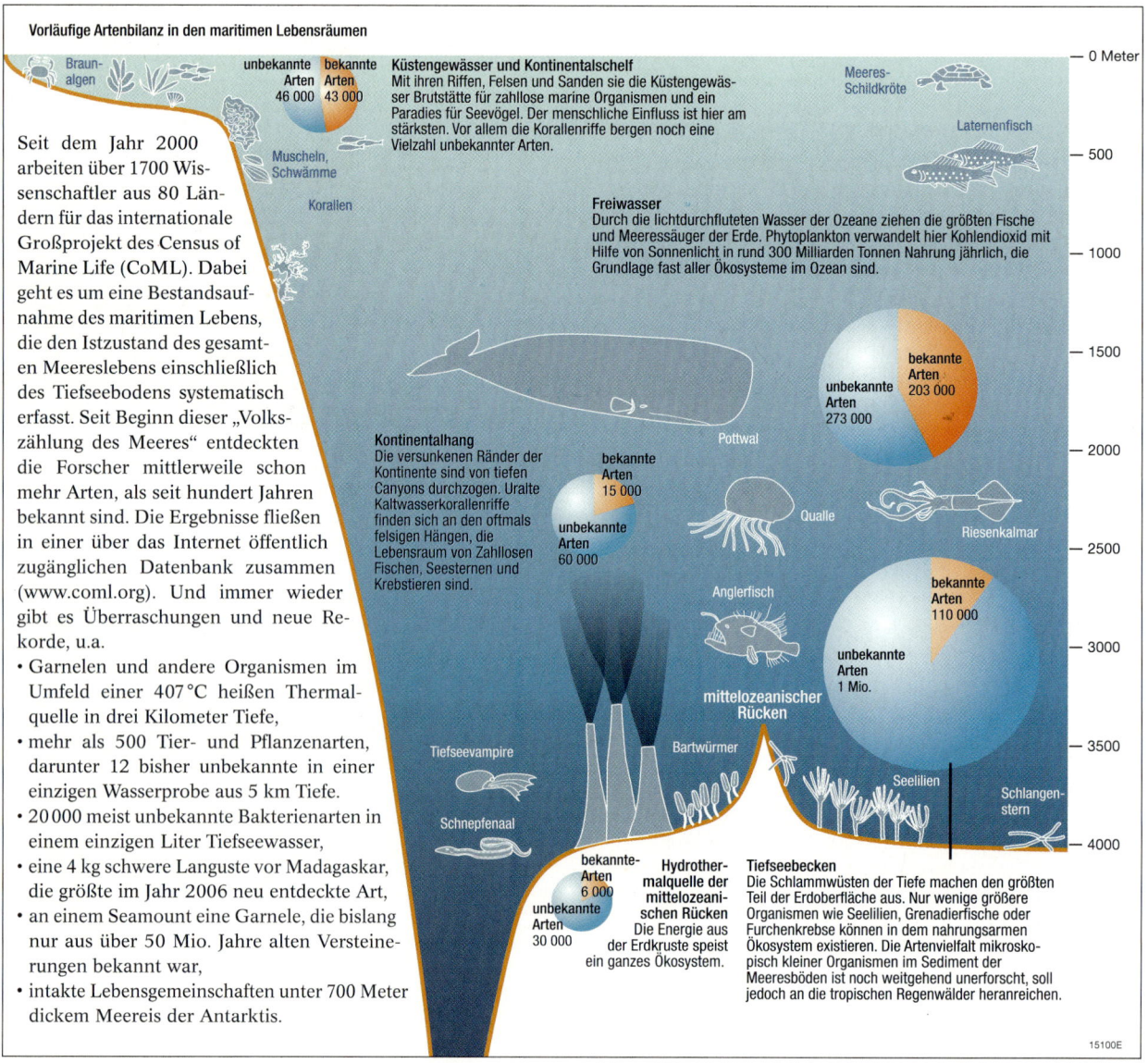

Vorläufige Artenbilanz in den maritimen Lebensräumen

Braun-algen

unbekannte Arten 46 000 / bekannte Arten 43 000

Muscheln, Schwämme

Korallen

Küstengewässer und Kontinentalschelf
Mit ihren Riffen, Felsen und Sanden sie die Küstengewässer Brutstätte für zahllose marine Organismen und ein Paradies für Seevögel. Der menschliche Einfluss ist hier am stärksten. Vor allem die Korallenriffe bergen noch eine Vielzahl unbekannter Arten.

Meeres-Schildkröte

Laternenfisch

Seit dem Jahr 2000 arbeiten über 1700 Wissenschaftler aus 80 Ländern für das internationale Großprojekt des Census of Marine Life (CoML). Dabei geht es um eine Bestandsaufnahme des maritimen Lebens, die den Istzustand des gesamten Meereslebens einschließlich des Tiefseebodens systematisch erfasst. Seit Beginn dieser „Volkszählung des Meeres" entdeckten die Forscher mittlerweile schon mehr Arten, als seit hundert Jahren bekannt sind. Die Ergebnisse fließen in einer über das Internet öffentlich zugänglichen Datenbank zusammen (www.coml.org). Und immer wieder gibt es Überraschungen und neue Rekorde, u.a.

Freiwasser
Durch das lichtdurchfluteten Wasser der Ozeane ziehen die größten Fische und Meeressäuger der Erde. Phytoplankton verwandelt hier Kohlendioxid mit Hilfe von Sonnenlicht in rund 300 Milliarden Tonnen Nahrung jährlich, die Grundlage fast aller Ökosysteme im Ozean sind.

Pottwal

unbekannte Arten 273 000 / bekannte Arten 203 000

Kontinentalhang
Die versunkenen Ränder der Kontinente sind von tiefen Canyons durchzogen. Uralte Kaltwasserkorallenriffe finden sich an den oftmals felsigen Hängen, die Lebensraum von Zahllosen Fischen, Seesternen und Krebstieren sind.

bekannte Arten 15 000 / unbekannte Arten 60 000

Qualle

Riesenkalmar

Anglerfisch

mittelozeanischer Rücken

bekannte Arten 110 000 / unbekannte Arten 1 Mio.

- Garnelen und andere Organismen im Umfeld einer 407 °C heißen Thermalquelle in drei Kilometer Tiefe,
- mehr als 500 Tier- und Pflanzenarten, darunter 12 bisher unbekannte in einer einzigen Wasserprobe aus 5 km Tiefe.
- 20 000 meist unbekannte Bakterienarten in einem einzigen Liter Tiefseewasser,
- eine 4 kg schwere Languste vor Madagaskar, die größte im Jahr 2006 neu entdeckte Art,
- an einem Seamount eine Garnele, die bislang nur aus über 50 Mio. Jahre alten Versteinerungen bekannt war,
- intakte Lebensgemeinschaften unter 700 Meter dickem Meereis der Antarktis.

Tiefseevampir

Schnepfenaal

Bartwürmer

Seelilien

Schlangen-stern

bekannte- Arten 6 000 / unbekannte Arten 30 000

Hydrothermalquelle der mittelozeanischen Rücken
Die Energie aus der Erdkruste speist ein ganzes Ökosystem.

Tiefseebecken
Die Schlammwüsten der Tiefe machen den größten Teil der Erdoberfläche aus. Nur wenige größere Organismen wie Seelilien, Grenadierfische oder Furchenkrebse können in dem nahrungsarmen Ökosystem existieren. Die Artenvielfalt mikroskopisch kleiner Organismen im Sediment der Meeresböden ist noch weitgehend unerforscht, soll jedoch an die tropischen Regenwälder heranreichen.

0 Meter — 500 — 1000 — 1500 — 2000 — 2500 — 3000 — 3500 — 4000

15100E

100.1 Lebensraum Meer

Das Sonnenlicht ist neben einem ausreichenden Nährstoffangebot die wichtigste Voraussetzung für eine hohe Biomasseproduktion im Meer. Licht wird von Wasser jedoch im hohen Maß absorbiert. Selbst bei günstigsten Bedingungen ist in 200 Metern Tiefe nur noch maximal ein Prozent der an der Oberfläche auftreffenden Lichtmenge vorhanden. Bis zu diesem Grenzwert ist in dieser obersten durchleuchteten Schicht (**euphotische Zone**) noch Fotosynthese möglich. In die Dämmerungszone gelangt zwar noch ein Rest von Sonnenlicht, der jedoch nur noch für spezielle tierische Sinnesorgane ausreichend ist. Unterhalb von 1000 Metern herrscht absolute Finsternis. Trotzdem leben in der 90 Prozent des Meerwassers umfassenden Dunkelzone (**aphotische Zone**) Tiere.

Vertikale und horizontale Meeresströmungen durchmischen die verschiedenen Schichten. In die aphotische Zone gelangen Nährstoffe durch das Absinken toter organischer Substanz aus den oberen Wasserschichten. Plankton und Arten des Nektons führen vertikale Wanderungen aus. So steigen zum Beispiel sogenannte Siphonophoren noch aus Tiefen von 750 Meter nachts nach oben, nehmen dort die reichlich vorhandene Nahrung auf und kehren mit der Dämmerung zum Schutz vor Feinden nach unten zurück.

Die Primärproduktivität des größten Anteils des Weltmeeres ist mit weniger als 0,5 Gramm Trockenmasse pro Quadratmeter und Tag sehr gering und entspricht etwa der von Wüsten und Halbwüsten auf dem Land.
Da Brandung und Gezeiten die Schelf- und Uferbereiche ständig durchmischen und Zuflüsse vom Land her ständig Nährstoffe nachliefern, sind diese Meeresgebiete weitaus produktiver als das offene Meer.
Besonders nährstoffreich sind die Meeresregionen, in denen kaltes und nährstoffreiches Tiefenwasser aufquillt. In tropischen Meeren wird der vertikale Wasseraustausch durch das ganzjährig vorhandene warme Oberflächen

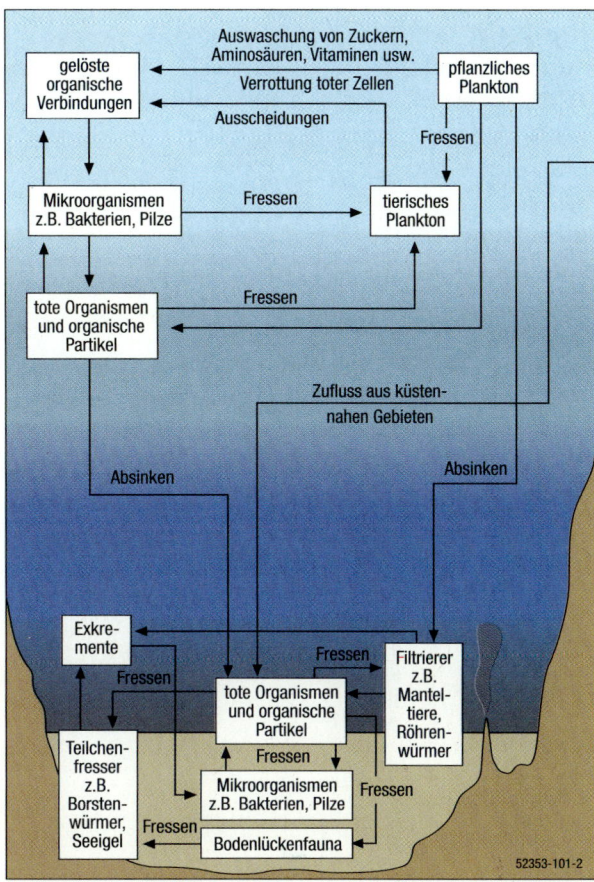

101.2 Nährstoffkreislauf

wasser erschwert beziehungsweise verhindert (Abb. 101.1). In den gemäßigten Breiten gibt es dagegen keine ganzjährig stabile Schichtung. Bei Isothermie der Wassersäule kann diese jedoch durch Windeinwirkung umgeschichtet werden, sodass Nährstoffe aus der Tiefe an die Oberfläche gelangen.

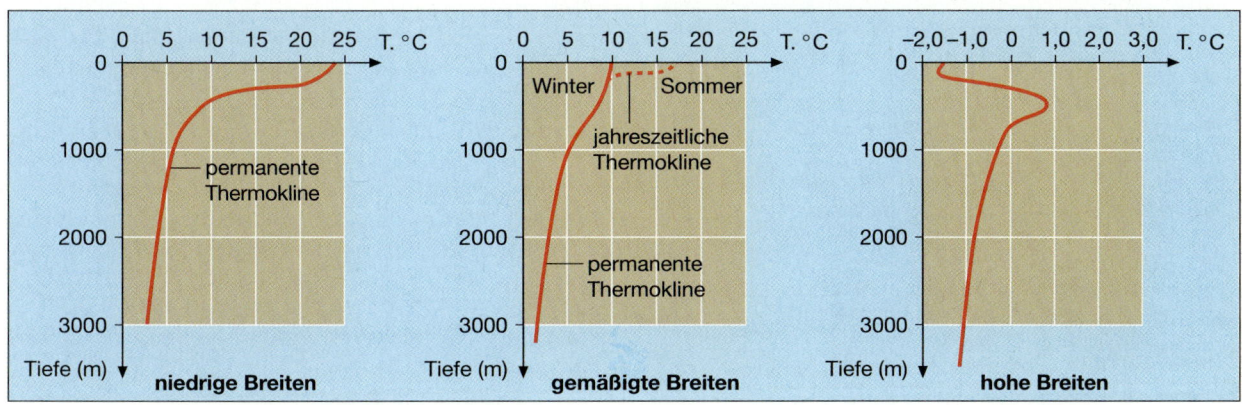

101.1 Temperaturprofile in ozeanischen Gebieten

❶ Küstenseeschwalbe
❷ Garnele
❸ Scholle
❹ Miesmuscheln
❺ Seepocken
❻ Strandschnecken
❼ Bäumchen-
   oder Röhrenwurm
❽ Schlickkrebs

❾ Herzmuschel
❿ Wattringelwurm
⓫ Sandpier
⓬ Sandklaffmuschel
⓭ Pfeffermuschel
⓮ Eikapsel des Nagelrochen
⓯ Wellhornschnecke
⓰ Strandkrabbe
⓱ Queller

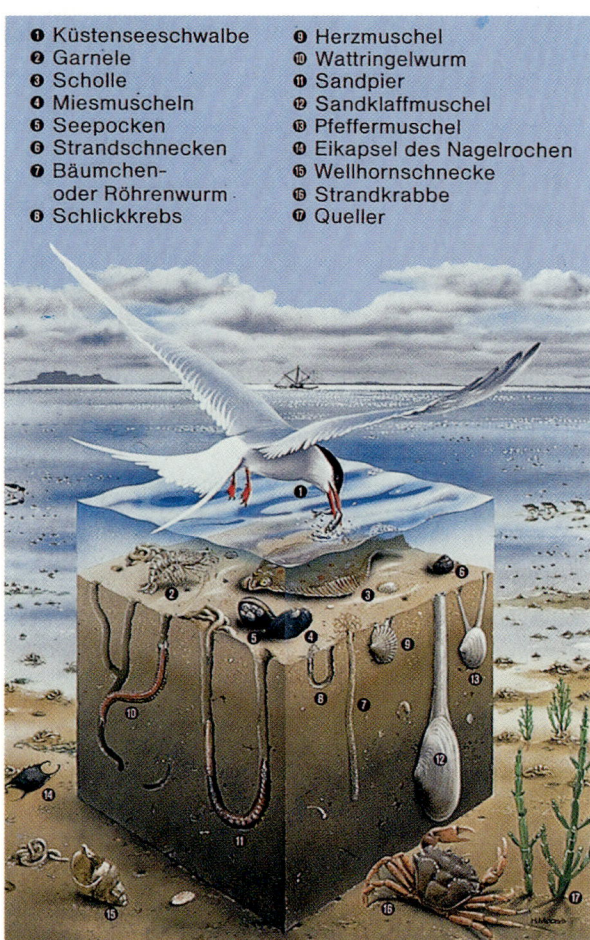

102.1 Lebensraum Watt

102.2 Nordfriesisches Wattenmeer

Lebensraum Küste

Küsten sind die Bereiche der Erdoberfläche, in denen Land und Meer aufeinandertreffen. Seewärts schließt sich der **Schelf**, landeinwärts das **Küstenhinterland** an. Sie gliedern sich in:
- **Ufer** und **Strand**, den von auflaufenden Brandungswellen beeinflussten Bereichen,
- **Vorstrand**, den Teil des Strands, der bei Hochwasser vom Meer bedeckt ist und bei Niedrigwasser trockenliegt, und
- **Brandungszone** (Schorre), den Teil des Schelfes, der immer wasserbedeckt ist, jedoch auch von der Wirkung der Brandungswellen beeinflusst wird.

Je nach Art des Untergrundes (Fels, Sand) und Relief (Steil- Flachküste) bilden sich ganz unterschiedliche Lebensräume an Küsten aus. In strömungsarmen Gebieten mit deutlichen Gezeiteneinwirkungen und starken Feinsand- und Schluffablagerungen entstehen zum Beispiel Wattenküsten, wie zum Beispiel an der Nordsee zwischen Den Helder in Holland und dem dänischen Esbjerg. Das Watt selbst ist der Bereich, der zweimal im Laufe eines Mondtages (24 Std. und 25 Min.) vom Meer überflutet und während der Ebbe trockenfällt. Es gehört zu den biologisch produktivsten Räumen der Erde, denn es erhält ständig Nährstoffe aus der Nordsee (Flutstrom), sowie durch Flüsse vom Festland.

An der Basis der Nahrungspyramide stehen Bakterien. Durch ihren Stoffwechsel und beim Absterben werden Nitrate und Phosphate freigesetzt, Nährstoffgrundlage für Kieselalgen, die sich im flachen, lichtdurchfluteten Wattwasser sehr schnell vermehren. Die Kieselalgen bilden die Nahrungsbasis für höhere Tierarten. Die Mehrzahl lebt im Wattboden, denn hier sind die Lebensbedingungen trotz des periodischen Wechsels von Ebbe und Flut relativ gleich bleibend. Die Verbindung zur Oberfläche und damit zu den Nährstoffen und Sauerstoff wird entweder mittels „schnorchelartiger" Körperorgane hergestellt (zum Beispiel bei Muscheln), oder sauerstoffhaltiges Wasser wird durch die Wohnbauten gepumpt (zum Beispiel Wattwurm). Während die Biomasse in der tieferen Nordsee am Boden im Mittel nur 7 Gramm pro Quadratmeter erreicht, können im Watt über 50 Gramm pro Quadratmeter bis sogar 2000 Gramm pro Quadratmeter gemessen werden.
Das Watt bietet als Bindeglied zwischen dem Festland und der offenen Nordsee einer Vielzahl von Vogelarten ausreichend Nahrung. Die vorgelagerten Inselketten und Sandbänke der Friesischen Inseln erreichen nicht die Produktivität und Artenvielfalt des Watts, bieten aber Robben und Seevögeln Lebensraum und tragen zum Aufbau und Schutz des Watts bei. Sie sind Wellenbrecher und bremsen den seewärtigen Ebbestrom ab.

Lebensraum Korallenriff

Die Korallenriffe der tropischen Meere sind die größten von Lebewesen errichteten Bauwerke der Erde. Das der Nordostküste Australiens vorgelagerte Great Barrier Reef erstreckt sich zum Beispiel über eine Länge von etwa 2300 km und eine Fläche von mehr als 200 000 km². Auch das Dachsteingebirge oder die Dolomiten sind überwiegend von Korallen aufgebaut worden. Die entsprechenden Regionen mussten dabei von tropischen Meeren bedeckt gewesen sein, denn Riff bildende Korallen benötigen ganzjährig mindestens 18 °C warmes, ausreichend salziges Wasser und viel Sonnenlicht. Sie wachsen deshalb auch nur bis zu Wassertiefen von etwa 30 bis 50 m.

Baumeister der riesigen Bauwerke sind kleine, einfach gebaute wirbellose Tiere, die zwischen wenigen Millimetern bis zu 40 cm großen Polypen der Korallentiere. Sie leben in Symbiose mit Algen: Die Algen ernähren sich von den Stoffwechselprodukten der Polypen und liefern diesen im Gegenzug den bei der Fotosynthese aufgebauten Zucker und erleichtern auch noch die Kalkproduktion der Korallenpolypen. Die Korallenpolypen entziehen dem Meerwasser Kalk, den sie für den Aufbau der Seitenwände bzw. den Boden ihrer Behausung verwenden. Das dabei entstehende Kohlenstoffdioxid nutzen wiederum die Algen bei der Fotosynthese. Bis zu zehn Gramm Kalk pro Quadratmeter können Korallen täglich anlagern. Tagsüber leben die Polypen überwiegend zurückgezogen in ihren selbst errichteten Wohnhöhlen. Nachts öffnen sie sich nach außen und fangen mit ihren Tentakeln Plankton ein.

Vor wenigen Jahren wurden Korallenriffe jedoch auch am Kontinentalsrand Nordeuropas entdeckt. Diese atlantischen Kaltwasserriffe wachsen in lichtlosen Tiefen von 200 bis 1000 Meter und können sich nach Artenanzahl

103.1 Am Korallenriff

und Wachstumsgeschwindigkeit durchaus mit den Riffen in den Tropen messen.

Kalt- und Warmwasserkorallenriffe sind die Abstand artenreichsten Ökosysteme der Ozeane. Die tropischen Riffe werden oft mit den tropischen Regenwäldern verglichen, weil sie trotz einer nährstoffarmen Umgebung eine Vielzahl von Lebensräumen und Arten beherbergen. Beide sind aber auch durch äußere Eingriffe sehr empfindlich. Die wachsende Umweltverschmutzung und die intensive wirtschaftliche Nutzung der Küstengewässer haben dazu geführt, dass rund ein Fünftel der Korallenriffe der Erde bereits verloren ging, weitere 50 Prozent Schäden davongetragen haben, aber noch gerettet werden können. Neben ihrer ökologischen Bedeutung besitzen Korallenriffe als natürlicher Küstenschutz, als genetische Schatzkammer, als Kinderstube für zahlreiche Fischarten und als touristische Sehenswürdigkeit auch einen hohen wirtschaftlichen Wert.

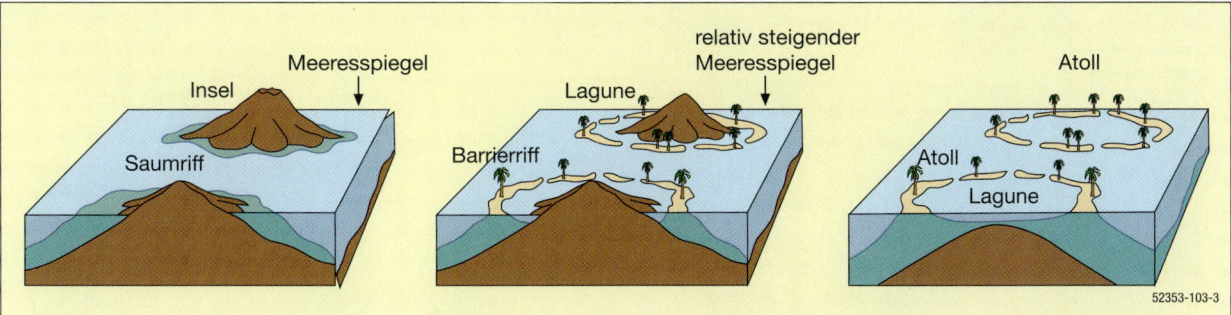

Nach dem Prinzip der Isostasie (Tauchgleichgewicht) tauchen leichte Erdplatten weniger tief in den Untergrund ein als schwere. Junge, gerade an den mittelozeanischen Rücken entstandene Teile von Erdplatten sind noch warm und leicht. Beim Wegdriften von den Mittelozeanischen Rücken kühlen sie ab, werden dichter und sinken daher tiefer. Gleitet eine solche alternde Platte im Ozean über den ortsfesten, über lange Zeit immer wieder aktiven Förderschlot eines sogenannten Hotspots, erzeugt dieser eine Reihe von Vulkaninseln. Beim weiteren Absinken der Platte versinken diese aber wieder im Meer. Wenn das Wachstum der sich ansiedelnden Riffkorallen das Absinken jedoch kompensieren kann, entsteht eine für tropische Ozeane typische Abfolge spezieller Rifftypen.

103.3 Entstehung eines Atolls

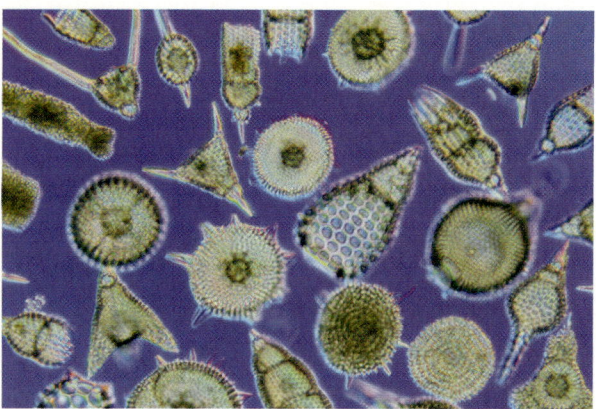

104.1 Plankton

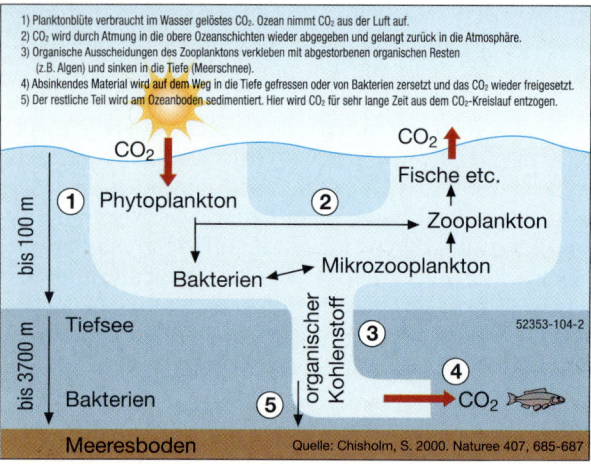

1) Planktonblüte verbraucht im Wasser gelöstes CO₂. Ozean nimmt CO₂ aus der Luft auf.
2) CO₂ wird durch Atmung in die obere Ozeanschichten wieder abgegeben und gelangt zurück in die Atmosphäre.
3) Organische Ausscheidungen des Zooplanktons verkleben mit abgestorbenen organischen Resten (z.B. Algen) und sinken in die Tiefe (Meerschnee).
4) Absinkendes Material wird auf dem Weg in die Tiefe gefressen oder von Bakterien zersetzt und das CO₂ wieder freigesetzt.
5) Der restliche Teil wird am Ozeanboden sedimentiert. Hier wird CO₂ für sehr lange Zeit aus dem CO₂-Kreislauf entzogen.

104.2 Biologische Pumpe

Lebensraum Freiwasser

In jedem Tropfen Meerwasser leben Hunderttausende mikroskopisch kleinster pflanzlicher und tierischer Lebewesen, das Phyto- und Zooplankton, das mit den Meeresströmungen dahintreibt (Plankton = griech.: das Schwebende). Es bildet die Grundlage der maritimen Nahrungspyramide. Vor allem die Dinoflagellaten und die Kieselalgen des Phytoplanktons entnehmen Kohlenstoffdioxid (CO_2) sowie Nährstoffe dem Wasser und bauen durch Fotosynthese organisches Material auf. Die jährliche Phytoplanktonproduktion der Ozeane beträgt zwischen 150 und 400 Milliarden Tonnen, variiert aber räumlich und zeitlich je nach Nährstoff- und Lichtangebot erheblich (Abb. 104.3).

Mehr als 70 % der Primärproduktion werden vom Zooplankton verzehrt. Da innerhalb der Nahrungspyramide nur etwa 10 % der aufgenommenen Nahrung in Biomasse umgesetzt werden, ergeben 100 000 kg Phytoplankton 10 000 kg Zooplankton und dieses – je nach Länge der Nahrungskette – wiederum 1000, 100 oder 10 kg Fisch. Die nicht verwerteten organischen Nährstoffe sinken in flockiger Form als sogenannter Meerschnee bis auf den Meeresgrund ab und dienen auf ihrem Weg zahlreichen Tieren als Nahrung. Letztendlich können Bakterien und Pilze diese Nährstoffe remineralisieren, sodass sie, gelangen sie wieder in den oberen Meeresbereich, dem Nahrungskreislauf erneut zur Verfügung stehen. Der Rest der organischen Substanz wird auf dem Meeresgrund sedimentiert.

Gleichzeitig gelangt in der Biomasse gespeichertes CO_2 in die Tiefen der Ozeane. Dieser auch als „biologische Pumpe" bezeichnete Vorgang entzieht so für lange Zeit der Atmosphäre dieses Treibhausgas (Abb. 104.2).

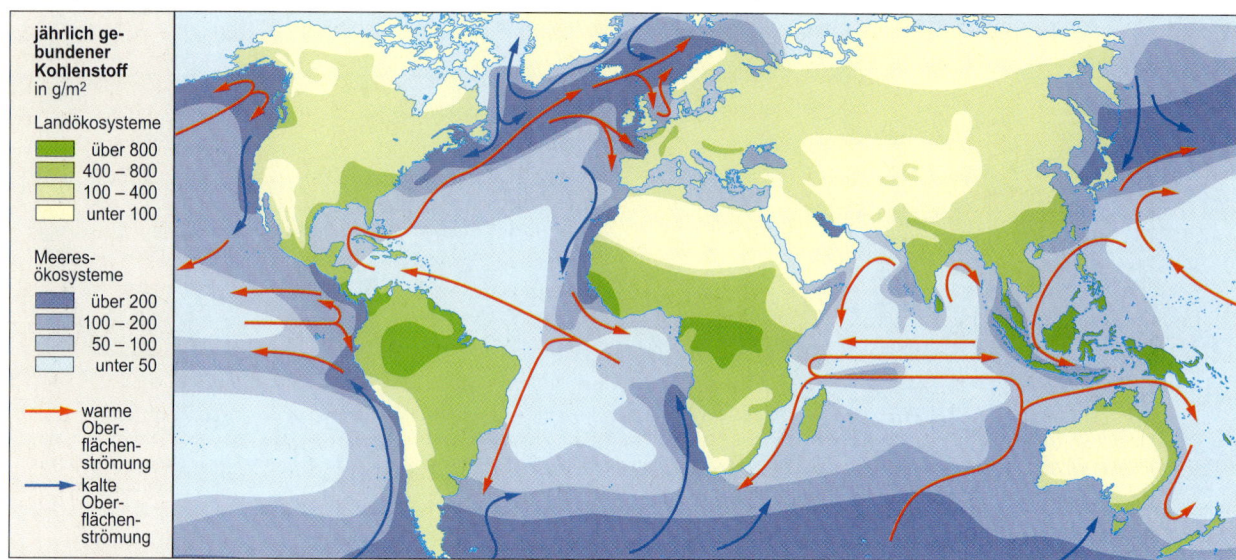

jährlich ge-
bundener
Kohlenstoff
in g/m²

Landökosysteme

über 800
400 – 800
100 – 400
unter 100

Meeres-
ökosysteme

über 200
100 – 200
50 – 100
unter 50

warme Oberflächenströmung
kalte Oberflächenströmung

104.3 Primärproduktion von Land- und Meeresökosystemen

105.1 Tiefseefisch

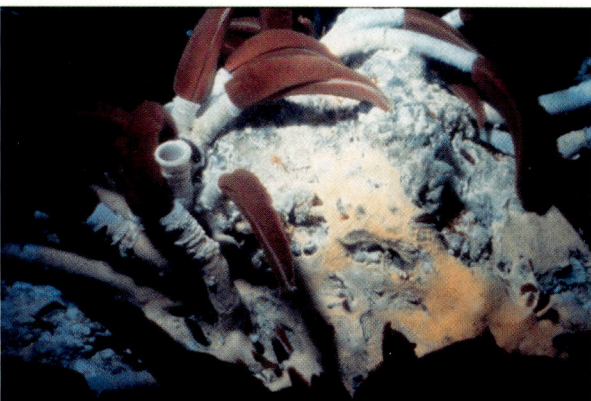

105.2 Riesenbartwurm am Black smoker

Lebensraum Tiefsee

„Es wird gerne behauptet, wir wüssten über den Weltraum mehr als über die Tiefsee. Das stimmt. Man sollte ergänzend sagen, warum das so ist: Weil wir uns im Weltraum besser bewegen und besser sehen können als in den Meeren. Das Hubble-Teleskop schaut mühelos in fremde Galaxien. Hingegen lassen uns selbst stärkste Scheinwerfer die Welt unter Wasser nur in einem Umkreis weniger Dutzend Meter erkennen. [...] Es gibt jede Menge Leben da unten. Unser Problem ist, dass es jedes Mal zur Seite geht, wenn wir kommen. (Frank Schätzing: Der Schwarm)

Wassertemperaturen ganzjährig knapp über dem Gefrierpunkt, Außendrücke von über 100 Atmosphären und absolute Dunkelheit – an diese Bedingungen sind die Lebewesen in Meerestiefen ab 1000 Meter, egal in welchem Meer sie leben, angepasst. Da Fotosynthese ohne Sonnenlicht nicht möglich ist, gingen bis vor Kurzem Wissenschaftler noch davon aus, dass die Tiefseeorganismen ganz auf den „Nahrungsregen" aus den oberen Schichten des Ozeans angewiesen sind. Ende der 1970er-Jahre wurden jedoch in den vulkanischen Riftzonen entlang der mittelozeanischen Rücken Ökosysteme entdeckt, die völlig unabhängig von der Sonne als Energiequelle existieren (Abb. 105.3).

Die aus den oberen Schichten absinkenden organischen Abfälle nehmen mit zunehmender Tiefe und Entfernung von der Küste ab. Während große Kadaver von Haien oder Walen an einem Tag mehrere Tausend Meter sinken, fallen die kleineren Partikel viel langsamer nach unten, maximal einen Meter pro Tag. Sie dienen als Nahrungsgrundlage für Mikroorganismen, Würmer, Krebse, Muscheln und eine Vielzahl von meist skurril aussehenden Tiefseefischen (Abb. 105.1). Letztere besitzen häufig die Fähigkeit, Licht zu erzeugen (Biolumineszens), zum Bei-

spiel, um Nahrung oder Partner anzulocken oder Feinde abzuschrecken. Insgesamt ist die Biomasse im Wasser und auf dem Meeresgrund der Tiefsee verhältnismäßig gering. Über die Anzahl der dort lebenden Arten gibt es derzeit nur Vermutungen.

Entlang der mittelozeanischen Rücken, den Dehnungsfugen der Erdkruste, gelangt Meerwasser in die Lithosphäre und kommt dort in Kontakt mit heißem Magma. Das aufgeheizte Wasser wird dabei mit gelösten Stoffen (Schwefelwasserstoff, Methan, Wasserstoff, Metalle) angereichert. Schließlich tritt das Wasser an hydrothermalen Quellen mit Temperaturen bis 400 °C wieder aus. Im Kontakt mit dem kalten Tiefseewasser fallen die Metalle wieder aus und bilden säulenartige Schlote, die Black smokers.

In ihrem Umfeld gibt es Lebensgemeinschaften, deren Energie- und Nahrungsbedarf völlig unabhängig von fotosynthetischen Prozessen ist. Hier sind Bakterien in der Lage, aus den heißen Thermalwässern Schwefelwasserstoff zu oxidieren und die dabei gewonnene Energie zum Aufbau organischer Substanzen zu nutzen. Sie leben in Symbiose mit wirbellosen Tieren, wie zum Beispiel dem bis anderthalb Meter langen Riesenbartwurm *Riftia pachyptila* (Abb. 105.2). Er besitzt keinen Magen-Darm-Trakt, sondern lässt den in seinem Inneren lebenden Schwefelbakterien Schwefelwasserstoff zukommen, die ihm wiederum Nahrung liefern.

Die physikalischen und chemischen Bedingungen an mittelozeanischen Rücken sind vermutlich seit Urzeiten unverändert. Wissenschaftler gehen daher davon aus, dass die Evolution dieser Ökosysteme – anders als auf den Kontinenten – von den großen Massensterben der Erdgeschichte verschont geblieben ist. Spekuliert wird auch darüber, ob sich das Leben eventuell an den heißen Hydrothermalquellen entwickelt hat.

105.3 Leben an den Black smokers

Internationales Seerecht

Mare librum – die Freiheit der Meere – war über Jahrhunderte ein ungeschriebenes Gesetz. Das Weltmeer stand, bis auf einen schmalen Streifen entlang der Küsten, allen zur Verfügung. Im 18. Jahrhundert wurden die Hoheitsgewässer auf eine maximale Breite von drei Seemeilen festgeschrieben (1 Seemeile oder nautische Meile = 1,852 Kilometer). In diesen Gewässern besaßen die Anrainernationen die volle Souveränität über die Gewässer und den Meeresboden. Außerhalb der Hoheitsgewässer durften die Meere von allen Ländern befahren und genutzt werden.

Nach dem Zweiten Weltkrieg erweiterten die Vereinigten Staaten auf Drängen des Präsidenten Harry Truman im Alleingang die Hoheits- und Kontrollbefugnisse der natürlichen marinen Ressourcen über die Drei-Seemeilen-Zone hinaus. Zahlreiche Länder folgten diesem Vorgehen und erweiterten ihre Hoheitszone auf zwölf Seemeilen. Chile, Peru und Ecuador dehnten die nationale Verfügungsgewalt über die Ressourcen sogar auf bis zu 200 Seemeilen vor ihren Küsten aus. Denn mittlerweile war es für industriell entwickelte Länder durch den technischen Fortschritt möglich, mit Fernfischereiflotten auch an weit entfernten Küsten zu fischen. Ende der 1950er-Jahre war die bis dahin geltende Rechtsordnung zusammengebrochen.

1958 und 1960 fanden die ersten beiden Seerechtskonferenzen der Vereinten Nationen statt, die die Rechtsunsicherheit auf den Weltmeeren beseitigen sollten. Die erzielten Übereinkünfte lösten die Probleme jedoch nicht. Neben den durch die Fernfischerei ausgelösten Konflikten ging es auch um die Freiheit der Schifffahrt, um Überflugrechte sowie um militärische Interessen. Es kam jedoch zu keiner Einigung.

Nach der Entdeckung ausgedehnter Manganknollenfelder forderte der maltesische Botschafter 1967 die UNO auf, dafür zu sorgen, dass von diesem Reichtum vor allem die ärmeren Länder profitieren sollen. Er schlug vor, den Tiefseeboden als „Gemeinsames Erbe der Menschheit" zu erklären. Dieser Vorschlag wurde aufgegriffen und ein umfassendes Konzept zur Meeresnutzung über, auf und unter dem Weltmeer ausgearbeitet (Abb. 106.1). 1973 fand in New York dann die dritte Seerechtskonferenz der Vereinten Nationen statt. Über fast ein Jahrzehnt zogen sich die Verhandlungen zwischen mehr als 150 Staaten hin. 1982 stimmten 130 Staaten für das Seerechtsübereinkommen, 4 lehnten es ab, 17 enthielten sich der Stimme. Nachdem mehr als 60 Länder das Abkommen ratifiziert haben, ist das Regelwerk rechtskräftig. Seine Wirksamkeit ist jedoch vor allem von der Bereitschaft der Staaten abhängig, die Prinzipien zu befolgen, da es nur wenige Sanktionsmöglichkeiten zur Durchsetzung des Seerechts und keine Hochseepolizei gibt.

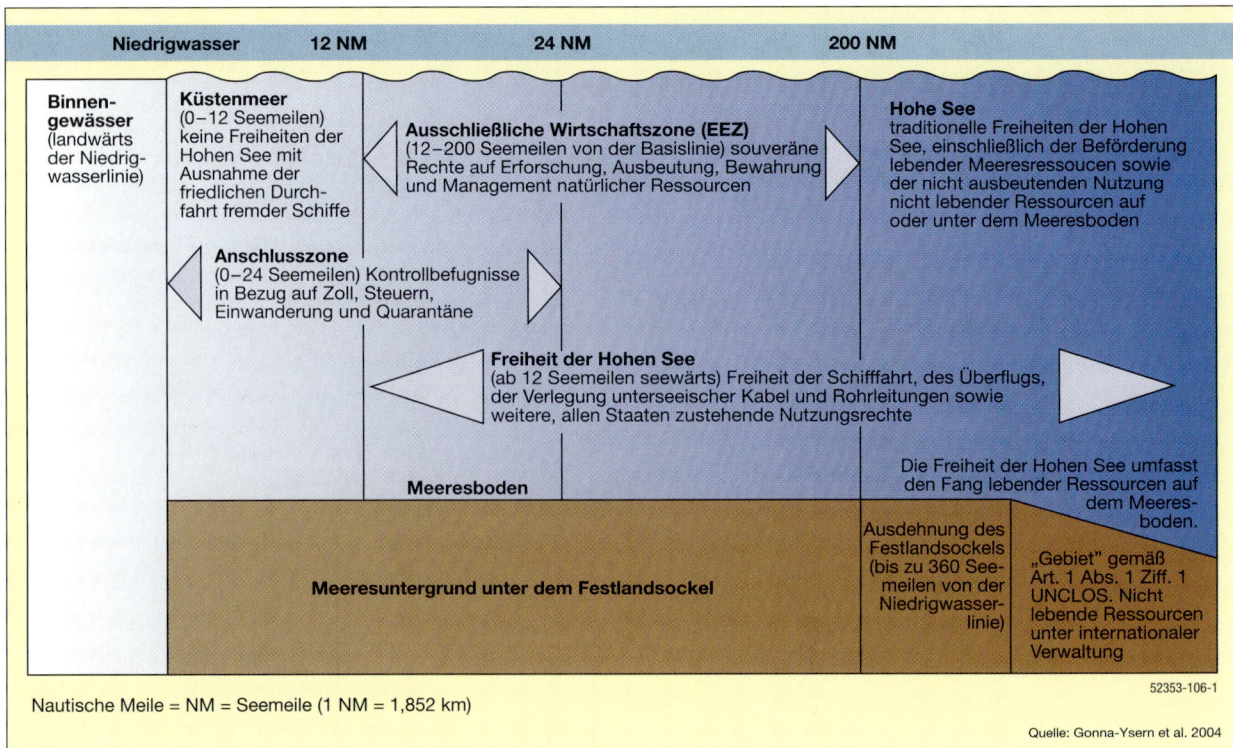

106.1 Ordnung der Meereszonen nach dem Seerechtsübereinkommen der Vereinten Nationen (UNCLOS)

Mir heißt übersetzt Frieden, und Mir-1 lautet der Name des russischen Tauchboots, mit dem ein dreiköpfiges Team heute in der Tiefsee am geographischen Nordpol aufgesetzt ist. Nach übereinstimmenden Medienberichten erreichte das kleine U-Boot den Meeresboden in 4261 Metern Tiefe. Dort habe die Besatzung eine russische Flagge aus Titan in den Meeresgrund gerammt, berichtet die Nachrichtenagentur Itar-Tass. [...] „Es ist wie das Hissen der Flagge auf dem Mond", sagte Sergej Baljasnikow, der Sprecher des zuständigen Instituts für Arktis- und Antarktisforschung. „Erstmals in der Geschichte erreichen Menschen den Meeresboden unter dem Nordpol." Bis Mitte September sollen die „Akademik Fjodorow" und die Tauchboote Mir-1 und Mir-2 im Nordmeer über dem Pol bleiben und wissenschaftliche Untersuchungen vornehmen. Mit der ehrgeizigen Expedition will Moskau seinen Anspruch auf fast 1,2 Mio. km² Gebiet in der Polarregion stützen – ein Gebiet, das etwa doppelt so groß wie Frankreich ist. Ziel der Expedition sei es, wissenschaftliche Beweise dafür zu sammeln, dass das Unterwassergebirge Lomonossow-Nordpol mit dem russischen Festland verbunden sei, sagte Russlands Außenminister Lawrow. [...]. Bereits 2001 machte Moskau geltend, dass der Lomonossow-Rücken eine Fortsetzung des russischen Kontinentalschelfs sei. Die UNO wies den Antrag wegen mangelnder Beweise zurück. In zwei Jahren will Russland erneut versuchen, seinen Anspruch durchzusetzen. Wegen der Eisschmelze infolge der globalen Erwärmung rechnen Experten damit, dass die Erschließung der Arktis zunehmend einfacher wird. Angesichts eines angekündigten massiven Ausbaus der eigenen Kriegsflotte und des Vorpreschens im Gebietsstreit am Nordpol fürchten Beobachter schon einen Kalten Krieg in der Arktis. Das Gebiet ist v. a. aus wirtschaftlichen Gründen interessant – dort werden Milliarden Tonnen an Öl- und Gasvorkommen vermutet. Die Mir-Tauchfahrt wirft ein Schlaglicht auf die Rivalitäten zwischen Russland, den USA, Kanada und weiteren Anrainerstaaten der Polarregion. Auch EU-Mitglied Dänemark hofft nachweisen zu können, dass der Lomonossow-Rücken eine Fortsetzung Grönlands ist – und damit seines eigenen Territoriums.
(Quelle: Spiegel Online, 2. Aug. 2007, stx/AFP/AP/dpa/Reuters)

107.1 Wem gehört die Arktis?

A1 Stellen Sie mithilfe von Nachschlagewerken und dem Internet tabellarisch Eigenschaften der Ozeane der Erde zusammen.

A2 Zeichnen Sie eine breitenkreisparallele Profilskizze von der Osterinsel im Pazifik zur Insel St. Helena im Atlantik und benennen Sie die einzelnen untermeerischen Reliefformen (Abb. 92.2, Atlas).

A3 Erklären Sie die Mechanismen, die Meeresströmungen in Gang setzen (S. 94/95).

A4 Beschreiben Sie den Einfluss des Golfstroms auf das Klima Europas (Abb. 95.2, 95.3). Recherchieren Sie dazu im Internet.

A6 Nennen Sie mögliche Auswirkungen einer weiteren globalen Erwärmung auf die thermohaline Zirkulation im Nordatlantik (S. 148, Internet).

A7 Begründen Sie, weshalb die kalten Meeresregionen eine deutlich höhere Biomasseproduktion haben als warme (S. 101).

A8 Nennen Sie Charakteristika der dargestellten Lebensräume der Weltmeere und stellen Sie mögliche Wechselbeziehungen dar (S. 102 – 105).

A9 Erklären Sie die Entstehung eines Korallenriffs und eines Atolls (S. 103).

A10 Analysieren Sie die räumliche Differenzierung der Primärproduktion in den Weltmeeren (Abb. 104.3, Atlas).

A11 Erklären Sie die Entstehung und die Bedeutung der „biologischen Pumpe". Recherchieren Sie im Internet zu dem Begriff „physikalische Pumpe" (S. 104).

A12 „Wem gehört der Meeresgrund um den Nordpol?" Diskutieren Sie diese Frage (S. 106, Exkurs S. 107).

108.1 Karikatur

108.2 Kabeljau-Anlandungen aus der Nordsee

3 Nahrungslieferant Meer

Seit dem Siegeszug des Fischstäbchens in den 1960er-Jahren ist auch für viele Deutsche Fisch nur noch rechteckig, paniert und kommt aus der Tiefkühltruhe. Unter der Panade der goldbraunen Fischklötzchen sind aber auch Beweise für die fortschreitende Überfischung der Nordsee versteckt. Ursprünglich wurden die grätenfreien Fischstäbchen aus Kabeljau gefertigt, der leicht und in großen Mengen in heimischen Gewässern gefangen werden konnte. Die Plünderung der Kabeljaubestände führte jedoch bald zu einem deutlichen Rückgang der Fänge (Abb. 108.2). Und so kommt das, was durch die Panade noch immer so schmeckt wie vor fünfzig Jahren, nicht mehr aus der Nordsee, sondern aus amerikanischen oder asiatischen Gewässern und besteht aus Seehecht oder Alaskaseelachs.

Weltweit tobt ein ruinöser Wettbewerb um die Fischbestände der Ozeane. Seit den 1950er-Jahren hat sich die Menge des gefangenen Fisches um etwa 600 Prozent erhöht (Abb. 109.2). Das Bestreben der großen Fischereiunternehmen und ihrer Nachfolgeindustrien, aus der „Wildnis Weltmeer" einen „Acker für maximale Fischproduktion" werden zu lassen, endete damit, dass viele Speisefischarten der Meere gegenwärtig als überfischt gelten.

Dabei dient nur ein Teil als Speisefisch direkt der menschlichen Ernährung. Die sogenannte Gammelfischerei liefert Fisch für die Produktion von Fischmehl und -öl. Fischmehl wird in Viehmastanlagen verfüttert und gelegentlich sogar als Dünger auf Feldern verbracht, Fischöl wird zu Margarine oder industriellen Backmitteln verarbeitet.

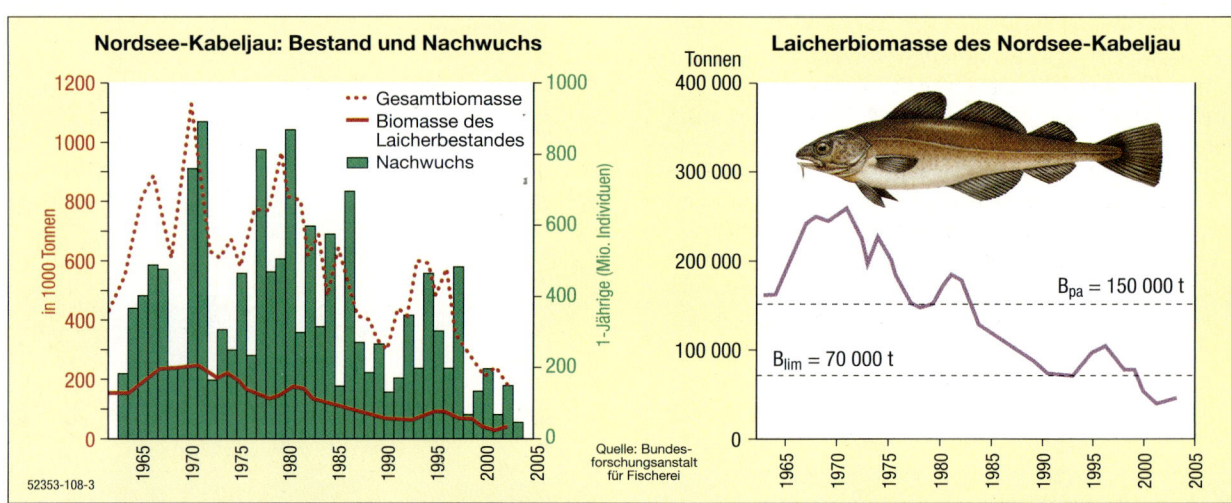

108.3 Entwicklung des Kabeljaubestandes der Nordsee

Die Produktionssteigerungen der letzten Jahrzehnte beruhen in erster Linie auf der Erschließung immer neuer Ressourcen. Umweltorganisationen gehen davon aus, dass es zwei- bis dreimal mehr große Fischereifahrzeuge gibt, als für die Bestandssicherung vieler Arten maximal erträglich ist.

Die großen Fang- und Verarbeitungsschiffe der Fernfischereiflotten operieren heute weltweit und zeitlich nahezu unbegrenzt, da der Fisch schon an Bord verarbeitet und konserviert wird. Sie, aber auch kleinere Fischereifahrzeuge, verfügen über immer modernere Technik. Echolot und Satellitentechnik spüren im Pelagial punktgenau Fischschwärme auf, die dann mit spezialisierten Fangtechniken eingeholt werden: bis zu 100 Kilometer lange und mit Zehntausenden Haken bestückte Langleinen, mehrere fußballfeldergroße Schleppnetze, Ringwaden, in die der Kölner Dom passen würde. Aber auch der Meeresgrund ist Ziel der Fischerei. Sogenannte Baumkurren durchpflügen den Meeresboden, wirbeln dabei Bodentiere auf, die, wenn sie ungeschützt auf dem Grund liegen, anschließend leichte Beute für andere räuberische Arten sind.

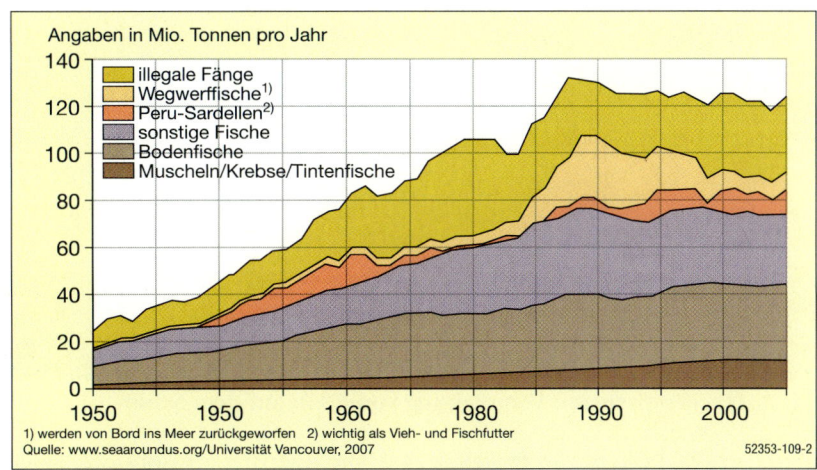

109.2 Entwicklung des weltweiten Fischfangs

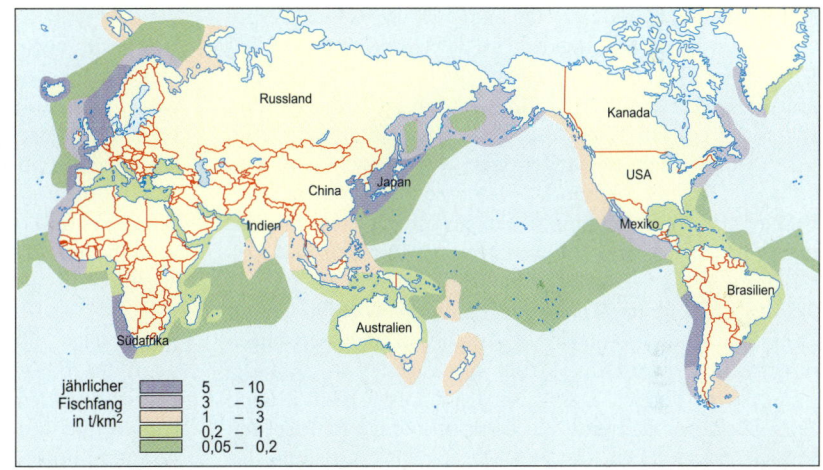

109.3 Fischfang in den Ozeanen

Fischereiforschungseinrichtungen errechnen aus Bestandsgrößen- und Fangmengendaten Modelle, aus denen unter anderem Fangquoten abgeleitet werden können. Zur Beschreibung dienen zwei wichtige Kenngrößen: Die Reproduktionskapazität B und der Fischereidruck F. Sinkt die Bestandsgröße unter den Wert B_{lim}, dann gibt es nicht mehr genug erwachsene Tiere, um den Bestand zu erhalten. B_{pa} beschreibt einen Pufferwert, bei dem eine weitere Abnahme vermieden werden sollte. Der Grenzwert F_{lim} gibt das Maximum der durch die Fischerei verursachten Sterblichkeit an, bei der ein Weiterbestehen der Art gesichert ist (nachhaltige Befischung). Der Grenzwert F_{pa} markiert den Fischereidruck, bei dem einschränkende Maßnahmen getroffen werden sollen, um eine spätere Überschreitung von Grenzwerten zu verhindern.

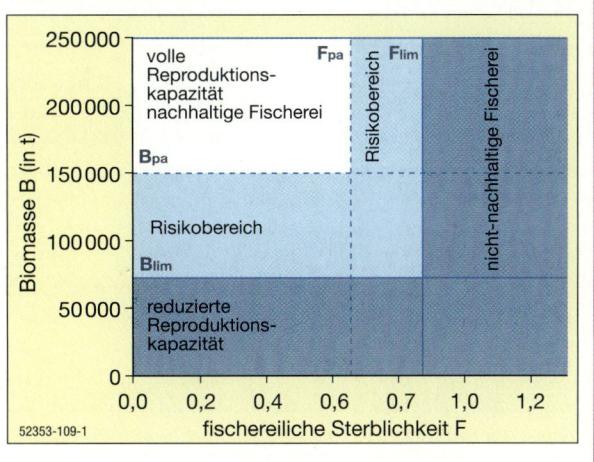

109.1 Grenzwerte für Fischbestände

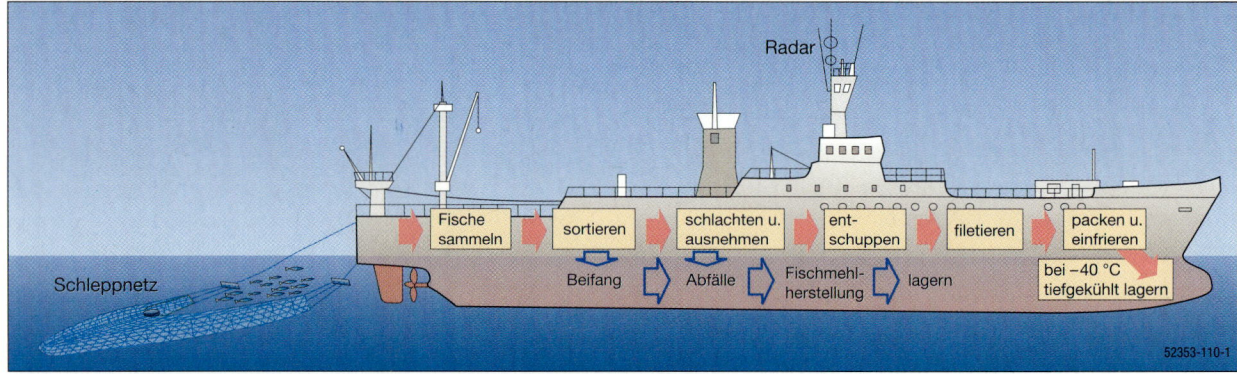

Radar

| Fische sammeln | sortieren | schlachten u. ausnehmen | ent-schuppen | filetieren | packen u. einfrieren |

Schleppnetz

Beifang   Abfälle   Fischmehl-herstellung   lagern   bei –40 °C tiefgekühlt lagern

52353-110-1

110.1 Hochseefischerei: Verarbeitung von Fisch auf dem Schiff

Treibnetze sind schon seit 1992 durch eine Resolution der UNO für die Hochseefischerei verboten. Dennoch sind die aus feinen, durchsichtigen und sehr reißfesten Kunststofffasern bestehenden Netze immer noch im Einsatz. Sie werden an Bojen befestigt und an der Unterkante mit Gewichten beschwert. Dann treiben die bis zu 60 km langen Netze einige Tage im Meer und werden zu Todeswänden für alle größeren Lebewesen. Seevögel, angelockt vom gefangenen Fisch, verfangen sich beim Tauchen in den Netzen. Delfine, Seehunde, Meeresschildkröten geraten in die Falle, da sie nicht in der Lage sind, die Maschen zu orten. Aber auch andere Fischarten werden sinnlose Opfer, denn allein verwertet wird meist nur eine Fischart.

Da das Meer keine Monokulturen liefert, wird bei jedem Fang von Speisefisch auch ein Anteil von unerwünschten oder nicht verwertbaren Arten, der sogenannte Beifang, mit an Bord gezogen. Der Anteil des Beifangs kann je nach Spezialisierung das Vier- bis Zehnfache des gewünschten Ertrages ausmachen. In der Regel wird der Großteil des Beifangs einfach über Bord ins Meer geworfen. Die meisten dieser Fische überleben diese Prozedur nicht und gehen für den Bestand verloren.

Mit immer kleinmaschigeren Netzen versuchen die Fischereiunternehmen, die durch die schrumpfende Bestände sinkenden Ertragsmengen auszugleichen. Dabei werden jedoch zunehmend Jungtiere gefangen und die Bestände in ihrer Existenz weiter gefährdet beziehungsweise sogar ausgelöscht. Die Fangflotten weichen gegenwärtig verstärkt auf bislang „verschmähte", weil „unansehnliche" Fischarten oder auch Fisch aus der Tiefsee aus (Abb. 111.1).

Schätzungsweise ein Viertel der Fischbestände sind bereits erschöpft oder stehen kurz davor. Etwa die Hälfte ist so stark befischt, dass ihre Regenration gefährdet ist, vor allem die fischreichsten Regionen der Erde (Abb. 109.2).

Doch selbst überfischte Gebiete können sich erholen, denn Fisch ist eine regenerative Nahrungsmittel- und Rohstoffressource. Dazu ist jedoch nicht eine allein auf Gewinnmaximierung ausgerichtete, sondern nachhaltige Fischerei notwendig, die sich in Politik und Management seit den 1990er-Jahren zunehmend durchsetzt. 1995 verabschiedete die Welternährungsorganisation der Vereinten Nationen (FAO) „Verhaltensregeln für eine verant-

„Mit einer maximal 50 Meter tief reichenden „Ringwade" fischten auch schon der Vater und der Großvater des Basken Miguel Bakdeza nach Sardellen. Diese Methode wird zwar in der Hochseefischerei kritisiert – aber bei den Küstenfischern reduziert sie sogar unerwünschten Beifang. Trotzdem gibt es vor der nordspanischen Küste kaum noch Sardellen. […] Iñaki Arribide von der Fischereigenossenschaft […] erklärt: ‚Der Konflikt fing an, als die französischen Schleppnetzfischer auch Sardellen zu fischen begannen. Die fingen bis dahin nur Seehecht und Seezunge, weil die auf dem Markt rentabler waren. Da warfen sie die Schleppnetze auch nach Anchoas aus. Zudem gehen die Schleppnetzfischer das ganze Jahr auf Fang. Wir mit unserer Methode fischen nur drei Monate. So

hatten die Bestände früher neun Monate Zeit, sich zu erholen.' […] Die spanischen Fischer betonen, dass es nicht um einen Streit von Spaniern gegen Franzosen geht, sondern um die Fangmethoden: ‚Hier ist früher noch richtig mit Ködern und Haken gefischt worden. 200 Schiffe haben Stöcker, Makrele und Seehecht geangelt. Selektiver geht es nicht. Dank der Schleppnetze sind diese Fische jetzt alle verschwunden. Wir hatten hier einst Fisch von außergewöhnlicher Qualität. Was wir jetzt essen, kommt zu 95 Prozent aus der Hochseefischerei. Bis diese Gebiete auch leergefischt sind. Mit der küstennahen Fischerei stirbt eine Tradition, eine Art zu leben, eine Kultur.' […] Der Meeresbiologe Raúl García vom World Wide Fund for Nature meint: ‚Wir stehen vor der Frage, ob wir die Bestände

110.2 Fangmethoden bedrohen Sardellenbestände

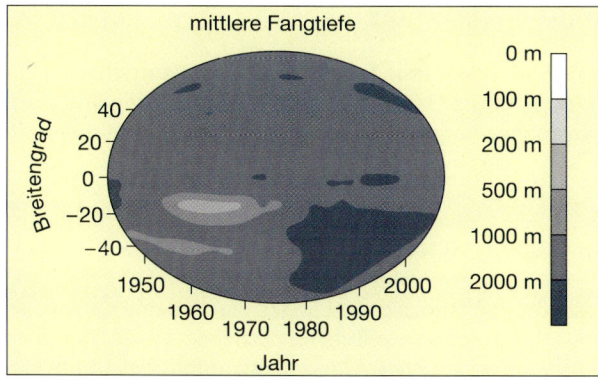

111.1 Durchschnittliche Fangtiefen

wortungsbewusste Fischerei". Allerdings werden diese von vielen Fangflotten aufgrund fehlender beziehungsweise schwer durchzuführender Kontrollen häufig nicht eingehalten (Abb. 111.2).

Aber auch in kontrollierten Fischereien ist eine Begrenzung schwierig. 1992 verhängte die kanadische Regierung über die Grand Banks vor Neufundland, eines der fischreichsten Gebiete des Atlantiks, ein Fangverbot, wobei gleichzeitig 30 000 Arbeitsplätze in der kanadischen Fischereiindustrie verloren gingen. Der notwendige Abbau der Flotten ist ein langfristiger Prozess, der sozialverträglich durchgeführt werden muss.

Die Einführung gesetzlicher Regelungen wird darüber hinaus dadurch erschwert, dass die Daten für mögliche Fangobergrenzen nur mit großem Aufwand zu ermitteln sind. Aus den Fangmengengrenzwerten werden Maßnahmen zur Steuerung des Fischereiaufwandes – zum Beispiel Festsetzung von Maschenweiten, Einrichtung von Schutzzonen, Stilllegungen von Fischereifahrzeugen – und Produktionsbegrenzungen – zum Beispiel Gesamtfangmenge, Quoten, Mindestgrößen, Beifangregulierungen – abgeleitet.

zur Ruhe kommen lassen wollen oder ob die Sardelle für immer aus dem Golf von Biskaya verschwindet. Das ist die gegenwärtige Situation. Eine Sardelle wird etwa drei Jahre alt. Diese extrem niedrigen Bestände haben wir jetzt seit drei Jahren. Unsere letzte Hoffnung ist die jüngste Generation. Wenn sich der Bestand in diesem Jahr wieder nicht erneuert, verlieren wir alle drei Generationen Es gibt dann keine Sardellen mehr.' Wichtigstes Hindernis für eine Lösung: Die Politik. Im Kampf widerstreitender Interessen setzen sich in der EU-Kommission die Schleppnetzfischer durch. [...] ,Die Ringwade ist bei den Sardellen eine nachhaltige Fangmethode. Aber ein Schleppnetzfischer fängt 15- oder 20-mal so viel.' [...]"
(Quelle: dradio, 12.6.2007, Hans-Günter Keller)

Auf dem Weg ins Innere von „Princesa Joana" – ein etwas graziler Name für ein Schiff, das hundert Meter lang ist, über dessen Bug rostige Schlieren laufen und das vier ohrenbetäubende Motoren antreiben. 4000 Pferdestärken, sagt António da Silva Vieira, der gerne eine getönte Pilotenbrille trägt, selbst wenn die Sonne nicht scheint. Das Ziel der 40-köpfigen Besatzung von Princesa Joana ist Kanada. Sie wird dort in den nächsten fünf Monaten eine einzige Fischart jagen: Kabeljau. Um exakt zu sein: Eine Million Kilogramm Kabeljau! Ein Fisch, dessen Bestand in Gefahr ist und den die Mitglieder der Europäischen Union dort im Nordwestatlantik eigentlich nicht fischen dürfen. So schreibt es die zuständige Fischereiorganisation NAFO vor. Und ihr gehört die EU – und damit auch Portugal – an. „Ich halte mich an Regeln und bin gegen Anarchie", beteuert Vieira, „aber oft sind die Gesetze von Menschen gemacht, die eigene wirtschaftliche oder anderweitige Interessen verfolgen, die uns Fischer in unseren wirtschaftlichen Möglichkeiten einschränken. Darum halte ich mich nicht immer an die Gesetze. Vor allem, wenn ich meine, dass sie schlecht gemacht sind."

Doch Schlupflöcher dürfte es selbst für einen ausgebufften Vollblutunternehmer wie Silva Vieira eigentlich gar nicht geben. Denn die staatliche Fischereiinspektion Portugals könne die Flotten ihres Landes pausenlos überwachen, sagt Chefinspektor António Pinho. „Ein Schiff der EU ist verpflichtet, an das Satellitenkontrollsystem VMS angeschlossen zu sein", erklärt er, „und wir Inspektoren wissen zu jeder Zeit, wo sich dieses Schiff aufhält. Und aufgrund der zurückgelegten Distanz von einem Punkt A zu einem Punkt B wissen wir, ob die Besatzung gerade fischt oder nur unterwegs ist. Denn wenn sie fischt, fährt sie viel langsamer." Das Satellitensystem ist so etwas wie ein „Big Brother" der Weltmeere. Ihm entgeht nicht, wenn ein Schiff innerhalb der 200-Meilen-Grenze fischt. Dort gelten die Hoheitsrechte des angrenzenden Küstenstaates und dort ist der Fischfang besonders stark reglementiert, vor allem durch Quoten.

Mit dem Satellitensystem kann Inspektor Pinho erkennen, ob sich die Flotten auch daran halten. „Ich spreche von Flotten, die unter portugiesischer Flagge fahren", sagt Pinho, „aber es gibt immer mehr Schiffe, die unter sogenannten Billigflaggen auslaufen." Auch Industriefischer António da Silva Vieira fährt ein halbes Dutzend Schiffe unter Billigflaggen: beispielsweise aus Panama, Guinea oder auch Togo. An so eine Flagge zu kommen ist einfach und meist nur eine Frage von einigen Hundert Dollar. Silva Vieira umgeht damit bestehende Gesetze und Kontrollen. Denn diese Staaten treten den entsprechenden Fischereiabkommen nicht bei und überprüfen ihre Flotten praktisch nie. So kann Vieira auch vor Kanada Kabeljau fangen.

(Quelle: Deutsche Welle, Jutta Wasserrab, gekürzt)

111.2 Piratenfischerei

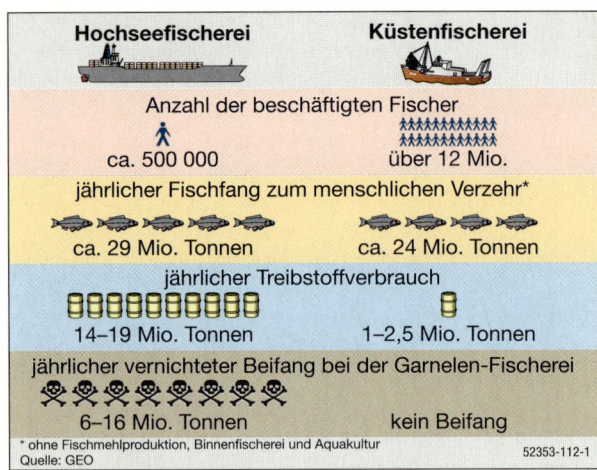

112.1 **Hochsee- und Küstenfischerei im Vergleich**

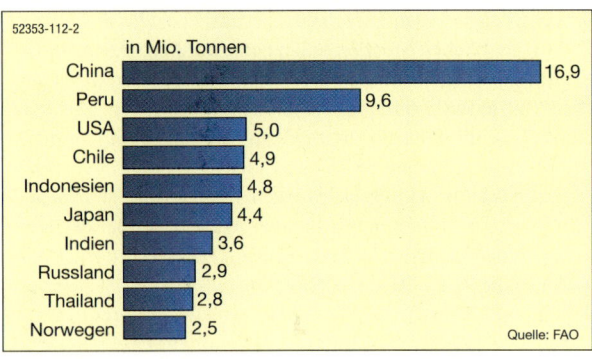

112.2 **Hochsee- plus Binnenfischfang (2005)**

Globalisierung und Fischerei

Die Fischerei gehört zu den ältesten Nutzungsformen des Meeres und ist bis heute Lebensgrundlage für Millionen Küstenbewohner. Für über eine Milliarde Menschen sind Fische und Meeresfrüchte die wichtigste Proteinquelle.

Das Geschäft mit den Nahrungsmitteln aus dem Meer ist inzwischen längst globalisiert. Die Umsetzung der UN-Seerechtskonvention führte in den 1990er-Jahren dazu, dass die industrialisierten Länder, die bis dahin mit modernen Fangflotten Fernfischerei betrieben, große Einbußen hinnehmen mussten. Dagegen konnten viele Entwicklungsländer, jetzt über ihre Wirtschaftszone verfügend, ihre Anlandungen deutlich erhöhen. Sie produzieren heute etwa zwei Drittel der weltweiten Meeresfischereimenge. Von der immer noch steigenden Nachfrage nach Fisch in den reichen Ländern profitieren die Entwicklungsländer ebenfalls, da der Export hohe Deviseneinnahmen abwirft (Abb. 112.3). Allerdings führt das in diesen Ländern meist zu einem dualen Fischmarkt: hochwertige Ware für den Export und billige Massenware für den Inlandsbedarf. Weit mehr als 50 Millionen Tonnen beträgt das Volumen des weltweiten Fisch- und Fischerzeugnissexportes – Tendenz steigend (Abb. 112.2).

Viele Küstenstaaten vergeben auch Fanglizenzen für ihre Wirtschaftsgewässer. Verlierer in diesem Prozess ist dabei vor allem die traditionell wirtschaftende Küstenfischerei mit weitreichenden wirtschaftlichen, ökologischen und sozialen Folgen für die ansässige Bevölkerung (Abb. 113.2).

Exporteure			Importeure		
Land	1994	2004	Land	1994	2004
China	2320	6637	Japan	16140	14560
Norwegen	2718	4132	USA	7043	11967
Thailand	4190	4034	Spanien	2639	5222
USA	3230	3851	Frankreich	2797	4176
Dänemark	2359	3566	Italien	2257	3904
Kanada	2182	3487	China	856	3126
Spanien	1021	2565	Großbritannien	1880	2812
Chile	1304	2484	Deutschland	2316	2805
Niederlande	1346	2452	Dänemark	1415	2286
Vietnam	484	2403	Südkorea	718	2233
Summe Top Ten	21243	35611	Summe Top Ten	38063	53090
andere Länder	26267	35897	andere Länder	13104	22202
Summe gesamt	47511	71508	Summe gesamt	51167	75293
Quelle: FAO, State of world fischeries and agriculture, 2007					

112.3 **Die größten Exporteure und Importeure von Fisch und Fischereiprodukten (in Mio. US-Dollar)**

113.1 Küstenfischerei

113.3 Hochseefischerei

Enge Straßen, bunt getünchte Häuser, Marktstände und der Geruch von Fisch, im Hafen die gelben Barken der Kunsthandwerker und die roten Kutter der Fischer: Das ist Mar del Plata, der wichtigste Hafen und Ferienort Argentiniens, rund 400 Kilometer südlich von Buenos Aires. Noch in den 70er-Jahren war der Fischereihafen von Mar del Plata der bedeutendste Wirtschaftsfaktor im südlichen Teil der Region Buenos Aires. 18 000 Menschen beschäftigte der Hafen noch in den 80er-Jahren.

Der Fischer Ricardo Muñoz, genannt Polaco, erinnert sich: *„Wir lebten damals ziemlich gut. Es gab viel Arbeit in den Fabriken. Früher haben wir Fischer alle 15 Tage ein gutes Gehalt bekommen. [...] Das ganze Viertel war voller Leben. Ich bin mit meinen Kollegen oft Billard spielen gegangen, habe die eine oder andere Gancia getrunken und Picadas gegessen. [...] Die Kneipen und Fischerkantinen waren immer voll. Das ganze Viertel war voller Freude. Aber heute ist es für die Menschen ein Kampf ums Überleben. Es gibt nicht mehr diese Solidarität und Freundlichkeit von früher. Heute regieren Trauer und die Angst vor dem Morgen.*

Der Niedergang kam Anfang der 90er-Jahre: 1992 unterzeichnete Argentinien ein Fischereiabkommen mit der Europäischen Union. Seither sind es die Kühlschiffe der Europäer, die eine Tagesreise vor der Küste den Löwenanteil Fisch aus dem Meer ziehen, auf den Schiffen verarbeiten und direkt zu den europäischen Konsumenten bringen. Argentinien erhielt in den 90er-Jahren zwar rund 20 Millionen Euro jährlich aus dem Abkommen, diese Mittel flossen jedoch in den Staatshaushalt. Im Hafen von Mar del Plata kam dagegen kaum etwas an, empört sich Romina Cutulli vom lokalen Fischerverband CoDePesca, der sich für einen sozial, wirtschaftlich und ökologisch nachhaltigen Fischfang einsetzt: *„In den 90er-Jahren wurde neben anderen Wirtschaftsbereichen auch der Fischereisektor geöffnet. Vorher gab es eine nationale Fischproduktion, für die andere Länder Kunden waren. Jetzt durften diese Kunden selbst die argentinischen Fanggründe ausbeuten, ohne im Gegenzug allzu viel zu bieten. Dadurch hat der argentinische Staat Ressourcen verscherbelt, die vorher ihm und somit den Menschen hier gehörten. [...].*

Neben der sozialen Katastrophe an Land verursachten die Kühlschiffe der EU in wenigen Jahren auch eine ökologische: Der einst in argentinischen Gewässern weit verbreitete Seehecht ist infolge der Überfischung selten geworden. Unter dem Druck der übermächtigen Konkurrenz haben viele Betriebe ihre Belegschaft drastisch reduziert, sowohl auf den Booten als auch im Hafen. Heute arbeiten von den ehemals 18 000 sozialversichert Beschäftigten im Hafen von Mar del Plata nur noch 2500. [...] Die angelandete Fangmenge sinkt kontinuierlich: Bei einigen Arten wie dem Seehecht sei ein Rückgang um zwei Drittel zu beklagen, und in den letzten fünf Jahren seien die Fangquoten insgesamt um 20 Prozent gesunken, beklagt der Fischerverband CoDePesca. Immerhin haben sich inzwischen neue Branchen in Mar del Plata angesiedelt. Der Wirtschaftsdezernent der Stadt, Mariano Gonzalez, hält die Sicht der Hafenarbeiter und Fischer daher für zu pessimistisch: *Das Fischereiabkommen mit der EU hatte zu Beginn für Mar del Plata sicherlich negative Auswirkungen. [...] Aber es haben sich in den letzten zehn Jahren neue Wirtschaftszweige angesiedelt: Mittlerweile haben wir fünf Werften im Hafen. Außerdem hat das Containergeschäft an Bedeutung zugenommen. Beide Bereiche [...] konnten einen guten Teil der Arbeitsplatzverluste ausgleichen. Und durch die Wiederbelebung der argentinischen Exporte wird der Hafen auch in Zukunft der wichtigste Wirtschaftsfaktor der Stadt bleiben.*

(Quelle: Deutschlandfunk, 11. April 2007, Martin Segura, gekürzt)

113.2 **Verlierer Küstenfischerei**

Das Vorbild für das Fischmaßband kommt vom anderen Ende der Welt. In den 1990er-Jahren waren die philippinischen Fischbestände durch Fang und Verkauf zu junger und kleiner Fische drastisch zurückgegangen. Als Reaktion darauf entwickelten Kieler Wissenschaftler gemeinsam mit Kollegen der Deutschen Gesellschaft für Technische Zusammenarbeit (GTZ) ein Fischlineal und verteilten es an die Bevölkerung. Auf dem Maßband waren je nach Art die Längen der gängigen geschlechtsreifen Speisefische der Philippinen aufgetragen. Damit ausgerüstet konnten die Kunden am Ladentisch selbst entscheiden, welcher Fisch zu klein war und welcher nicht.

Vom Erfolg des philippinischen Projekts inspiriert, entwarfen die Fischereibiologen jetzt ein ähnliches Lineal für die häufigsten Fischarten der Nord- und Ostsee. Mit ihrem Fisch-O-Meter wollen die Kieler Forscher möglichst viele Verbraucher sensibilisieren. „Mit unserem Fischlineal lassen sich zu kleine Exemplare schnell identifizieren. Mit dem Kaufboykott zu kleiner Fische kann sich jetzt jeder Verbraucher aktiv gegen den Raubbau an den Fischbeständen wehren." Das Lineal kann über die Verbraucherzentralen bezogen werden.

(gekürzt aus: Die Welt, 20.8.2007, Rüdiger Schacht)

114.1 Fisch-O-Meter

Nachhaltige Fischerei

Der seit Jahren stagnierende weltweite Fangertrag und die wachsende Zahl überfischter Fanggründe zeigen, dass eine nachhaltige Nutzung durch eine extensive Erweiterung der Fischerei nicht mehr möglich ist. Eine weitere Steigerung der aus dem Meer gewonnen Nahrungsmittel für die wachsende Weltbevölkerung kann nur aus dem Ausbau der marinen Aquakulturen kommen. Während selbst die modernsten Flotten nach der uralten Methode des Jagens und Sammelns arbeiten, wird bei der Aquakultur die „Fischjagd" von der „Fischbewirtschaftung" abgelöst.

In Binnengewässern wird schon seit Tausenden von Jahren Fischzucht betrieben, zum Beispiel gibt es Belege über die Karpfenzucht in China 2000 v. Chr. oder die Teich- und Lagunenwirtschaft im Römischen Reich. Das Züchten von Meerfisch wurde allerdings erst Ende der 1960er-Jahre begründet. Die Idee Thor Morwinkels, Wildlachs in Netzkäfigen aufzuziehen, galt zunächst als undurchführbar. Doch das Experiment gelang. Vom Ausbrüten der Eier bis zur Schlachtung erfolgt die Aufzucht des Lachses in Aquakulturen, ähnlich der modernen Tierzucht in der Landwirtschaft. In den letzten Jahren verzeichnen Aquakulturen zweistellige Zuwachsraten. Etwa ein Drittel der Weltfischereimenge stammt heute aus Farmen für verschiedenste Fischarten, für Muscheln, für Krebse und für Algen. Aber die „Fischmast" birgt, wie die Massentierhaltung an Land, auch Probleme (Abb. 115.2).

Insgesamt ist die nachhaltige Bewirtschaftung, aber auch ein kritisches Verbraucherverhalten auf dem Vormarsch (Abb. 114.1, 114.2). Ob und wie die dafür notwendigen materiellen und politischen Anforderungen zu leisten sein werden, wird gegenwärtig stark diskutiert (Abb. 116.1).

Der Londoner Marine Stewardship Council (MSC) wurde 1997 von der Umweltorganisation WWF und dem Lebensmittelkonzern Unilever gegründet. Ziel der unabhängigen und gemeinnützigen Organisation ist es, zur Lösung der Überbeanspruchung der Ozeane durch die Fischerei beizutragen. Der MSC hat dazu gemeinsam mit Wissenschaftlern, Fischereiexperten und Umweltorganisationen Standards für eine nachhaltige Fischerei entwickelt. Fischereibetriebe können sich um eine Bewertung durch den MSC bewerben. Sie werden nach folgenden drei Prinzipien untersucht:

Prinzip 1: Ermittlung, ob für eine nachhaltige Fischerei genügend Bestände vorhanden sind
Prinzip 2: Ermittlung der Folgen der Fischerei für die unmittelbare maritime Umgebung, andere Fischarten, Meeressäuger sowie Seevögel
Prinzip 3: Bewertung der Einrichtung und Einhaltung der Regeln für eine nachhaltige Fischerei in den Betrieben.
Genügen die jeweiligen Betriebe dem Kriterienkatalog, vergibt das MSC das blauweiße Siegel, das eine verantwortungsbewusst geführte, nachhaltige Fischerei attestiert. Im März 2006 ließen sich bereits 50 Fischereien nach den derzeitig bedeutendsten Umweltstandards bewerten. Mehr als drei Millionen Tonnen Fisch und andere Meeresfrüchte stammen damit aus Betrieben, die an diesem Programm teilnehmen.

114.2 MSC-Siegel für nachhaltige Fischerei

Land	1990	1995	2000	2005
Afrika	0,16	0,72	2,80	4,10
Nord- u. Mittel- amerika	0,39	0,77	8,42	7,41
Süd- amerika	9,04	30,26	27,48	27,71
Asien	15,75	21,31	24,56	29,87
Europa	3,19	5,79	3,92	11,13
Ozeanien	1,82	1,92	10,20	7,41
Welt	13,82	19,49	22,19	27,26

Quelle: FAO, State of world fisherie and agriculture 2007

115.1 Anteil der Fischerfarmer an den Fischern (%)

115.3 Aquakultur in Asien

[...] Inzwischen züchten Aquakulturen 430 verschiedene Arten von Wassertieren und -pflanzen. Der mit 97 Prozent weitaus größte Teil wurde jedoch erst in den vergangenen 100 Jahren in Kultur genommen. [...] Doch das Image dieser Wirtschaftsform ist denkbar schlecht, weil sie zu einer extremen Belastung für die Umwelt wurde. Die Norweger, die ihren Zuchtlachsen massenweise Antibiotika und Hormone ins Wasser gaben, sind genauso ins Gerede gekommen wie die Asiaten, die für ihre Shrimp-Farmen wertvolle Mangrovenwälder abholzen. Doch die alten Sünden der vergangenen Jahrzehnte sind erkannt. „Das Umdenken begann vor etwa zehn Jahren", sagt Carsten Schulz, [Professor für Marine Aquakultur an der Berliner Humboldt-Universität]: „Viele asiatische Regierungen nehmen sich des Problems an und schränken die Abholzungen durch Gesetze ein. [...]Auch in Norwegen basierte der massive Einsatz von Antibiotika einfach auf limitiertem Wissen. Man hatte einfach versucht, den Krankheitsdruck in den Lachsfarmen zu minimieren." Inzwischen haben verbesserte Haltungsbedingungen zur Entspannung der Situation beigetragen. In einem Käfig werden weniger Fische pro Kubikmeter gehalten, was die Ansteckungs- und Seuchengefahr vermindert. [...]

Zu den Aufgaben, die sich Schulz gestellt hat, gehören Arbeiten zur Haltungstechnik, zur Ernährungsphysiologie der Fische und zur Reproduktion und Züchtung: „Heute werden noch viele Jungfische in den Meeren gefangen, in Aquakulturen gesetzt und dort lediglich gemästet. Unser Ziel muss es sein, die Tiere unter kontrollierten Bedingungen zu vermehren, aber von vielen genutzten Arten weiß man noch viel zu wenig über die Fortpflanzungsbiologie. Eine Vermehrung gelingt häufig noch nicht." Problematisch ist auch immer noch die Fütterung. Der Großteil der gehaltenen Tiere sind Räuber, das heißt, sie brauchen in ihrer Nahrung tierisches Protein. Ihr Futter besteht aus Fischmehl-Pellets. In der Pra-

xis werden dafür große Mengen Fisch gefangen, die für die menschliche Ernährung weniger geeignet sind, und zu Mehl verarbeitet. Die Aquakulturen sind damit kaum eine Entlastung für den Fischereidruck auf die Wildpopulationen als vielmehr eine weitere Belastung, wie Umweltschützer schon lange kritisieren. „Die Frage ist überhaupt, ob wir uns bei der gegebenen Rohstofflage erlauben können, räuberische Arten in den Anlagen zu züchten", sagt Schulz.

Seit Langem liegt die Produktion von Fischmehl konstant bei sechs bis sieben Millionen Tonnen pro Jahr. „Und trotz des rasanten Wachstums der Aquakulturen in den vergangenen 25 bis 30 Jahren ist die auf dem Weltmarkt gehandelte Menge an Fischmehl nicht im selben Maß angestiegen", sagt Schulz. „1975 erzeugten die Kulturen 5 Millionen Tonnen tierische Produkte, 2004 waren es 45 Millionen Tonnen. Doch die Produktion von Fischmehl blieb konstant."

Dafür hat sich die Konkurrenz unter den Abnehmern verschärft. Damals gingen 5 Prozent des Fischmehls in die Aquakulturen und 95 Prozent in die Landwirtschaft, heute ist das Verhältnis 45 zu 55 Prozent. [...] Die Folge ist ein kräftiger Preisanstieg. 2001 kostete eine Tonne Fischmehl 400 US-Dollar, 2006 waren es schon 900 US-Dollar.

Schon aus Gründen der Wirtschaftlichkeit sind die Betreiber von Aquakulturen deshalb daran interessiert, den Fischmehlanteil im Futter zu reduzieren. „Eine Lösung wäre, auf Pflanzenfresser umzustellen", sagt Schulz. „Aber auch beim Futter für Fleischfresser wird daran gearbeitet, den Anteil an Fischmehl zu verringern." [...] Carsten Schulz beschäftigt sich unter anderem mit der Frage, welche Ersatznahrung anstelle von Fischmehl das Verdauungssystem der Tiere akzeptiert. [...] Fernziel ist ein geschlossenes System, in dem Algen die Ausscheidungen der Fische verwerten und neue Biomasse erzeugen, die zum Teil wieder als Futter genutzt wird [...].
(Quelle. Die Welt, 23. April 2007, Rolf H. Latusseck, gekürzt)

115.2 Fischzucht in Aquakulturen

Überfischung ist kein Endzeitszenario
Von Gerd Huboldt, Direktor der Bundesforschungsanstalt für Fischerei in Hamburg

Der Nachwuchs eines einzigen Kabeljauweibchens in der Nordsee könnte, wenn alle Eier, Larven und Jungfische überleben würden, in drei bis vier Jahren auf mehrere Tausend Tonnen Biomasse heranwachsen. Eine katastrophale Überbevölkerung wäre die Folge, wenn das Nachwuchspotenzial des Kabeljaus in einer Größenordnung von 100 000 Milliarden Nachkommen pro Jahr voll ausgeschöpft würde.
Die Natur hat allerdings effektive Mechanismen geschaffen, durch die der Großteil des Nachwuchses früh stirbt oder gefressen wird (auch von den eigenen Eltern) und nur so viele übrig bleiben, wie im Ökosystem Platz für sie ist. Wenn das Ökosystem in ungestörtem Zustand ist, wird es von Altfischen beherrscht, und es wird nur sehr wenig Nachwuchs groß. Ist Platz geschaffen (durch Umweltfaktoren, Krankheiten, erhöhten Fressdruck von Seevögeln, Robben, Walen, aber auch durch Fischerei), werden die Nachwuchsreserven mobilisiert und füllen die Lücken wieder auf. Nach dem Modell der Fischereibiologie ist die Produktionskraft der meisten Bestände dauerhaft am größten, wenn die Altfischbiomasse auf etwa die Hälfte des Urzustands reduziert ist. Diesen Mechanismus nutzt die Fischerei, indem sie bewusst die ursprüngliche Biomasse der Bestände verändert, damit sie die daraus resultierende höhere Produktion als Fangertrag nutzen kann.

Das Geheimnis einer nachhaltigen Fischerei besteht darin, das schwierige Gleichgewicht zwischen Elternbestand, Nachwuchsaufkommen und Fang zu finden und auch bei schwankenden Umweltbedingungen möglichst dauerhaft aufrechtzuerhalten. Dieses Gleichgewicht ist von Fischart zu Fischart, von Region zu Region und von Jahr zu Jahr verschieden. Zur Berechnung des Gleichgewichts ermitteln Fischereibiologen die notwendigen Daten, sie treffen Vorhersagen über die Bestands-, Nachwuchs- und Fangentwicklung aller wichtigen Fischbestände und leiten Fangempfehlungen ab. Wenn diese umgesetzt werden, besteht eine gute Chance auf eine dauerhafte „nachhaltige" Nutzung der betreffenden Arten.

Ein Wiederaufbau überfischter Bestände auf produktivere Größen ist in vielen Fällen möglich, wenn die notwendigen Maßnahmen getroffen werden. Beispiele für erfolgreiches Management gibt es reichlich; häufiger zitiert werden allerdings Negativbeispiele wie der Kollaps des kanadischen Ostküstenkabeljaus: Seit Anfang der neunziger Jahre hat sich dieser Bestand nicht wieder erholt. Unklar ist, ob die richtigen Maßnahmen getroffen wurden, um die Fische zu

schützen. So wurde der lokalen „kleinen" Fischerei über die Jahre stets erlaubt, weiter Kabeljau zu fischen – womöglich zu viel, um einen Wiederaufbau zu ermöglichen.
Überfischung großer Bestände ist für sich genommen kein Anlass für ein Endzeitszenario. Fischereien auf reproduktionsstarke und robuste Arten können durch besseres Management wieder in produktive Größenordnungen zurückgebracht werden. Dies aber ist – so paradox es klingen mag – gar nicht in allen Fällen erwünscht. So hat sich in Kanada und Grönland nach dem Niedergang der dominierenden Kabeljaufischereien eine lukrative Fischerei auf Tiefseegarnelen etabliert, die ehemals dem Kabeljau als Nahrung dienten. Es könnte deshalb sein, dass manche Krabbenfischer an einer Erholung der konkurrierenden Kabeljaue nicht sonderlich interessiert sind.

Die Gefährdung der Fischressourcen ist in vielen Fällen ein Problem, zu dessen Lösung Ökonomie und Biologie in ein Gleichgewicht gebracht werden müssen. Gute wissenschaftliche Modelle hierfür sind in den meisten Fällen vorhanden; es liegt vor allem an den verantwortlichen Fischereimanagern und -politikern, sie auch sinnvoll anzuwenden.
Insofern lautet die Botschaft der weltweiten Überfischungsproblematik korrekt: Alle genutzten Fischbestände – ob noch wachsend, voll genutzt oder überfischt – brauchen ein gutes und vorausschauendes Management, damit Fische und Fischerei eine gemeinsame Zukunft haben.

Nachhaltigkeit ist ein Mythos
Von Daniel Pauly, Direktor des Fisheries Centre der Universität von British Columbia in Vancouver

Fischerei war noch nie „nachhaltig". Im Gegenteil, sie hat in Serie Fischbestände geplündert und diesen Umstand geschickt maskiert. Rückgänge bei den Fangmengen wurden durch verbesserte Technik wettgemacht, durch geographische Expansion und nicht zuletzt durch den Rückgriff auf Spezies von niederem Rang in der Nahrungspyramide, die man zuvor verschmäht hatte. Wenn man aktuelle Trends hochrechnet, kommt man zu dem Ergebnis, dass die Großfischereien, und da besonders jene, die sich auf die großen Raubfischarten konzentrieren, in wenigen Jahrzehnten weltweit kollabieren werden.

Fischen ist das Fangen und Erlegen von Wildtieren im Meer, das Gegenstück zur Jagd auf Wisente, Rehe oder Kaninchen an Land. Es sollte niemanden überraschen, dass eine industriell angelegte Fischerei nicht nachhaltig sein kann; eine industrialisierte Jagd an Land, das kann man sich leichter vorstellen, wäre es auch nicht. Umso überraschender ist es, wie tief sich die Überzeugung festgesetzt hat, dass unspezifische „Veränderungen der Umwelt" den Niedergang von Fischbeständen

116.1 Nachhaltige Fischerei – zwei Meinungen

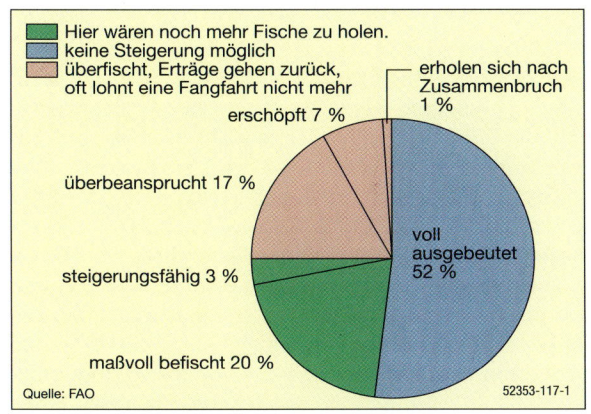

117.1 Fischbestände weltweit (2005)

Legende zur Grafik:
- Hier wären noch mehr Fische zu holen.
- keine Steigerung möglich
- überfischt, Erträge gehen zurück, oft lohnt eine Fangfahrt nicht mehr

erschöpft 7 %
überbeansprucht 17 %
steigerungsfähig 3 %
maßvoll befischt 20 %
erholen sich nach Zusammenbruch 1 %
voll ausgebeutet 52 %

Quelle: FAO
52353-117-1

verursacht haben sollen – und weiter verursachen. Wer die Geschichte der Fischerei studiert, wird unschwer erkennen, dass es der Mensch war, der seit Jahrtausenden das Schicksal einer Fischart und seines Lebensraums bestimmt hat.

Wenn es überhaupt je „nachhaltige" Fischerei gegeben hat, dann nicht wegen einer bewussten Entscheidung für eine Schonung der Fischbestände, sondern weil diese außerhalb der Reichweite kommerzieller Fischerei lag. Nur dann bleiben große und alte Weibchen, die den wichtigsten Beitrag zur Erneuerung der Populationen leisten, unbehelligt. Wo immer eine Population für das Gerät der Fischer erreichbar war, kam es zwangsläufig zur Plünderung des Bestandes – selbst wenn uns die Fangmethoden im Rückblick primitiv und wenig effizient vorkommen mögen.

Kern dieser Modelle, die übrigens auch heute noch in Gebrauch sind (wenn auch in modifizierter Form), ist die Annahme, dass man die Fischerei auf ein Optimum einstellen kann, das zu einem „maximalen nachhaltigen" Output führt. In der Praxis wurde dieses optimale Niveau nur selten umgesetzt (die Festlegung der Quote ist letzten Endes immer ein politischer Prozess). Das Resultat sah stets folgendermaßen aus: Um ihre Fangmengen auch bei schrumpfenden Beständen zu gewährleisten, vergrößerte die Fischerei ihren Radius; sie fischte in immer größeren Tiefen oder über fernen Seebergen und machte sich über die weniger stark genutzten Fischgründe entlang der westafrikanischen Küste, in Südostasien oder in der südlichen Hemisphäre her. Fazit: Wenn die Fischerei jemals „nachhaltig" betrieben werden soll, dann nur, weil wir uns bewusst dafür entscheiden. Nur ist sie niemals nachhaltig gewesen, und es sieht, wenn man den aktuellen Trends Glauben schenkt, nicht danach aus, dass sie es je sein könnte.

(Quelle für beide Texte: MARE, Heft Nr. 51)

A1 Beschreiben Sie die Lage der Hauptfischfanggebiete der Meere und begründen Sie jeweils den Fischreichtum in diesen Regionen (Abb. 95.2, 109.3).

A2 Begründen Sie, weshalb die zentralozeanischen Gebiete fischereiwirtschaftlich als „Wüsten" gelten.

A3 Erläutern Sie am Beispiel des Kabeljaus das Problem der Überfischung (Abb. 108.2, 108.3. 109.3).

A4 Begründen Sie, dass „… eine weitere technologische Aufrüstung der Fischereiflotten ökologisch und ökonomisch gefährlich ist".

A5 Stellen Sie in einer graphischen Übersicht die Ursachen der Überfischung der Meere dar (Abb. 109.1–3, 117.1).

A6 Interpretieren Sie die Karikatur.

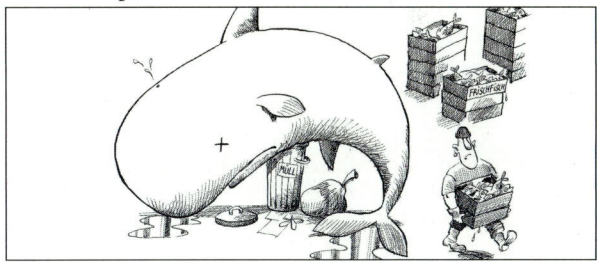

A7 Stellen Sie Möglichkeiten zusammen, die Fischerei nachhaltig und effektiv zu betreiben (S. 114–117).

A8 „Der industriell betriebene Fischfang lohnt sich nur so lange, wie er genügend Abnehmer findet. Ein Kaufverzicht von mit Treibnetzen gefangenem Fisch ist eine Möglichkeit, diese Fangtechnik zu beenden." Nehmen Sie zu der These Stellung.

A9 Der Fischfang ist ein globaler Wirtschaftsfaktor. Stellen Sie Ursachen und Folgen in einem Wirkungsgefüge dar (Abb. 113.2).

A10 Vergleichen Sie Fangfischerei und Aquakultur.

A11 „Aquakultur ist die Lösung des Überfischungs- und Nahrungsmittelproblems auf der Erde." Diskutieren Sie diese Aussage (Abb. 115.2).

A12 Bewerten Sie das Fisch-O-Meter und das MSC-Siegel als Möglichkeiten, sich als Verbraucher für eine nachhaltige Fischereiwirtschaft einzusetzen (Abb. 114.1, 2).

A13 Setzten Sie sich mit den Pro- und Kontra-Argumenten zur nachhaltigen Fischereiwirtschaft auseinander und beziehen Sie Stellung (Abb. 116.1).

4 Energielieferant Meer

Welch gewaltige Energie im Meer steckt, wird vielen Menschen erst bewusst, wenn Zerstörungen und Schäden in Millionenhöhe auftreten oder sogar Menschen zu Schaden kommen. Doch diese Kraft wird auch zunehmend genutzt, zum Beispiel zur Energiegewinnung. Dazu hat die wachsende Erkenntnis beigetragen, dass die heute eingesetzten fossilen Energiequellen endlich sind. Auch die Diskussionen um die Folgen des Klimawandels und die notwendige Reduktion von Treibhausgasen rücken den Einsatz erneuerbarer Energien immer stärker in den Vordergrund. Umfangreiche Forschungsprogramme befassen sich in diesem Sinne mit der Nutzung der Energie „aus dem Meer", zum Beispiel erzeugt durch die Gezeitenbewegungen, aber auch mit der Energiequelle, die am Standort „Meer" besonders günstige Voraussetzungen hat: der Windenergie.

Windenergie

Die europäischen Küstenländer sind derzeit weltweit führend in der Stromgewinnung durch Windenergie, allerdings ist der Anteil an der Gesamtenergiemenge noch gering. In Deutschland betrug er 2005 zum Beispiel nur vier Prozent. Auch wenn durch sogenanntes „Repowering" (technische Aufrüstung und Modernisierung bestehender Windkraftanlagen) eine 40-prozentige Leistungssteigerung seit 1990 erreicht wurde, kann vor allem in Europa eine Ausweitung der Windenergie nur durch Windparks an Offshore-Standorten erreicht werden (Abb. 119.1). Denn im Gegensatz zu außereuropäischen Standorten wird in Europa das Land für neue Standorte an der Küste (und im Binnenland) durch zunehmende Planungseinschränkungen (zum Beispiel Landschaftsschutz) immer knapper.

118.1 Errichtung einer Offshore-Anlage

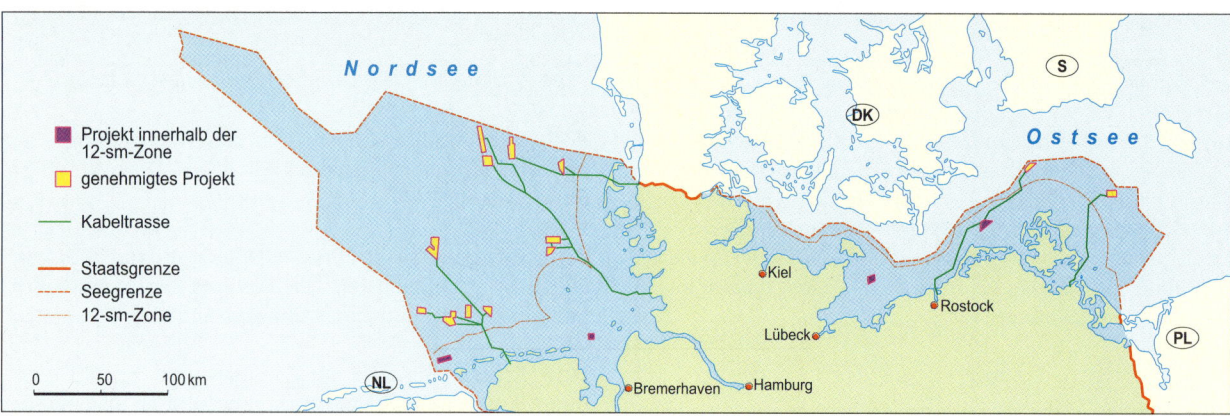

118.2 Genehmigte Offshore-Windparks

Windparks auf hoher See haben zudem den Vorteil, dass konstantere und höhere Windgeschwindigkeiten vorherrschen. Auch können auf dem Meer größere Anlagen gebaut werden, die darüber hinaus – im Gegensatz zu Onshore-Anlagen – kaum Anwohner stören. Intensive Einwände gibt es jedoch von Naturschutzverbänden hinsichtlich einer möglichen Gefährdung von Nationalparks, Vogelzugrouten oder Auswirkungen von Schallwellen auf Meerestiere. Die Offshore-Technik orientiert sich an den Erfahrungen aus dem Bereich der Erdöl- und Erdgasförderung und ist von der Entfernung zur Küste und von der Wassertiefe abhängig. Im Vergleich zu bereits bestehenden skandinavischen und britischen Anlagen (300 Anlagen mit zusammen 600 MW) werden Offshore-Parks in Deutschland weit vor der Küste in bis zu 40 Meter tiefem Wasser geplant. Die technischen Anforderungen (Turmbau, Wartung, Kabellegung) sind dadurch um ein Vielfaches höher und teurer. In der Nordsee müssen die Anlagen zusätzlich einem Tidenhub von bis zu 4,5 m und in der Ostsee bisweilen Eisgang widerstehen. Die deutschen Pilotprojekte „Borkum West" (bzw. „alpha ventus"), 45 km nördlich von Borkum, und „Butendiek", 34 km westlich von Sylt, liegen jenseits der nationalen 12-Seemeilen-Zone in der „Ausschließlichen Wirtschaftszone (AWZ)". Damit liegen sie nicht mehr im deutschen Hoheitsgebiet, aber innerhalb der 200-Seemeilen-Zone, die von Deutschland bewirtschaftet werden darf. Innerhalb der AWZ konkurrieren die Windenergieanlagen aber mit anderen Nutzergruppen wie Schifffahrt, Fischerei oder Bergbau (Abb. 118.2).

Im Vergleich zur Windenergie, deren kommerzielle Nutzung schon weit fortgeschritten ist, ist die technische Realisierung anderer Energiesysteme aufgrund unübersehbarer Kostenfaktoren noch ziemlich offen. Bisher am weitesten entwickelt sind Gezeiten-, Strömungs- und Wellenenergie-Anlagen. Sie stehen – zumindest regional und mit kleinen Anlagen – vor einem kommerziellen Einsatz. Andere Meeresenergiesysteme sind noch Teil von Forschungsprogrammen.

Gezeiten- und Strömungskraftwerke

Gezeiten können in abgesperrten Buchten bei ausreichendem Tidenhub zur Energiegewinnung genutzt werden. Bereits im 11. Jahrhundert wurde die Kraft des Tidehubs zum Betrieb von Gezeitenmühlen in England und Frankreich verwendet. Ende des 19. Jahrhunderts wurde in Frankreich zum ersten Mal mithilfe der Gezeiten Strom gewonnen. Es wird damit die mechanische Kraft der Wellenbewegung, des ein- und ausströmenden Wassers ausgenützt, um Wasserturbinen und Generatoren anzutreiben. Bei den wenigen in Betrieb genommenen Anlagen (zum Beispiel St. Malo in Frankreich (Abb. 119.2), Annapolis Royal/Kanada) wurden die Flussmündungen durch einen Damm abgesperrt, in den die Turbinen eingebaut wurden. Gründe für die geringe Anzahl von Gezeitenkraftwerken liegen im Mangel an geeigneten Standorten mit entsprechend hohem Tidenhub. Dazu kommen hohe Baukosten, die Beeinträchtigung der Schifffahrt sowie der Flora und Fauna z. B. durch Veränderungen der Uferzonen. Am besten funktionieren Gezeitenkraftwerke in einer Lagune, da hier Ebbe und Flut optimal ausgenutzt werden können.

1966 wurde in der Mündung die Rance bei St. Malo ein Kraftwerk in Betrieb genommen, das den Tidenhub von ca. 14 m (deutsche Nordseeküste 3 m) nutzt. Die Anlage liefert mit 24 Turbinen insgesamt 500 Mio. kWh im Jahr. Die Turbinen wurden in einen 750 m langen Damm eingebaut, der den Flussauslauf zum Meer her abtrennt Bei Flut strömt das Wasser durch die Turbinen in das landesseitige Becken. Bei Ebbe leert sich das Becken in Richtung Meer. Je nach Strombedarf kann das ablaufende Wasser auch verzögert werden. Durch den ständigen Zulauf der Rance in das abgesperrte Becken zeigten sich aber Funktionsstörungen bei der Stromgewinnung durch den „Flutbetrieb". Daher erzeugt die Anlage nur im „Ebbe-Modus" Strom.

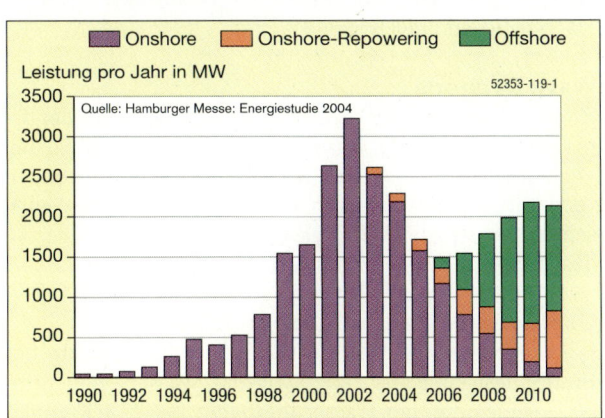

119.1 Windenergie in Deutschland

119.2 Gezeitenkraftwerk St. Malo (Frankreich)

120.1 Seaflow

Kraftwerke, die die Gezeiten- beziehungsweise Meeresströmungen zur Energiegewinnung ausnutzen, können weitgehend unabhängig vom Tidenhub arbeiten. Seit 2003 ist das Unterwasserströmungskraftwerk „Seaflow" als Versuchsanlage vor der Küste Großbritanniens in Betrieb. Es funktioniert wie eine Windkraftanlage: In 20 Meter tiefem Wasser, rund zwei Kilometer von der Küste entfernt, kreist ein elf Meter großer Rotor in der Meeresströmung. Über Wasser ragt – abhängig vom Wasserstand – ein fünf bis zehn Meter hoher Turm heraus. Anders als bisherige Wasseranlagen, bei denen Turbinen in einem geschlossenen Rohr drehen, steht der Seaflow-Rotor frei. Da sich die Meeresströmung fast das ganze Jahr konstant in die gleiche Richtung bewegt, ist die Kraftwerksleistung kalkulierbar. Bei Strömungsänderungen dreht der Rotor automatisch in die optimale Position. Neuere Modelle arbeiten mit zwei Rotoren, die kleiner sind und sich langsamer drehen („SeaGen") und damit auch mit geringerer Strömungsgeschwindigkeit arbeiten können. In der Planung sind inzwischen mehrere „Unterwasser-Energieparks". Allein in Nordeuropa wurden dafür mehrere Hundert geeignete Standorte gefunden, die eine geforderte maximale Strömungsgeschwindigkeit von zwei bis drei Meter pro Sekunde aufweisen. Diese Anlagen können auch auf ehemaligen Förderplattformen installiert werden.

Wellenkraftwerke

Pelamis

Vor der schottischen Nordküste wird seit 2000 die Wellenenergie zur Stromgewinnung genutzt. Entscheidend für das Leistungspotenzial einer Welle sind die Wellenhöhe und die Wellenperiode. Acht Meter hohe Wellen können bei einer Periode von circa zwölf Sekunden rund 300 kW / m erzeugen. Die von den Wellen erzeugten Auf- und Abbewegungen werden dabei innerhalb einer „Stahlschlange" über hydraulische Zylinder in Rotationsbewegung umgewandelt, durch die ein Generator angetrieben wird. Die am Meeresboden verankerten „Schlangen" (griech.: Pelamis) können sich immer quer zum Wellenkamm ausrichten. Pelamis ist auch durch großen Seegang nicht gefährdet, sogenannte Monsterwellen werden von der Anlage untertaucht. Der optimale Abstand zum Meeresboden wird mit 50 Metern angegeben, bei Wellenhöhen zwischen drei und fünf Metern.

Die 150 Meter lange Testanlage erzeugt rund 500 Kilowatt in der Spitzenleistung und ist heute schon so ausgereift, dass sie in „Wellen-Farmen" mit mehreren zusammenarbeitenden „Schlangen" an der portugiesischen Nordküste bis 2010 kommerziell eingesetzt werden soll (Aguçadoura). Die Farmen sind fünf Kilometer vor der Küste in einem Abstand von einem Kilometer geplant. Insgesamt werden rund 8,5 Millionen Euro investiert. Fördergelder fließen auch durch die Europäische Union. Allerdings liegen die Kosten derzeit rund dreieinhalbmal höher als bei Windenergie, da der Anschluss per Unterseekabel an das Stromnetz an Land relativ teuer ist.

Mit der Kraft, die Wellen erzeugen, wenn sie über Hindernisse schlagen bzw. diese überschwemmen, arbeiten mehrere unterschiedliche Systeme, die bisher nur als Versuchsprojekte laufen. Es sind daher vor allem kleinere Anlagen mit einer geringen Energieerzeugung. Teilweise werden dabei natürliche Hindernisse (z. B. Felsküsten) genutzt oder Beton- bzw. Stahlkonstruktionen gebaut. Dazu gehören zum Beispiel:

Wave Dragons

Zwei 30 Meter lange „Wave Dragons" erzeugen vor der dänischen Küste mit der Überschwemmungstechnik Strom. Die Anlagen sind in circa 20 Meter Tiefe am Seeboden verankert, schwimmen aber an der Oberfläche. Die Wellen schwappen über eine Rampe in die Mitte der Anlage, wo das Wasser durchsickert und die Turbinen antreibt.

Oscillating-Column-System (OSC)

Bei ausreichenden Wassertiefen kann die Energie der Brandungswellen ausgenützt werden. Wasserwellen dringen in eine unter der Wasseroberfläche liegende Kammer ein und versetzen eine eingeschlossene Wassersäule in

121.1 OSPRAY-Anlage mit OSC-System

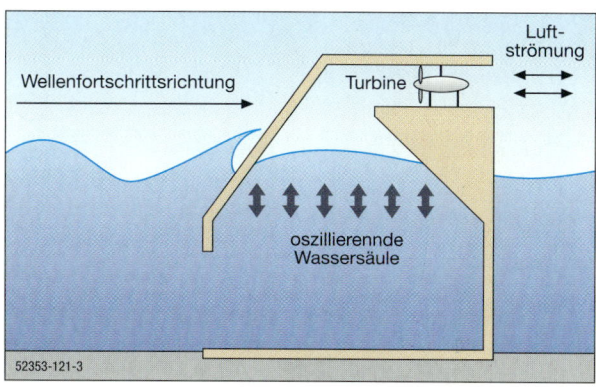

121.3 Oscillating-Column-Systeme (OSC)

Schwingungen. Die darüberliegende Luftmasse erzeugt durch das „Auf- und Abpumpen" Strömungsenergie, durch die dann Turbinen angetrieben werden. Diese Kammern können direkt in der Küstenlinie eingebaut werden und dabei natürliche Gegebenheiten nutzen (zum Beispiel Verankerung in Felsspalten oder -rinnen).

Tapchan

Dieses Wellenenergie-Kraftwerk in der Nähe von Bergen besteht aus einem Kanal, der eine 60 Meter weite Öffnung an der Wellenanlaufseite hat und spitz zuläuft. Das Wasser der Brandungswellen wird in ein Reservoir geführt, das drei Meter über der Meeresoberfläche liegt. Aus dem Reservoir fließt das Wasser zu einem Turbinenhaus und erzeugt wie in einem Laufkraftwerk Strom. Nachteilig bei diesem System ist die Abhängigkeit von der Stärke des Wellengangs.

Wärme- und Osmosekraftwerke

Energiegewinnung durch Temperaturunterschiede zwischen den Wasserschichten oder unterschiedliche Druckverhältnisse von Flüssigkeiten sind weitere wissenschaftlich-technische Ansätze:

Meereswärmekraftwerk OTEC

Die Energiegewinnung erfolgt durch Nutzung der Temperaturunterschiede zwischen den Wasserschichten im Meer. In tropischen Regionen betragen diese Unterschiede circa 20 Grad Celsius. Diese Differenz kann zur Verdampfung von Flüssigkeiten dienen. Dieser Dampf wiederum kann dann Turbinen antreiben, die wie bei einem Wärmekraftwerk Energie erzeugen. Der technische Aufwand ist durch die notwendigen langen Leitungssysteme sehr groß, der Wirkungsgrad durch geringe Temperaturdifferenzen relativ gering. Die auf Hawaii gebaute Versuchsanlage wurde daher inzwischen eingestellt.

Osmosekraftwerk

Auf der Basis unterschiedlicher Druckverhältnisse von Flüssigkeiten mit zum Beispiel unterschiedlichem Salzgehalt kann der Druck, der beim Durchströmen einer Membran erzeugt wird, zur Energiegewinnung herangezogen werden (daher auch Salzgradientenkraftwerk). Voraussetzung dafür ist aber ein ausreichend großes Konzentrationsgefälle zwischen Süßwasser und Salzwasser. Gute Standorte sind daher zum Beispiel Flussmündungen. Ungeeignet sind Gezeitenküsten, da an diesen eine zu große Wasserdurchmischung erfolgt. Somit sind weltweit sehr wenige Standorte denkbar.

121.2 Pelamis

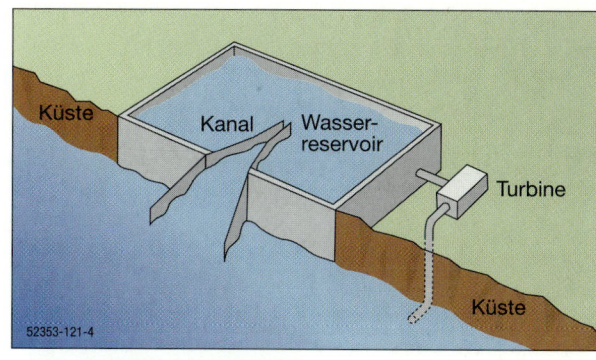

121.4 TAPCHAN-Modell

Seegras

Grünalge

Riesenquallen für Kosmetik

Die glibberige Masse von Riesenquallen enthält einen Stoff, der als Zusatz für Nahrungsmittel, Kosmetika und Arzneimittel genutzt werden könnte. Der Eiweißstoff, der auch im Speichel und Schleim enthalten ist, könnte zum Beispiel als Feuchtigkeitsspender für Cremes oder als Magensaftersatz dienen, sagen japanische Forscher. Bis zu 60 Gramm des Stoffes „Qniumucin" lassen sich aus einer etwa 200 Kilogramm schweren Riesenqualle gewinnen.

Seegras – ein Naturprodukt für Wärmedämmung

Seegras wird über das Markteinführungsprogramm „Dämmstoffe aus nachwachsenden Rohstoffen" des Verbraucherschutzministeriums gefördert. Es besitzt hervorragende Eigenschaften als Dämmstoff, ist schwer entflammbar, leicht zu verarbeiten und ökologisch problemlos abbaubar. Da das Meersalz konservierend wirkt, enthält der Meeresdämmstoff keine chemischen Zusätze. Naturdämmstoffe sind derzeit das einzige Wachstumssegment auf dem Dämmstoffmarkt und in großen Mengen verfügbar, denn es wird überall an Strände gespült und muss bei der Strandreinigung vor Saisonbeginn eingesammelt werden.

Alleskönner Alge – vom Sushi bis zur Biotechnologie

In Japan sind Algen von der Speisekarte nicht wegzudenken und auch in Deutschland tauchen Algenpräparate als Nahrungsergänzungsmittel auf. Auch diejenigen, die sich nicht vorstellen können, Algen zu verspeisen, tun dies meist in Form von Eiscreme, Pudding, Joghurt und in zahlreichen anderen Lebensmitteln, die mit Algenprodukten hergestellt werden. Algen enthalten Wirkstoffe, mit denen man Viren, Bakterien und Pilze zu Leibe rücken kann. Damit sind sie für die pharmazeutische Forschung interessant. Zudem sind sie möglicherweise der Treibstoff der Zukunft. Denn setzt man bestimmte Grünalgen auf eine Schwefeldiät, reduziert sich ihr Stoffwechsel. Die überschüssige Energie, die bei der Fotosynthese entsteht, wird entsorgt, indem Algen Wasserstoff produzieren. Und Wasserstoff ist der Energierohstoff für Brennzellen.

122.1 Organische Rohstoffe der Meere

122.2 Salzgärten zur Meersalzgewinnung (Spanien)

5 Rohstofflieferant Meer

Neben der zunehmenden Bedeutung des Meeres für die Fischerei, den Tourismus, die Handelschifffahrt oder die Energiegewinnung gerät es in Zeiten weltweit zunehmender Rohstoffverknappung in den Blickpunkt der Wirtschaft und damit der Wissenschaft und der Politik. Ob Erdgas oder Erdöl, Manganknollen oder Gold, im Meer lagern viele Rohstoffe, deren Abbau jedoch technisch noch sehr aufwendig ist. Mit steigenden Rohstoffpreisen werden aber der Meeresbergbau, die Forschung nach Rohstoffvorkommen und die Entwicklung von Fördertechniken immer wichtiger.

Neben der Förderung von Erdöl und Erdgas erfolgt eine Gewinnung von marinen Rohstoffen in größerem Maßstab bislang nur bei Salzen, Sanden und Kiesen (vor allem in Europa und Japan) sowie von Diamanten (zum Beispiel vor der südafrikanischen Küste):

- In ariden und subtropischen Küstenregionen wird Salz seit Jahrhunderten in Salzgärten (Abb. 122.2) gewonnen: Flache Becken werden mit Meerwasser gefüllt und die Sole wird unter Einwirkung der sommerlichen Verdunstung eingetrocknet, bis sich das Salz abgeschieden hat. Jeder Liter Meerwasser enthält 3,5 Prozent Kochsalz.
- Sande und Kiese werden in Schelfgebieten zum Beispiel der Nord- und Ostsee mit Saugbaggern und Eimerketten aus 20 bis 60 Metern Tiefe abgebaut. Das Material dient zur Aufspülung von Industrie- und Hafenflächen, in Sylt auch zur Küstensicherung. Das neuste Projekt im Nordseeraum ist die Aufspülung einer Landverbindung zwischen den zwei Teilinseln von Helgoland. Der Kies- und Sandabbau ist wegen der ökologischen Folgen sehr umstritten, da der gesamte Meeresgrund „abgeräumt" wird. Es kommt dabei zu Totalverlusten der Bodenlebensgemeinschaften und zur Beeinträchtigung der gesamten Nahrungskette. Die Trübungsfahnen und Lärmemissionen bedrohen weiträumig Flora und Fauna.

Mineralische Rohstoffe

Schwermineralsande (marine Seifen) mit Diamanten, Titanerz, Zinnstein, Magnetite, Gold oder Platin, die über Flussläufe aus fossilen Flusslagerstätten angeschwemmt wurden, werden aus geringen Tiefen schon seit längerer Zeit abgebaut. Ergiebige Minerallagerstätten werden aber vor allem im Tiefseebereich vermutet und erforscht. Minerallagerstätten entstehen zumeist an den mittelozeanischen Rücken, wo sich neue Erdplatten bilden, oder dort, wo Erdplatten zusammenstoßen. In diesen Regionen bilden sich Risse in der Erdkruste, in die Meerwasser eindringen kann. Aufquellende heiße Lava heizt das Wasser auf, es vermischt sich mit Mineralien und Schwefelwasserstoff (Metallsulfide) und schießt wieder nach oben. Es entstehen große Schlote, sogenannte Schwarze Raucher. Im Umfeld dieser Schwarzen Raucher werden mächtige Metallkrusten aufgebaut, die reich an Kupfer, Zink, Gold und Silber sind. Allein das Erzvorkommen „Atlantis II" im Roten Meer wird auf 100 Mio. Tonnen geschätzt. Bergbauunternehmen haben bereits in verschiedenen Gebieten Explorationslizenzen erworben. Für 2009 ist der Abbau größerer Metallsulfid-Lagerstätten vor der Küste Papua-Neuguineas in 1700 m Tiefe geplant. Dabei handelt es sich um inaktive Raucher, da im Umfeld von aktiven Raucher zu hohe Temperaturen und säurehaltiges Meerwasser den Geräten (ferngesteuerte Planierraupen, Pumpanlagen) zu sehr zusetzen. Große Bedenken gibt es jedoch hinsichtlich der ökologischen Schäden, die der Tiefseebau verursachen könnte.

Geschätzt 10 Mrd. Tonnen Manganknollen liegen in 4000 bis 6000 Meter Tiefe vor allem des Pazifiks und des Indischen Ozeans. Die kartoffelgroßen Brocken bestehen zu knapp einem Drittel aus Mangan, das für die Stahlveredlung gebraucht wird, und aus Beimengungen von Kupfer, Kobalt, Zink und Nickel. Im sogenannten Manganknollen-Gürtel zwischen Hawaii und Mexiko haben verschiedene Länder, u.a. Deutschland und die USA, im Jahr 2006 Lizenzen für die Erforschung der Manganfelder erworben. Lizenzgeber ist die Internationale Meeresbodenbehörde, die die Bodenschätze der Tiefsee im Auftrag der Vereinten Nationen verwaltet. Allerdings ist aufgrund der Lagetiefe der „Kartoffelfelder" an einen wirtschaftlichen Abbau derzeit nicht zu denken. Noch fehlt es an einer funktionierenden Tiefseebergbautechnik, die den Druckbedingungen in der Tiefe standhält, sich ferngesteuert auf dem weichen Sedimentboden fortbewegt, die Knollen einsammelt und nach oben transportiert. Mit steigenden Rohstoffpreisen könnten aber auch heute als futuristisch angesehene Fördertechniken rentabel arbeiten, wie z. B. Raupenfahrzeuge, die die Knollen vom Ozeanboden absaugen, oder kilometerlange flexible Rohrsysteme, die von Förderschiffen oder Plattformen mit riesigen Pumpen die Manganknollen anschließend in die Frachträume saugen.

123.1 **Schwarze Raucher (black smoker)**

[...] Mehrere Firmen planen, Metallsulfide abzubauen; am weitesten fortgeschritten ist die kanadisch-australische Nautilis Minerals Inc. Die Pioniere in Sachen Tiefseebergbau haben in der Bismarcksee vom Staat Papua-Neuguinea für verschiedene Gebiete Explorationslizenzen erworben. Bereits Ende 2009 soll im Gebiet Solwara 1 in einer Wassertiefe von rund 1700 Metern mit dem Abbau begonnen werden [...]

Dass sich der Abbau von Metallsulfid im Umfeld der schwarzen Raucher lohnen könnte, zeigen folgende Zahlen: Laut Nautilus wiesen die 88 analysierten Gesteinsproben aus dem Prospektionsgebiet Solwara 1 hochgerechnet durchschnittlich 15,5 Gramm Gold und 108 Kilogramm Kupfer pro Tonne auf. Das seien erstaunlich große Anteile – für Kupfer beispielsweise etwa zehnmal mehr, als Lagerstätten an Land enthielten. Dies überzeugt auch bedeutendere Bergbaufirmen, wie beispielsweise Teck Cominco und Barrick Gold, die in größerem Umfang in das Projekt investieren. Nautilus geht davon aus, dass das Gebiet Solwara 1 eine mineralisierte Zone von mindestens 1,3 Kilometern Länge und 80 bis 200 Metern Breite umfasst und acht Millionen Tonnen abbauwürdigen erzhaltigen Gesteins enthält. Bei der angestrebten Förderkapazität von rund zwei Millionen Tonnen pro Jahr würde das Abbaugebiet demnach in etwa in vier Jahren erschöpft sein. Nautilus ist überzeugt, dass sich die Metalle zu konkurrenzfähigen Preisen abbauen lassen. Bevor es so weit ist, sind allerdings noch zahlreiche technische Probleme zu lösen.

(nach: Neue Züricher Zeitung Online, 14. Februar 2007, Martin Leuch)

Manganknolle

123.2 **Bergbau in der Tiefsee**

124.1 Erdölplattform

Energierohstoffe

Die gewinnträchtigsten marinen Bodenschätze sind Erdöl und Erdgas, die in den Offshore-Regionen gewonnen werden. Die Offshore-Produktionsmengen machen gegenwärtig etwa ein Drittel der Weltproduktion aus. Zu den größten Offshore-Förderregionen gehört die Nordsee mit mehr als 450 fest verankerten Plattformen. Ab einer Wassertiefe von 300 Metern werden mobile Plattformen bzw. Bohrschiffe eingesetzt, die durch Computer gesteuert über den Bohrlöchern gehalten werden. Die Entwicklung der Fördertechniken erlaubt heute eine Ölförderung aus über 1800 Meter Tiefe (Brasilien). Während in der Nordsee die Fördermengen seit 2000 rückläufig sind, wird die Offshore-Förderung in anderen Regionen (Karibik, Südamerika) verstärkt.

Exploration, Förderung und Transport von Öl bleiben nicht ohne Folgen: Jahr für Jahr gelangen mehrere Tausend Tonnen Öl, aber auch Chemikalien durch Unfälle oder den Bohrschlamm ins Meer. Bei der Abfackelung von Gas reichern sich Millionen Tonnen Kohlenstoffdioxid, Methan und Stickoxide in der Atmosphäre an. Dabei könnte zumindest Methan ein Rohstoff der Zukunft werden. Mithilfe von Bakterien wird in einer Pionieranlage in Norwegen aus Methan Eiweiß produziert, das bereits als Futtermittel von der EU offiziell zugelassen wurde.

Gashydrate wie z. B. Methan könnten auch als Energierohstoff der Zukunft eine bedeutsame Rolle spielen. Ein Kubikmeter Gashydrat ist unter Wasser so sehr komprimiert, dass es an der Oberfläche das 164-Fache an Volumen ergeben kann. Die Gase könnten mit Kohlenstoffdioxid gefördert werden, das in das Speichergestein gepresst wird. Forscher rechnen weltweit mit riesigen Vorräten, die ausfallende Erdöl- und Erdgaslagerstätten ersetzen könnten.

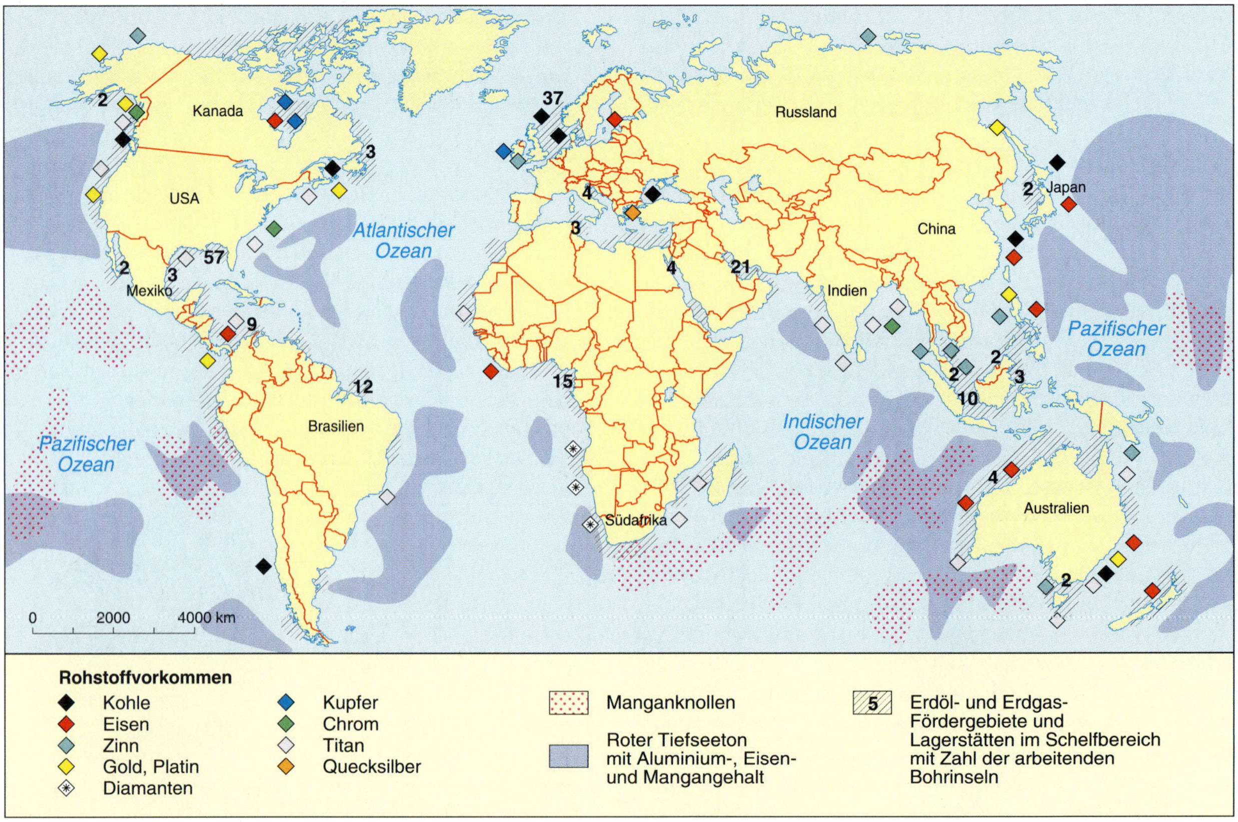

Rohstoffvorkommen

- ◆ Kohle
- ◆ Eisen
- ◆ Zinn
- ◆ Gold, Platin
- ✦ Diamanten
- ◆ Kupfer
- ◆ Chrom
- ◇ Titan
- ◆ Quecksilber

Manganknollen

Roter Tiefseeton mit Aluminium-, Eisen- und Mangangehalt

Erdöl- und Erdgas-Fördergebiete und Lagerstätten im Schelfbereich mit Zahl der arbeitenden Bohrinseln

124.2 Bodenschätze im Meer

Seit dem Kyoto-Protokoll ist klar, dass auf der ganzen Welt der Kohlendioxidausstoß verringert werden muss. Aber wie? Findige Wissenschaftler, Unternehmer und Politiker haben einen Traum: Wäre es nicht schön, wenn man das Treibhausgas einfach verschwinden lassen könnte?

Man könnte es zum Beispiel im Meer versenken. Forscher des Alfred-Wegener-Instituts düngten in ihrem Experiment das Polarmeer mit Eisensulfat. Der Hintergrund: Algen verbrauchen Kohlendioxid, denn wie alle Pflanzen binden sie es, um daraus Biomasse aufzubauen. Wenn man also das Meer düngt und damit das Wachstum von Algen fördert, dann nehmen sie entsprechend mehr Kohlendioxid auf. Sterben die Algen ab und sinken auf den Meeresgrund, sollte das Treibhausgas mit ihnen in die Tiefe verschwinden, so zumindest die Theorie. Die Experimente zeigten, dass ein Teil der Algen von Kleinkrebsen gefressen wird. Diese Krebse dienen anderen Tieren als Nahrung – und die atmen das Kohlendioxid dann wieder aus. Der Effekt des Algenfutters ist deshalb nicht so groß wie erhofft. Großflächiges Düngen wäre außerdem ein massiver Eingriff in das Ökosystem – Kritiker warnen vor unabsehbaren Folgen.

Statt das Kohlendioxid erst in die Atmosphäre auszustoßen und es dann wieder zu entfernen, arbeiten Forscher daran, es gleich da abzufangen, wo es entsteht – zum Beispiel in Kraftwerken. Dazu müsste aber die Kohle anstatt mit Luft mit reinem Sauerstoff verbrennen – dann besteht das Abgas aus fast reinem Kohlendioxid. Es kann gekühlt und gelagert werden. Doch dann gibt es das nächste Problem: Wohin mit dem im Kraftwerk gesammelten Kohlendioxid?

Forscher des Monterey Bay Aquarium Research Institut in Kalifornien untersuchen deshalb, ob Kohlendioxid in der Tiefsee versenkt werden kann. Es könnte in Pipelines dorthin gepumpt werden. Die Experimente zeigen: in 3600 Meter Tiefe ist der Wasserdruck so hoch, dass das Kohlendioxid flüssig wird. Es entstehen kleine Kugeln aus einem Kohlendioxid-Meerwasser-Gemisch. Sie sammeln sich auf dem Boden und können in Mulden auf dem Ozean Seen bilden. Allerdings stirbt darin alles Leben ab und selbst, wenn man das in Kauf nähme, ist es keine dauerhafte Lösung. Denn dieses Kohlendioxid-Meerwasser-Gemisch ist nicht sehr stabil. Wenn Strömungen die obersten Schichten des unterirdischen Sees aufwirbeln, verteilt sich mit der Zeit das Kohlendioxid im Ozean. Welchen Einfluss dies auf das Meer hat, ist noch nicht erforscht. Sollte sich aber das Kohlendioxid im Wasser lösen, trüge es zur Versauerung des Meerwassers bei und würde damit Meeresorganismen schädigen.

(nach: Schultes, E. und M. Fuhs: Müllkippe für Kohlendioxid; 23.01.07; www.wdr.de/tv/quarks/sendungsbeitraege/2007/0130/008_klima.jsp)

125.1 Das Meer: Müllkippe für das Kohlendioxid?

A1 Analysieren Sie die Entwicklung der Windenergieanlagen in Deutschland (Abb. 119.1).

A2 Erörtern Sie den Ausbau/Neubau von Offshore-Windanlagen (Abb. 118.2) unter ökologischen und ökonomischen Gesichtspunkten.

A3 Erörtern Sie die wirtschaftliche Realisierung von Meeresenergieanlagen (S. 118 – 121).

A4 „Die Vorteile von marinen Energiegewinnungsanlagen liegt in ihrer regionalen Verfügbarkeit." Begründen Sie diese Aussage (S. 118 – 121).

A5 Informieren Sie sich (z. B. Internet) über weitere marine Energiegewinnungssysteme und referieren Sie.

A6 Beschreiben Sie die Verteilung mariner Rohstoffe (Abb. 124.2, Atlas).

A7 Erörtern Sie die Chancen eines marinen Bergbaus (S. 123).

A8 Begründen Sie die strategisch-politische Bedeutung von marinen Rohstoffquellen am Beispiel der Manganknollen (S. 123).

A9 Beurteilen Sie die Erdöl-Offshoreförderung unter wirtschaftlichen und ökologischen Gesichtspunkten (S. 124).

A10 Referieren Sie über Vor- und Nachteile von Kohlendioxidlagerung in Meeressedimenten (Abb. 125.1).

A11 Analysieren Sie die Abbildung zur zeitlichen Entwicklung der Entdeckung von Förderung von Erdöllagerstätten (Abb. 125.2).

A12 „Das Meer als mineralisches Rohstoffreservoir ist eher wünschenswerte Vision als realistischer Ausblick in die Zukunft". Interpretieren Sie diese Aussage.

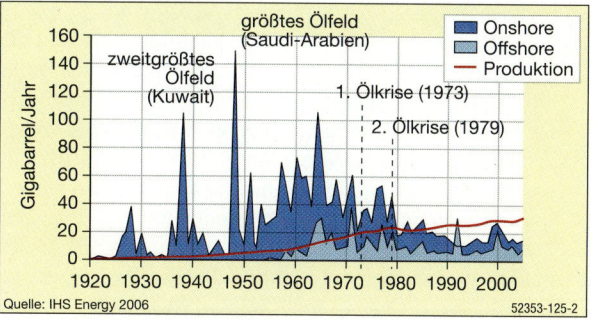

125.2 Entwicklung d. Ölfunde und der Ölproduktion

126.1 Verkehrsraum Meer

6 Verkehrsraum Meer

Heute werden 94 Prozent des interkontinentalen Handelsvolumens über den Seeweg abgewickelt, hauptsächlich zwischen den großen Regionen der Weltwirtschaft Nordamerika, Europa sowie Ost- und Südostasien (Abb. 127.2). Mit zunehmender Globalisierung wird der Handel auch in der Zukunft deutliche Steigerungsraten aufweisen, dies zeigt die bisherige Entwicklung. Von 5,60 Milliarden Tonnen im Jahre 2000 stieg das Handelsvolumen auf 6,98 Milliarden Tonnen im Jahre 2006.
Haupthandelsgüter sind dabei vor allem Rohöl und Stückgut, weiterhin Erze, Kohle und Mineralölprodukte.
Die Größe der Schiffe, vor allem die der Tankschiffe, stieg rasch. Supertanker mit über 564 000 Tonnen sind heute die größten Schiffe der Welt. Durch dieses Größenwachstum verbilligten sich die Frachtraten deutlich.

- Der Seeverkehr spielte bereits in der Antike eine bedeutende Rolle, da sich zur See Waren leichter, schneller und in größerer Menge transportieren ließen als auf dem oft beschwerlichen und gefährlichen Landweg. Schon die ägyptischen Pharaonen ließen ausgedehnte Seereisen in das sogenannte Puntland (Somalia) durchführen, um an den begehrten Weihrauch zu gelangen.
- Phönizier und Griechen, später auch die Römer, betrieben einen ausgedehnten Seehandel im Mittelmeer, bei dem die Palette der Güter von Lebensmitteln bis zu Kunstgegenstände reichte, wie die archäologischen Funde zeigen.
- Die Hanse beherrschte mit ihrem neuen Schiffstyp, der Kogge, vom späten 12. Jahrhundert bis zur ersten Hälfte des 15. Jahrhunderts den gesamten Nord- und Ostseehandel und konnte, obwohl sie streng genommen nur eine übernationale Gemeinschaft von Kaufleuten war, sogar als politische Macht auftreten und Kriege zur Durchsetzung ihrer Wirtschaftsinteressen führen.
- In Ostasien betrieben die Chinesen umfangreichen Seehandel. Auf ihren Handelsexpeditionen erreichten sie in der ersten Hälfte des 15. Jahrhunderts die Westküste Indiens und die Ostküste Afrikas (heutiges Mosambik).
- Die Entdeckung Amerikas durch Columbus 1492 und die des Seeweges nach Indien durch Vasco da Gama 1498 brachten eine einschneidende Wende. Das Mittelmeer verlor rapide an Bedeutung, die neuen Haupthandelsrouten verliefen vor allem im Nordatlantik. Hatten zunächst Spanier und Portugiesen den Seehandel dominiert, so kamen später Holländer und Engländer hinzu und überflügelten Erstere bald. Vor allem die Niederländer, die Fuhrleute des Meeres, verdrängten im 17. Jahrhundert die Portugiesen aus ihren Stützpunkten, sicherten sich eigene Stützpunkte, vor allem in Hinterindien, und häuften durch den Gewürzhandel große Reichtümer an.
- Nach den Niederländern griff auch England in den Kolonialhandel ein und beherrschte bald ganz Vorderindien. Im Handel mit der neuen Welt dominierte das sogenannte Dreiecksgeschäft: Engländer brachten aus Afrika Sklaven nach Westindien, Melasse und Rum gingen dafür von Westindien in die Neuenglandstaaten, von dort gelangten Rum und Kolonialwaren, wie Tabak, Indigo und Baumwolle, nach England.
- Die Erfindung des Dampfschiffes durch Fulton (1809) gab dem Seehandel einen neuen Schub. Die Geschwindigkeit stieg, vor allem bei Passagierschiffen, und die Schiffe nahmen deutlich an Größe zu. Bis zum Wechsel vom 19. zum 20. Jahrhundert konnten sich im Frachtverkehr noch große Segelschiffe als Frachter gegen die Dampfschiffe behaupten, da deren Brennstoffverbrauch sehr hoch war.
- Ab der Mitte des 20. Jahrhunderts setzten einschneidende Veränderungen ein. Mit der Einführung des Flugzeuges als interkontinentalem Massenverkehrsmittel verlor die Passagierschifffahrt rasch an Bedeutung. Heute spielt sie lediglich im Bereich der Kreuzfahrten noch eine Rolle. Gleichzeitig begann das Erdöl die Kohle als Energieträger weitgehend zu ersetzen. Viele Industrieländer waren daher vom Rohölimport abhängig, was die Tankerschifffahrt entscheidend förderte. Eine dritte Neuerung war die Erfindung des standardisierten Containers (Abb. 127.1), der den Stückgutverkehr revolutionierte. In den letzten Jahren des 20. Jahrhunderts gewann auch der Fährverkehr an Bedeutung.

126.2 Geschichte der Schifffahrt

Ein TEU (Twenty Foot Equivalent Unit) bezeichnet die Abmessungen des Standardcontainers: 20 Fuß lang, 8,5 Fuß hoch und 8 Fuß breit (6,10 x 2,60 x 2,44 m).

Die Einführung des standardisierten Containers revolutionierte den Stückgutverkehr, da er die Be- und Entladung sowie den Transport wesentlich vereinfachte. Der Container wird beim Absender fertig beladen. Anschließend gelangt er – meist mithilfe von LKW – zum Überseehafen. Er kann aber auch zunächst in inländischen Containerterminals auf Eisenbahnwaggons oder Binnenschiffe verladen werden, die dann den Transport zum Überseehafen übernehmen. Nach der Überseepassage finden im Empfängerland dieselben Vorgänge in umgekehrter Reihenfolge statt.

Die Containerterminals sind hochtechnisiert, weitgehend automatisiert und dadurch in der Lage, große Gütermengen in kurzer Zeit umzuschlagen. Nur die unterste Reihe der Container wird auf dem Deck befestigt, die übrigen rasten beim Aufsetzen automatisch ein. Weltweit steigen die Kapazitäten und entstehen viele neue Containerhäfen.

Während des gesamten Transports vom Absender zum Empfänger bleibt der Container verschlossen, gegebenenfalls wird er auch plombiert. Dadurch finden Zollkontrollen bei grenzüberschreitendem Verkehr nur an beiden Endpunkten statt, was eine beträchtliche Zeitersparnis und spürbare Kostensenkung bringt. Der rasche Transport und Umschlag ermöglicht, dass das heute für die Produktion unverzichtbare „Just-in-time-Prinzip" weltweit eingehalten werden kann. Die teuere Lagerhaltung entfällt, sie wird praktisch auf den Transport verlegt.

Containerhafen

Das Wachstum der Containerschifffahrt ist noch nicht abgeschlossen. Dies zeigt die gestiegene Nachfrage an Frachtraum in den letzten Jahren und der Bau immer größerer Containerschiffe. Auch bei den Containern haben sich Veränderungen ergeben. Einheiten der Größe zwei TEU werden zur neuen Norm, weil sie wirtschaftlicher sind. Großreedereien setzen zunehmend sogar 45-Fuß-Container ein. Zum Standardcontainer ist eine Vielzahl weiterer Typen gekommen. Es gibt zum Beispiel solche mit eingebautem Kühlaggregat, mit eingebauten Tanks für Chemikalien und flüssige Lebensmittel und Container für den Transport von Schüttgut wie beispielsweise Getreide. Fast alle Güter können heute mit dem Container transportiert werden.

127.1 Container – Kisten der Globalisierung

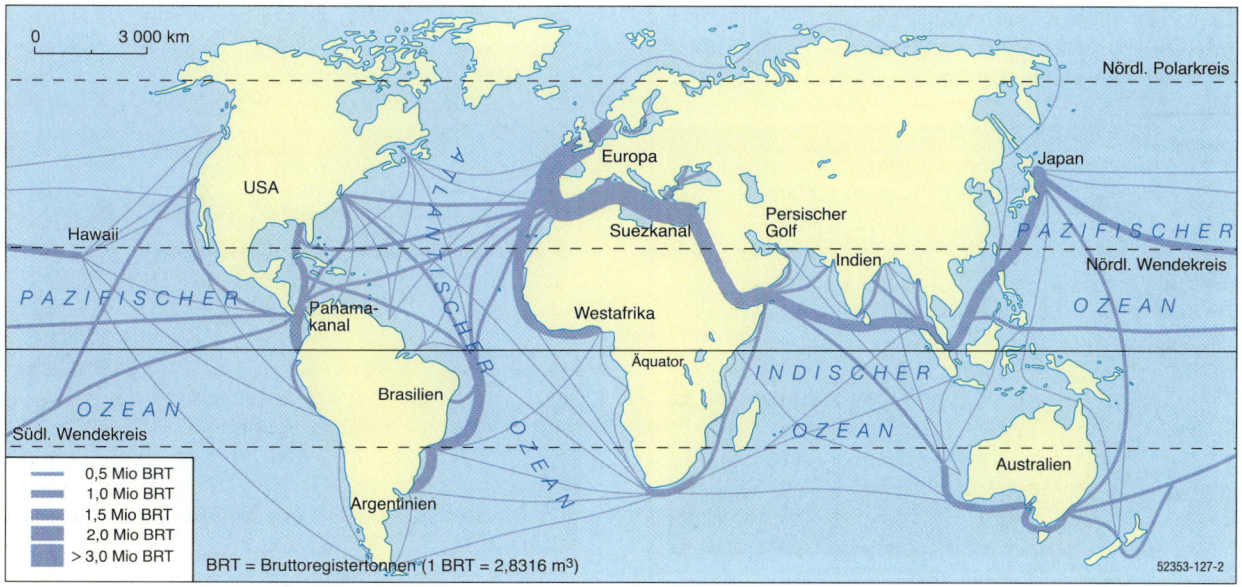

127.2 Die wichtigsten Schifffahrtsrouten

Kanäle – künstliche Adern der Schifffahrt

Wasserwege werden oft durch die natürlichen Gegebenheiten eingeschränkt. So hat das Mittelmeer im Osten keinen natürlichen Ausgang, der amerikanische Kontinent grenzt den Atlantik vom Pazifik ab, große Wasserscheiden trennen kontinentale Flusssysteme.

Künstliche Wasserstraßen sollen diese Nachteile ausgleichen. Bereits in der Antike entstand ein Kanal vom Nil zum Roten Meer. Heute sind die großen Kanäle für die Schifffahrt von entscheidender Bedeutung. Einerseits verkürzen sie die Entfernungen erheblich und senken damit die Frachtkosten, andererseits umgehen sie natürliche Gefahrenpunkte der Seeschifffahrt (z. B. Kap Hoorn).

Durch den gestiegenen Welthandel haben in den letzten Jahren die Größe der Schiffe (und damit der Tiefgang) sowie die Anzahl der Passagen stark zugenommen. So kann zum Beispiel der Panamakanal das steigende Verkehrsaufkommen kaum noch bewältigen. Staus vor seiner Einfahrt sind die Folge. Abhilfe sollen ein Ausbau, aber auch eine Vertiefung der Fahrtrinne schaffen, um künftig auch größeren Schiffen die Durchfahrt zu gewährleisten.

Der steigende Asienhandel im 19. Jahrhundert, der auf den beschwerlichen Seeweg um Afrika angewiesen war, legte den Durchstich der Landenge von Suez nahe. 1859 begannen die Arbeiten unter Führung der französischen Suezkanalgesellschaft. Die Leitung der Arbeiten lag bei Ferdinand de Lesseps. Trotz der beträchtlichen Schwierigkeiten bei der Material- und Trinkwasserbeschaffung, Krankheiten und Finanzierungsproblemen konnte der Kanal 1869 eröffnet werden.

Die Wasserstraße zwischen Port Said und Suez ist schleusenfrei. Heute ist der Kanal am Wasserspiegel zwischen 280 und 345 Meter breit, an der Sohle 215 Meter. Eine weitere Vertiefung findet derzeit statt und soll 2010 abgeschlossen sein. Mit Einnahmen zwischen drei und vier Milliarden Dollar pro Jahr ist er eine wichtige Einnahmequelle für Ägypten.

Heutige Supertanker können den Kanal in der Regel nur bei Leerfahrt befahren, im beladenen Zustand überschreiten sie meist die zulässigen Grenzen. Um dennoch die Passage in diesem Zustand zu ermöglichen, wird an der Einfahrt das Öl teilweise abgepumpt. Dieses wird durch eine kanalparallele Pipeline zum anderen Ende gepumpt und dann wieder auf den Tanker verladen.

1881 begann eine französische Gesellschaft unter Führung von Ferdinand de Lesseps mit den Bauarbeiten für einen schleusenlosen Kanal durch die Landenge von Panama. Das Unternehmen scheiterte jedoch zunächst an Tropenkrankheiten, Erdrutschen und Planungsfehlern. Anschließend übernahmen die USA das Projekt, denn sie sahen darin große Vorteile: Der Kanal würde die Strecke von New York nach San Francisco um etwa 20 000 Kilometer verkürzen. Der neue Staat Panama, mit massiver Unterstützung durch die USA gegründet, sicherte den USA die Hoheit über die Kanalzone, einen Streifen von 16 Kilometer beiderseits des Kanals zu. Der Bau erfolgte schließlich von 1906 bis 1914. Am 1.1.2000 gaben die USA die Kanalzone an Panama zurück.

Der Panamakanal ist ein Schleusenkanal. Drei Hauptschleusen überwinden 26 m Höhenunterschied. Zunehmend hinderlich ist jedoch, dass er nur von Schiffen bis 294,13 m Länge, 32,31 m Breite und 12,04 m Tiefgang befahren werden kann (80 000 Tonnen). Im September 2007 wurde daher mit der Erweiterung um ein drittes Schleusensystem begonnen. Die Arbeiten werden 5,2 Milliarden Dollar kosten. Statt bisher 14 000 Durchfahrten pro Jahr sollen dann 19 600 möglich sein.

Suezkanal

128.1 Suezkanal

Containerschiff im Panamakanal

128.2 Panamakanal

Kanal	Land	eröffnet	hergestellte Verbindung	Länge (in km)	Tiefe (in m)	Passagen 2006	
Nord-Ostsee-Kanal	Deutschland	1895	Nordsee – Ostsee	98,7	11,3	43 000	
Nieuwe Waterweg	Niederlande	1872	Nordsee – Neue Maas	10	12,2	30 000	verschiedene Quellen
Manchester Kanal	Großbritannien	1894	Manchester – Liverpool	58	8,5	k. A.	
Kanal von Korinth	Griechenland	1893	Ionisches – Ägäisches Meer	6,5	7,0	11 000	
Suezkanal	Ägypten	1869	Mittelmeer – Rotes Meer	162,5	21,0	15 000	
Panamakanal	Panama	1914	Atlantik – Pazifik	81,6	13,7	14 000	
St.-Lorenz-Seeweg	Kanada/USA	1959	Atlantik – Oberer See	3774	8,2	17 000	

129.1 Die wichtigsten Seekanäle der Erde

Der St.-Lorenz-Strom ist ein wichtiges Einfallstor nach Nordamerika. Schon früh tauchte daher der Plan auf, die Großen Seen durch den Bau eines Schleusenkanals mit dem Strom zu verbinden. 1954 einigten sich die USA und Kanada auf den Bau, die Fertigstellung war 1959. Kanada trug dabei fast drei Viertel der Kosten. Das Kernstück des Baus bildete der Welland-Kanal, der auf 45 Kilometer etwa 100 Meter Höhenunterschied in acht Stufen überwindet und die Niagarafälle umgeht.

Schiffe bis zu 225,5 Metern Länge, 23,8 Metern Breite mit einem maximalen Tiefgang von 8,2 Metern können so von der Atlantikmündung des St.-Lorenz-Stromes bis nach Duluth am Ende des Oberen Sees fahren, die Strecke beträgt insgesamt 3774 Kilometer. Damit ist der St.-Lorenz-Seeweg die längste Binnenwasserstraße der Erde.

Der Seeweg brachte für die amerikanischen und kanadischen Häfen in seinem Einzugsbereich eine positive Entwicklung mit sich. In den USA waren es unter anderem die Städte Chicago, Duluth und Detroit, in Kanada Toronto und vor allem Montreal mit seinem bedeutenden Containerhafen, die einen wirtschaftlichen Aufschwung erfuhren. Haupttransportgüter sind heute Massengüter, landwirtschaftliche Erzeugnisse und Eisenerz.

Der Europakanal, auch Rhein-Main-Donau-Kanal, stellt die Verbindung zwischen Nordsee/Atlantik und Schwarzem Meer/Mittelmeer her. Ein Vorläufer war im 19. Jahrhundert der Ludwigskanal, der jedoch rasch wieder an Bedeutung verlor. Erst nach 1945 wurden konkrete neue Planungen durchgeführt.

Baubeginn war 1960, zunächst wurde der Abschnitt zwischen Bamberg und Nürnberg fertiggestellt, es folgte bis 1992 der Abschnitt durch das Altmühltal, dessen Bau sich schwierig gestaltete, da verstärkt auf die Belange des Umweltschutzes geachtet werden musste. Die Baukosten beliefen sich insgesamt auf umgerechnet ca. 2,4 Mrd. Euro.

Die Länge des Kanals beträgt 171 km, die Breite am Wasserspiegel 55 m, an der Sohle 31 m, die Tiefe 4 m. Höchstzulässige Schiffsgröße ist eine Schubverbandeinheit mit 190 m Länge und 11,45 m Breite.

Die Bedeutung der Wasserstraße könnte durch neue Entwicklungen wie z.B. den Einsatz von Containerschiffen oder die Verlagerung von Autoverkehr auf die Binnenschifffahrt (sog. Huckepackverfahren) gesteigert werden. Ein Beispiel ist der Donau-Katamaran, auf dem Neuwagen von Rumänien nach Passau transportiert werden, um dann weiter zu ihren Bestimmungsorten zu gelangen.

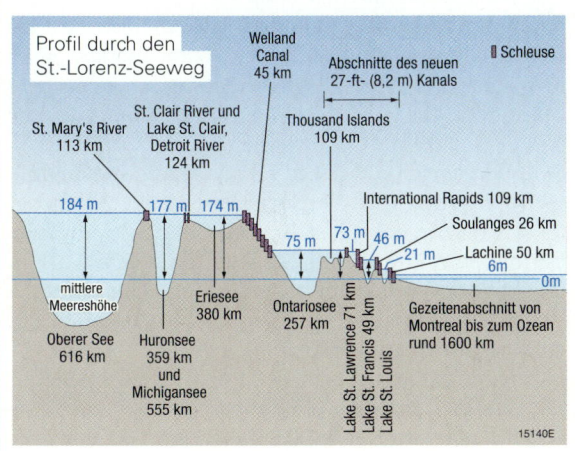

129.2 St.-Lorenz-Seeweg

129.3 Europakanal

130.1 Ölterminal (Hafen von Kagoshima, Japan)

	2005	2000
1. Shanghai (VR China)	443,000	204,400
2. Singapur	423,158	325,591
3. Rotterdam (Niederlande)	370,233	319,969
4. Ningbo (VR China)	272,375	115,474
5. Tianjin (VR China)	245,125	95,660
6. Guangzhou (VR China)	241,658	111,280
7. Hongkong (VR China)	230,139	174,642
8. South Louisiana (USA)	220,355	222,587
9. Pusan (Rep. Korea)	217,217	113,073
10. Houston (USA)	195,400	169,254
11. Nagoya (Japan)	187,133	157,406
12. Qingdao(VR China)	184,281	86,360
23. Hamburg (Deutschland)	125,743	85,863
Quelle: Fischer Weltalmanach 2008, S. 701		

130.2 Güterumschlag führender Seehäfen (in Mio. t)

Häfen – Knotenpunkte der Weltwirtschaft

Ein Hafen ist ein Anlegeplatz für Schiffe, der diesen Schutz gegen Sturm, See- und Eisgang bietet. Er verfügt über Einrichtungen, die den Umschlag von Gütern und das Ein- und Aussteigen von Personen ermöglichen. Darüber hinaus besitzt er Anlagen zur Schiffsreparatur und Schiffsausrüstung und ist über vielfältige Verkehrslinien mit dem Hinterland verbunden.

Nach Lage, natürlichen Gegebenheiten und Funktion lassen sich verschiedene Typen von Häfen unterscheiden.
- Binnenhäfen liegen im Landesinneren meist in Ballungsgebieten oder an Kreuzungspunkten von Wasserstraßen. Sie sind strömungsfrei, verfügen daher über Becken, deren Ausfahrt stromabwärts zeigt.
  Der bedeutendste Binnenhafenkomplex Deutschlands ist Duisburg Ruhrort an der Mündung der Ruhr in den Rhein. Er ist der größte Binnenhafen Europas und einer der größten der Welt. Der Gesamtumschlag von 96,1 Millionen Tonnen (2005) ist mit dem großer Seehäfen wie zum Beispiel Tokio, Osaka oder Marseille vergleichbar. Er dient vor allem als Hinterlandhub für die großen Seehäfen von Amsterdam, Rotterdam und Antwerpen.
- Seehäfen, auch Übersee- oder Hochseehäfen genannt, liegen an oder in unmittelbarer Nähe zur Küste und werden auch von hochseetauglichen Schiffen angelaufen. Je nach den natürlichen Gegebenheiten werden verschiedene Typen unterschieden.
  Tidehäfen sind Häfen mit einer offenen Verbindung zum Meer, was einen geringen Tidenhub voraussetzt. In einzelnen Fällen schützen Sperrwerke sie vor Sturmfluten (z. B. Rotterdam).
  Dock- oder Schleusenhäfen sind geschlossene Häfen. Dockhäfen, wie z. B. Emden, sind nur zu bestimmten

Zeiten erreichbar, weil die Hafenbecken wegen des größeren Tidenhubs zeitweise geschlossen werden müssen; Schleusenhäfen können zwar immer erreicht werden, aber die Schiffsgröße ist begrenzt.
Tiefwasserhäfen sind die Antwort auf den immer größer werdenden Tiefgang der Schiffe. Die übliche Wassertiefe beträgt in den Häfen 8 bis 10 Meter, Tiefwasserhäfen weisen in der Regel 15 Meter und mehr auf. Der Bau des Jade-Weser-Hafens ist notwendig geworden, weil die großen Containerschiffe die Häfen von Bremen und Hamburg nicht mehr anlaufen können. Auch die Betreiber des Hafens von Rotterdam mussten zwei Tiefwasserhäfen anlegen: Europoort mit bis zu 24 Metern Wassertiefe für Öltanker und Maasvlakte mit 26 Metern für Erzfrachter. Zu den Tiefwasserhäfen gehören auch die großen Ölterminals vor der Küste, in denen die Supertanker beladen werden (Abb. 130.1).
- Nach der Funktion bzw. den Hauptumschlagsgütern unterscheidet man auch zwischen Ölhafen, Fischereihafen, Erzhafen, Holzhafen, Getreidehafen oder Massenguthafen. Je nach Art der Güter sind die Häfen mit speziellen Umschlageinrichtungen ausgestattet. Stückgüter werden mit Kränen verladen, mitunter auch palettenweise mit Gabelstaplern in das Schiff gerollt. Getreide wird mit riesigen Sauganlagen, sogenannten Getreidehebern, in die Speicher gesaugt, Massengüter wie Kohle, Kies und Erz mit Greifern und Transportbändern entladen. Containerhäfen verfügen über Containerterminals mit hohem Automatisierungsgrad, sie müssen zur Zwischenlagerung der Container über große Freiflächen verfügen.
- Fährhäfen bedienen sich des Roll-on-Roll-off-Verfahrens (RoRo), bei dem die Fahrzeuge am Heck in das Schiff fahren und es am Zielhafen am Bug verlassen. Die Hafenstruktur ist einfach, spezialisierte Ladevorrichtungen sind nicht notwendig.

Universalhafen Hamburg

Der Hamburger Hafen, Deutschlands größter Seehafen, stellt in zweierlei Hinsicht eine Besonderheit dar. Zum einen ist er ein mehr als 100 Kilometer von der Küste entfernter Tidehafen, der über die ausgebaute Elbe auch von Hochseeschiffen erreicht werden kann. Zum anderen ist der Hafen ein sogenannter Universalhafen, das heißt, er bietet fast alle wesentlichen Funktionen an. Daran hat auch die steigende Bedeutung des Containerverkehrs nichts geändert. Hamburg hat sich auch als Containerhafen etabliert und nimmt nach Rotterdam in Europa den zweiten Platz ein. Der Charakter des Universalhafens zeigt sich beim Umschlag, die Attraktivität des Hafens daran, dass sich der Gesamtumschlag von 1990 bis 2006 mehr als verdoppelt hat (Abb. 131.1). Daneben verfügt Hamburg auch über eine sehr leistungsfähige und hochspezialisierte Werftindustrie.

Dieses vielfältige Angebot macht Hamburg zu einem krisenfesten Hafenstandort. Dazu trägt auch die Betreibergesellschaft, die Hamburger Hafen und Logistik AG (HHLA), die mehrheitlich der Stadt Hamburg gehört, bei. Sie verfügt über eigene Güterzuggesellschaften, eine Lkw-Flotte und eigene Umschlagsterminals. Dadurch ist sie in der Lage, im europäischen Hinterland die gesamte Transportkette vom Kai bis zum Kunden zu bedienen. Der Hamburger Hafen dient auch als Feeder (Zubringer) für Skandinavien und das Baltikum. Dabei kommt ihm zugute, dass der Ostseeraum über den Nord-Ostsee-Kanal leicht zu erreichen ist. Für viele der ehemaligen Ostblockländer ist Hamburg heute der wichtigste Hafen.

Die Betreibergesellschaft sieht die Entfernung zur Küste nicht als Nachteil. Sie argumentiert, dass jeder Transportkilometer auf dem Wasser die Gesamttransportkosten verringert, weil er kostengünstiger ist als mit dem Lkw. Sie wünscht sich in diesem Zusammenhang eine Vertiefung der Elbe, um Schiffen mit einem Tiefgang von bis zu 14,5 Metern die Fahrt in den Hafen zu ermöglichen. Die politische Entscheidung liegt allerdings beim Land Niedersachsen, das den Ausbau verhindern könnte, um dem neuen Jade-Weser-Tiefwasserhafen, an dem es maßgeblich beteiligt ist, keine Kunden wegzunehmen.

Zur Sicherung des Standortes hat der Hamburger Senat im Mai 2007 ein umfangreiches Investitionsprogramm beschlossen, das bis 2015 verwirklicht sein soll. Kernpunkte sind vor allem der Ausbau der Containerumschlagsanlagen, um neue Stellplätze zu gewinnen. Für diesen Zweck sollen auch nicht mehr benötigte Hafenbecken zugeschüttet werden. Wichtig ist ebenso der Ausbau der Hafenbahn und ihre Anbindung an das überörtliche Schienennetz. Ebenfalls als notwendig erachtet wird zusätzlicher Hochwasserschutz für die Stadt und den Hafenbereich.

131.2 Hamburger Hafen

	1990	2000	2002	2003	2004	2005	2006	2007
Gesamtumschlag (in Mio. t)	61,4	85,1	97,6	106,3	114,5	125,7	134,8	140,4
Massengutumschlag (in Mio. t), davon	32,8	36,4	37,5	39,4	37,8	39,9	42,7	41,7
Flüssigladung (in Mio. t)	15,3	11,6	11,5	11,6	12,2	13,1	14,2	14,7
Sauggut (in Mio. t)	4,9	7,8	6,2	6,7	4,3	5,6	6,3	5,2
Greifergut (in Mio. t)	12,6	17	19,9	21,2	21,3	21,2	22,2	21,7
Stückgutumschlag (in Mio. t), davon	28,6	48,7	60,1	66,9	76,7	85,8	92,1	98,7
Container (in Mio. t)	20,3	45,3	57,2	64,3	74,0	83,0	89,5	95,8
Anzahl 20-Feet-Container (in 1000 Stück)	1969	4248	5374	6138	7003	8088	8862	9890
Containerisierungsgrad (Anteil am Stückgut in Prozent)	68,6	93,1	95,1	96,1	96,5	96,8	97,2	97,1
Transit über Hamburg (in Mio. t)	9,2	13,4	15,0	20,2	23,8	24,4	k. A.	k. A.
Quelle: Hafen Hamburg Marketing e.V. 2008								

131.1 Hamburger Hafen – Entwicklung des Umschlags 1990–2007

132.1 Löscharbeiten an einem havarierten Tanker

132.2 Durch ausgelaufenes Öl verendete Vögel

Gefahren der Schifffahrt

Tanker

Die „Exxon Valdez" lief 1989 bei der Ausfahrt aus dem Hafen von Valdez, wo sie Öl von der Pumpstation der Transalaska-Pipeline übernommen hatte, im Prince Williams Sund auf ein Riff. Das Unglück beruhte auf menschlichem Versagen, der Kapitän war betrunken. 40 000 Liter Rohöl traten aus und verseuchten das labile Ökosystem der Küste Alaskas. Die umfangreichen Säuberungsmaßnahmen haben die Spuren weitestgehend beseitigt, doch Langzeitfolgen bleiben. Noch immer vergiften sich Tiere durch nicht abgebaute Ölreste.

Besonders dieses Unglück zeigte die Problematik einwandiger Großtanker auf und initiierte die Einführung doppelwandiger Tankschiffe. Es wurde von den internationalen Seefahrtsorganisationen beschlossen, dass ab 2015 nur noch doppelwandige Tanker die Meere befahren dürfen. Bei diesen befindet sich zwischen innerer und äußerer Hülle ein Zwischenraum von zwei bis drei Metern. Aber auch hier sehen Fachleute längerfristig ein Problem. Der Zwischenraum wird aus Gründen der Schiffsstabilität mit Ballastwasser, Seewasser, gefüllt. Dieses ist sehr aggressiv und führt zur Korrosion, die in den engen Zwischenräumen kaum beseitigt werden kann. Somit besteht die Gefahr des Durchrostens.

Fähren

Bei RoRo-Fährschiffen ist die Bugklappe ein Gefahrenherd. Gängige Praxis war es früher, aus Zeitgründen die Bugklappen erst nach dem Ablegen zu schließen. Wenn dies zu spät erfolgt, können nach der Hafenausfahrt große Mengen Wasser durch die offene Bugklappe eindringen und das Schiff binnen weniger Minuten zum Kentern bringen. So geschehen bei der Fähre „Herald of Free Enterprise" im Jahr 1987. 193 Menschen verloren dabei das Leben. Auch das Unglück der „Estonia" (1994), mit 852 Toten die größte Schiffskatastrophe der Nachkriegszeit, wurde möglicherweise durch eine schadhafte Bugklappe verursacht.

In Teilen Afrikas und vor allem Asiens kommt es immer wieder zu Fährunglücken mit vielen Toten. Ursache ist hier in der Regel der schlechte technische Zustand der Schiffe, die unzureichend ausgebildete Mannschaft und die Überbelegung der Schiffe.

Wracks

Im Jahr 2002 sank das Fährschiff „Tricolor" mit über 2800 neuen Automobilen im Ärmelkanal. Das Wrack stellte in der engen Wasserstraße ein gefährliches Hindernis dar, mit dem mehrere Schiffe kollidierten. Die Bergung war sehr aufwendig, das Wrack musste erst mühsam in mehrere Teile zerlegt werden, die dann einzeln gehoben wurden. Erst 2004 konnte sie abgeschlossen werden. Grundsätzlich stellt jedes Wrack eine Gefahrenquelle dar, sei es durch seine Lage oder durch seine Ladung. Ladungen, wie zum Beispiel Chemikalien oder Öl, können noch nach Jahren Probleme verursachen, wenn sie nach dem Durchrosten des Wracks freigesetzt werden. Oftmals ist hier eine aufwendige Bergung oder Sicherung zur Gefahrenabwehr nötig.

Piraterie

In Teilen der Erde, vor allem in Südostasien, Afrika und Lateinamerika, ist Piraterie weit verbreitet. Einen Schwerpunkt stellt die viel befahrene Straße von Malakka dar. Die unübersichtliche Küste bietet den Piraten hervorragende Schlupfwinkel, von denen aus sie mit Schnellbooten die Handelsschiffe angreifen, ausrauben oder auch entführen. Viele Schiffsrouten lassen sich nur durch eine bessere Kontrolle der Schifffahrtswege, z.B. durch Streitkräfte der Anrainerstaaten, sichern. Am Horn von Afrika

Passagierschiffe	Ort	Opfer
Al Salam Boccacio (2006)	Rotes Meer	1400
Estonia (1994)	Ostsee	852
Dona Paz (1987)	Pazifik	4317
Pamir (1957)	Atlantik	80
Andrea Doria (1956)	Atlantik	46
Cap Arcona (1945)	Ostsee	ca. 8000
Goya (1945)	Ostsee	ca. 7000
Steuben (1945)	Ostsee	ca. 4000
Wilhelm Gustloff (1945)	Ostsee	ca. 9000
Lusitania (1915)	Atlantik	1198
Titanic (1912)	Atlantik	1502
Tanker	**Ort**	**Ölverlust**
Prestige (2002)	Atlantik	63 000 t
Sea Empress (1996)	Atlantik	140 000 t
Amoco Milford Haven (1991)	Atlantik	100 000 t
Amoco Cadiz (1978)	Atlantik	223 000 t
Torrey Canyon (1967)	Atlantik	120 000 t
verschiedene Quelle, u.a. Brockhaus-Lexikon		

133.1 Die größten Schiffsunglücke

nimmt die Piraterie zu. Dies wird dadurch begünstigt, dass eine Zentralregierung in Somalia praktisch nicht existiert und daher auch keine Kontrolle stattfindet.

Ausflaggen

Auf den Weltmeeren verbreitet ist das sogenannte Ausflaggen. Darunter wird der Wechsel der Nationalflagge verstanden, ohne dass sich die Besitzverhältnisse ändern. Das Schiff wird nach dem Flaggenwechsel im Schiffsregister eines Staates mit Billigflagge geführt. Ziel dieser Maßnahme ist das Unterlaufen von Tariflöhnen und Standards des Heimatlandes, die die Zahl der Besatzungsmitglieder und deren Qualifikation regeln. Führende Länder mit Billigflaggen sind zum Beispiel Panama, Liberia oder die Bahamas. Panama verfügt somit über die größte Handelsflotte der Welt. Selbst ein Binnenland wie die Mongolei tritt als Land mit Billigflagge auf. Schiffe dieser Länder sind oft in Havarien verwickelt, was an ihrem schlechten technischen Zustand, der geringen Mannschaftsstärke und deren schlechtem Ausbildungsstand liegt.

Kriege

Kriegerische Auseinandersetzungen stellen in der Regel die größte Gefahr für die Schifffahrt dar. Die Versenkungen der „Wilhelm Gustloff," der „Goya", der „Steuben" und der „Cap Arcona" zwischen Januar und Mai 1945, bei denen etwa 20 000 Menschen umkamen, werden als die verlustreichsten Schiffsuntergänge der Weltgeschichte angesehen. Auch Blockaden oder Sperrgebiete beinträchtigen den Schiffsverkehr. Ein bekanntes Beispiel ist die Sperrung des Suezkanals von 1967 bis 1975.

A1 Beschreiben Sie, welche Veränderungen im internationalen Seehandel sich ab der Mitte des 20. Jahrhunderts vollzogen haben, und erklären Sie sie. Beachten Sie dabei besonders die Entwicklung im Frachtverkehr mit Containern. (Text S. 126 und 127; Abb. 126.1, 127.1, 131.1).

A2 Geben Sie eine Prognose für die weitere Entwicklung ab (Text S. 126 und 127; Abb. 126.1, 127.1, 131.1).

A3 Beschreiben Sie die Hauptschifffahrtsrouten (Abb. 127.2).

A4 Erklären Sie am Beispiel des Nord-Ostsee-Kanals Bedeutung und Nutzen wichtiger Kanäle der Welt (Internet, S. 128/129).

A5 Zeigen Sie anhand von Beispielen die Bedeutung historischer Kanäle Frankreichs und Großbritanniens für den Tourismus auf (Internet).

A6 Arbeiten Sie anhand des Güterumschlages der führenden Seehäfen (Abb. 130.2) in den Jahren 2000 und 2005 die Veränderungen heraus, die sich in diesem Zeitraum ergeben haben.

A7 Kategorisieren Sie die führenden Häfen Europas (Abb. 130.2, Internet).

A8 Zeigen Sie die Besonderheiten der Lage des Hafens der Stadt Hamburg auf und erörtern Sie die Probleme (S. 131).

A9 Analysieren Sie den Güterumschlag im Hafen von Hamburg (Abb. 131.1), zeigen Sie die Entwicklungen auf, die hier sichtbar werden und erklären Sie sie.

A10 Erörtern Sie die Vor- und Nachteile eines Universalhafens (S. 131).

A11 Erörtern Sie die Problematik der Elbvertiefung. Zeigen Sie dabei auch die Positionen der Beteiligten auf (Internet).

A12 Vergleichen Sie das Verkehrsaufkommen auf den Hauptrouten des europäischen Fährverkehrs und zeigen Sie die Bedeutung auf (Internet).

A13 Zeigen Sie die Risiken der Tankerschifffahrt auf und erörtern Sie Möglichkeiten, diese zu minimieren. Zeigen Sie dabei auch, welche neuen Probleme auftreten können (S. 132).

A14 Erklären Sie die Gründe, die zum Ausflaggen führen, und erläutern Sie die Probleme (S. 133).

134.1 Kreuzfahrtteilnehmer

7 Erholungsraum Meer

Kreuzfahrttourismus im Aufwind

Lange Jahre bewegten sich die Buchungszahlen für Kreuzfahrten in ruhigem Fahrwasser, inzwischen verzeichnen die Kreuzfahrtgesellschaften eine stark anwachsende Buchungswelle. Im deutschen Markt für Fluss- und Hochseekreuzfahrten stiegen die Passagierzahlen von 401 000 Gästen im Jahr 1997 auf etwa 1,1 Millionen Reisende im Jahr 2007. Nach Einschätzung der Unternehmen wird sich der Trend fortsetzen. Auch die Umsätze stiegen im Jahr 2006 um 11,2 Prozent, der durchschnittliche Reisepreis für eine Hochseekreuzfahrt betrug 2006 1928 Euro. Diese Entwicklung ist hauptsächlich auf die reisefreudige Zielgruppe älterer, einkommensstarker Gäste zurückzuführen. Über die Hälfte der deutschen Kunden sind zwischen 41 und 65 Jahre alt, die meisten davon älter als 56 Jahre. Bei diesem Personenkreis sehen die Unternehmen noch weiteres Potenzial. Gleichzeitig sollen innovative Konzepte eine neue Generation von Passagieren ansprechen. Flexible Preismodelle, Schnuppertouren, Last-Minute-Buchungen sowie gezielte Themen- und Eventreisen sollen den Markt beleben. Auch die Kleiderordnung mit großer Abendgarderobe ist auf den meisten Schiffen nicht mehr notwendig. Für eine lockere Atmosphäre sorgen zudem Fitness- und Lifestyleangebote, Hamburgerpartys für Kinder und vieles mehr.

International ist der nordamerikanische Markt der größte im Kreuzfahrttourismus, mehr als fünf Millionen Kreuzfahrtpassagiere im Jahr werden befördert. Die Nähe zu Nordamerika macht deshalb die Karibik zum beliebtesten Kreuzfahrtziel. Mit bis zu 30 Abfahrten pro Woche ist Miami der wichtigste Ausgangspunkt für dieses Ziel. Weitere häufig angelaufene Ziele sind der Mittelmeerraum, Alaska, der Panamakanal, West-Mexiko und Nordeuropa.

Der Weltwirtschaftsgipfel in Genua, als die G-8-Staatsmänner werbewirksam auf einem Luxusliner nächtigten, zeigte es deutlich: Der Kreuzfahrttourismus liegt voll im Wind. Das schon im All-inclusive-Tourismus praktizierte Prinzip des größtmöglichen Gewinnes für das Reiseunternehmen wird bei den Kreuzfahrten auf die Spitze getrieben. Den angesteuerten Küsten und Trauminseln der „Dritten Welt" bleiben in der Regel nur „Almosen" und der ins Meer verklappte Abfall der Traumschiffe.

Transport, Übernachtung und Verpflegung machen den Löwenanteil der Ausgaben eines jeden Touristen aus. Bei Kreuzfahrten landet dieser Teil der Urlaubskasse faktisch zu 100 Prozent in den Taschen der internationalen Tourismusbetriebe. Ihre Schiffe laufen die Kreuzfahrthäfen meist frühmorgens an und legen in der Nacht wieder ab. Im Gegensatz zu Hotel- oder gar Rucksacktouristen können die Kreuzfahrer so nur einen Bruchteil ihres Urlaubsgeldes in den bereisten Ländern selbst ausgeben. Einheimische Hotels, Pensionen und Restaurants der angesteuerten Reiseziele gehen leer aus. Die Wirtschaft der Trauminseln und Küstenregionen der Karibik, des Mittelmeers, der Südsee oder des Indischen Ozeans kann allenfalls am Geschäft mit Kurzausflügen, Imbiss, Reiseandenken und Prostitution mitverdienen. Doch die Kreuzfahrtlinien, die zum überwiegenden Teil Firmen aus den G-8-Staaten gehören, gönnen den Entwicklungsländern selbst diese Krümel nicht. Längst können sich die Urlauber auch bequem an Bord mit Urlaubsmitbringseln der „bereisten" Länder eindecken. Und Insider berichten, dass den Passagieren auf den Schiffen von der Nutzung lokaler Taxis und lokaler Reiseunternehmen abgeraten wird.

Paul Wilkinson von der kanadischen York University beobachtete 1999 folgerichtig den Trend, dass die Traumschiffpassagiere Jahr für Jahr weniger Geld in den Kreuzfahrthäfen ausgeben. Als Beispiel führt er die Bahamas an. Dort ließen die Passagiere 1980 im Schnitt noch rund 55 US-Dollar während ihres Landganges auf der Inselgruppe. 16 Jahre später, 1996, waren es inflationsbereinigt nur noch 31 US-Dollar pro Person. Hauptursache dieses Rückgangs seien nach Ansicht Wilkinsons die Luxusliner, die sich mit jeder neuen Schiffsgeneration zu regelrechten „Geldfallen" entwickelt hätten. „Die Kreuzfahrtindustrie nutzt lokale Infrastrukturen, gibt aber nichts der lokalen Wirtschaft zurück. Tatsächlich entzieht sie den Gemeinwesen die finanziellen Ressourcen", bringt die Vorsitzende der britischen Association of Independent Tour Operators (AITO), Sue Ockwell, die Situation der bereisten Entwicklungsländer auf den Punkt. Einzige signifikante Einnahmequelle der angesteuerten Länder und Inseln ist die Eintrittsgebühr, die Hafen- oder „Kopfsteuer" für Kreuzfahrturlauber.

134.2 Die dunklen Seiten des globalisierten Tourismus

Zum Vorteil für die Kreuzfahrtindustrie waren aber die angesteuerten Urlaubsländer bisher unfähig, eine einheitliche Regelung festzulegen. Die Cruise Lines können so die einzelnen Staaten untereinander ausspielen: Inseln, die keine Gebühr verlangen, werden bevorzugt, während Länder, die die „Kopfsteuer" erhöhen wollen, einfach nicht mehr angelaufen werden. Einige Kreuzfahrtunternehmen haben es inzwischen auch fast gar nicht mehr nötig, Inseln anderer Länder anzusteuern. Sie nutzen firmeneigene oder gepachtete „Trauminseln". So erfreut sich die bei den Bahamas gelegene Privatinsel namens Salt Cay großer Beliebtheit bei Schiffsreiseunternehmen. Gleich drei Kreuzfahrtlinien teilen sich das Eiland und laufen sie jeweils an verschiedenen Wochentagen an, wobei sie der Insel jeweils einen anderen Namen geben: Die Dolphin Cruise Lines nennt sie „Dolphin Cove" oder „Blue Lagoon", die Majesty Cruise Lines hat sie „Royale Isle" getauft, während sich die Premier Cruise Lines mit dem Namen „Salt Cay" begnügt.

Um Gewinne zu maximieren, spart die Traumschiffbranche auch bei den Löhnen und Arbeitsbedingungen ihrer Crew-Mitglieder. Unabhängige Arbeitsvermittler besorgen das billige und willige Personal vor allem aus den verarmten Ländern des Südens und des Ostens. Untersuchungen der Arizona State University zufolge ist es nicht ungewöhnlich, wenn die bis zu 1000-köpfige Besatzung eines Luxusliners aus mehr als 40 verschiedenen Nationen stammt. Weil aufgrund dieser „Völker- und Sprachenvielfalt" an Bord keine effektive gewerkschaftliche Arbeitnehmervertretung möglich sei, ließen sich sehr niedrige Löhne bei gleichzeitig sehr langen Arbeitszeiten und fragwürdigen Lebensbedingungen an Bord durchsetzen. Wie solche menschenunwürdigen Zustände an Bord der Luxusliner aussehen, skizzierte der Fotograf Edward Sykes, der 18 Monate auf einem Touristendampfer gearbeitet hatte: „Die Crew verbringt den ganzen Tag unter Deck, kocht und wäscht für die Passagiere und Offiziere, säubert die Kabinen und Gänge, hält die Schiffsmaschinen in Gang. Ihre Kabinen, die sie sich zu viert teilen müssen, liegen im untersten Deck, wo es keine Bullaugen gibt. Die meisten der Crew sehen während einer Kreuzfahrt niemals das Tageslicht."

Bleibt die Frage, was den Inseln und Regionen vom Kreuzfahrttourismus bleibt. „Der Abfall", lautet die Antwort. „Ein Kreuzfahrtschiff mit 1200 Passagieren und Besatzung produziert jeden Tag 4,2 Tonnen Abfallschadstoffe wie Ölreste, Abwasser und sanitäre Rückstände nicht mitgerechnet", so ein besorgter Commonwealth-Report. Abwässer und Müll der Ozeanriesen landen direkt im Meer – und später an den Stränden. Abfälle der Kreuzfahrtschiffe finden sich heute an allen Stränden der Karibik und bald auch an allen Küsten der Südsee. Gegenwärtige, internationale Abkommen sind unzureichend, um die fortschreitende Vermüllung und Verseuchung der Meere vor

Kreuzfahrtteilnehmer vor Karibikinsel

den Trauminseln zu verhindern. Doch selbst wenn künftig Müll- und Abwasserentsorgung auf hoher See verboten und mit schmerzhaften Strafen belegt werden sollte: Das Problem bleibt. Wohin mit dem „Dreck"? Schon jetzt wissen die Inselstaaten nicht wohin mit dem eigenen Müll.

Kreuzfahrtschiffe haben für Tourismuskonzerne noch einen unschlagbaren Vorteil: Sie verringern die Abhängigkeit der Touristikbranche von den Urlaubsländern. Die schwimmenden Touristikresorts können überallhin ausweichen. Dank geringem Tiefgang können einige moderne Luxusschiffe selbst kleine Dörfer am Amazonas oder die winzigsten Tropeninseln anlaufen. Zudem gehen sie auch bei einem noch so hohen, durch globale Erwärmung ausgelösten Meeresspiegelanstieg nicht unter. Dies aber droht gerade den Tropeninseln. Der Kreuzfahrtbranche tut dies keinen Abbruch. Sie kann sich zurücklehnen und dem bevorstehenden „Untergang" vieler Trauminseln zusehen. „Die beschränkte Anzahl von Ländern und Häfen schreckt unsere Kunden nicht ab", sagt Bob Dickinson von Carnival Cruise Lines, „letztlich ist das Schiff die Attraktion, nicht der Anlaufhafen."

(gekürzt aus: Norbert Suchanek: Die dunklen Seiten des globalisierten Tourismus. Bundeszentrale für politische Bildung – Aus Politik und Zeitgeschichte (B47/2001), www.bpb.de/publikationen/BDMTG6.html; Zugriff am 4.8.2008)

136.1 Einkaufspassage auf der „Freedom of the Seas"

136.3 Surfen auf dem Flowrider

Amüsiermeile der Superlative oder Vergnügungsgefängnis?

Bis zu 4375 Gäste kann das größte Passagierschiff der Welt, die „Freedom of the Seas", neben der 1370 Personen starken Crew beherbergen. Mit 339 m Länge und 56 m Breite ist es 6 m kürzer, aber 15 m breiter als die wegen ihrer Größe bekannte „Queen Mary 2". Doch der Rekord soll schon bald gebrochen werden. Ein Schiff, das 5400 Passagieren Platz bietet, ist bereits in Planung. Eingesetzt wird das Schiff in der Karibik, für viele Gäste ist aber die Zeit an Bord das eigentliche Ziel. Und diese kann aufgrund der zahllosen Angebote vielseitig gestaltet werden. Die Attraktionen sind für unterschiedliche Altersklassen und Interessen ausgelegt, so können sich Sportler an einer künstlichen Surfwelle, dem Flowrider, versuchen, ein Boxring mit professionellem Training steht ebenso zur Verfügung wie ein Golfsimulator zur Verbesserung des Handicaps. Die Passagiere können sich entscheiden,

am Sonnendeck mit Drinks zu verweilen oder auch im Bauch des Schiffes auf Schlittschuhen für eine Eisrevue zu trainieren.

Das Theater an Bord kann mit 1400 Plätzen mehr Zuschauer aufnehmen als das Wiener Burgtheater und für weniger Kulturinteressierte ist die „Royal Promenade", eine viergeschossige Fußgängerstraße mit Geschäften, Cafés und Bars, eine Abwechslung. Etwas mehr Nervenkitzel bietet das Spielcasino, in dem Unerfahrene das Spielen auch in Kursen erlernen können.

Nicht alle Liebhaber von Schiffsreisen werden durch das Angebot der „schwimmenden Hotels" angesprochen. Der Wunsch nach individuelleren Reiseerlebnissen veranlasste eine Reihe von Reiseveranstaltern, Frachtschiffreisen zum Beispiel auf Containerschiffen anzubieten. Insbesondere das Fehlen von Animation und Luxus sind hier neben günstigeren Preisen werbewirksame Argumente.

BETRETEN DES SCHIFFES: Während Sie Ihr Schiff in einem deutschen Hafen betreten, finden zeitgleich noch Lade- und Löscharbeiten, Proviantübernahme, Crewwechsel und kleinere Reparaturen statt. Diese Arbeiten haben selbstverständlich absolute Priorität vor Passagieren. Sie sollten deshalb nicht „stören". Wenden Sie sich bitte an einen Offizier, aber auch gerne an den Koch oder Steward, die Sie sicherlich im Aufbautenbereich des Schiffes finden.

GANGWAY: Seien Sie vorsichtig, wenn Sie an Bord des Schiffes gehen. Schauen Sie nach, ob die Gangway gut aufliegt, die, je nach Typ und Konstruktion, etwas wackelig sein kann. Achten Sie auf Ihre Kleidung, Trossen und Streben könnten schmierig sein.

ESSEN: Das Essen wird zusammen mit den Offizieren in der Offiziersmesse eingenommen. Es gibt zwar keine Kleiderzwänge an Bord von Handelsschiffen, jedoch sollten Sie sportlich/leger zum Essen erscheinen. Passagiere nehmen an der Bordverpflegung, die reichlich und deftig und für alle Personen an Bord gleich ist, teil. Extraverpflegung gibt es nicht, wie auch für Diabetiker keine spezielle Kost zubereitet werden kann.

FREIZEITGESTALTUNG: Wir empfehlen die Mitnahme eines kleinen Weltempfängers. Sinnvoll ist auch die Mitnahme einer Wurfantenne, die Sie aus dem geöffneten Fenster heraushängen lassen können. Landgang erfolgt grundsätzlich in eigener Regie. Keine Animation an Bord.
(nach: www.hamburgsued-frachtschiffreisen.de)

136.2 Informationen für Reisende auf Tankern

137.1 Insel Ihuru Hotel

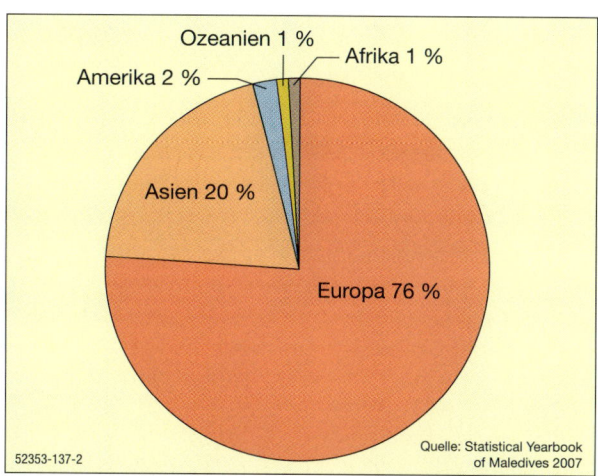

137.2 Touristenankünfte nach Nationalitäten 2006

Tourismus auf den Malediven

Die Erfolgsgeschichte des Tourismus auf den Malediven startete 1972 auf Kuramathi im Rasdu-Atoll mit einem Campingplatz. Inzwischen ist der Tourismus der bedeutendste Wirtschaftszweig der Malediven. Er trägt etwa ein Drittel zum BIP bei und bringt mehr als 60 Prozent der Deviseneinnahmen ein. Der Hauptanteil der Steuer- und Zolleinnahmen speist sich aus dem Tourismus. Die Touristen, meist Pauschalurlauber, sehen auf den Malediven ihre Vorstellung vom tropischen Urlaubsparadies mit weißen Sandstränden und wehenden Palmen verwirklicht. Im Gegensatz zu den Anfängen ist das Angebot heute sehr luxuriös und spricht in erster Linie ein zahlungskräftiges Publikum an.

Die Malediven bestehen aus 20 Atollen mit 1190 Inseln, von denen derzeit 195 bewohnt sind. 87 ungenutzte Inseln wurden komfortabel ausgebaut (Abb. 137.4). Diese sogenannten Touristenisolate oder Touristenresorts werden von den Urlaubern vom Flughafen Hulhule aus mit Motorboot, Wasserflugzeug oder Hubschrauber erreicht. Die Unterbringung erfolgt in Drei- bis Fünf-Sterne-Unterkünften, welche in der Nähe der umfangreichen Sport- und Freizeiteinrichtungen liegen. Im Herzen der Inseln befinden sich – für die Gäste kaum wahrnehmbar – Ver- und Entsorgungseinrichtungen wie Großküchen, Lager, Kühlräume sowie Trinkwasser- und Müllverbrennungsanlagen. Hinzu kommen noch Maschinenräume und Stromgeneratoren.

Der Tourismus steht unter staatlicher Kontrolle. Kontakte zu Einheimischen will der islamische Staat der Malediven auf ein Minimum reduzieren. So dürfen die Gäste nur Tagesausflüge auf ausgewählte bewohnte Inseln unternehmen, längere Aufenthalte dort werden nicht gestattet.

Jahr	Touristenankünfte
1972	1000
1982	75 000
1990	195 156
2000	467 154
2001	460 984
2002	484 680
2003	563 593
2004	616 593
2005	395 320
2006	601 923

Quelle: Statistical Yearbook of Maledives 2007

137.3 Touristenankünfte auf den Malediven

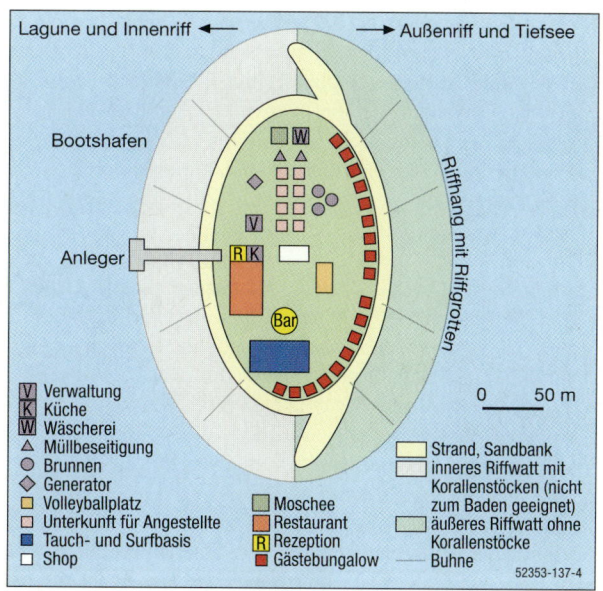

137.4 Touristenisolat (Modell)

137

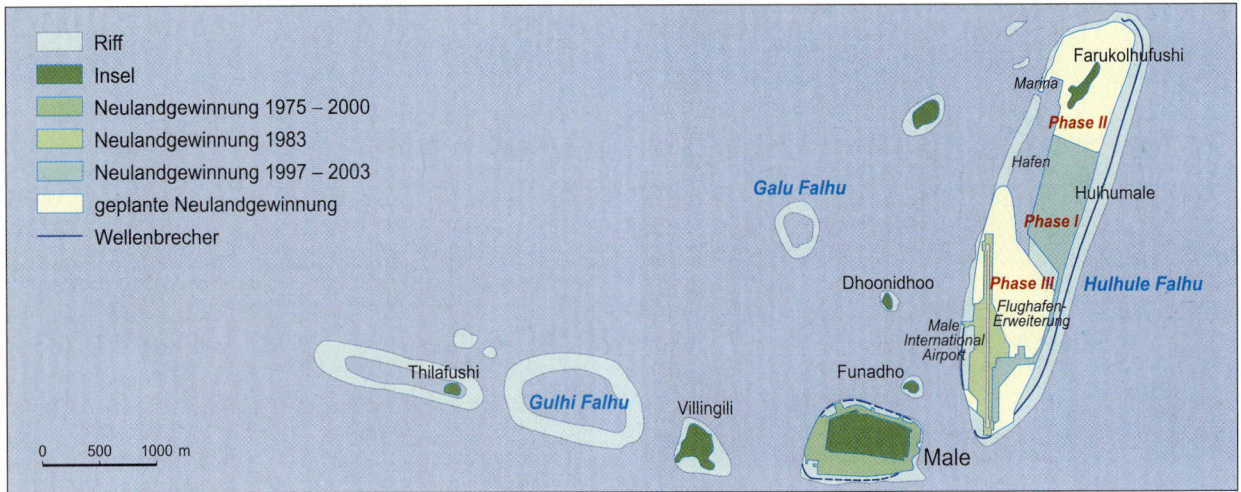

Legende:
- Riff
- Insel
- Neulandgewinnung 1975 – 2000
- Neulandgewinnung 1983
- Neulandgewinnung 1997 – 2003
- geplante Neulandgewinnung
- Wellenbrecher

Farukolhufushi
Manina
Phase II
Hafen
Hulhumale
Galu Falhu
Phase I
Dhoonidhoo
Phase III
Hulhule Falhu
Flughafen-Erweiterung
Male International Airport
Funadho
Thilafushi
Gulhi Falhu
Villingili
Male

0   500   1000 m

138.1 Region Groß-Male und das Hulmumale-Development-Projekt

Die Hauptstadt Male verzeichnet ein überproportionales Bevölkerungswachstum von ca. 6% (Malediven 2,5%). Dies ist auf eine lebhafte Binnenwanderung zurückzuführen. Vor allem die jungen Leute suchen auf Male Arbeit, die es auf den umgebenden Inseln nur unzureichend gibt. Das direkt oder indirekt mit dem Tourismus verbundene Arbeitsplatzangebot der Hauptstadt übt einen großen Sog aus. Nicht alle Arbeitsplätze in Hotels und Restaurants, im Transportwesen, im Baugewerbe, in Geschäften und Märkten können mit einheimischen Arbeitskräften besetzt werden, sodass fast 30% der Beschäftigten Gastarbeiter, überwiegend aus Indien, Bangladesh und Sri Lanka sind. In den 1980er- und 1990er-Jahren hat die staatlich geplante Landgewinnung die technisch mögliche Erschließung von Neulandgebieten ausgeschöpft. Ein Drittel der Insel Male ist heute Neulandgebiet. Die flache Lagune der Insel (maximal 1 m tief) wurde zugeschüttet. Die Inselfläche wuchs dadurch von 1,25 km² (1970) auf heute 1,94 km² (zum Vergleich Helgoland 2,09 km²). Durch eine rege Bautätigkeit hat sich auch die Skyline von Male stark verändert („Manhattan" der Malediven).

Um die Landnot auf der Insel weiter zu mildern, hat die Regierung 1997 den Ausbau der Hauptstadt zu einer Groß-Male-Region mit der Satellitenstadt Hulhumale begonnen. Bis 2020 sollen mit Hulhumale Development Project insgesamt 7,4 km² Neuland gewonnen werden. Das gewonnene Land wird bis zu zwei Meter über den Meeresspiegel (doppelt so hoch wie die meisten Inseln) aufgeschüttet und ist so besser bei Tsunami-Katastrophen geschützt. Während Male bei einem befürchteten Meeresspiegelanstieg infolge des Klimawandels in rund 100 Jahren verschwunden sein könnte, hat Hulhumale eine längere Überlebenschance.

138.2 Neulandgewinnung auf den Malediven

Am 26.12.2004 zerstörte ein Tsunami große Teile der touristischen Infrastruktur. Inzwischen sind die Schäden weitgehend behoben und die Besucherzahlen haben das Niveau vor der Flutkatastrophe wieder erreicht. Der weitere touristische Ausbau wird dem Tourismusminister zufolge in „Harmonie mit der Natur" erfolgen. Dabei soll auch Massentourismus vermieden werden. Schwierigkeiten bereitet schon jetzt die Wasserversorgung. Der hohe Wasserverbrauch der Touristen (ca. 150 Liter am Tag) lässt sich durch Regenwasserzisternen und das nur schwer regenerierbare Grundwasser nicht decken. Umweltbelastende Verfahren wie Meerwasserentsalzung und die Einfuhr von Trinkwasser in Plastikflaschen sind derzeit unumgänglich, will der hohe Standard gehalten werden. Ein weiteres Problem stellt die Bedrohung der Korallenriffe dar. Durch den Bau von Zufahrtsrinnen oder Bootsanlegestellen, die Verwendung von Korallen als Baumaterial und das Korallenbrechen bei Tauchgängen werden die Riffe geschädigt. Zum Küstenschutz hat die Regierung inzwischen das Korallenbrechen und den Abbau zu Bauzwecken verboten und mit hohen Strafen belegt.

Dank des Tourismus können die Malediven auf ein langfristig hohes Wirtschaftswachstum zurückblicken und haben mit einem Pro-Kopf-Einkommen von etwa 2700 US-$ pro Jahr einen Spitzenplatz bei den südasiatischen Staaten. 1977 lag die Lebenserwartung noch bei 46 Jahren, heute ist sie auf 74 Jahre gestiegen. Krankheiten wie Malaria und Tuberkulose gelten inzwischen als ausgerottet. Trotz dieser Erfolge wird auch Kritik laut. Angeprangert wird u. a. die ungerechte Verteilung der Einnahmen (Abb. 139.1). Sorgen bereitet auch der ausufernde Staatshaushalt, der 2007 nahezu dem gesamten Bruttosozialprodukt des Landes entsprach. Seit einigen Jahren schwelen politische Unruhen auf den Malediven, die vermutlich mit dem Bombenanschlag vom 30.9.2007 im Zusammenhang stehen (Abb. 139.2).

Der Großteil der Gelder aus dem Tourismus stammt von 87 Ressort-Inseln, die von der Regierung an den jeweils Meistbietenden für bis zu 40 Millionen US-Dollar pro Jahr verpachtet werden. Diese Steuereinnahmen hätten, würden sie richtig genutzt und nicht nur in einige private Taschen fließen, eine große Bedeutung für die Verbesserung der Lebensqualität der Malediver. Lediglich eine kleine Minderheit von Unternehmen und Familien besitzt das größte Stück vom „Tourismuskuchen". So zählen Universal Enterprises acht Inseln und die Village Group fünf Luxuseilande zu ihrem Besitz. Seit Juli 2004 stehen elf weitere Inseln im Angebot, wobei zu erwarten ist, dass sie von anderen Ressorteigentümern ersteigert werden.

Fisch wird importiert, obwohl es den Malediven weder an Fischern noch an Meerestieren selbst mangelt. Aber die einheimischen Fischer haben nur wenige Kühlhäuser und eine beschränkte Elektrizitätsversorgung zur Verfügung, sodass es für sie unmöglich ist, ihre Ware frisch zu halten und an die Ressorts zu verkaufen. Die Arbeit als Fischer ist jedoch die einzige Alternative in einem Staat, der aufgrund schlechter Böden nur sehr eingeschränkt für die Landwirtschaft geeignet ist. Große Mengen an Gemüse und Früchten müssen importiert werden, sie gelangen fast ausschließlich auf die Touristeninseln. 30 Prozent aller Kinder unter fünf Jahren sind laut der UN auf den Malediven unterernährt.

Auch die etwa 20 000 Menschen, die direkt in der Tourismuswirtschaft tätig sind, stehen teilweise katastrophalen Bedingungen gegenüber. Es gibt weder einen festgelegten Mindestlohn innerhalb des privaten Sektors, noch Gesetze, die Gesundheits- oder Sicherheitskonditionen festlegen. Etwa die Hälfte aller Beschäftigten kommt aus Sri Lanka, Indien, Pakistan und Bangladesch. Sie zahlen oft hohe Vermittlungsgebühren an Agenturen in ihrem Heimatland, um eine Anstellung auf den Malediven zu bekommen. Das durchschnittliche Gehalt in der Tourismusbranche beträgt 75 US-Dollar im Monat, wobei Kellner und Barangestellte oft weniger erhalten, da vorausgesetzt wird, dass sie in den Genuss zusätzlicher Trinkgelder kommen. Allerdings werden diese sehr unregelmäßig gezahlt, da die meisten Touristen das Gefühl haben, bereits genug für den teuren Pauschaltrip ausgegeben zu haben.

Die Regierung hat die Lenkung des Tourismus völlig in der Hand und schützt das existierende System, um selbst durch horrende Steuer- und Pachteinnahmen der mit Abstand größte Nutznießer zu sein, während der Bevölkerung der Zugang zu Einnahmen aus dem Tourismus verwehrt wird.

(gekürzt aus: Informationsdienst Dritte-Welt-Tourismus
www.tourism-watch.org, Esther Hautmann, 2004)

139.1 Schatten im Paradies

Es ist der erste Anschlag in dem Urlaubsparadies im Indischen Ozean: Zwölf Touristen sind bei einem Bombenattentat auf den Malediven verletzt worden. In der Hauptstadt Male explodierte ein Sprengsatz. Die Polizei nahm zwei Verdächtige fest.

Colombo – Die Hintergründe der Explosion sind noch unklar. Derzeit könne noch nicht gesagt werden, ob sich der Anschlag gegen die Tourismusindustrie gerichtet habe, erklärte Regierungssprecher Mohamed Shareef. Die Regierung nehme den Zwischenfall sehr ernst, weil der Tourismus die Lebensader der Malediven sei, sagte Shareef. [...].

Einheimische wurden durch die Explosion in Male nach Behördenangaben nicht verletzt, weil der Park vor allem von Touristen besucht wird. [...] Der oppositionelle Onlinedienst Minivan News berichtete auf seiner Website, Zeugen hätten verstreut herumliegende Nägel am Tatort gesehen, die offenbar von dem Sprengsatz stammten. [...]

Die Inselgruppe im Indischen Ozean gehört zu den beliebtesten Reisezielen in Südasien. 99 Prozent der Einwohner sind sunnitische Muslime. Auf den Malediven gibt es seit Längerem politische Spannungen.

Seit 1978 wird das Land von Präsident Maumoon Abdul Gayoom regiert. Gayoom gewann im August ein Referendum, wonach das Präsidialsystem beibehalten werden soll. Die Gegner des Präsidenten hatten sich für die Einführung eines parlamentarischen Regierungssystems stark gemacht. 2003 gab es politische Unruhen, bei deren Niederschlagung Regierungsgegner festgenommen wurden. Seitdem sucht Großbritannien zwischen der Regierung und den Oppositionsgruppen zu vermitteln.

(Quelle: Spiegel Online, 29. September 2007, pad/AFP/AP)

139.2 Bombenanschlag auf den Malediven

A1   Erörtern Sie Auswirkungen des Kreuzfahrttourismus in den Zielregionen (S. 134 – 136).

A2   Beurteilen Sie, inwiefern nachhaltiger Tourismus in der Kreuzfahrtindustrie möglich ist. Berücksichtigen Sie ökologische, soziokulturelle und ökonomische Aspekte.

A3   Vergleichen Sie die Zielgruppe der Schiffsreiseanbieter von Reisen mit Kreuzfahrtschiffen und mit Frachtschiffen (S. 136).

A4   Nennen Sie Reisemotive der Touristen auf den Malediven (S. 137 – 139).

A5   Erörtern Sie den Ausbau der Touristenisolate.

A6   Entwickeln Sie unter Berücksichtigung verschiedener natürlicher und anthropogener Einflussgrößen Zukunftsszenarien für die Malediven.

140.1 Die Nordsee im Satellitenbild

Küsten	Zufluss (km³/a)	Einzugsgebiet (km²)
Norwegen	58 – 70	45 500
Skagerak und Kattegat	58 – 70	102 200
Deutschland/Dänemk.	32	219 900
Niederlande/Belgien	91 – 97	221 400
Ärmelkanal	37	137 000
England (Ostküste)	32	74 500
Schottland	16	41 000
gesamt	**296 – 354**	**841 500**

140.2 Nordsee – Einzugsgebiete und Zuflüsse

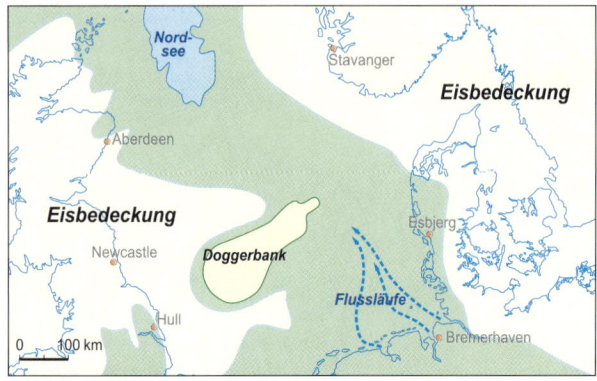

140.3 Weichselzeitliche Nordsee

Raumanalyse: Die Nordsee – ein bedrohtes marines Ökosystem

Die Nordsee ist ein kleines Randmeer des Atlantiks und ein vielgestaltiger Lebensraum für zahlreiche Tiere und Pflanzen. Das flache Schelfmeer bietet günstige Voraussetzungen für eine hohe Primärproduktion, Grundlage für den Fischreichtum und die traditionelle Fischerei. Das Meer und der landschaftliche Reiz der Küstenlandschaften locken jährlich Millionen Touristen an. Wirtschaftliche Bedeutung hat die Nordsee zudem als Verkehrsraum für die Handelsschifffahrt und als Lagerstätte vielfältigster Rohstoffe (Erdöl, Erdgas, Kiese, Sand, Algen) sowie als Bereich, in dem die Energieproduktion durch erneuerbare Energien ständig ausgebaut wird (z. B. Offshore-Windparks oder Wellenkraftwerke; vgl. S. 118 – 121).
Die Nordsee ist aber auch wichtige Senke für Abwässer und Reststoffe, die vom umgebenden Land über Flüsse oder die Atmosphäre eingetragen werden. Dies sowie die Vielfalt und die Intensität der Nutzungen führen häufig zu Interessenkonflikten. Für eine nachhaltige Entwicklung der Nordsee sind daher nicht nur die Bewohner der unmittelbaren Küstenregionen, sondern auch die im gesamten Einzugsgebiet des Meeres verantwortlich.

Die Materialien auf Seite 140 bis 145 bieten die Möglichkeit, eine Raumanalyse der Nordsee unter zum Beispiel folgender Fragestellung durchzuführen: Inwiefern ist gerade die Nordsee ein besonders stark belastetes marines Ökosystem und welche Problemlösungsmöglichkeiten gibt es?

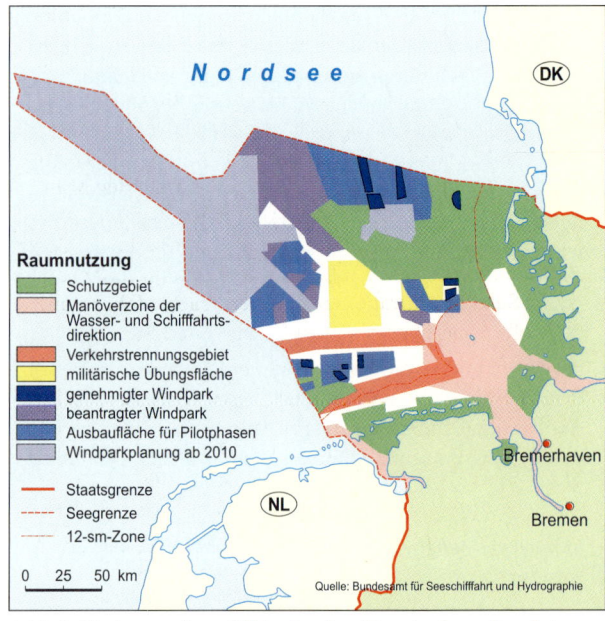

140.4 Nutzungskonflikte in der Deutschen Bucht

- **Relief:** Die Nordsee ist ein Flachmeer, das im Gegensatz zu anderen Nebenmeeren der Erde meist nur geringe Wassertiefen von 13 Metern im südlichen bis 120 Meter im nördlichen Teil besitzt. Nur die Norwegische Rinne weist Wassertiefen bis zu 200 Meter auf.
- **Geologischer Bau:** Die geologische Struktur des Meeresbodens ist überwiegend durch mächtige Sedimentschichten aus dem Mesozoikum geprägt, in denen reiche Erdöl- und Erdgasvorkommen eingelagert sind.
- **Klima:** Die Inseln der Nordsee besitzen typisches maritimes Klima: monatliche Durchschnittstemperaturen über dem Gefrierpunkt, geringere Jahres- und Tagestemperaturschwankungen sowie höhere Niederschlagswerte als an Stationen an der Küste oder im Landesinneren.
- **Wasser:** Die Wassertemperaturen schwanken an der Oberfläche zwischen 17°C im Sommer und 2°C im Winter. Nur während sehr strenger Winter frieren küstennahe Gewässer zu, ansonsten bleibt die Nordsee eisfrei. Mit zunehmender Erwärmung stellt sich im Sommer eine stabile Wasserschichtung ein, die keinen Austausch zwischen wärmerem, leichterem Oberflächenwasser und kälterem, schwererem Tiefenwasser zulässt. Im Frühjahr und Herbst kann die Wassersäule bei Isothermie (4°C) dagegen mithilfe des Windes umgeschichtet werden. Dabei wird sauerstoffreiches, aber nährstoffarmes Oberflächenwasser durch sauerstoffarmes, aber nährstoffreiches Tiefenwasser ersetzt. Die Oberflächenströmungen der Nordsee, angetrieben durch Wind und Gezeiten, verlaufen entgegen dem Uhrzeigersinn. Zusammen mit einer Vielzahl von Tiefenströmungen ermöglichen sie großräumige Wasserverlagerungen sowie den Wasseraustausch mit den benachbarten Meeren. Die Verweilzeiten des Wassers betragen in der Nordsee zwischen einem halben Jahr in den nördlichen Teilen und drei Jahren in der Deutschen Bucht. Wichtig für den Wasserhaushalt sind auch die Süßwasserzuflüsse, die über die Niederschläge (330 km³/a) und die Flüsse der acht Anrainerstaaten erfolgen (Abb. 140.2). In den Mündungsbereichen der Flüsse verringert sich der ansonsten bei 35 bis 32‰ liegende Salzgehalt des Meerwassers. Das dabei entstehende Brackwasser besitzt unterschiedlich hohe Salzkonzentrationen und verursacht daher ganz spezielle Lebensbedingungen für Tiere und Pflanzen.
- **Bios:** Die Nordsee bietet einer überaus reichhaltigen und üppigen Tier- und Pflanzenwelt Lebensraum. Unterschiede im Salzgehalt des Meerwassers, in der Topographie und Beschaffenheit des Untergrundes in der Wassertiefe sowie im spezifischen Nährstoffangebot des Meerwassers führen zur Ausprägung unterschiedlichster Teilökosysteme, wie zum Beispiel Küstenraum, Wattenmeer, Schelfgebiete, Tiefwasserbereiche.

141.1 „Landschaft" Nordsee

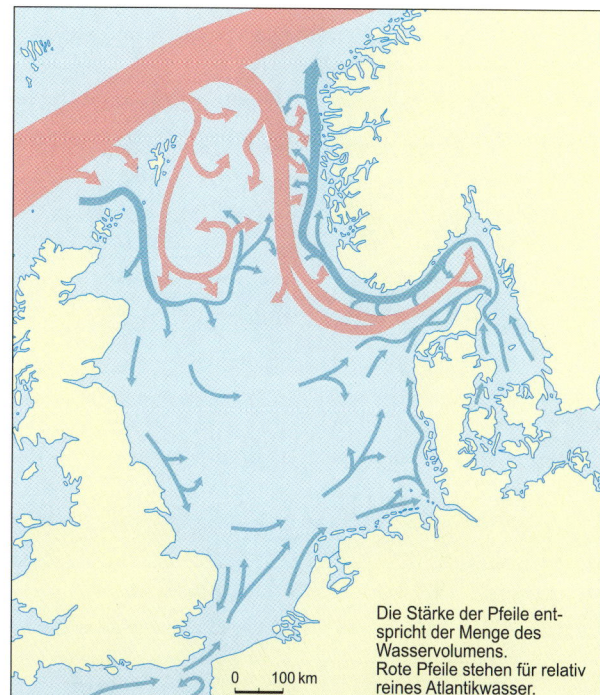

Die Stärke der Pfeile entspricht der Menge des Wasservolumens. Rote Pfeile stehen für relativ reines Atlantikwasser.

0   100 km

141.2 Wasserzirkulation in der Nordsee

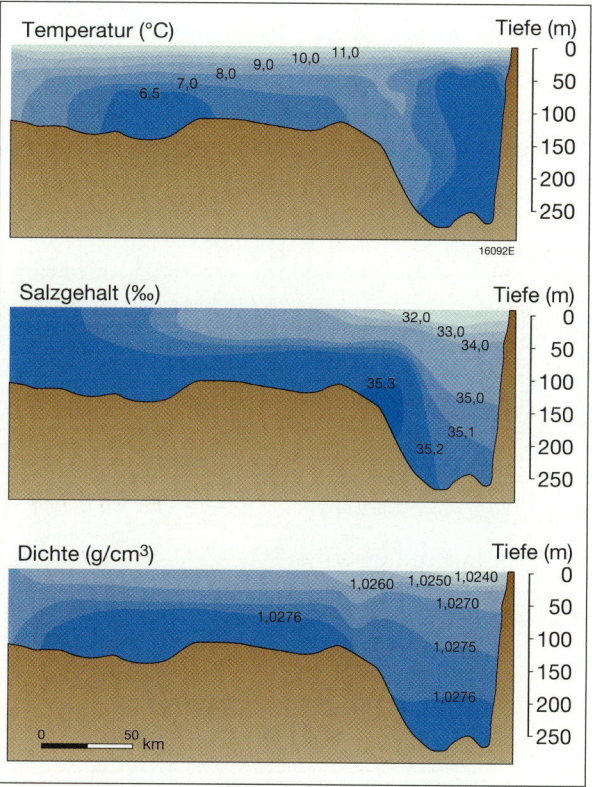

Temperatur (°C)   Tiefe (m)
6,5   7,0   8,0   9,0   10,0   11,0
0 / 50 / 100 / 150 / 200 / 250
16092E

Salzgehalt (‰)   Tiefe (m)
32,0   33,0   34,0   35,3   35,0   35,1   35,2
0 / 50 / 100 / 150 / 200 / 250

Dichte (g/cm³)   Tiefe (m)
1,0260   1,0250   1,0240   1,0270   1,0276   1,0275   1,0276
0 / 50 / 100 / 150 / 200 / 250
0   50 km

141.3 Temperatur, Salzgehalt und Dichte

„Halb voll..., nein, halb leer"

142.1 Karikatur

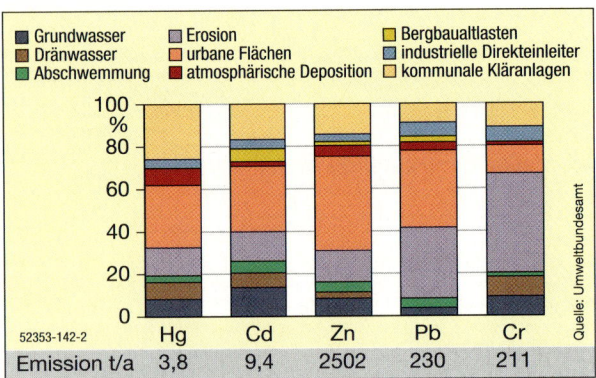

142.2 Schwermetallemissionen

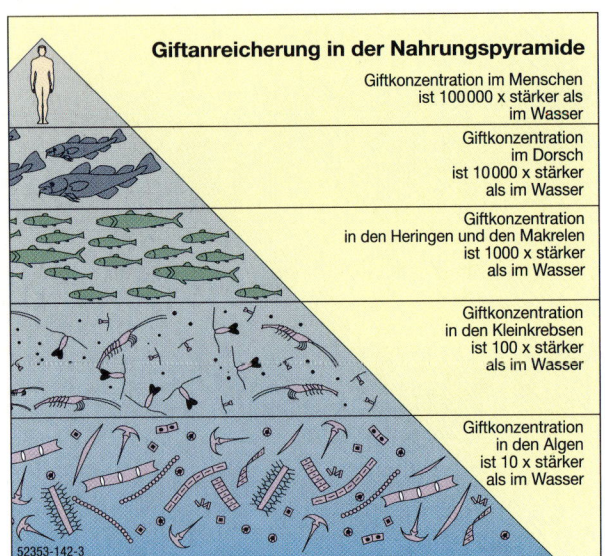

142.3 Giftanreicherung in der Nahrungspyramide

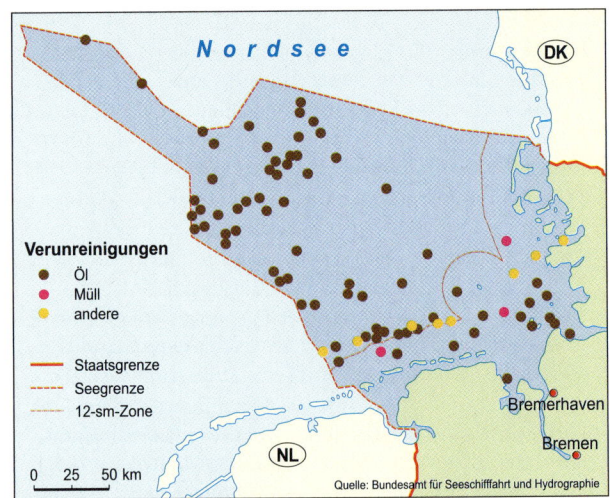

142.4 Festgestellte Gewässerverunreinigungen

Sommer, Sonne, Strand und jetzt rein ins kühle Nass und sich erstmal richtig abkühlen – Urlaub an der Nordseeküste. Aber halt, stopp: Ist das nicht zu gefährlich? So viele Chemikalien und Giftstoffe, die in dieses Meer eingeleitet werden und dann darin baden? Die Gesamtmenge der Schadstoffe, die jährlich – mit Duldung bzw. Zustimmung der Behörden – in die Nordsee „eingebracht" werden, ist kaum vorstellbar. Nach der offiziellen Hochrechnung sind dies unter anderem 21 100 Tonnen Zink, 5600 Tonnen Blei, 3700 Tonnen Kupfer, 205 Tonnen Cadmium, 53 Tonnen Quecksilber, 9,1 Tonnen Lindan und 3 Tonnen Polychlorierte Biphenyle (PCB). Dies sind aber nur einige der bekannten Schadstoffe. Angesichts von rund 80 000 in Gebrauch befindlichen Chemikalien entsteht in der Nordsee ein unüberschaubarer Giftcocktail. In Seehunden wurden 150 verschiedene Substanzen gefunden, vermutet werden bis zu 100 weitere Stoffe, zum größten Teil unbekannte, namenlose Abfallprodukte der chemischen Produktion, für die es noch keine Analysemethoden gibt.

Für uns Menschen ist das Baden in der Nordsee in Hinsicht auf diese Schadstoffe vollkommen ungefährlich. Für die Tiere und Pflanzen, die in der Nordsee leben, sieht es dagegen anders aus. Zum Beispiel filtert eine Miesmuschel pro Stunde einen Liter Wasser. Hochgerechnet bedeutet dies, dass alle Miesmuscheln zusammen rund alle 14 Tage einmal das Wasser im Wattenmeer filtern. Dabei gelangen Chemikalien aus dem Wasser in die Tiere, wo sie sehr lange gespeichert werden können. Was dem Menschen zum Baden ausreicht, ist für Muscheln schon viel zu dreckig. Anstatt Badewasserqualität wäre eine Muschelwasserqualität gefordert.

(nach: Aktionskonferenz Nordsee e.V.)

142.5 Wie gefährlich ist das Baden in der Nordsee?

Im Mai 1988 stellte ein Fischfarmer an der schwedischen Westküste fest, dass die Forellen seiner Aquafarm offenbar unter Stress standen. Eine gelblich braune Wasserfärbung deutete auf eine Algenblüte als Ursache hin. In den folgenden Maiwochen weitete sich die Blüte mit bis zu 100 000 Zellen pro Milliliter in der Oberflächenschicht nach Norden mit dem Baltischen Strom und nach Westen mit dem Norwegischen Küstenstrom aus. Die Ursachen für das explosionsartige Wachstum der giftigen Algenart, die die Fischzucht, aber auch das Leben der Pflanzen und Tiere bis in eine Tiefe von 15 Metern zerstörte, waren vielfältig.

Vor allem in der südlichen Nordsee sind die zusätzlichen Nährstoffeinträge durch Flüsse, überwiegend Phosphate und Nitrate, besonders hoch, da durch sie Abwässer von über 130 Millionen Menschen in die Nordsee gelangen. Verbesserte Abwasserbehandlungsverfahren und ein zunehmend umweltbewussteres Handeln der Menschen, die wachsende Akzeptanz von phosphatfreien Waschmitteln, hat in den letzten Jahrzehnten zu einem Rückgang der Phosphateinträge geführt. Der Anteil von Nitraten steigt dagegen unter anderem als Folge des weiterhin steigenden Düngemitteleinsatzes in der intensiven Landwirtschaft weiter an.

Eine zweite Quelle des wachsenden Stickstoffeintrages ist der Autoverkehr. Hier gelangen Stickoxide der Autoabgase über die Atmosphäre in großen Mengen in die Nordsee. Durch das zusätzliche Nährstoffangebot werden die Nährstoffkreisläufe und Nahrungsketten erheblich verändert. So reichen zum Beispiel schon sieben Gramm Stickstoff und ein Gramm Phosphor aus, um 500 Gramm Algen entstehen zu lassen. Ist in den Sommermonaten der vertikale Wasseraustausch unterbrochen, kann sich das Phytoplankton explosionsartig entwickeln. Zunächst können die höheren Tiere davon profitieren. Im weiteren Verlauf sinken jedoch Massen von abgestorbenen Algen in tiefere Wasserschichten. Dort werden sie von Destruenten noch so lange abgebaut, bis der Sauerstoff im Wasser aufgebraucht ist. Ohne Sauerstoff sterben aber nahezu alle Lebewesen mit Ausnahme von anaeroben Bakterien in kurzer Zeit ab.

Erst wenn der vertikale Wasseraustausch wieder in Gang kommt, wird das Gebiet neu belebt. Allerdings wird die ursprüngliche Zusammensetzung der Arten nicht mehr erreicht. Häufig gehen derartige Katastrophen sogar mit dem Aussterben von höheren Tierarten einher. Daher findet sich zum Beispiel in großen Teilen des Kattegats keine Norwegische Hummerkrabbe mehr. In anderen Bereichen findet man anstatt langlebiger Muschelarten nur noch kleine Wurmarten, die sich nach einem Sauerstoffmangel im Wasser am schnellsten durchsetzen konnten.

143.1 Folgen des Phosphor- und Nitrateintrags

143.2 Algenblüte vor der Küste Schottlands

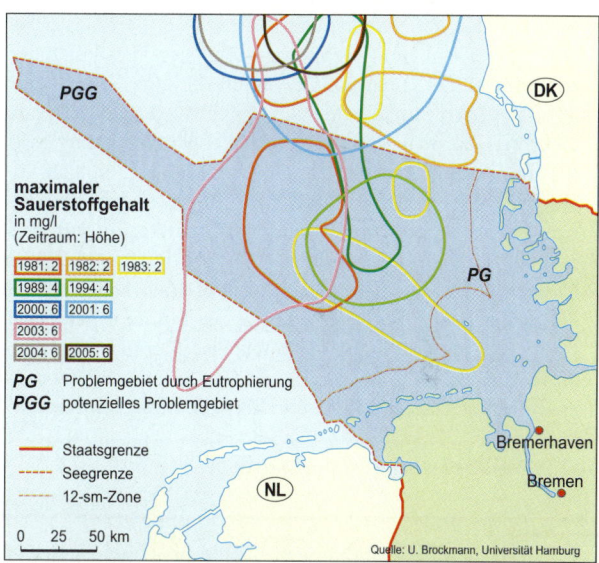

maximaler
Sauerstoffgehalt
in mg/l
(Zeitraum: Höhe)

1981: 2 1982: 2 1983: 2
1989: 4 1994: 4
2000: 6 2001: 6
2003: 6
2004: 6 2005: 6

PG Problemgebiet durch Eutrophierung
PGG potenzielles Problemgebiet

—— Staatsgrenze
- - - Seegrenze
···· 12-sm-Zone

0 25 50 km

Quelle: U. Brockmann, Universität Hamburg

143.3 Deutsche Bucht: Sauerstoffmangelgebiete

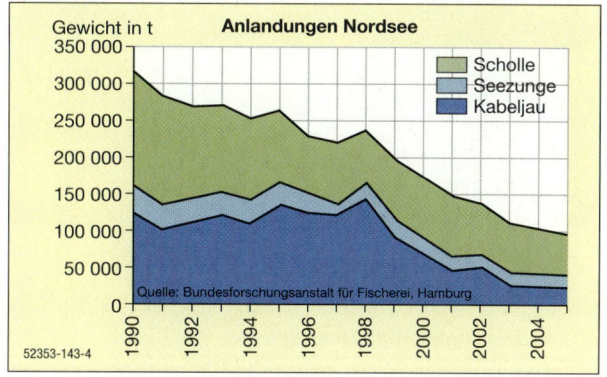

143.4 Entwicklung der Fischerei in der Nordsee

144.1 **Verschmutzter Nordseestrand**

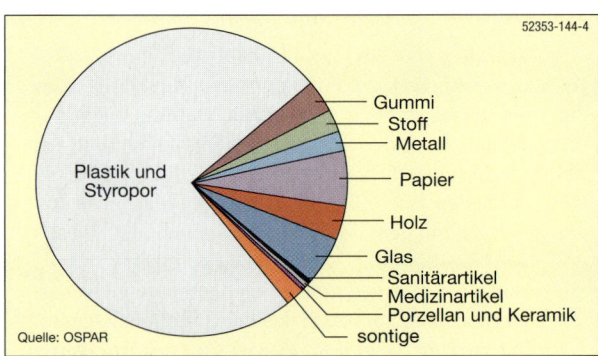

144.4 **Müllzusammensetzung (dt. Nordseeküste)**

Trotz Schutzmaßnahmen ist die Nordsee immer noch stark mit Müll belastet, gerade im Bereich der deutschen Küste. „Nach unseren Untersuchungen gehört die Deutsche Bucht als Teil der südöstlichen Nordsee zu den am stärksten mit Müll belasteten Regionen in der Nordsee", erklärt Nils Guse vom Forschungs- und Technologie-Zentrum Westküste der Universität Kiel (Büsum). Der Meeresbiologe ist an einer nordseeweiten Studie beteiligt, bei der Wissenschaftler aus mehreren europäischen Ländern die Müllbelastung von Eissturmvögeln untersuchen. Guse zufolge eignen sich die Hochseevögel gut als Indikator für die Meeresverschmutzung, denn sie kommen in der gesamten Region vor und nehmen ihre Nahrung an der Meeresoberfläche auf. Mehr als 180 tote Vögel, die entlang der deutschen Küste gefunden wurden, wurden seit 2002 bei der Studie untersucht. Fazit: Fast alle (93 Prozent) hatten Plastikmüll im Magen. Statistisch waren es 29 Partikel pro Tier, 26 davon „Verbraucherplastik", wie etwa Reste von Verpackungsschnüren und Zahnbürsten. Eissturmvögel verletzen sich oft oder werden durch die enthaltenen Chemikalien geschwächt, wenn sie Plastikmüll schlucken. Teilweise verhungern sie, weil ihr Magen mit Plastik gefüllt ist. Nicht selten sterben sie auch, weil sie sich im Abfall verfangen, wie Guse erklärt. Es sei davon auszugehen, dass alle Meeresbewohner auf der einen oder anderen Weise unter der Müllverschmutzung leiden. [...] Der Großteil des Mülls ist den Wissenschaftlern zufolge Schifffahrt und Fischerei zuzuordnen. Die hohe Müllbelastung im Bereich der niederländisch-deutschen Küste stehe im Zusammenhang mit der sehr hohen Intensität des Schiffsverkehrs, sagt Guse. Dabei ist die Nordsee seit 1991 Sondergebiet für Müll (MARPOL). Seitdem darf kein Müll aus dem Schiffsbetrieb eingeleitet werden. „Wir können noch keine große Verbesserung feststellen", sagt Guse, dessen niederländische Kollegen sich schon seit den 80er-Jahren mit dem Thema befassen.

(Quelle: Die Welt, 11. März 2008, Amélie Fidric)

144.2 **Müllbelastung in der Nordsee**

Mehr als zwei Jahrzehnte nach Beginn einer international abgestimmten Nordseeschutzpolitik (1. Nordseeschutzkonferenz 1984) hat sich weder für das Meer als hochsensibles Ökosystem noch für seine Küstenregionen Entscheidendes getan.

Noch immer haben Nutzungsinteressen überall Vorrang vor wirksamen Schutzkonzepten. In immer weiteren Bereichen überträgt die Politik aktives Handeln auf die Wirtschaft und gibt damit Regulierungskompetenz und Kontrolle an sie ab.

Von all ihren vereinbarten Zielen haben die bislang vier Internationalen Nordseeschutzkonferenzen (INK) nichts Wesentliches erreicht – dabei waren diese Ziele oft spärlich genug: Weder Vorsorge- noch Verursacherprinzip sind Grundlage politischen Handelns.

Für die Teilnehmenden an der Tagung NORDSEE-VISIONEN ergeben sich aus dieser Bilanz folgende konkrete Forderungen an die fünfte INK:

• Für die gesamte Nordsee muss eine Raumordnungsplanung durchgeführt werden, um einen Ausgleich zwischen den einzelnen Nutzungs- und Schutzansprüchen zu erzielen.

• Vor sechs Jahren hat die INK beschlossen, bis zum Jahr 2020 den Eintrag aller gefährlichen Stoffe in die Nordsee auf null zu bringen. Obwohl dieses sogenannte Esbjerg-Ziel mittlerweile von anderen internationalen Gremien bestätigt worden ist, sind bis heute keine Schritte zur Umsetzung erkennbar[...]. So wird das Esbjerg-Ziel für die europäische Nordseeschutzpolitik zum Dreh- und Angelpunkt und muss sowohl in der neuen EU-Chemikalienpolitik als auch bei der Revision der Pestizidrichtlinie angemessen verankert werden.

144.3 **Forderungskatalog der Aktion Nordseekonferenz**

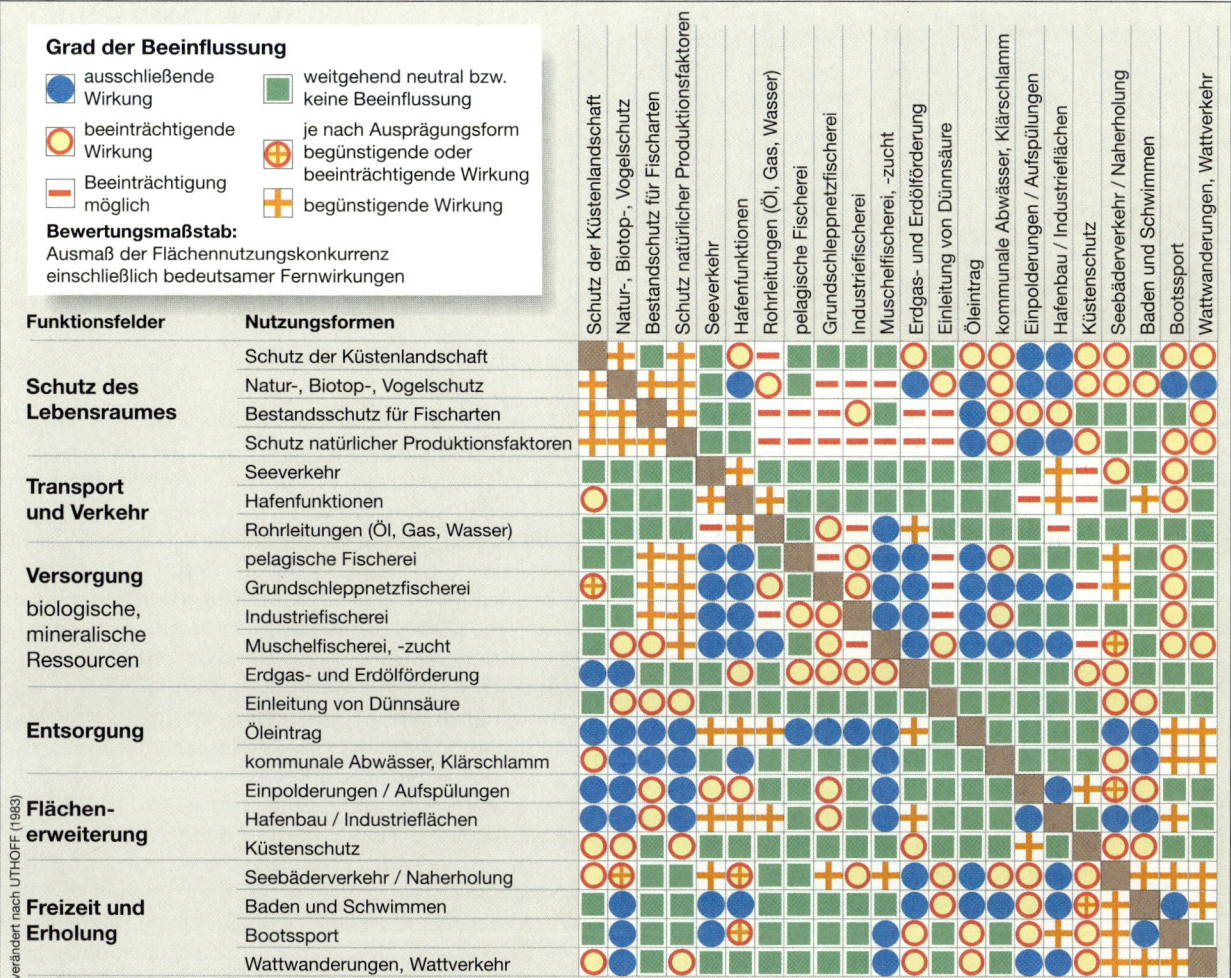

144.1 Meeres- und Küstennutzungsformen und ihre gegenseitige Beeinflussung

- Die Nährstoffbelastung der Nordsee ist umgehend zu verringern durch breite Förderkonzepte für den ökologischen Landbau. [...]
- Ziel einer zukünftigen Fischereipolitik muss eine an ökologischen Qualitätskriterien ausgerichtete Fischerei sein (Prinzip der Nachhaltigkeit), die sich an die Bedingungen des Ökosystems anpassen muss. Dazu gehört beispielsweise, 25 Prozent der Fläche der Nordsee als marine Schutzgebiete auszuweisen sowie das Verbot besonders schädlicher Fischereipraktiken.
- Alle Aktivitäten an Flüssen und in Küstenregionen wirken direkt auch auf die Nordsee: Probleme durch Flussvertiefungen, Hafenbau, Industrieansiedlungen, Verkehrsstruktur und vieles andere mehr werden aber von den Umweltministern der INK als ressortfremd bislang nicht zur Kenntnis genommen. [...]

- Unabdingbar ist die sofortige Ratifizierung aller vorhandenen internationalen Umweltschutzvereinbarungen für die Schifffahrt und ihre sofortige Inkraftsetzung für den Bereich der Nordsee. Alle Fragen des Seetransports müssen Bestandteil des „Kyoto-Protokolls" zum Klimaschutz werden. [...]
- Angesichts der aktuellen Bestrebungen, große Teile der Nordsee mit Windkraftanlagen bisher ungekannter Menge und Größe zuzupflastern, muss die INK dafür Sorge tragen, dass vor jedem Baubeginn die Risiken für Meeresumwelt, Vogelzug und Schiffssicherheit untersucht und beachtet werden. [...]

(Quelle: Verein Aktionskonferenz Nordsee (2001), www.aknev.org, gekürzt und leicht verändert)

IV Klimawandel

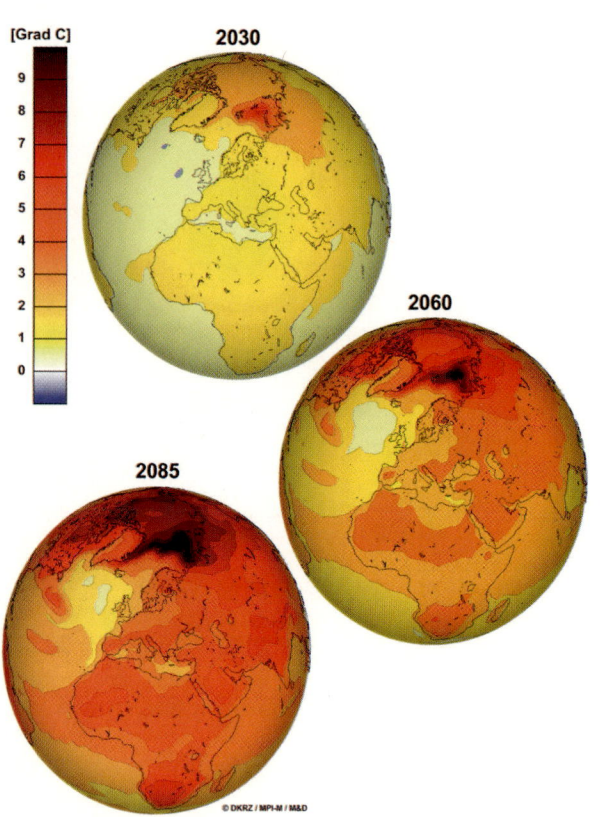

146.1 Änderung der Temperatur (IPCC-Szenario)

1 Einführung

„In Europa wird es das große Zittern geben" (FAZ, 2. März 2007), *„Jede vierte Tierart könnte aussterben"* (DIE WELT, 5. Mai 2007) *„Abschied vom Weltuntergang"* (Der Spiegel, 7. Mai 2007), so lauten Überschriften zum derzeit viel beachteten Thema Klimawandel. Die Zukunftsszenarien werden unterschiedlich bewertet, auch über die Ursachen des Klimawandels wird seit Jahren diskutiert. Ein Rückblick in die Klimageschichte der Erde zeigt, dass sich in den letzten Jahrtausenden immer wieder bedeutende Klimaänderungen ereignet haben (Abb. 146.2). Eisbohrkerne, Sedimente, Pollen, Baumringe und Modellrechnungen geben noch heute darüber Aufschluss. Die damaligen Schwankungen hatten natürliche Ursachen, welche auch heute noch relevant sind:

- Änderungen in der Umlaufbahn der Erde um die Sonne: Das sind vor allem Veränderungen der Präzession (Kreiselbewegung der Erdachse) und in der Schiefe der Ekliptik (Neigung der Erdachse) sowie in der Ellipsenform der Erdbahn um die Sonne (Exzentrizität). Auch schwankende Sonnenaktivität, wie z. B. durch Sonnenflecken, spielen eine Rolle.
- Änderungen in der planetarischen Albedo, das heißt des Anteils der in den Weltraum reflektierten Sonnenstrahlung: Der Wert hängt unter anderem vom Bewölkungsgrad und von der Beschaffenheit der Erdoberfläche ab. Heute beträgt die Erdalbedo circa 30 Prozent.

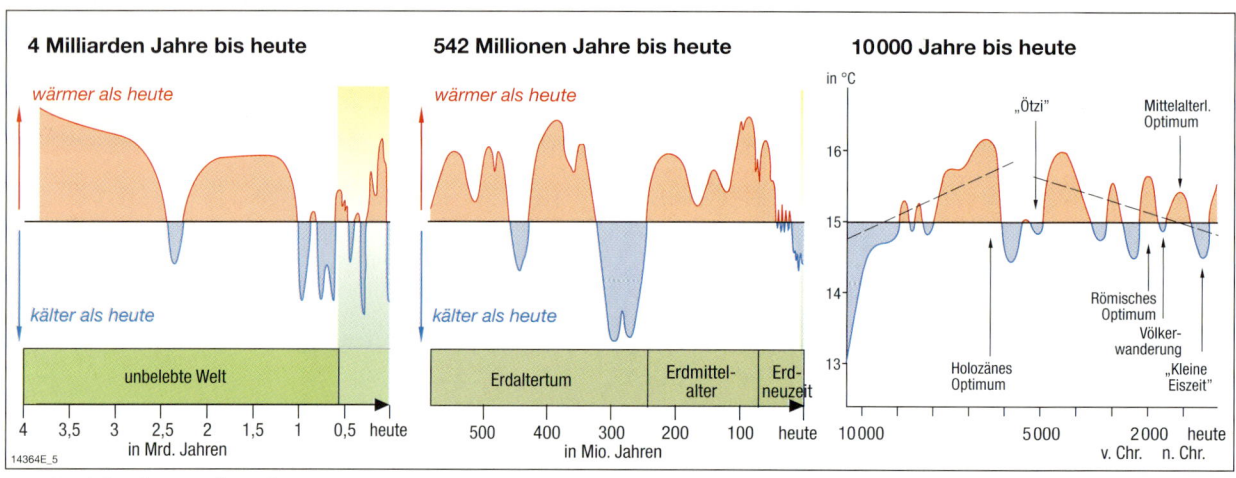

146.2 Fieberkurve des Planeten

• Änderungen in der Zusammensetzung der Atmosphäre: Wichtig sind hier vor allem die Treibhausgase und die Aerosole mit ihrem Einfluss auf Absorption und Reflexion von Strahlung.

Auch kurzfristige Ereignisse können solche Änderungen und damit einen Klimawandel verursachen, wie zum Beispiel Meteoriteneinschläge, Vulkanausbrüche oder Änderung der Meeresströmungen.

Seit Mitte des 20. Jahrhunderts ist eine Klimaerwärmung zu beobachten, als deren Hauptursache der Mensch angesehen wird. Durch Freisetzung klimawirksamer Spurengase, darunter vor allem Kohlenstoffdioxid, durch Partikelemissionen und durch die Veränderungen der Bodenbedeckung wirkt der Mensch auf das Klima ein. 2007 wurde der vierte Weltklimabericht des zwischenstaatlichen Klimabeirates IPCC (Intergovernmental Panel on Climate Change) veröffentlicht. An die dreihundert Wissenschaftler und Regierungsdelegierte aus mehr als 130 Ländern haben an diesem Bericht gearbeitet.

Als Ursachen der Klimaänderungen werden demzufolge angesehen:

• *„Der Kohlendioxid-Gehalt der Luft hat seit 1750 um 35 Prozent von 280 ppm [parts per million, zu deutsch „Teile von einer Million"] auf 379 ppm im Jahr 2005 zugenommen. Die Zuwachsrate der letzten zehn Jahre ist die größte seit 50 Jahren. Der heutige Wert ist der größte in den letzten 650 000 Jahren. 78 Prozent der Erhöhung gehen auf die Nutzung fossiler Brennstoffe zurück und 22 Prozent auf Landnutzungsänderungen (zum Beispiel Rodungen).*

• *Andere wichtige Treibhausgase, wie zum Beispiel Methan und Lachgas, deren Konzentrationen seit 1750 um 148 Prozent beziehungsweise 18 Prozent zugenommen haben, machen zusammen etwa halb so viel aus wie der CO_2-Anstieg.*

• *Die für die Klimaänderungen verantwortlichen Änderungen der Strahlungsbilanz werden vorwiegend durch Kohlendioxid verursacht, daneben durch andere Treibhausgase."*

Zu den Ursachen heißt es diplomatisch: *„Es ist sehr wahrscheinlich, dass der Großteil der Erwärmung* der letzten 50 Jahre durch anthropogene Treibhausgase (hauptsächlich Kohlenstoffdioxid) verursacht worden ist. Es ist wahrscheinlich, dass die anthropogene Klimaänderung sich auch in anderen Klimavariablen ausdrückt, zum Beispiel im globalen Luftdruck, und damit Sturmbahnen und regionale Temperaturen beeinflusst. Es ist äußerst unwahrscheinlich, dass die Erwärmung von Ozean, Oberflächentemperatur und Temperatur der unteren Atmosphäre, zusammen mit dem Verlust von Eis, mit Klimavariabilität allein erklärt werden kann, und sehr wahrscheinlich, dass sie nicht mit natürlichen äußeren Einflüssen wie Anstieg der Sonneneinstrahlung oder Vulkanausbrüchen erklärt werden kann."

Bei den Klimaprojektionen wird Bezug auf die unterschiedlichen Ergebnisse verschiedener Klimamodellsimulationen genommen. Seit etwa 30 Jahren sind diese Modelle unverzichtbar in der Vorhersage. Einzelne Einflussfaktoren können damit isoliert betrachtet werden und Simulationen unter Berücksichtigung verschiedener Voraussetzungen, zum Beispiel unterschiedlicher Emissionswerte, sind möglich. Dennoch kann aufgrund fehlender Kenntnis und wegen begrenzter Computerressourcen das komplexe reale Klimasystem nur in vereinfachter Form nachvollzogen werden. Diese vereinfachten Bedingungen führen zum Teil zu großen Diskrepanzen in verschiedenen Simulationen. So schwanken die Szenarien für die letzte Dekade des 21. Jahrhunderts zwischen 1 °C und 6,3 °C Erwärmung (Abb. 146.1).

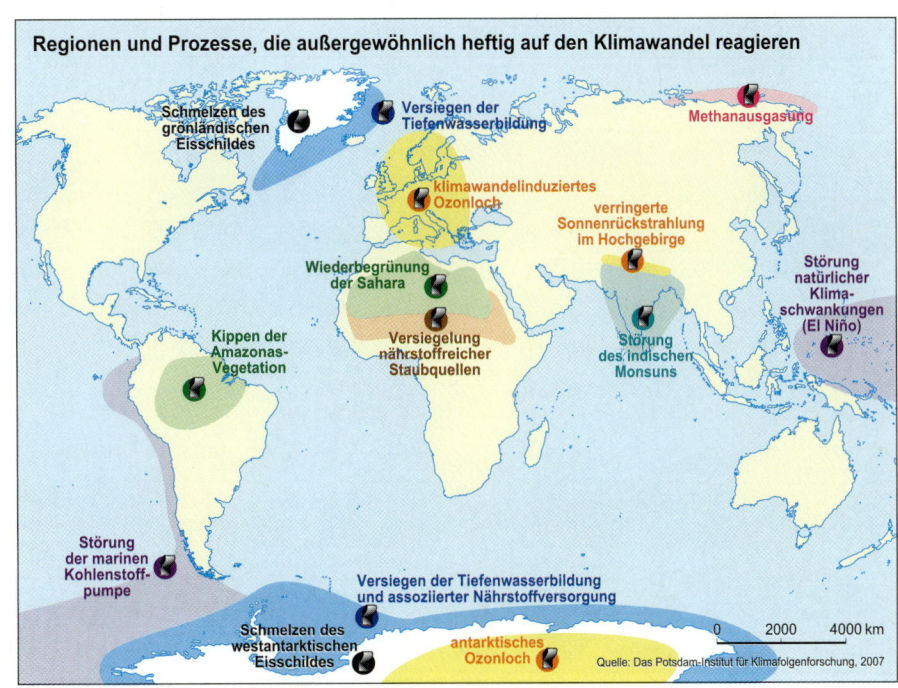

147.1 Kippschalter des Klimasystems

148.1 Eisabbruch in der Antarktis

2 Auswirkungen auf die Ozeane

Laut IPCC werden die globalen Klimaveränderungen auch die physikalischen, biologischen und biogeochemischen Merkmale der Ozeane beeinflussen. Unmittelbare Folgen der Erwärmung sind:

- eine Abnahme der Meereisbedeckung und regionale Veränderungen des Salzgehalts der Ozeane,
- Änderungen der Meeresströmungen,
- Meeresspiegelanstieg durch Ausdehnung der Wassersäule und Eisschmelze,
- verstärktes Auftreten von tropischen Wirbelstürmen,
- polwärtige Verschiebung der Lebensräume und Arten, Veränderung der Artenzusammensetzung,
- starke Belastung von sensiblen oder bereits geschädigten Ökosystemen, insbesondere der Korallenriffe,
- Ozeanversauerung und Veränderung der Kohlenstoffspeicherung im Meer.

Meereis – Salzgehalt – Meeresströmungen

Die Nordhalbkugel und vor allem die nördlichen Polarregionen sollen sich allen Prognosen zufolge überdurchschnittlich erwärmen. Bis zum Ende des 21. Jahrhunderts wird dort mit 6 K Temperaturanstieg und nicht nur mit den global erwarteten 2,5 bis 4 K gerechnet. Dies führt zum verstärkten Abschmelzen der Meereisbedeckung. Daraus ergibt sich kein Anstieg des Meeresspiegels. Vielmehr verstärkt sich das Aufheizen dadurch selbst weiter, dass die Reflexion durch die kleinere Eisoberfläche abnimmt. Eine weitere Folge ist die Veränderung des Salzgehaltes. Durch das beim Abschmelzen ins Meer eindringende Süßwasser verringert sich regional der Salzgehalt. Da die globalen Meeresströmungen wesentlich von Temperatur und Salzgehaltdifferenzen angetrieben werden (thermohaline Zirkulation, vgl. S. 94/95), hat das „Verdünnen" und Erwärmen des Meerwassers globale Auswirkungen. Im europäischen Nordmeer und im antarktischen Meer sinkt derzeit kaltes, salzhaltiges Wasser, das dichter und schwerer ist, in die Tiefe und strömt dann in wärmere Regionen. Versiegt diese Umwälzbewegung und damit beispielsweise auch der Golfstrom, so wäre der Wärmetransport nach Nordwesteuropa unterbrochen. Westeuropa könnte dadurch mittelfristig – nach dem 21. Jahrhundert – eine Abkühlung erfahren, und weiter im Süden käme es zu einer stärkeren Erwärmung. Für Norddeutschland könnte dies ein Klima ähnlich dem Nordostkanadas und Südalaskas bedeuten, welche auf der gleichen geographischen Breite liegen. Präzise Prognosen über die Intensität und den Zeitpunkt der Veränderung der Zirkulationsmuster liegen noch nicht vor.

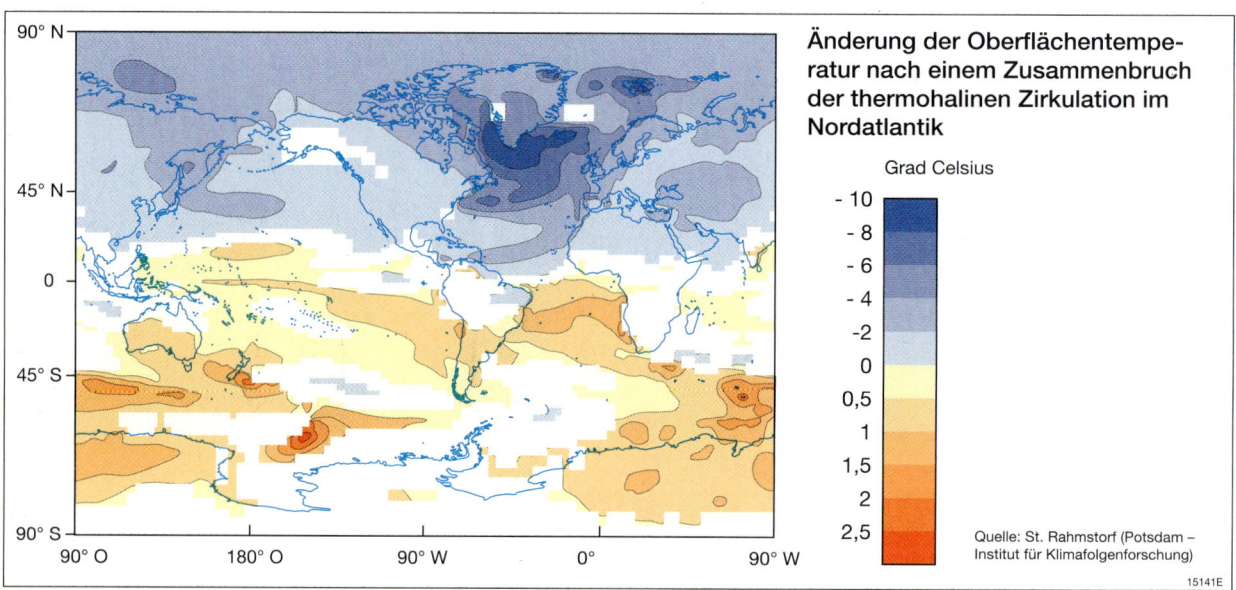

148.2 Folgen bei einem Zusammenbruch der Wärmetransports im Nordatlantik (Prognose)

Meeresspiegelanstieg

Meeresspiegelschwankungen wurden schon über lange Zeiträume hinweg beobachtet, aber erst seit den 1990er-Jahren lassen sich die Änderungen mittels Satellitentechnik genauer bestimmen. In der letzten Kaltzeit lag der Meeresspiegel etwa 120 m tiefer als heute, nach einem Anstieg von über 100 m bis vor etwa 6000 Jahren veränderte sich der Pegel in deutlich geringerem Ausmaß. Im 20. Jahrhundert ergab sich im Mittel ein Anstieg von ca. 15 cm, gegen Ende des 20. Jahrhunderts beschleunigte sich dieser Prozess deutlich. Aufgrund der globalen Erwärmung prognostizieren Klimaforscher einen erheblich stärkeren Meeresspiegelanstieg im 21. Jahrhundert (Abb. 149.2). Hierbei wirken verschiedene Einflussgrößen. Eine große Rolle spielen die als Eis gebundenen Wassermengen auf dem Festland. Würden alle vorhandenen Landeismassen abschmelzen, käme es zu einem Meeresspiegelanstieg von 70 m. Das antarktische Inlandeis würde 61,1 m Anstieg verursachen, das Grönlandeis 7,2 m und die übrigen Eismassen, wie z. B. die Gebirgsgletscher, weitere 1,5 m. Diese Dimension ist nicht zu befürchten, die Prognosen bewegen sich zwischen 20 cm und 60 cm bis zum Jahr 2100.

Neben diesem sogenannten „eustatischen Effekt" ist auch die Ausdehnung der Wassersäule durch Erwärmung von Bedeutung („sterischer Effekt"). Dieser war in den letzten Jahren die wichtigste Ursache für den Meeresspiegelanstieg (Abb. 149.3). Grund zu Sorge liefert das beschleunigte Abschmelzen von Gletschern und jüngst auch des Grönlandeisschildes. Der zu erwartende Eisverlust durch schnellen Abfluss des Grönlandeises kann Klimamodellen zufolge nicht durch dort prognostizierte höhere Schneefälle ausgeglichen werden. Ein Anstieg des Meeresspiegels von 1 m wird mittelfristig, ab dem Jahr 2100, angenommen. Wiederholt sich dieser Prozess am antarktischen Eisschild, sind längerfristig auch mehrere Meter Meeresspiegelanstieg denkbar.

Prozesse wie das Abschmelzen von Eisschilden und die Durchmischung der Ozeane sind sehr langwierig und träge, reagieren also erst mit deutlicher Verzögerung auf eine Änderung des Klimas.

Besonders betroffen vom Meeresspiegelanstieg sind die Küstenregionen. Dies sind global gesehen dicht besiedelte und intensiv genutzte Räume. Acht der zehn größten Städte der Welt liegen an Küsten. Schätzungen der OECD zufolge werden bis zum Jahr 2050 fast zwei Drittel der Menschheit in Küstennähe wohnen. Einige Gebiete, z. B. in den Niederlanden, liegen unterhalb des normalen Hochwasserpegels und sind damit schon heute gefordert, Anpassungsstrategien für den Meeresspiegelanstieg zu entwerfen. Die Schäden eines Anstiegs umfassen viele Dimensionen, von Vermögensschäden bis hin zum Verlust von Menschenleben, Menschen können zur Migration gezwungen sein, Handels- und Transportwege wären betroffen.

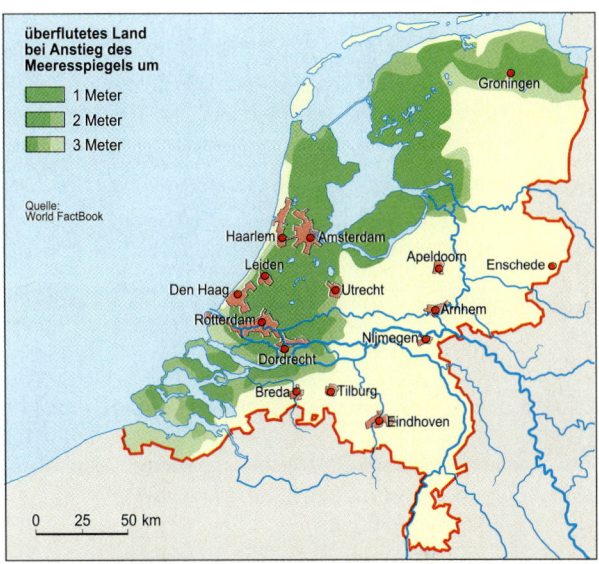

149.1 Überflutungsszenario für die Niederlande

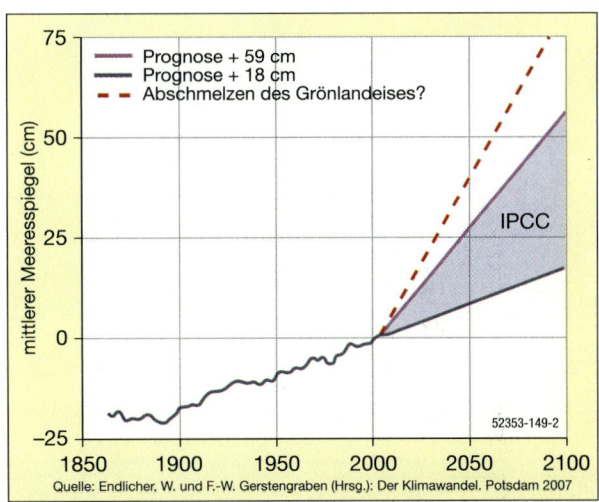

149.2 Gemessener Meeresspiegelanstieg und Prognose

Mechanismus	1961–2003	1993–2003
thermische Ausdehnung	0,42 ± 0,12	1,60 ± 0,50
Gletscher und Eiskappen	0,50 ± 0,18	0,77 ± 0,22
Grönland-Eisschild	0,05 ± 0,12	0,21 ± 0,07
antarktischer Eisschild	0,14 ± 0,41	0,21 ± 0,35
Summe individuelle Beiträge zum MSA[1] (geschätzt)	1,10 ± 0,50	2,80 ± 0,70
gesamter MSA[1] (aus Beobachtungen)[2]	1,80 ± 0,50	3,10 ± 0,70

[1] MSA = Meeresspiegelanstieg; [2] seit 1993 können durch Satelliten genauere Messungen vorgenommen werden; Quelle: Endlicher W. und F. Gerstengarbe (Hrsg.): Der Klimawandel. Potsdam 2007, S. 90

149.3 Ausmaß des Meeresspiegelanstiegs (mm/Jahr)

150.1 Folgen des Hurrikans Katrina (2005)

150.2 Jahrhundertflut an Nordsee (1976)

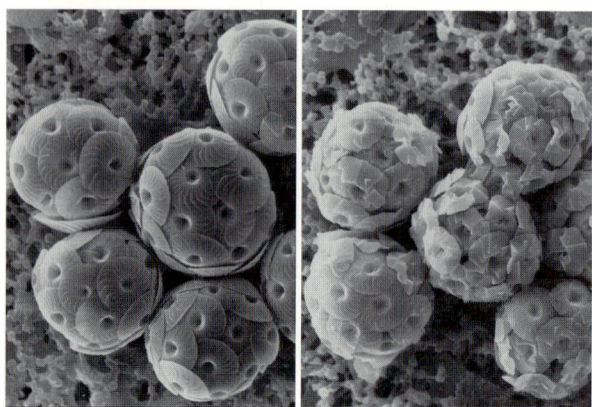

150.3 Veränderung des Kalkskeletts der einzelligen Algen (Coccolithophoriden); links das Kalkskelett im heutigen Ozean, rechts in einem möglichen zukünftigen Ozean mit erhöhter CO_2-Konzentration

Stürme, Sturmfluten und Seegang

Die Hurrikansaison 2005 in der Karibik war geprägt von besorgniserregenden Superlativen. Es gab 27 Hurrikane, die meisten bisher in einem Jahr, von diesen hatten 15 die volle Stärke, auch diese Zahl wurde vorher nie erreicht. Im Oktober 2005 gelangte Hurrikan „Vince" erstmals in den westeuropäischen Küstenraum. Die zerstörerische Aktivität von tropischen Wirbelstürmen und auch von Sturmfluten stellt für Küsten- und Inselbewohner eine besonders große Bedrohung dar. Inwiefern sich allerdings aus dem Jahr 2005 ein Trend bezüglich der Hurrikanaktivität ableiten lässt, ist fraglich. Ebenfalls liegen keine klaren Prognosen bezüglich Sturmflutwetterlagen z.B. für den Nordatlantik vor. Allerdings kann angenommen werden, dass Starkwinde über der Deutschen Bucht zunehmen und damit höhere Sturmfluten als bisher nach sich ziehen können. Geht man von einem höheren Meeresspiegel aus, so sind Extremereignisse in Form von gefährlichen Sturmfluten sehr wahrscheinlich. Bei einem um 50 cm erhöhten Meeresspiegel könnte ein sogenannter „100-jähriger" Wasserstand zu einem 10-jährigen Ereignis werden. Damit verbunden ist in der Regel ein hoher und energiereicher Seegang, der am Deich und im Vorland sowie an Stränden und Dünen Schaden anrichten kann.

Ozeanversauerung

Vor der Industrialisierung betrug der pH-Wert des Oberflächenwassers der Meere 8,18. Seither hat sich dieser im Mittel um 0,11 Einheiten verringert, der Säuregehalt an der Meeresoberfläche hat demnach zugenommen. Grund dafür sind die zunehmenden anthropogenen CO_2-Emissionen. Derzeit nimmt das Meer etwa 30% dieser Emissionen auf, das entspricht jährlich etwa zwei Gigatonnen Kohlenstoff zusätzlich zum bereits vorhandenen. Kohlenstoff wird in marinen Kalkablagerungen gespeichert. Bei diesem Prozess wird CO_2 von Meeresorganismen über Fotosynthese aufgenommen und in organische Substanz eingebaut. Beim Absterben sinken die Organismen in die Tiefe ab, das CO_2 wird so der Oberflächenschicht entzogen. Die Versauerung des Meerwassers bewirkt eine Verringerung der Karbonatkonzentration und eine Erhöhung der Hydrogenkarbonatkonzentration. Dies führt zur Verlangsamung des Aufbaus von Kalkgebilden, wie z.B. Schalen. Es entsteht also ein Teufelskreis, die Erhöhung der CO_2-Konzentration verursacht eine sinkende Aufnahmefähigkeit der Meere für CO_2. Schon bis zur Mitte des 21. Jahrhunderts prognostizieren Meereswissenschaftler eine wesentliche kleinere Aufnahmefähigkeit. Die weltweit wichtigste Kohlenstoffsenke wird damit künftig weniger wirksam sein können. Es steht zu befürchten, dass das Treibhausgas CO_2 in der Folge einen noch größeren Beitrag zur Erderwärmung leistet.

151.1 Zerstörtes Korallenriff

151.3 Quallenplage im Mittelmeer

Riffsterben und marine Ökosysteme

Die zunehmende Versauerung der Ozeane stellt eine ernsthafte Störung des chemischen Gleichgewichts im Ozean dar. Besonders stark sind Kalk bildende Meereslebewesen betroffen, wie bestimmte Planktongruppen, Muscheln, Schnecken, Korallen und Seesterne. Voraussetzung für die Bildung von festen Skeletten oder Schalen ist eine Übersättigung von Kalziumkarbonat ($CaCO_3$). Wird der pH-Wert niedriger, so können nur noch schwache Kalkskelette aufgebaut werden, gegebenenfalls werden die Strukturen sogar aufgelöst. Es gibt zwei biogene Hauptformen des Kalks, Kalzit und der u. a. von Korallen gebildete Aragonit. Dieser ist leicht löslich, somit wäre durch eine weitere Versauerung der Ozeane die Existenz der Korallenriffe bedroht. Wegen ihrer großen Vielfalt werden die Riffe auch als „Regenwälder der Meere" angesehen und sind bedeutende Meeresökosysteme. Häufig sind sie bereits durch Dynamitfischen, durch Kalkabbau zu Bauzwecken und durch die Verschmutzung der Meere geschädigt. Hinzu kommt, dass Korallenriffe nur bis zu einer Wassertemperatur von 30° bis 31 °C wachsen, die steigenden Wassertemperaturen über diese Grenze hinaus wirken sich negativ aus. Bis zum Jahr 2100 rechnen Experten mit einem Rückgang auf 30 % der heute existierenden Korallenriffe.

Der veränderte pH-Wert bringt weitere Auswirkungen mit sich. Da die Organismen unterschiedlich auf die neuen Umweltbedingungen reagieren, ist zu erwarten, dass sich die räumliche und mengenmäßige Verteilung der Arten neu gestalten wird. Konkurrenzsituationen zwischen den Arten unterliegen neuen Bedingungen, so könnten zum Beispiel Kieselalgen die Kalk bildenden Algen verdrängen. Auch das Nahrungsnetz ist in der Folge Veränderungen unterworfen.

Schon heute gibt es Indikatoren aus Flora und Fauna für den Wandel. Beispielsweise wird die Quallenplage 2006 an verschiedenen Mittelmeerküsten auf die Erwärmung zurückgeführt (Abb. 151.3). Durch die Trockenheit gelangte weniger Süßwasser ins Meer, mehr Salzwasser gelangte bis ans Ufer, die Nesseltiere erreichten so die Strände, mehr als 20 000 Menschen mussten behandelt werden.

Andere Küstenökosysteme wie Mangroven oder das Watt sind ebenfalls durch den steigenden Meeresspiegel und gegebenenfalls durch zunehmende Einwirkung von Sturmfluten und die damit einhergehende Erosion gefährdet. Satellitenaufnahmen zeigen, dass global zwei Drittel der Küsten betroffen sind.

	Sturmfluten, Überschwemmungen	Küstenrückgang, Erosion von Stränden	Überflutung (dauerhaft)	ansteigender Grundwasserspiegel	Eindringen von Salzwasser	Änderungen/ Gefährdung von Ökosystemen
Wohnen an der Küste	❑	❑	❑	❑		
Gesundheit, Sicherheit	❑	❑	❑			
Wasserwirtschaft	❑		❑	❑	❑	❑
Landwirtschaft	❑	❑	❑	❑	❑	❑
Fischerei, Aquakultur	❑	❑	❑		❑	❑
Tourismus	❑	❑	❑			❑
Quelle: Endlicher W. und F. Gerstengarbe (Hrsg.): Der Klimawandel. Potsdam 2007, S. 92						

151.2 Effekte und Folgen von Klimawandel und Meeresspiegelanstieg (Geosystem Küste)

152.1 Dammbau Bangladesch

152.2 Schwimmende Häuser Niederlande

Vermeidungs- und Anpassungsstrategien

Die Prognosen über Intensität und Auswirkungen des Klimawandels gehen weit auseinander. Auch ist der Anteil der anthropogenen Klimabeeinflussung umstritten. Unumstritten sind die Beteiligung des Menschen am Treibhauseffekt und dessen Klimawirksamkeit.

Nicht jede Region wird von den Folgen gleichermaßen betroffen sein. Klimabedingte Veränderungen z. B. in Landwirtschaft oder Süßwasserversorgung wirken sich direkt auf die Ernährungslage der Bevölkerung aus und bergen ebenso wie eine Zunahme von Flut- oder Sturmkatastrophen Konfliktpotenzial in sich. In einigen stark betroffenen Brennpunkten muss mit Auseinandersetzungen und gegebenenfalls auch mit umweltbedingter Migration gerechnet werden (Abb. 147.1). Will man diesen Szenarien begegnen, so müssen Ursachen und Symptome des Klimawandels berücksichtigt werden.

Zunächst sollte das Ziel sein, den anthropogenen Treibhauseffekt zu vermindern, indem der Ausstoß von Treibhausgasen, insbesondere CO_2, möglichst stark reduziert wird (Abb. 153.1). Einzelne Wissenschaftler entwickeln als Notfallszenarien darüber hinaus fantasievolle Pläne, um einen Teil der Sonnenstrahlung von der Erdoberfläche fernzuhalten. Als Reflektoren in der Atmosphäre denken sie z. B. an hauchdünne Plastikfolien mit eigener Steuerung, welche von Raketen ins All transportiert werden sollen. Ein anderer, ebenfalls noch experimenteller Vorschlag ist das Ausbringen von Schwefeldioxid in die Atmosphäre mithilfe von Ballons. Die dort daraus entstehende Schwefelsäure soll ebenso wie bei großen Vulkanausbrüchen die Reflexion des Sonnenlichts erhöhen. Einen ähnlichen Effekt verspricht sich ein Physiker von Schiffen, welche mithilfe von Zentrifugen Meerwasser zerstäuben und damit niedrige Wolken vergrößern sollen.

Gelänge eine deutliche Verminderung der Treibhausgase, so würde dies eine Verlangsamung des Klimawandels mit

sich bringen. Aufhalten kann es diesen bereits laufenden Prozess nicht unbedingt. Deshalb müssen Anpassungsstrategien an die veränderten Lebensbedingungen entwickelt werden. Die Entwicklung eines globalen Informations- und Frühwarnsystems wird gefordert. Dabei ist internationale Kooperation notwendig. Zahlreiche Aspekte sind schon jetzt zu berücksichtigen, wie z. B:

- Angesichts des steigenden Meeresspiegels sind Maßnahmen des Küstenschutzes notwendig.
- Bei der Planung der Trinkwasserversorgung sollte berücksichtigt werden, dass eindringendes Salzwasser auf Grundwasserniveau eine regionale Verknappung des Süßwassers verursachen kann.

Auch im Binnenland werden Folgen zu spüren sein:

- In den Hochgebirgen verringert sich die Stabilität von Felsflanken, deshalb ist mit einer erhöhten Gefahr von Steinschlägen und Felsstürzen zu rechnen.
- Hinzu kommen veränderte Abflussraten durch die Gletscherschmelze, welche sich auf die Wasserstände von Flüssen auswirkt. Auch dort muss über Hochwasserschutz vermehrt nachgedacht werden.
- Die veränderten Bedingungen erfordern ein Umdenken im Wirtschaften des Menschen. So ergeben sich für die Landwirtschaft veränderte Voraussetzungen: neue Anbauprodukte und Anbaumethoden sind notwendig, auch werden gegebenenfalls Flächen für die Produktion von Energiepflanzen wie Raps nötig.
- Insbesondere in Großstädten könnte die thermische Belastung zunehmen. Stadtplanung und Architektur müssen dem Rechnung tragen.
- Allergien und Krankheiten, welche durch eingewanderte Arten von Flora und Fauna ausgelöst werden, können zunehmen. Ein Beispiel ist die hochallergene Ambrosie.

(nach Sterr, H. In: Endlicher W. u. F. Gerstengarbe (Hrsg.): Der Klimawandel. Potsdam 2007, S. 86 ff.)

Im Heft „Spektrum der Wissenschaft Spezial 1/2007" schlugen die amerikanischen Wissenschaftler Socolow und Pacala eine aus ihrer Sicht praktikable Strategie für den Klimaschutz vor. Sie gehen davon aus, dass sich bei Fortsetzung der derzeitigen Wachstumsraten (business as usual) die jährlichen CO_2-Emmissionen bis zum Jahr 2056 verdoppeln werden. Selbst wenn es nach 2056 gelingen sollte, die Emissionen konstant zu halten, wäre bis dahin der CO_2-Anteil in der Atmosphäre auf 560 ppm (parts per million) angestiegen, was nach heutigem Wissen dramatische Klimaänderungen verursachen würde. Die Menschheit muss also heute bereits mit Verringerungen der CO_2-Emissionen beginnen, damit die Konzentration des Treibhausgases deutlich unter der 560-ppm-Marke bleibt.

Die Autoren schlagen daher vor, die bis zum Jahr 2056 notwendigerweise pro Jahr einzusparenden sieben Milliarden Tonnen CO_2 (das sogenannte „Stabilisierungsdreieck") in sieben kleinere Dreiecke („Keile") zu zerlegen. Jeder Keil entspricht der Einsparung durch eine bereits bekannte Technologie. Von heute an beginnend steigt die damit mögliche Einsparung linear auf letztlich eine Mrd. Tonnen CO_2 im Jahr 2056 an.
Über den gesamten Zeitraum gerechnet ergibt dies eine Einsparung von 25 Milliarden Tonnen durch einen einzigen Keil. Sieben dieser Maßnahmen würden genügen, um trotz wachsender Weltwirtschaft die globalen CO_2-Emissionen auf dem heutigen Stand zu halten.

Dazu ein Beispiel: Weltweit sind heute rund eine Milliarde Autos unterwegs. Ein Durchschnittsauto in Amerika fährt heute 16 000 km pro Jahr, verbraucht 7,6 Liter auf 100 Kilometer und emittiert dadurch fast eine Tonne CO_2 jährlich. Sollten in fünfzig Jahren rund zwei Milliarden Autos mit derselben Fahrleistung und demselben Verbrauch auf dem Planeten fahren, würden sie jährlich rund zwei Milliarden Tonnen CO_2-Emissionen verursachen. Wenn der durchschnittliche Spritverbrauch um die Hälfte sinken würde, wäre bereits eine Milliarde Tonnen eingespart. Das Vier-Liter-Auto würde also einen der sieben Keile.erbringen.

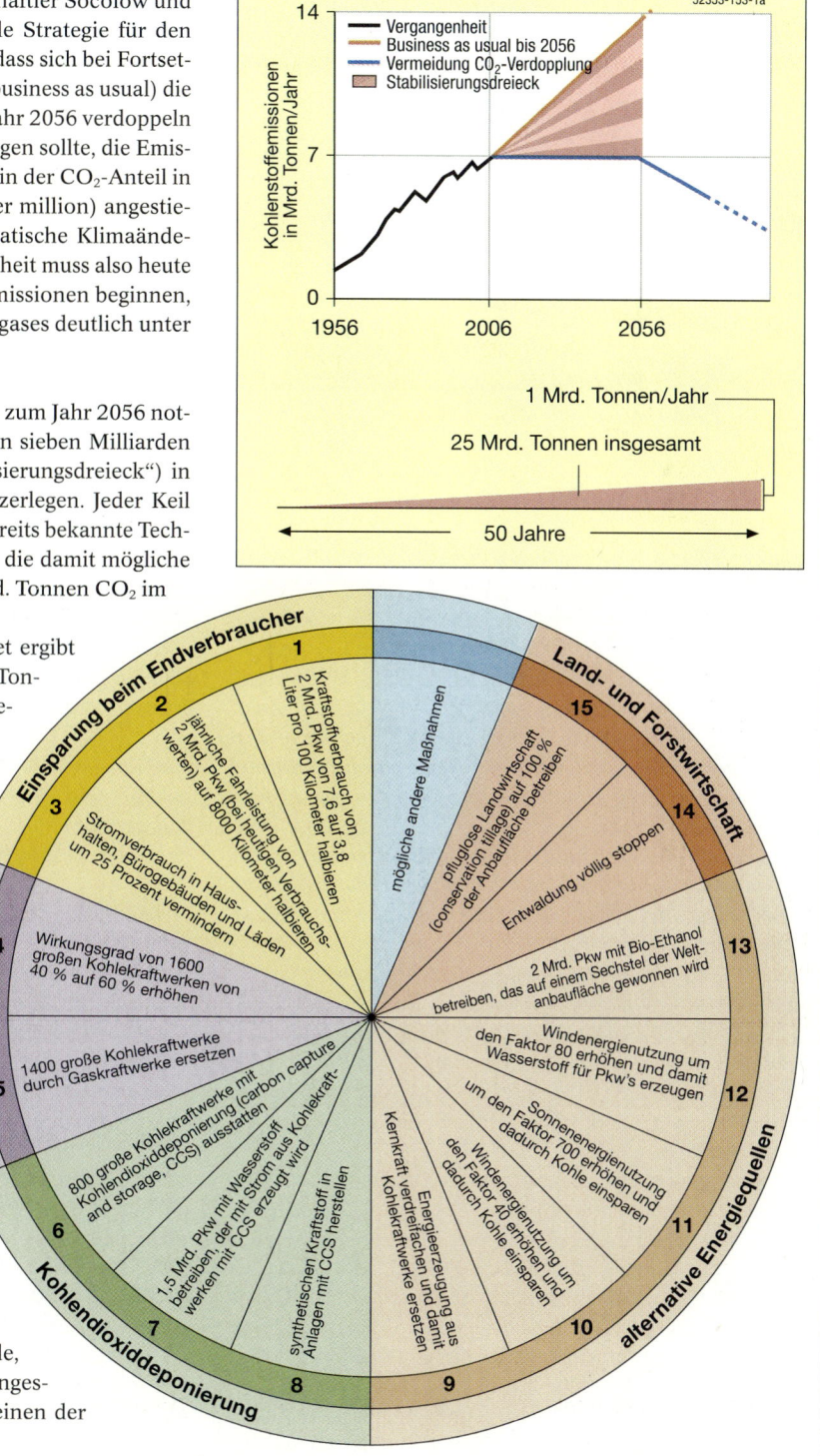

153.1 Kohlenstoffemissionen in Tonnen pro Jahr / Maßnahmen zur Beschränkung der CO_2-Konzentration

154.1 Luftbild von Tuvalu

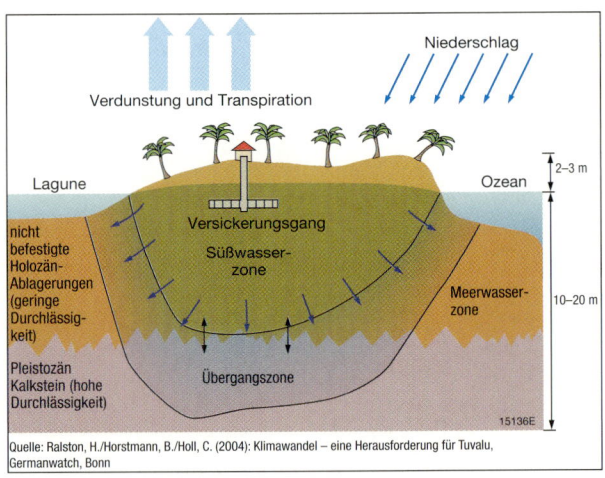

Quelle: Ralston, H./Horstmann, B./Holl, C. (2004): Klimawandel – eine Herausforderung für Tuvalu, Germanwatch, Bonn

154.2 Wasserversorgung in Tuvalu

Der Inselstaat Tuvalu in Gefahr

„Coolum, 4. März (afp). Der vom steigenden Meeresspiegel bedrohte Inselstaat Tuvalu will juristisch gegen die Verursacher der globalen Klimaerwärmung vorgehen. Australische Rechtsexperten räumten rechtlichen Schritten der Inselgruppe im Pazifik am Montag Chancen auf Erfolg ein. Weil es die Rechtsprechung des Internationalen Gerichtshofs anerkenne, sei etwa Australien ein leichtes Ziel für eine Klage des vom Untergang bedrohten Archipels, sagte Donald Rothwell, Juraprofessor an der Universität Sydney. Regierungschef Koloa Talake hatte am Sonntag auf dem Commonwealth-Gipfel im australischen Coolum angekündigt, sein Inselstaat werde zusammen mit Kiribati und den Malediven juristisch gegen die am meisten Kohlenstoffdioxid ausstoßenden Länder und Unternehmen vorgehen. […]"
(Quelle: Frankfurter Allgemeine Zeitung vom 5. März 2002)

Mit 26 km² Fläche, verteilt auf neun Atolle, ist Tuvalu einer der kleinsten Staaten der Welt. Er liegt südlich von Hawaii und nördlich von Australien im Pazifischen Ozean. Die Inseln ragen im Durchschnitt 1,5 m über den mittleren Meeresspiegel. Der höchste Punkt Tuvalus liegt 3 m ü. NN. Dies macht die Verwundbarkeit durch einen Anstieg des Meeresspiegels deutlich. Im letzten Jahrhundert wurden zwischen 0,1 und 0,2 m Zunahme gemessen, Prognosen gehen von einem künftigen Anstieg von 5 mm pro Jahr aus. Die Tuvalesen spüren schon jetzt die Folgen dieser Entwicklung. Im April 2007 wurde Tuvalu Opfer massiver Überflutungen, welche Ernten und Infrastruktur ruinierten. In den letzten Jahren verlor das größte Atoll Tuvalu im Durchmesser bereits einen Meter Land an das Meer. Unmittelbar gefährdet sind die Küstenregionen, in denen sich die meisten Wohnhäuser und der Schwerpunkt der wirtschaftlichen Aktivitäten befinden.

Als Folge der Klimaerwärmung ist mit einer Zunahme der Häufigkeit von Sturmfluten und Überschwemmungen zu rechnen. Neben den damit einhergehenden Landverlusten müssen die Bewohner Tuvalus eine Versalzung der Böden und des ohnehin sehr begrenzten Grundwassers befürchten. Die Trinkwasserversorgung ist auf den Atollen problematisch, da bei mangelnden Niederschlägen nur auf die knappen Grundwasserreserven in der Süßwasserlinse zurückgegriffen werden kann (Abb. 154.2). Eine Versalzung hätte zudem Konsequenzen für das Ökosystem und den Anbau von landwirtschaftlichen Produkten (Abb. 155.2). Etwa 80 Prozent der Bevölkerung sind im Agrarsektor und in der Fischerei beschäftigt und wirtschaften überwiegend für den Eigenbedarf.

Tuvalu wird in der Liste der am wenigsten entwickelten Länder geführt und ist gleichzeitig das drittreichste Land im Südpazifik. Durch den Verkauf der Internetdomain „.tv", welche vor allem in der Fernsehbranche beliebt ist, steigerte das Land seine Einnahmen um ein Vielfaches. Der Landwirtschaftssektor hat einen Anteil von ca. 17 Prozent am BIP, das verarbeitende Gewerbe trägt ca. 15 Prozent bei und der tertiäre Sektor etwa 68 Prozent, den größten Anteil hieran hat der öffentliche Bereich. Das BIP betrug im Jahr 2002 1450 Euro pro Kopf. Die isolierte geographische Lage, der Mangel an Rohstoffen und das Fehlen qualifizierter Arbeitskräfte behindern die wirtschaftliche Entwicklung Tuvalus. Begegnet werden soll dem Wirtschaftsgefälle zwischen der Hauptinsel Funafuti und den anderen Inseln. Weitere Projekte sind der Aufbau einer umweltschonenden Abfall- und Abwasserentsorgung, da diese derzeit erhebliche gesundheitliche Beeinträchtigungen mit sich bringen.

Manche Experten prognostizieren den Untergang Tuvalus als Folge des Klimawandels innerhalb der nächsten 50 Jahre. Die ungünstigen Prognosen regen Debatten über mögliche Aus-

155.1 Gezeitenwirkung durch Meeresspiegelanstieg

wanderungsziele, wie zum Beispiel Neuseeland, an. Doch soll der Lebensraum nicht frühzeitig aufgegeben werden.
Neben Appellen an die Industriestaaten zur Reduzierung der Emissionen ergreift Tuvalu auch im Land selbst Maßnahmen. So soll das Land für den Ökotourismus ausgebaut werden und das Fahren von abgasreichen Sportfahrzeugen verboten werden. Außerdem wurde ein Programm zur Förderung erneuerbarer Energien gestartet. Tuvalu hat das Kyoto-Protokoll ratifiziert und zusammen mit 35 anderen Nationen die Alliance of Small Island States gegründet, um die Interessen bezüglich des Klimawandels zu vertreten. Die Möglichkeit rechtlicher Schritte gegen die Verursacher des Klimawandels wurde auch international diskutiert. Die Regierung Tuvalus zieht diese derzeit nicht mehr in Betracht.

Pulaka ist eine Art Gummibaum, der bis zu vier Meter groß wird, die Knollen der Pflanze werden bis zu einem Meter lang und 100 Kilogramm schwer. Blätter, Stiel und Knollen sind zum Verzehr geeignet. Die geringe Anbaufläche und niedrige Bodenqualität verlangen den Anbau in tief ausgehobenen Gruben, sodass die Pflanze bis zur Süßwasserlinse vordringt. Pulaka reagiert empfindlich auf Salzwasser.

155.2 Pulaka – Nahrungsmittel in Tuvalu

A1 Nennen Sie natürliche und anthropogene Ursachen für Klimaänderungen.

A2 Beschreiben Sie die Veränderungen des Klimas im historischen Rückblick (Abb. 146.2)

A3 Erklären Sie die großen Unterschiede in verschiedenen Klimaprognosen für die Zukunft.

A4 Erklären Sie, inwiefern der Golfstrom von einer Klimaerwärmung betroffen wäre.

A5 Nennen Sie die Ursachen für einen Meeresspiegelanstieg.

A6 Erörtern Sie die Folgen eines Meeresspiegelanstiegs.

A7 Erklären Sie den Zusammenhang von Kohlendioxidemissionen und der Ozeanversauerung.

A8 Stellen Sie die Bedrohung der Korallenriffe dar.

A9 Einige Wissenschaftler erwägen, Dünger in den Ozean einzubringen, um das Algenwachstum zu fördern. Recherchieren Sie, inwiefern dies einer Verstärkung des Klimawandels entgegenwirken könnte.

A10 In einigen Projekten, wie z. B. dem Sleipner-Projekt, wird derzeit die Möglichkeit untersucht, Kohlendioxid von fossilen Brennstoffen abzuscheiden und in geologischen Formationen im Meeresboden zu speichern. Recherchieren Sie Chancen und Risiken dieses Verfahrens.

A11 Erklären Sie das durch den Klimawandel verursachte Konfliktpotenzial ausgewählter Brennpunkte (Abb. 147.1).

A12 Nennen Sie Maßnahmen zur Beschränkung der Kohlenstoffkonzentration.

A13 Erörtern Sie die Umsetzbarkeit der CO_2-Sparmaßnahmen (Abb. 153.1).

A14 Charakterisieren Sie die wirtschaftliche Lage von Tuvalu.

A15 Nennen Sie Folgen des Klimawandels für Tuvalu.

A16 Recherchieren Sie die völkerrechtlichen Grundlagen und diskutieren Sie, welche Chancen einer Klage seitens der Regierung von Tuvalu gegen die Verursacher der Klimaerwärmung eingeräumt werden können.

Register

A

Abfluss 8, 11, 13, 22
Abflussgang, -regime 22
Abflusskoeffizient 22
Abtragungsleistung 18 f.
Aggregatzustand 5, 7
Algenblüte 143
aphotische Zone 101
Aquakulturen 115
Aquiclude 65
Aquifer 65
Aralkum 58
artesischer Brunnen 65
Atmosphäre 5, 8, 10
Atoll 103
Aue 21
ausflaggen 133

B

Beaufort-Skala 96
Beifang 110
Benthal 100
Benthos 100
Bewässerung 13
Bewässerungsfeldbau 88
Bilharziose (Schistosomiasis) 39
Binnenhafen 130
Biolumineszens 105
Black smokers
   (Schwarze Raucher) 105, 123
blaues Wasser 12 f., 15
Bodenerosion 13
Bodenwasser 64
Brandung 96
Brunnengalerie 70

C

Container 127
Containerisierungsgrad 131

D

Denidation 18
Dichteanomalie 44
Dockhafen (Schleusenhafen) 130
Dünung 96
Dust-Bowl-Syndrom 80
dystroph 45

E

Einzugsgebiet 22, 140
Ekman-Spirale 95
Endmoränensee 43
Entgasung 5
Epilimnion 44
Epischura-Krebs 47
episodischer Fluss 23
Erdsystem 6
Erosion 18, 24 f.
Erosionsbasis 18
euphotische Zone 101
eutroph 45
Eutrophierung 49
Evaporation 8
Evapotranspiration 8

F

Fährhafen 130
Feeder 131
Feedlot 78
Fischereidruck 109
Fisch-O-Meter 114
Fjordsee 43
Flachwasser 49
Fließgewässer 20 ff.
Fluss 8
fossiles Grundwasser 64, 77 f.
freak wave (Monsterwelle) 99
Freiwasser 49
Fremdlingsfluss 58

G

Gammelfischerei 108
GAP (Südostanatolien-Projekt) 32
Gashydrate 124
Geothermie 82
geothermisches Kraftwerk 82 f.
Gezeiten 97
Gezeitenkraftwerk 119
Gleichgewichtszustände 10
Gletscher 8
grenzüberschreitende Grundwasser-
   vorkommen 74
Grundwasser 8, 16, 17, 21, 25
Grundwasserabsenkung 79
Grundwasseranstieg 79
Grundwasserfauna 66
Grundwasserstockwerk 65
Grundwasserstrom 74
grünes Wasser 12 f., 15

H/I

Haftwasser 64
Halophile 62
Halophyten 62
Halotolerante 62
Hanse 126
Helsinki-Rules 36
Hochwasser 13, 26, 30
Hochwasserschutz 30
Hochwasservorsorge 30
Hoheitsgewässer 106
Hurrikan 98
hydrogeologischer Schnitt 69
hydrothermale Energieressourcen 82
Hypolimnion 44
Integriertes Rheinprogramm 28 f.

K

Kanal 128 f.
Karsee 43
Karussellbewässerung 80
Kaventsmann 99
Klimawandel 9, 146 ff., 154 f.
Kohlenstoffdioxid 5, 10
Kohlenstoffdioxidemissionen 153
Kohlenstoffkreislauf 10
Korallenriff 103
Kreuzfahrttourismus 134
Küstenfischerei 112

L

Landnutzungsänderungen 12
Lebenserhaltungssystem 10

M

Mäanderzone 24
Malaria 38
Manganknollen 122
Mangrovenküste 102
marine Ökosysteme 151
marine Seifen 123
Meeresbodenrelief 92
Meeresspiegelanstieg 149, 154 f.
Meeresströmungen 94, 148
Meereswärmekraftwerk 121
Metalimnion 44
meteorische Wässer 64
Monsterwelle (freak wave) 99
MSC-Siegel 114
Müllbelastung 144

N

Nahrungsmittelproduktion   15
Nahrungspyramide   142
Natronsee   62
Nekton   100
Niederschlag   8, 10 f., 13
Nutzungskonflikte   53 ff.,140, 145

O

Oberlieger   12, 16
Oberrheinausbau   25 f.
Ökosystem Grundwasser   66
Ökosystem Meer   100 ff.
Ökosystem See   46
oligotroph   45
ökologische Flutungen   28 f.
ORC-Turbinen (Organic Rankine
   Cycle)   83
Oscillating-Column-System   120
Osmosekraftwerk   121
OTEC   121
Ozean   8
Ozeanversauerung   150

P

Pelagial   100
Pelamis   120
periodischer Fluss   23
permanenter (perennierender)
   Fluss   23
Permeabilität   64
Phosphat- und Nitrateinträge   143
Phosphorelimination   50
Phytoplankton   104
Piratenfischerei   111
Plankton   104
Plattentektonik   5
Pleustal   100
Pleuston   100
Polder   27 f.
Porenvolumen   64
Privatisierung der Trinkwasser-
   versorgung   72
Public Private Partnership (PPP)   72
Pumpspeicherkraftwerk   40

R

Repowering   118
Reproduktionskapazität   109

Retention   26 f.
Rhein   22 ff.
Rheinkorrektion
   (Rheinregulierung)   24
Riftzone   46
Rohwasser   52

S

Salzsee   62
Salzverwehungen   56
Salzwasserstockwerk   68
Sauerstoffmangel   143
Schadstofflinse   70 f.
Schichtung (direkte / inverse)   44
Schleusenhafen (Dockhafen)   130
Schmelzwasserrinnen   68
Schneeballerde   10
Schwarze Raucher
   (Black smokers)   105, 123
Schwermetalleinträge   142
Seaflow   120
Seamounts   92
Sea-Orbiter   93
Sedimentation   18
See   8, 43
See-/Überseehafen   130
Seerechtskonferenzen   106
Selbstreinigung   20
Sodasee   62
Speicher   8, 30
Stagnation   44
Staudamm   31
Staustufe, Stauwehr   25
Strömungskraftwerk   119
Sturmflut   99
Sukzession   24
Süßwasser   12, 14
Süßwasserstockwerk   68

T

TAPCHAN   121
TEU (Twenty Foot Equivalent
   Unit)   127
thermohaline Zirkulation   95
Tidehafen   130
Tiefbrunnen   70
Tiefseebergbau   123
Tiefwasserhafen   130
Touristenisolat   137
Transpiration   8
Transpirationskoeffizient   13
Transport   18

Transportkraft   18
Treibhauseffekt   5, 13
Treibhauserde   10
Treibnetz   110
Trinkwasser   17
Trophiegrad   51
Tsunami   98
Tulla   24
Tümpel   43

U

Uferfiltrate   70
UN-Flußgebietsübereinkommen   36
Universalhafen   131
Unterlieger   12

V

Vegetation   10
Verwilderungszone   24
virtuelles Wasser   78

W

Wasserbilanz   16
Wassergehalt   6
Wasserhandel   89
Wasserhaushalt   85
Wasserknappheit   14, 76
Wasserkonzerne   72 f.
Wasserkreislauf   5, 8, 10
Wasserkrise   14
Wassermangel   14
Wassermerkmale   7
Wassernutzung   13
Wasserpotenziale   75 f.
Wasserpreise   72 f.
Wasserscheide   22
Wasserschutzzone   70
Wasserverbrauch   15 ff.
Wasserversorgung   87
Wasserzirkulation   141
Watermanagement   31
Wattenmeer   102
Wave Dragons   120
Windsee   96
World Commission on Dams   37

Z

Zirkulation   44
Zooplankton   104
Zungenbeckensee   43

Literaturverzeichnis

Alice Donga, K.: Wasser und Ernährungssicherung. Das Beispiel Norte-Potosi. In: Praxis Geographie, 10/2007, S. 10 ff.

Barlow, M. & T. Clarke: Blaues Gold – Das globale Geschäft mit dem Wasser. München 2004

BGR (Hannover)/UNESCO (Paris): Groundwater Resources of the World 2006. Weltkarte im Maßstab 1:50 000 000 (Informationen auch unter www.bgr.de)

Brameier, U.: Wasser – das „blaue Gold". Materialien zum Internationalen Jahr des Süßwassers. In: Praxis Geographie, Heft 7/8, 2003, S. 46 ff.

Bundesministerium für Umwelt, Naturschutz und Reaktorsicherheit: Erneuerbare Energien. Berlin 2006 (u.a. zur geothermischen Energie)

Dokulil, M., Hamm, A. & J.-G. Kohl: Ökologie und Schutz von Seen. Wien 2001

Endlicher W. & F. Gerstengarbe (Hrsg.): Der Klimawandel – Einblicke, Rückblicke und Ausblicke. Potsdam 2007

Gebhardt, H., Glaser, R., Radtke, U. & P. Reuber (Hrsg.): Geographie. Physische Geographie und Humangeographie. München 2007

Gewässerdirektion Südlicher Oberrhein / Hochrhein (Hrsg.): Integriertes Rheinprogramm. Fragen und Antworten. Lahr 2001

Giese, E., Sehring, J. & A. Trouchine: Zwischenstaatliche Wassernutzungskonflikte in Mittelasien. Giesen 2004

Giese, E.: Am Tropf der Gebirgsrepubliken. In: Das Parlament 19/2007. Bundeszentrale für politische Bildung. Bonn 2007

Greenpeace: Zukunft Windkraft: Die Energie aus dem Meer. Hamburg 2000

Grundwasser. Schriftenreihe der Vereinigung Deutscher Gewässerschutz e.V. Band 59. Bonn 2004

Hoffmann, Th.: Die Ressource Wasser. Existenzielles Gut und globaler Konfliktstoff. In: Geographie und Schule, Heft 169, 10/2007, S. 14

Hopp, V.: Wasser, Krise? – Wasser, Natur, Mensch, Technik und Wirtschaft. Weinheim 2004

Internationale Gewässerschutzkommission für den Bodensee (igkb): Der Bodensee. Zustand – Fakten – Perspektiven. Bregenz 2004

Jungfer, E.: Wasserressourcen im Vorderen Orient – Potenzial, Nutzungsgrad und Konflikte. In: Geographische Rundschau 50 (1998) H. 7-8, S. 400 – 405

Landesanstalt für Umweltschutz Baden-Württemberg (Hrsg.): Vom Wildstrom zur Trockenaue. Natur und Geschichte der Flusslandschaft am südlichen Oberrhein. Ubstadt-Weiher 2000

Lebensraum Grundwasser. Schriftenreihe der Vereinigung Deutscher Gewässerschutz e.V. Band 68. Bonn 2005

Leibundgut, Ch. & F. J. Kern: Wasser in Deutschland – Mangel oder Überfluss. In: Geographische Rundschau, Heft 58, 2006, S. 12 ff.

Mauser, W.: Wie lange reicht die Ressource Wasser, Fischer, Frankfurt am Main 2007

Museum für Naturkunde der Humboldt-Universität Berlin (Hrsg.): „abgetaucht". Begleitbuch zur Sonderausstellung zum internationalen Jahr des Riffes 2008. Leinfelden-Echterdingen 2008

Passadakis, A.: Die Berliner Wasserbetriebe. Berlin und Brüssel 2006 (auch im Internet als PDF verfügbar)

Pearce, F.: Wenn die Flüsse versiegen. München 2007

Pohl, J.: Hochwasser und Hochwassermanagement am Rhein. In: Geographische Rundschau 1/2002. S. 30 – 37

Rahmsdorf, S. & K. Richardson: Wie bedroht sind die Ozeane? Frankfurt am Main 2007

Stadelbauer, J.: Konflikt oder Kooperation. In: Geographie und Schule 6/2007

Symader, W.: Was passiert, wenn der Regen fällt? Stuttgart 2004

Vereinte Nationen: Human Developement Report 2007 – 2008. New York 2008

Walter, P.: Grundwasserdargebot in Mittel- und Mittelmeereuropa. In: Geographie und Schule 12/2000, S. 24 – 31

Zepp, Harald & J. Herget: Bodenwasser - Grundlagen, Einflussfaktoren und geoökologische Bezüge. In: Geographische Rundschau 5/2001, S. 10 – 17

Zeitschriften (Auswahl)

Geographische Rundschau 2/2006: Wasserpolitik
Praxis Geographie 11/2007: Flüsse und Bäche
Der Bürger im Staat 2/2000: Der Rhein
Geographie heute 3/2008: Meere
Geographie und Schule 6/2007: Konfliktstoff Wasser
Politik betrifft uns 6/2007: Wasser. Nachhaltigkeit in der einen Welt?

Internetadressen

http://de.msc.org (Webseite des MSC-Siegels)

http://ihp.bafg.de (Deutsche Webseite im International Hydrological Programm (IHP) der UNESCO und des Hydrology and Water Resources Programm (HWRP) der WMO)

http://lexikon.wasser.de

www.agenda21-treffpunkt.de/daten/wasser.htm (Daten zum Thema Wasser)

www.ak-wasser.de (Arbeitskreis Wasser im Bundesverband Bürgerinitiativen Umwelt)

www.berlin.de/sen/umwelt/wasser/hydrogeo/de/gliederung.shtml (Hydrologische Gliederung von Berlin)

www.bfa-fish.de (Bundesforschungsanstalt für Fischerei)

www.bine.info (Konzepte zur effizienten Energienutzung)

www.bmu.de/publikationen/bildungsservice/gewaesserschutz/ein_fluss_ist_mehr_als_wasser/doc/38378.php (Arbeitsmaterialien zum Thema Fließgewässer)

www.bodenseeweb.net

www.bpb.de/publikationen/ID4PPD,,0,Afrika.html (Materialien u.a. zur Trinkwasserversorgung in Afrika)

www.bsh.de (Bundesamt f. Seeschifffahrt u. Hydrographie)

www.eine-welt-netz.de (zahlreiche Materialien zum Thema Wasser)

www.globalnature.org (Living Lakes)

www.g-o.de (Wissensmagazin im Internet)

www.hvz.baden-wuerttemberg.de (Landesanstalt für Umwelt, Messungen und Naturschutz)

www.hydrogeographie.de (geographische Gewässerkunde)

www.ifm-geomar.de (Leibnitz-Institut für Meereswissenschaften an der Universität Kiel)

www.igkb.de (Internationale Gewässerschutzkommision für den Bodensee)

www.lighthouse-foundation.org (Stiftung für die Meere und Ozeane)

www.oekotest.de/cgi/nm/nm.cgi?doc=fis-uebersicht (Dossier Zukunft der Meere von der Zeitschrift Ökotest)

www.ospar.org (Übereinkommen zum Schutz der Meeresumwelt des Nordost-Atlantiks)

www.seaaroundus.org (Forschungsprojekt Fischerei der Universität Vancouver)

www.seaflow.org (Organisation zum Schutz der Lebenwesen im Meer)

www.seaworlds.de/diemeere/rohstoffquelle/index.html (Rohstoffe aus dem Meer)

www.seen.de (Wissenswertes zum Thema Seen)

www.statistik.euregiobodensee.org (Eurogio Bodensee)

www.unesco.org/water (Wasserportal der UNESCO)

www.urbaner-metabolismus.de (Probleme der Trinkwasserversorgung in Berlin)

www.virtuelles-wasser.de

www.vistaverde.de (Meldungen zu Klimaschutz und -wandel, erneuerbaren Energien, Umweltschutz u.a.)

www.waldwissen.net/themen/umwelt_landschaft/landschafts_raumentwicklung/fva_oekologische_flutungen_DE (Flutungen am Oberrhein)

www.wasserkonflikt.de (Ressource / Konfliktstoff Wasser)

www.wasserpartner-berlin.de (RWE Aqua und Veolia Wasser in Berlin)

www.water.ca.gov (Ministerium für Wasserwirtschaft Kaliforniens)

www.worldwater.org/data.html (Informationen des Pacific Institute zur Ressource Süßwasser)

Bildquellenverzeichnis

Agentur Focus, Hamburg: 32.1, 104.1, 152.1 (Uwe H. Martin), 152.2 (Uwe H. Martin); alamy, UK-Oxfordshire: 19.1.e (Russ Heinl/All Canda Photos), 48.1 (Luftbild Bertram/blickwinkel), 63.1 (Ulrich Doering), 65.3 (Debru/JupiterImages/Agence Images), 86.4 (Joe Sohm/VisionsOfAmerica), 96.3 (Sarah Weston), 121.1 (Graham Burns/Photofusion Library), 122.1a (Mark Conlin), 136.2 (David R. Frazier Photolibrary Inc.), 151.3 (Takaji Ochi/VWPICS/Visual&Written SL), 155.2 (Ashley Cooper); Associated Press, Frankfurt: 86.1 (Mario Jose Sanchez); Beck www.schneeschnee.de : 108.1; blickwinkel, Witten: 148.1 (A. Rose); biosphoto: 66.1b (Gautier Christian); Bönniers Förlag, S-Stockholm: 39.2; Bürgerinitiative Breisach/Burkheim: 29.1; CCC, www.c5.net : 117.2 (Sakurai); Christoph & Friends/Das Fotoarchiv, Essen: Coverbild (van Bree), 150.1 (Xinhua); Corbis, Düsseldorf: 58.1 (Kazuyoshi Nomachi), 89 (Ric Frazier), 90.1b (Lester Lefkowitz), 123.2 (ZEFA), 126.1 (Justin Guariglia), da Silva, Alciro Theodoro: 65.1; ddp, Hamburg: 54.2 (Michael Latz), 88.4 (W. Dieterich), 129.3 (Peter Roggenthin); Deutsches Klimarechenzentrum: 146.1 (Simulation: MPI für Meteorologie); ESA: 47.2, 143.2; Esdert-Schmidt, Ulf, Bremen: 136.1; ETH, Zürich: 97.1; Europa Therme Bad Füssing: 82.1; Fabian, Michael, Hannover: 144.1; Fierstein, David, US-Felton: 10.1; Getty Images, München: 93.1 (AFP), 98.2 (Stringer/AFP), 154.1 (Torsten Blackwood/AFP), 155.1 (Torsten Blackwood/AFP); Greenberg, Steve, US-Camarillo: 91.1, 91.3; Greenpeace Umweltschutzverlag, Hamburg: 113.3; Greier + Meyer, Braunschweig: 132.2; Hamburger Hafen: 127.1; Hamburger Tourismuszentrale, Hamburg: 131.2; Herzig, Wiesenburg: 122.2; Hinz, Altschwill: 24.1; IFM GEOMAR, Kiel: 150.3 (G. Langer); Imago Stock&People GmbH, Berlin: 128.2; IOPD: 107.1 (M. Jakobsson); Junge, Bernd, Wolfenbüttel: 62.1, 62.2; Klohn, Vechta: 78.2; Kreisverband Südsauerland, Olpe: 19.1c; laif, Köln: 58.3 (Lass), 123.1 (Hoa-Qui); Landesmedienzentrum Baden-Württemberg, Stuttgart: 21.1; Marine Stewardship Council, Berlin: 114.2; mauritius-images, Mittenwald: 103.1 (Sipa Images), 128.1; mediacolors, München: 47.1 (Bergmann); OKAPIA, Frankfurt: 66.1a (Andreas Hartl); Otto, Werner, Oberhausen: 68.1; Panther-Media GmbH, München: 98.3 (Icon); Pelamis Wave Power Ltd, UK-Edinburgh: 121.2; Photo Michael Friedel, Steingau/Dietramszell: 137.1; picture-alliance/dpa, Frankfurt: 7.1 oben (Per Klaesson/scanpix), 30.1 (Holger Hollmann/dpa-Report), 43.1 (Lehtikuva Hannu Vallas), 48.3 (Chromorange), 49.1 (Patrick Seeger/dpa-report), 56.1 (epa Vasenin/dpa-Fotoreport), 67.2 (Wolfgang Thieme/dpa-Report), 92.2, 102.2 (Euroluftbild.de/dpa-Report), 115.3 (Xinhua/Landov), 119.2 (dpa-Report), 120.1 (DB MCT/ISET/dpa-Bildarchiv), 124.1 (dpa-Bildarchiv), 132.1, 134.1 (Bildagentur Huber), 135.1 (Bildagentur Huber); 136.3 (Ursula Düren/dpa-Report); NASA, US-Houston: 5.1 (alle), 42.1, 57.1, 57.3, 80.1, 90.1a, 98.1, 140.1; NOAA Photo Library: 6.1, 105.1, 105.2; Petek, Stanko www.Luftbild.com: 51.1 unten; Rai, Subhas: 36.1; Regierungspräsidium Freiburg/Abteilung Umwelt: 29.2; Rieke, Michael, Hannover: 19.1f; Schindler, Joachim, Erfurt: 85 drei Abbildungen; Schmidt, M., Teningen: 40.3; Schmidtke, Melsdorf: 113.1; Schweizer, Effi: 45.2; Siemens AG, Berlin: 118.1; Thorbecker, Franz, Bodolz: 53.1; TopicMedia Service, Kastl: 38.1; ullstein bild, Berlin: 150.2 (Camejo); Verbraucherzentrale Hamburg e.V.: 114.1; Waldeck, Winfried, Dannenberg: 82.2; WaterFrame, München: 66.1c (Tom Stack), 122.1b (Andre Seale), 151.1 (Reinhard Dirscherl); Wetzel, Freiburg: 19.1b, 55.2, 55.4; Wüst, Herbert, Braunschweig: 130.1; WWF-Aueninstitut, Rastatt: 26.1; Zudin, A., RUS-St. Petersburg: 107.2; Zweckverband Bodensee-Wasserversorgung, Stuttgart: 52.1

Die Graphiken wurden angefertigt von:
Computerkartographie, Computergrafik Heidolph, Kottgeisering

Die Karten wurden angefertigt von:
Freier Redaktionsdienst Güttler, Berlin

Hinweis: Für den Fall, dass berechtigte Ansprüche von Rechteinhabern unbeabsichtigt nicht berücksichtigt wurden, sichert der Verlag die Vergütung im Rahmen der üblichen Vereinbarungen zu.